Irmgard Gleußner **Zivilprozessrecht**

JURIQ Erfolgstraining

Herausgegeben von JURIQ® Juristisches Repetitorium, Köln

Zivilprozessrecht

von

Dr. Irmgard Gleußner

Professorin an der Technischen Hochschule Nürnberg
Georg Simon Ohm

4., neu bearbeitete Auflage

Bibliografische Information der Deutschen Nationalbibliothek
Die Deutsche Nationalbibliothek verzeichnet diese Publikation in der Deutschen Nationalbibliografie; detaillierte bibliografische Daten sind im Internet über <http://dnb.d-nb.de> abrufbar.

ISBN 978-3-8114-5614-3

E-Mail: kundenservice@cfmueller.de
Telefon: +49 89/2183-7923
Telefax: +49 89/2183-7620

www.cfmueller.de
www.cfmueller-campus.de

Satz: TypoScript, München
Illustrationen: Mattfeldt & Sänger, München
Druck: Kessler Druck + Medien, Bobingen

Liebe Leserinnen und Leser,

die Reihe „JURIQ Erfolgstraining" zur Klausur- und Prüfungsvorbereitung verbindet sowohl für Studienanfänger als auch für höhere Semester die Vorzüge des klassischen Lehrbuchs mit meiner Unterrichtserfahrung zu einem umfassenden Lernkonzept aus Skript und Online-Training.

In einem ersten Schritt geht es um das **Erlernen** der nach Prüfungsrelevanz ausgewählten und gewichteten Inhalte und Themenstellungen. Einleitende Prüfungsschemata sorgen für eine klare Struktur und weisen auf die typischen Problemkreise hin, die Sie in einer Klausur kennen und beherrschen müssen. Neu ist die **visuelle Lernunterstützung** durch

- ein nach didaktischen Gesichtspunkten ausgewähltes Farblayout
- optische Verstärkung durch einprägsame Graphiken und
- wiederkehrende Symbole am Rand

= Definition zum Auswendiglernen und Wiederholen

= Problempunkt

= Online-Wissens-Check

Illustrationen als „Lernanker" für schwierige Beispiele und Fallkonstellationen steigern die Merk- und Erinnerungsleistung Ihres Langzeitgedächtnisses.

Auf die Phase des Lernens folgt das **Wiederholen und Überprüfen** des Erlernten im **Online-Wissens-Check**: Wenn Sie im Internet unter **www.juracademy.de/skripte/login** das speziell auf das Skript abgestimmte Wissens-, Definitions- und Aufbautraining absolvieren, erhalten Sie ein direktes Feedback zum eigenen Wissensstand und kontrollieren Ihren individuellen Lernfortschritt. Durch dieses aktive Lernen vertiefen Sie zudem nachhaltig und damit erfolgreich Ihre zivilprozessualen Kenntnisse!

Frage 1 (Punkte: 1)

Das Gericht ist an den Antrag des Klägers

Antwort

Aussagen	Antwort	Aussagerichtigkeit und Kommentar
a) gebunden und darf nicht mehr zusprechen.	☑ ✓	Richtig, vgl. § 308 I ZPO. Über die Kosten und die Vollstreckbarkeit entscheidet das Gericht aber auch ohne Antrag von Amts wegen, vgl. §§ 308 II, 704, 708 ff. ZPO.
b) gebunden und darf nichts Anderes zusprechen.	☑ ✓	Richtig, vgl. § 308 I ZPO.
c) gebunden und darf nicht weniger zusprechen.	☐ ✓	Falsch, soweit ein geringer Teil im Antrag enthalten ist (z.B. bei Geldbeträgen), darf dieser zugesprochen werden.

→ **Richtig**
Punkte für diese Antwort: 1/1.

Schließlich geht es um das **Anwenden und Einüben** des Lernstoffes anhand von Übungsfällen verschiedener Schwierigkeitsstufen, die im Gutachtenstil gelöst werden. Die JURIQ **Klausurtipps** zu gängigen Fallkonstellationen und häufigen Fehlerquellen weisen Ihnen dabei den Weg durch den Problemdschungel in der Prüfungssituation.

Das **Lerncoaching** jenseits der rein juristischen Inhalte ist als zusätzlicher Service zum Informieren und Sammeln gedacht: Ein erfahrener Psychologe stellt u.a. Themen wie Motivation, Leistungsfähigkeit und Zeitmanagement anschaulich dar, zeigt Wege zur Analyse und Verbesserung des eigenen Lernstils auf und gibt Tipps für eine optimale Nutzung der Lernzeit und zur Überwindung evtl. Lernblockaden.

Dieses Skript behandelt die Grundzüge des Zivilprozessrechts. Die grundlegenden Strukturen des Erkenntnisverfahrens sowie des Vollstreckungsverfahrens werden angesprochen und „nutzerfreundlich" (anhand zahlreicher Beispielsfälle) aufbereitet. Die Neuerungen durch die Rechtsprechung und Gesetzgebung sind eingefügt. Das Skript versetzt Sie in die Lage, die prozessualen Zusatzfragen im ersten Staatsexamen professionell zu lösen. Kein Buch ohne tatkräftige Unterstützung! Dank schulde ich an dieser Stelle meinen Kindern, die mich immer wieder inspirieren, sowie meinen engagierten Leserinnen und Lesern für die wertvollen Tipps. Genießen Sie Ihr Studium!

Auf geht's – ich wünsche Ihnen viel Freude und Erfolg beim Erarbeiten des Stoffs!

Und noch etwas: Das Examen kann jeder schaffen, der sein juristisches Handwerkszeug beherrscht und kontinuierlich anwendet. Jura ist kein „Hexenwerk". Setzen Sie nie ausschließlich auf auswendig gelerntes Wissen, sondern auf Ihr Systemverständnis und ein solides methodisches Handwerk. Wenn Sie Hilfe brauchen, Anregungen haben oder sonst etwas loswerden möchten, sind wir für Sie da. Wenden Sie sich gerne an C.F. Müller GmbH, Waldhofer Straße 100, 69123 Heidelberg, E-Mail: kundenservice@cfmueller.de. Dort werden auch Hinweise auf Druckfehler sehr dankbar entgegen genommen, die sich leider nie ganz ausschließen lassen. Oder Sie wenden sich direkt an die Verfasserin unter irmgard.gleussner@th-nuernberg.de.

Nürnberg, im Januar 2018 *Irmgard Gleußner*

JURIQ Erfolgstraining – die Skriptenreihe von C.F. Müller mit Online-Wissens-Check

Mit dem Kauf dieses Skripts aus der Reihe **„JURIQ Erfolgstraining"** haben Sie gleichzeitig eine Zugangsberechtigung für den Online-Wissens-Check erworben – ohne weiteres Entgelt. Die Nutzung ist freiwillig und unverbindlich.

Was bieten wir Ihnen im Online-Wissens-Check an?

- Sie erhalten einen individuellen Zugriff auf **Testfragen zur Wiederholung und Überprüfung des vermittelten Stoffs**, passend zu jedem Kapitel Ihres Skripts.
- Eine individuelle **Lernfortschrittskontrolle** zeigt Ihren eigenen Wissensstand durch Auswertung Ihrer persönlichen Testergebnisse.

Wie nutzen Sie diese Möglichkeit?

Online-Wissens-Check

Registrieren Sie sich einfach für Ihren kostenfreien Zugang auf **www.juracademy.de/skripte/login** und schalten sich dann mit Hilfe des Codes für Ihren persönlichen Online-Wissens-Check frei.

Ihr persönlicher User-Code: 609867106

Der Online-Wissens-Check und die Lernfortschrittskontrolle stehen Ihnen für die **Dauer von 24 Monaten** zur Verfügung. Die Frist beginnt erst, wenn Sie sich mit Hilfe des Zugangscodes in den Online-Wissens-Check zu diesem Skript eingeloggt haben. Den Starttermin haben Sie also selbst in der Hand.

Für den technischen Betrieb des Online-Wissens-Checks ist die JURIQ GmbH, Unter den Ulmen 31, 50968 Köln zuständig. Bei Fragen oder Problemen können Sie sich jederzeit an das JURIQ-Team wenden, und zwar per E-Mail an: info@juriq.de.

Inhaltsverzeichnis

	Rn.	Seite
Vorwort		V
Codeseite		VII
Literaturverzeichnis		XVII
1. Teil		
Einführung in das Zivilprozessrecht	1	1
A. Grundlagen	1	1
B. Ausgangsfall	5	2
I. Sachverhalt	6	3
II. Materielle Rechtslage – Erfolgsaussichten einer Klage?	7	3
1. Mögliche Anspruchsgrundlagen	8	3
2. Chancenabwägung	9	4
C. Internetrecherche	10	5
D. Aktuelle Reformen	11	5
E. Herausforderungen einer ZPO-Prüfung	15	7
2. Teil		
Erkenntnisverfahren	16	8
A. Konzepte gütlicher Streitbeilegung	16	8
I. Gründe für eine außergerichtliche Konfliktlösung	16	8
II. Alternativen zum Prozess	20	9
1. Obligatorische Streitschlichtung nach § 15a EGZPO	21	9
2. Mediation	24	10
3. Weitere Streitschlichtungsangebote (für Verbraucher)	25	11
4. Schiedsgerichtliches Verfahren	29	12
III. Vorgeschaltete Güteverhandlung; gerichtliche Güteversuche	33	14
IV. Zusammenfassung	35	15
B. Verfahrensgrundsätze	36	15
I. Die Verfahrensgrundsätze im Überblick	37	15
II. Dispositionsgrundsatz	38	16
1. Bedeutung im Einzelnen	39	16
2. Durchbrechung des Dispositionsgrundsatzes	42	17
III. Verhandlungsgrundsatz	44	18
1. Einführung und Inhalt	44	18
2. Konsequenzen für das Gericht	45	18
3. Abgrenzung	47	19
4. Modifikationen	48	19
IV. Anspruch auf rechtliches Gehör	50	20
1. Rechtsgrundlage und Inhalt	50	20
2. Ausnahmen	51	21
3. Rechtsbehelfe	52	21

	Rn.	Seite
V. Grundsatz der Mündlichkeit	53	22
1. Inhalt und Bedeutung	53	22
2. Ausnahmen	54	22
VI. Grundsatz der Unmittelbarkeit	56	23
VII. Grundsatz der Öffentlichkeit	57	24
VIII. Beschleunigungsgrundsatz	58	24
IX. Anspruch auf ein faires Verfahren	61	26
C. Die Zulässigkeit der Klage	62	26
I. Überblick	62	26
II. Ordnungsgemäße Klageerhebung	63	28
1. Parteien	64	28
2. Gericht	65	29
3. Angabe des Klagegegenstandes und des Klagegrundes	66	29
4. Bestimmter Antrag	67	29
5. Unterschrift	73	31
6. Postulationsfähigkeit	75	31
7. Weiterer (Soll-)Inhalt	77	33
8. Beispiel für eine Klageschrift	78	33
III. Gerichtsbezogene Prozessvoraussetzungen	79	36
1. Deutsche Gerichtsbarkeit	80	36
2. Internationale Zuständigkeit	81	36
3. Zulässigkeit des Zivilrechtswegs	83	37
4. Sachliche Zuständigkeit	86	39
5. Örtliche Zuständigkeit	90	41
6. Zuständigkeitsvereinbarungen	101	45
7. Rügelose Einlassung (§ 39 ZPO)	105	46
8. Fehlen der sachlichen oder örtlichen Zuständigkeit	106	47
IV. Parteibezogene Prozessvoraussetzungen	107	47
1. Parteibegriff	108	47
2. Parteifähigkeit	110	48
3. Prozessfähigkeit	118	50
4. Postulationsfähigkeit	123	51
5. Prozessführungsbefugnis	124	52
V. Streitgegenstandsbezogene Prozessvoraussetzungen	134	55
1. Schlichtungsversuch vor Klageerhebung	134	55
2. Klagbarkeit des Anspruchs	135	56
3. Rechtsschutzbedürfnis	136	56
4. Keine anderweitige Rechtshängigkeit	137	56
5. Keine entgegenstehende Rechtskraft	138	57
6. Exkurs: Der Streitgegenstand	139	57
VI. Zusammenfassung zur Zulässigkeit der Klage	144	59
D. Ablauf eines Zivilprozesses	145	60
I. Überblick	146	61
II. Außergerichtliche Streitschlichtung	148	61

	Rn.	Seite
III. Klageerhebung	149	62
1. Voraussetzungen	149	62
2. Beteiligter Personenkreis	150	62
3. Wirkungen der Klageerhebung	151	63
IV. Entscheidung über den weiteren Prozessablauf	157	64
1. Entscheidungsmöglichkeiten	157	64
2. Früher erster Termin	158	65
3. Schriftliches Vorverfahren	159	65
V. Die Güteverhandlung	160	66
VI. Die mündliche Verhandlung (der Haupttermin)	161	66
VII. Beweisaufnahme	164	67
VIII. Fortsetzung der mündlichen Verhandlung	165	67
IX. Urteil	166	68
E. Prozessverhalten des Beklagten zur Klage	167	68
I. Prozesshandlungen und ihre Auslegung	168	68
1. Bewirkungs- und Erwirkungshandlungen	170	69
2. Wirksamkeit von Prozesshandlungen	171	69
3. Rechtzeitigkeit von Prozesshandlungen	175	71
II. Prozessverhalten des Beklagten im Überblick	177	72
III. Der Klageabweisungsantrag	178	73
IV. Die Aufrechnung im Prozess	181	74
1. Doppelnatur der Prozessaufrechnung	182	74
2. Besonderheiten der Eventualaufrechnung	183	74
3. Rechtswegfremde Gegenforderung	186	75
4. Rechtshängigkeit der Gegenforderung	187	76
5. Rechtskraft	188	77
6. Schema Prozessaufrechnung	189	77
V. Die Widerklage	191	78
1. Privilegiertes Angriffsmittel	191	78
2. Zulässigkeitsvoraussetzungen	193	78
3. Drittwiderklage	202	81
4. Schema Widerklage	206	83
VI. Anerkenntnis	207	83
1. Voraussetzungen	208	84
2. Verfahren und (Kosten-)Entscheidung	209	84
F. Prozessverhalten des Klägers	211	85
I. Klagerücknahme	212	86
1. Vorteile aus Klägersicht	214	86
2. Voraussetzungen	215	86
3. Rechtliche Folgen	217	87
4. Verpflichtung zur Klagerücknahme	219	88
II. Klageverzicht	220	88
1. Voraussetzungen	221	88
2. Entscheidung des Gerichts	222	89

	Rn.	Seite
III. Einseitige Erledigungserklärung	223	89
1. Ausgangslage	223	89
2. Begriff der einseitigen Erledigungserklärung	225	90
3. Rechtliche Einordnung	226	90
4. Prüfungsreihenfolge	229	91
IV. Klageänderung	235	93
1. Interessenlage	235	93
2. Vorliegen einer Klageänderung	237	94
3. Zulässigkeit der Klageänderung	238	94
4. Entscheidung des Gerichts	246	96
G. Übereinstimmendes Prozessverhalten von Kläger und Beklagtem	247	97
I. Übereinstimmende Erledigungserklärung	248	97
1. Voraussetzungen	250	98
2. Wirkungen	251	98
3. Kostenentscheidung nach § 91a ZPO	252	99
II. Prozessvergleich	253	99
1. Vorteile	253	99
2. Rechtsnatur	254	100
3. Voraussetzungen	255	100
4. Wirkungen und Inhalt	258	101
5. Unwirksamkeit und Fortsetzung des Prozesses	259	102
6. Außergerichtlicher Vergleich, Anwaltsvergleich	262	102
H. Das Versäumnisverfahren	264	103
I. Begriff der Säumnis	266	104
1. Mündliche Verhandlung	266	104
2. Schriftliches Vorverfahren	267	104
II. Versäumnisurteil gegen den Beklagten	268	105
1. Antrag des Klägers	269	105
2. Säumnis des Beklagten	270	105
3. Kein Hindernis nach § 335 ZPO	271	106
4. Kein Hindernis nach § 337 ZPO	272	106
5. Zulässigkeit der Klage	273	106
6. Schlüssigkeit der Klage	274	106
III. Versäumnisurteil gegen den Kläger	276	107
1. Voraussetzungen	276	107
2. Umfang der Rechtskraft	277	108
IV. Einspruch gegen das (erste) Versäumnisurteil	278	108
1. Voraussetzungen	279	108
2. Entscheidung des Gerichts	280	109
V. Zweites Versäumnisurteil	281	109
I. Besondere Prozesssituationen	282	109
I. Objektive Klagehäufung	283	110
1. Ausgangssituation	283	110
2. Voraussetzungen	285	110

	Rn.	Seite
3. Erscheinungsformen der objektiven Klagehäufung	287	111
4. Folgen	290	111
II. Subjektive Klagehäufung (Streitgenossenschaft)	291	112
1. Grundlagen und Entstehung	291	112
2. Einfache Streitgenossenschaft	294	113
3. Notwendige Streitgenossenschaft	301	115
III. Beteiligung Dritter am Rechtsstreit	309	118
1. Nebenintervention	310	118
2. Streitverkündung	319	121
IV. Parteiänderung	324	123
1. Gesetzliche Parteiänderung	325	123
2. Gewillkürte Parteiänderung	326	123
J. Das Beweisrecht	330	125
I. Bedeutung	330	125
II. Darlegungslast	331	125
III. Beweisbedürftigkeit	334	126
1. Entscheidungserhebliche Tatsachen	335	126
2. Bestreiten des Gegners	336	127
3. Offenkundige und vermutete Tatsachen	338	127
IV. Beweislast und Beweislastumkehr	340	128
V. Strengbeweis, Freibeweis, Glaubhaftmachung	343	129
VI. Beweismittel	344	130
1. Zeugenbeweis	345	130
2. Sachverständigenbeweis	347	131
3. Urkundenbeweis	348	131
4. Augenschein	349	131
5. Parteivernehmung	350	132
VII. Beweisverfahren	351	132
1. Beweisantrag und Beweisanordnung	352	132
2. Beweisaufnahme	354	133
3. Beweiswürdigung	355	133
K. Gerichtliche Entscheidungen	358	134
I. Arten gerichtlicher Entscheidungen	358	134
1. Urteile	359	134
2. Beschlüsse	360	134
3. Verfügungen	361	134
II. Einteilung der Urteile	362	135
1. Begrifflichkeiten	362	135
2. Urteilstenor	363	135
3. Urteilsarten	364	135
III. Erlass des Urteils	367	136
1. Form und Inhalt	367	136
2. Bindung an den Antrag	368	137
3. Urteilsverkündung und Zustellung	369	138

	Rn.	Seite
IV. Wirkungen des Urteils	370	138
1. Innerprozessuale Bindung	371	138
2. Formelle Rechtskraft	372	138
3. Materielle Rechtskraft	373	139
L. Rechtsbehelfe und Rechtsmittel	396	147
I. Allgemeine Grundsätze	397	148
1. Unterscheidung zwischen Rechtsbehelf und Rechtsmittel	398	148
2. Beschwer	399	148
3. Rechtsmittelverzicht, Rechtsmittelrücknahme	402	149
4. Verbot der reformatio in peius	404	149
5. Meistbegünstigungsgrundsatz	405	149
II. Berufung	406	150
1. Zulässigkeit der Berufung	407	150
2. Begründetheit der Berufung	412	151
3. Entscheidung des Berufungsgerichts	413	152
III. Revision	417	153
1. Zulässigkeit	418	153
2. Begründetheit der Revision	424	155
3. Entscheidung des BGH	425	156
4. Sonderfall Sprungrevision	426	157
IV. Sofortige Beschwerde	427	157
1. Zulässigkeit	428	157
2. Beschwerdeverfahren	430	158
3. Begründetheit und Entscheidung	431	158
V. Rechtsbeschwerde	432	158
1. Zulässigkeit	433	159
2. Entscheidung	435	159
M. Besondere Verfahrensarten	436	160
I. Verfahren vor den Amtsgerichten	437	160
II. Mahnverfahren	438	160
1. Mahnantrag	439	161
2. Mahnbescheid	441	161
3. Widerspruch des Antragsgegners	442	162
4. Vollstreckungsbescheid	443	162
III. Urkundenprozess	445	162
3. Teil		
Die Zwangsvollstreckung	446	164
A. Einführung	446	164
I. Erkenntnisverfahren, Vollstreckungsverfahren	446	164
II. Aufbau des 8. Buches	447	164
III. Vollstreckungsorgane	448	165
IV. Einzelvollstreckung, Gesamtvollstreckung	473	175

	Rn.	Seite
B. Voraussetzungen der Zwangsvollstreckung	451	167
I. Allgemeine (Verfahrens-)Voraussetzungen	451	167
1. Antrag	452	167
2. Zuständiges Vollstreckungsorgan	453	167
II. Allgemeine Voraussetzungen der Zwangsvollstreckung	454	167
1. Vollstreckungstitel	455	168
2. Vollstreckungsklausel	458	169
3. Zustellung	461	170
III. Besondere Vollstreckungsvoraussetzungen	462	171
IV. Keine Vollstreckungshindernisse	463	171
C. Zwangsvollstreckung wegen Geldforderungen	464	171
I. Reform: Informationsbeschaffung vor der Pfändung	465	172
1. Allgemeines	465	172
2. Verfahrensablauf der Informationsgewinnung	466	172
II. In bewegliche (= körperliche) Sachen	469	173
1. Allgemeine Vollstreckungsvoraussetzungen	470	174
2. Ablauf und Rechtmäßigkeit der Vollstreckung	472	174
3. Rechtliche Wirkungen der Pfändung	480	178
4. Verwertung	489	181
III. In Forderungen	494	184
1. Ablauf der Vollstreckung	495	184
2. Rechtliche Wirkungen der Vollstreckung	504	186
3. Verwertung	506	187
4. Vollstreckung in andere Vermögensrechte	509	187
IV. In das unbewegliche Vermögen	510	188
1. Sicherungshypothek	512	188
2. Zwangsversteigerung	513	189
3. Zwangsverwaltung	517	190
D. Zwangsvollstreckung wegen anderer Ansprüche als Geldforderungen	518	191
I. Die Zwangsvollstreckung zur Erwirkung der Herausgabe von Sachen	518	191
1. Allgemeine Voraussetzungen	519	191
2. Bewegliche Sachen	520	192
3. Unbewegliche Sachen	523	193
4. Übereignung von Sachen	527	194
II. Die Zwangsvollstreckung zur Erwirkung einer vertretbaren Handlung	528	195
III. Die Zwangsvollstreckung zur Erwirkung einer unvertretbaren Handlung	530	196
IV. Die Zwangsvollstreckung zur Erzwingung von Duldungen und Unterlassungen	532	197
V. Die Zwangsvollstreckung zur Abgabe einer Willenserklärung	534	198
E. Rechtsbehelfe in der Zwangsvollstreckung	536	198
I. Vollstreckungserinnerung	537	199
1. Zweck und Abgrenzung	538	199
2. Zulässigkeit der Erinnerung	539	200
3. Begründetheit der Erinnerung	543	201
4. Entscheidung	544	202

	Rn.	Seite
II. Sofortige Beschwerde	545	202
1. Zulässigkeit	547	203
2. Begründetheit, Verfahren	549	203
III. Vollstreckungsgegenklage	550	203
1. Grundlagen	550	203
2. Zulässigkeit der Vollstreckungsgegenklage	552	204
3. Begründetheit	556	206
4. Entscheidung	559	207
IV. Drittwiderspruchsklage	560	207
1. Grundlagen	560	207
2. Zulässigkeit der Drittwiderspruchsklage	562	208
3. Begründetheit	564	208
4. Entscheidung	569	210
5. Lösung Abschlussfall	570	211
V. Klage auf vorzugsweise Befriedigung	572	211
1. Grundlagen	572	211
2. Zulässigkeit	573	212
3. Begründetheit	574	212
F. Einstweiliger Rechtsschutz	575	213
I. Überblick	575	213
II. Arrest	576	213
1. Grundlagen	576	213
2. Zulässigkeit des Antrags	577	214
3. Begründetheit, Entscheidung	579	214
4. Vollziehung	580	215
III. Einstweilige Verfügung	581	215
1. Grundlagen	581	215
2. Auswahlentscheidung, Vollziehung	582	216
3. Abschließende Beispiele	583	217
G. Grenzüberschreitende vorläufige Kontenpfändung	584	218
I. Grundlagen	585	218
II. Voraussetzungen und Verfahren der vorläufigen Kontenpfändung	586	218
1. Antrag	586	218
2. Zuständiges Gericht	587	219
3. Verfahren und Entscheidung	588	219
4. Vollziehung	589	220
Sachverzeichnis		221

Literaturverzeichnis

Adolphsen	Zivilprozessrecht, 5. Aufl. 2016
Assmann	Fälle zum Zivilprozessrecht, 2. Aufl. 2013
Baumbach/Lauterbach/ Albers/Hartmann	Zivilprozessordnung *(Kommentar)*, 76. Aufl. 2018
Brox/Walker	Zwangsvollstreckungsrecht, 11. Aufl. 2018
Greger/Gleußner/Heinemann	Festgabe für Max Vollkommer 2006 (zitiert: *Bearbeiter* in FS Vollkommer)
Greger/Unberath/Steffek	Recht der Alternativen Konfliktlösung, 2. Aufl. 2016
Grunsky/Jacoby	Zivilprozessrecht, 15. Aufl. 2016
Heiderhoff/Skamel	Zwangsvollstreckungsrecht, 3. Aufl. 2017
Jauernig/Hess	Zivilprozessrecht, 30. Aufl. 2011
Kornol/Wahlmann	Zwangsvollstreckungsrecht, 2. Aufl. 2017
Lackmann	Zwangsvollstreckungsrecht, 11. Aufl. 2017
Lüke	Zivilprozessrecht I, 2013
Münchener Kommentar	Zivilprozessordnung *(Kommentar)*, 5. Aufl. 2016 f. (zitiert: MüKo-*Bearbeiter*)
Musielak/Voit	Zivilprozessordnung *(Kommentar)*, 14. Aufl. 2017 (zitiert: Musielak/*Bearbeiter*)
Musielak/Voit	Grundkurs ZPO, 13. Aufl. 2016
Pohlmann	Zivilprozessrecht, 3. Aufl. 2014
Rosenberg/Schwab/Gottwald	Zivilprozessrecht, 17. Aufl. 2010
Saenger	Zivilprozessordnung *(Kommentar)*, 7. Aufl. 2017
Schilken	Zivilprozessrecht, 7. Aufl. 2014
Schwab	Zivilprozessrecht, 5. Aufl. 2016
Sendmeyer	Zivilprozessrecht, 2. Aufl. 2016
Stein/Jonas	Zivilprozessordnung *(Kommentar)*, 23. Aufl. ab 2014 ff. (zitiert: Stein/Jonas/*Bearbeiter*)
Thomas/Putzo	Zivilprozessordnung *(Kommentar)*, 38. Aufl. 2017 (zitiert: Thomas/Putzo/*Bearbeiter*)

Zeiss/Schreiber Zivilprozessrecht, 12. Aufl. 2014

Zimmermann Zivilprozessordnung *(Kommentar)*, 10. Aufl. 2015

Zimmermann ZPO-Fallrepetitorium, 10. Aufl. 2015

Zöller Zivilprozessordnung *(Kommentar)*, 32. Aufl. 2018 (zitiert: Zöller/*Bearbeiter*)

Tipps vom Lerncoach

Warum Lerntipps in einem Jura-Skript?

Es gibt in Deutschland ca. 1,6 Millionen Studierende, deren tägliche Beschäftigung das Lernen ist. Lernende, die stets ohne Anstrengung erfolgreich sind, die nie kleinere oder größere Lernprobleme hatten, sind eher selten. Besonders juristische Lerninhalte sind komplex und anspruchsvoll. Unsere Skripte sind deshalb fachlich und didaktisch sinnvoll aufgebaut, um das Lernen zu erleichtern.

Über fundierte Lerntipps wollen wir darüber hinaus all diejenigen ansprechen, die ihr Lern- und Arbeitsverhalten verbessern und unangenehme Lernphasen schneller überwinden wollen.

Diese Tipps stammen von *Frank Wenderoth,* der als Diplom-Psychologe seit vielen Jahren in der Personal- und Organisationsentwicklung als Berater und Personal Coach tätig ist und außerdem Jurastudierende in der Prüfungsvorbereitung und bei beruflichen Weichenstellungen berät.

Wie lernen Menschen?

Die Wunschvorstellung ist häufig, ohne Anstrengung oder ohne eigene Aktivität „à la Nürnberger Trichter" lernen zu können. Die modernen Neurowissenschaften und auch die Psychologie zeigen jedoch, dass Lernen ein aktiver Aufnahme- und Verarbeitungsprozess ist, der auch nur durch aktive Methoden verbessert werden kann. Sie müssen sich also für sich selbst einsetzen, um Ihre Lernprozesse zu fördern. Sie verbuchen die Erfolge dann auch stets für sich.

Gibt es wichtigere und weniger wichtige Lerntipps?

Auch das bestimmen Sie selbst. Die Lerntipps sind als Anregungen zu verstehen, die Sie aktiv einsetzen, erproben und ganz individuell auf Ihre Lernsituation anpassen können. Die Tipps sind pro Rechtsgebiet thematisch aufeinander abgestimmt und ergänzen sich von Skript zu Skript, können aber auch unabhängig voneinander genutzt werden.

Verstehen Sie die Lerntipps „à la carte"! Sie wählen das aus, was Ihnen nützlich erscheint, um Ihre Lernprozesse noch effektiver und ökonomischer gestalten zu können!

Lernthema 4
Grundlagen: Lernen, Behalten und Erinnern

Die Lern- und Gedächtnispsychologie hat einige praktische Ideen, die Ihr Lernen erleichtern werden. Sie können damit effektiver lernen, mehr behalten und später den Lernstoff wieder gut abrufen. Sie können diese Methoden und Techniken sofort in die Praxis umsetzen und deren Erfolg unmittelbar feststellen. Lerntipps gibt es zu den Themen Arbeitsplanung, Techniken zum Warmlaufen, Einteilung des Lernpensums, Pausenmanagement und positive Abschlussgestaltung. Übrigens: Sie brauchen nicht alle Tipps auf einmal anzuwenden. Testen Sie ruhig einen nach dem anderen!

Lerntipps

Fangen Sie nicht einfach an!

Viele wollen das große Arbeitspaket möglichst schnell hinter sich bringen und fangen einfach an. Verschaffen Sie sich besser zu Beginn eine Übersicht über folgende Punkte:

- Inhalte, die erarbeitet werden müssen
- Tätigkeiten, die erbracht werden müssen (Lesen, Schreiben, Sammeln, Gliedern, Auswendiglernen)
- Benötigte Arbeitszeiten
- Dringlichkeit und Priorisierung einzelner Inhalte und Tätigkeiten

Schreiben Sie auf Arbeitskarten (Karteikartengröße), welche Arbeiten im folgenden Zeitabschnitt von ca. 2 bis 4 Stunden zu erledigen sind. Sie können das Ganze in eine optimale Reihenfolge bringen und an eine Pin-Wand heften. Damit bekommen Sie eine sinnvolle Ordnung, die Ihr Lernleben erleichtert. Und immer, wenn eine Tätigkeit beendet ist, vernichten Sie die Zettel als positiven Abschluss. Die Planungstechnik eignet sich auch für langwierige schriftliche Ausarbeitungen sehr gut.

Machen Sie Ihren Denkapparat warm!

Ein Sportler macht sich vor Beginn des Wettkampfes warm, um körperlich, aber auch mental auf „Betriebstemperatur" zu kommen. Ein Musiker spielt sich vor seinem Konzert ein. Auch der Denkapparat braucht eine Warmlaufphase, da zu Beginn einer Lerneinheit die Aufnahmefähigkeit noch relativ gering ist. Starten Sie also mit möglichst einfachen Tätigkeiten, Dingen, die Ihnen persönlich eher leicht von der Hand gehen.

Startarbeiten können sein:

- Definitionen erst einmal nur durchlesen
- Begriffe aus einem Buch zu einem Thema heraussuchen, kennzeichnen, mit Seitenzahlen versehen
- Einfache Texte lesen
- Karteikarten schreiben und ordnen
- Material abheften

Bei umfassenderen Arbeiten das wiederholte Warmlaufen nicht vergessen!

Wenn Sie an einer Hausarbeit oder an einem umfangreicheren Lernstoff sitzen, starten Sie nach Pausen immer wieder neu. Sie können sich das Denken für einen Neustart erleichtern, wenn Sie sich am Ende einer Arbeitsphase kurze Merksätze notieren, was Sie nach der Pause konkret lesen, erarbeiten, vergleichen oder welche Fragen Sie beantworten wollen. Mit diesen Notizen können Sie sehr schnell wieder Gedankengänge aktivieren und in Ihr Gesamtkonzept einsteigen. Sie können aber auch die Feingliederung für den geplanten Teil noch einmal durchgehen oder zwei Seiten zurückzublättern, um sich wieder einzulesen.

Den Lernstoff in 5 bis 7 Lernportionen einteilen!

Es gibt auch beim Lernen eine optimale Menge der „akuten Lernbelastbarkeit". Ein Lernumfang von 5 bis 7 Elementen („Chunks") kann leicht auf einmal gespeichert werden. Wird diese Menge überschritten, ist Ihr Arbeitsspeicher (Speicherdauer 15 bis 30 Sekunden) überfordert, und es wird weniger ins Langzeitgedächtnis („Festplatte") befördert, also behalten. „Chunks" sind sinnvolle Gruppierungen von Informationen, – z. B. 7 Aufbauschemata, 7 Definitionen etc. Der mögliche Umfang Ihrer „Chunks" hängt von Ihrem Vorwissen zu einem Lerngebiet ab.

Fazit für die Praxis:

- Bereiten Sie Ihr Lernmaterial so auf, dass die Zahl von 5 bis 7 Fachbegriffen, Definitionen, Merksätzen, Kategorien nicht überschritten wird.
- Teilen Sie umfangreicheres Material in Einheiten mit Untereinheiten (ebenfalls max. 7), die sinnvoll miteinander in Beziehung stehen.
- Denn: Sinnvoll gruppiertes Material wird besser behalten als beziehungslos nebeneinanderstehendes.
- Stabilisieren Sie das Wissen durch regelmäßiges Wiederholen in kleineren Portionen.

Testen Sie den Positionseffekt beim Lernen!

Es gibt nicht nur bevorzugte Plätze im Stadion oder Konzertsaal, sondern auch in einer Reihe von Lernelementen. Der Anfang und das Ende werden besser behalten und erinnert (Erfahrung des Autors als Coach: auch die ersten und letzten Stellenbewerber werden besser erinnert als die in der Mitte eines Bewerbungsprozesses). Stellen Sie sich vor, Sie müssen 20 Aufbauschemata oder Definitionen lernen. Die erste und die letzte Definition machen 10% des Lernmaterials aus, das Sie sich ohne besonderes Zutun besser einprägen können. Bei 2 Lernpaketen wären das 20%, bei 4 Paketen à 5 Definitionen schon 40% erleichterte Aufnahme.

Fazit für die Praxis:

- Nutzen Sie den Vorteil, dass Anfang und Ende einer Reihe leichter behalten werden!
- Teilen Sie Ihre Gesamtmenge in Portionen von 5 bis 7 Elementen auf, dann haben Sie entsprechend mehr Randelemente!
- Lernen Sie die Einheiten stets mehrfach in einer jeweils anderen Reihenfolge, dadurch wird der Positionseffekt mehrfach genutzt und sie werden damit flexibler bereitgestellt!

Beseitigen Sie die „Ähnlichkeitshemmung"!

Sind Lernelemente einander sehr ähnlich, so hemmen sie sich gegenseitig beim Lernen (= Ähnlichkeitshemmung). Man kann z. B. 5 unterschiedliche Begriffe besser abspeichern als 5 ähnliche. Lernen Sie ähnliche Inhalte stets zeitlich voneinander getrennt. Sie können diese dann „verwechslungssicherer" abrufen. Machen Sie sich also keine Sorgen, wenn Sie inhaltlich unterschiedliche Dinge lernen. Das ist sogar eher förderlich.

Lernen, Behalten, Erinnern

Mit verteiltem Lernen behalten Sie auf die Dauer mehr!

Unsere Aufnahmefähigkeit ist begrenzt. Das haben Sie und ich schon mehrfach festgestellt. Selbst nach einem Warmstart dürfen wir nicht mit einer gleichmäßig ansteigenden Zunahme unseres Wissens rechnen. Es mag Sie zwar enttäuschen, aber wir behalten nach längerer Lernzeit immer weniger. Wir erreichen dann ein Lernplateau, wenn wir zu lange oder zu häufig denselben Stoff wiederholen. Es wird dann oft ohne Gewinn unnötiger Energieaufwand betrieben. Es kann sogar zu einer Abnahme schon erworbenen Wissens führen. Mehrarbeit kann also auch schaden. Das Gehirn braucht zum effektiven Lernen Zeit, um neue neuronale Verknüpfungen zu bilden, damit das Lernen auch „Spuren" hinterlässt.

Die Konsequenz heißt „verteiltes statt massiertes Lernen", den Lernstoff also mit Zwischenpausen bearbeiten.

- Zuerst langsam und aufmerksam lesen und nicht direkt einprägen wollen.
- Pause: Etwas ganz anderes tun.
- Wesentliche einzelne Begriffe und Zusammenhänge aufschreiben.
- Pause: Wieder ganz andere Dinge tun, auch Geistiges, jedoch möglichst unähnlich zu dem bisherigen Lernstoff.
- Wieder Begriffe und Zusammenhänge einprägen.
- usw.

Für Definitionen und Aufbauschemata zu einem Thema sind Abstände von 20 bis 40 Minuten zu empfehlen, bei größeren Textabschnitten wie Buchkapiteln können das auch mehrere Stunden sein.

Den Lernmotor und Ihre Motivation vor Überbelastung schützen!

Die maximale Leistungsfähigkeit kann nur in einem begrenzten Zeitraum erreicht werden. Bei Überschreitung passieren Fehler, die Leistung wird gemindert und die Motivation möglicherweise dauerhafter geschädigt. Vor Eintritt in eine solche Negativphase sollten Sie ein für Sie passendes Pausenmanagement einrichten.

Generell gilt:

- Häufige Pausen von weniger als 20 Minuten sind besonders effektiv und besser als wenige lange Pausen.
- Pausen sollten nicht mit lernnahen Tätigkeiten oder speicherbelastenden Aktivitäten (PC-Spiele) ausgefüllt werden.

Beispiele für unterschiedliche Pausenarten, die in den Tages- und Lernablauf integriert werden sollten:

- Abspeicherpausen (Augen zu): 10 bis 20 Sekunden nach Definitionen, Begriffen und komplexen Lerninhalten zum sicheren Abspeichern und zur Konzentration.
- Umschaltpausen: 3 bis 5 Minuten nach ca. 20 bis 40 Minuten Arbeit, um Abstand zum vorher Gelernten zu bekommen und dadurch besser Neues aufzunehmen.
- Zwischenpausen: 15 bis 20 Minuten nach 90 Minuten intensiver Arbeit, also nach zwei Arbeitsphasen, dient dem Erholen und Abschalten.

Und nicht vergessen:

- Die lange Erholungspause von 1 bis 3 Stunden, z. B. mittags oder zum Feierabend nach 3 Stunden Arbeit sollten Sie ebenfalls zum richtigen Abschalten, Regenerieren, Sich-Belohnen nutzen!

Die Lernarbeit positiv abschließen!

Unsere Erinnerung behält vor allem die letzten Erlebnisse. Endet ein an und für sich schöner Abend mit einem Streit, so wird der Abend rückwirkend als unangenehm empfunden. Ein Kellner bietet uns nach dem Essen auf Rechnung des Hauses einen Espresso oder Schnaps an. Wenn wir uns erinnern, werden wir geneigt sein, das gute Essen noch besser zu erinnern. D. h. wenn eine Tätigkeit positiv beendet wird, wird sie insgesamt als positiver erlebt.

Nach einer längeren Arbeitsphase von 1 bis 3 Stunden können Sie Folgendes tun:

- Bewusst feststellen, was Sie alles geschafft haben, beachten Sie dabei weniger die unbearbeitete Menge.
- Vergleichen Sie, was Sie zu Beginn einer Lernphase konnten oder wussten – und was Sie nun beherrschen.
- Legen Sie eventuell ein Karteikartensystem an, mit dem Sie sehr leicht feststellen können, was Sie können (z. B. eine Kartei mit Aufbauschemata, Definitionskartei; siehe dazu auch die Arbeitskarten aus dem ersten Lerntipp)

Lernen, Behalten, Erinnern

Jeden Tag das gleiche Ritual!

Der Abschluss eines Lerntages sollte auch symbolisch eine Zäsur setzen, analog dem Wechsel von Arbeit zu Freizeit mit der Schulklingel oder dem Kleidungswechsel nach der Arbeit.

Abschlussrituale am Ende eines Tages können sein:

- Denken Sie bereits 10 Minuten vor dem Arbeitsende eines Tages an das Ende der Arbeit.
- Denken Sie kurz aber bewusst darüber nach, an welcher Stelle Sie die Arbeit für heute beenden.
- Sagen Sie sich bewusst: Für heute ist die Arbeit für mich beendet.
- Verschaffen Sie sich einen Überblick über das Geleistete.
- Machen Sie sich kurze Notizen, welche Aspekte in der nächsten Arbeitsphase zu berücksichtigen sind. Das erleichtert den Einstieg am Folgetag.
- Klappen Sie den Ordner bewusst zu, fahren Sie den PC bewusst herunter und sagen Sie sich „Ich habe jetzt Freizeit!"
- Verlassen Sie den Arbeitsplatz und den Arbeitsbereich. Wenn möglich, ziehen Sie sich um.
- Gestalten Sie dieses Abschlussritual jeden Tag!

1. Teil
Einführung in das Zivilprozessrecht

A. Grundlagen

Solide Kenntnisse des Bürgerlichen Rechts sind unabdingbar für das Bestehen der beiden juristischen Staatsexamina oder eines Bachelorstudiengangs im Wirtschaftsrecht. Wer die einzelnen Anspruchsgrundlagen im BGB AT, im Schuldrecht AT und BT, im Sachen-, Familien- und Erbrecht sicher beherrscht, wird sein Studium erfolgreich abschließen. Ganz getan ist es damit aber nicht. Denn die „juristische Realität" besteht in vielen Fällen gerade darin, dass ein bestehender materieller Anspruch nicht oder nur unzureichend erfüllt wird. Kauft jemand ein kaputtes Handy und verweigert der Verkäufer Umtausch oder Reparatur (§§ 437 Nr. 1, 439 BGB), ist der Käufer darauf angewiesen, seine Rechte „zwangsweise" zu realisieren. Da **Selbsthilfe**, sei es in Form von Gewalt oder Drohung, sei es in Form von „Schwarzen Sheriffs" in Deutschland **verboten** ist, muss der Käufer der mangelhaften Sache grundsätzlich staatliche Hilfe in Anspruch nehmen. Der Staat wiederum muss diese Hilfe durch seinen Justizapparat garantieren (sog. **Justizgewährungsanspruch**).[1] Die Befugnis, Recht zu sprechen, haben ausschließlich Richterinnen und Richter (Art. 92 GG). Sie genießen richterliche Unabhängigkeit (Art. 97 Abs. 1 GG). 1

Wie die gerichtliche Durchsetzung eines zivilrechtlichen Anspruchs im Einzelnen vor sich geht, regelt das Zivilprozessrecht. Kernstück ist die **Zivilprozessordnung** (= ZPO) mit über 1000 Paragrafen. Weitere wichtige Prozessgesetze sind das GVG (= Gerichtsverfassungsgesetz), das FamFG (= Gesetz über das Verfahren in Familiensachen und in den Angelegenheiten der Freiwilligen Gerichtsbarkeit) sowie das ZVG (= Gesetz über die Zwangsversteigerung und Zwangsverwaltung). Bei Einschaltung eines Rechtsanwalts/einer Rechtsanwältin sind die BRAO (= Bundesrechtsanwaltsordnung) sowie das RVG (= Rechtsanwaltsvergütungsgesetz) als weitere Quellen maßgebend. Den Beruf „Rechtsanwalt/Rechtsanwältin" als unabhängigem Organ der Rechtspflege (§ 1 BRAO) dürfen nur Volljuristen/Volljuristinnen ausüben. Für die besonderen Aufgaben des Rechtspflegers enthält das RpflG (= Rechtspflegergesetz) nähere Vorgaben. 2

Weitere Rechtsquellen gibt es bei Fällen mit Auslandsberührung. Hier spielt das **EU-Recht** mittlerweile eine bedeutende Rolle. So haben zahlreiche EU-Verordnungen Eingang in das deutsche Zivilprozessrecht gefunden.[2] Besonders wichtig ist die EuGVO (= Europäische Verordnung über die gerichtliche Zuständigkeit und die Anerkennung und Vollstreckung von Entscheidungen in Zivil- und Handelssachen = EuGVVO = **„Brüssel Ia-VO"**), die Regeln zur internationalen Zuständigkeit (sind die Gerichte eines Landes für den Fall zuständig) sowie Vorgaben zur Anerkennung und Vollstreckung von Entscheidungen anderer europäischer Staaten enthält. Weitere Verordnungen sind die EuVTVO, die EuInsVO, die EuZustVO, die EuBagatellVO (grenzüberschreitende Streitigkeiten bis 2000 €), die EuMahnVO, die EuBeweisVO sowie die EuKoPfVO. Diese europäische Entwicklung im (internationalen) Prozessrecht spiegelt sich im 8. und 11. Buch der ZPO mit entsprechenden Ausführungsvorschriften 3

1 Näher *Zöller/Vollkommer* ZPO Einl. Rn. 48.

2 Eine Übersicht gibt *Adolphsen* Zivilprozessrecht § 2 Rn. 33 ff.

wider (§§ 946 ff.; §§ 1067 ff. ZPO). Darüber hinaus finden sich in der ZPO noch verstreut Verweise auf Fälle mit Auslandsbezug (z.B. §§ 55, 276 Abs. 1 S. 3, 339 Abs. 2 ZPO etc.).[3]

4 Das Zivilprozessrecht ist in zwei Teile gegliedert: das Erkenntnisverfahren und das anschließende Vollstreckungsverfahren.

Ziel des Erkenntnisverfahrens ist die Erlangung eines vollstreckbaren Titels gegen die beklagte Partei. Das anschließende Vollstreckungsverfahren dient der zwangsweisen Durchsetzung eines Titels durch staatliche Vollstreckungsorgane. Aufgrund der Dauer eines Zivilprozesses stellt die ZPO für besonders dringliche Fälle zusätzlich das Verfahren des einstweiligen Rechtsschutzes zur Verfügung (§§ 916 ff. ZPO). Hier kommt der Anspruchsberechtigte quasi über Nacht zu einem Titel, der im Regelfall aber die bloße Sicherung des Anspruchs gewährt. Arrest und einstweilige Verfügung sind die Formen des einstweiligen Rechtsschutzes.

Detailkenntnisse über den Zivilprozess sind für das erste juristische Staatsexamen fehl am Platz, da es keine „reinen ZPO-Klausuren" gibt. Jedoch werden in sämtlichen Prüfungsordnungen der sechzehn Bundesländer den Studierenden Grundkenntnisse des Zivilprozessrechts abverlangt. Diese werden meist als Zusatzfragen zum materiellen Recht gestellt. Spezialkenntnisse werden erst dann erforderlich, wenn es in Richtung „Berufstätigkeit", sei es als Referendar/Referendarin, Richter/Richterin, Anwalt/Anwältin oder Justiziar/Justiziarin, geht. Hier ist eine vertiefte Beschäftigung mit der Materie des Prozessrechts unerlässlich.

B. Ausgangsfall[4]

5 Zivilprozessrecht ist alles andere als „graue Theorie". Denn jeder Zivilprozess setzt einen „echten Streit" zwischen zwei Personen, also einen Fall aus dem Zivilrecht, voraus. Dementsprechend wird in diesem Lehrbuch ein Ausgangsfall aus dem Kaufrecht zugrunde gelegt. Anhand dieses realen Ausgangsfalls werden die Schritte und Abfolgen eines Zivilprozesses erläutert und mögliche Varianten und Fallstricke für die beteiligten Personen aufgezeigt. Soweit es zum besseren Verständnis für einzelne Themenbereiche erforderlich ist, wird der Ausgangsfall in den jeweiligen Kapiteln in kleinere Varianten zerlegt.

3 *Grunsky/Jacoby* Zivilprozessrecht Rn. 858.

4 Fall nach *BGH* NJW 2009, 1660 (Urteil vom 14.1.2009 – VIII ZR 70/08 = Bodenfliesenfall).

I. Sachverhalt

Ausgangsfall Mona (M) studiert im fünften Semester Rechtswissenschaft in Köln. Seit Bestehen der Zwischenprüfung ist sie – aufgrund einer großzügigen Schenkung ihrer Eltern – Eigentümerin einer 2-Zimmer-Wohnung im Stadtteil Sürth, die sie zusammen mit ihrem Freund Thomas, einem Betriebswirtschaftsstudenten, bewohnt. Nach einem sechsmonatigen Aufenthalt in Pisa als Erasmusstudentin beschließt Mona, ihr altes Bad zu renovieren. Bei der „VORORT Fliesen GmbH" (V-GmbH) im Kölner Süden findet sie italienische Markenfliesen zu günstigen Preisen. Am 2.1.2017 kauft Mona 30 polierte Bodenfliesen zum Gesamtpreis von 600 €, die ihr Fliesenleger Felix Fromm (F) nach mehrfacher Erinnerung für 400 € fachgerecht verlegt. Kurze Zeit später zeigen sich auf den Fliesen hässliche Verfärbungen. Der Geschäftsführer der V-GmbH, Gerald Grün (G), streitet nach Rücksprache mit dem Hersteller jegliche Verantwortung ab. Mona beauftragt daraufhin den Sachverständigen Simon Sand (S). Dieser stellt fest, dass die Fliesen falsch poliert wurden und Abhilfe nur durch einen kompletten Austausch möglich sei. Die Kosten hierfür beziffert der Sachverständige auf insgesamt 2400 € (= 2000 € Ausbau- und Entsorgungskosten der alten Fliesen, 400 € Einbaukosten für die neuen Fliesen). Für seine Expertise stellt der Sachverständige Mona zudem 200 € in Rechnung. Auch nach Vorlage des Sachverständigengutachtens verweigert die V-GmbH mit Schreiben vom 14.2.2017 die Lieferung 30 neuer Bodenfliesen und die Übernahme der Kosten des Austausches von 2400 €. Die Firma argumentiert, dass sie lediglich Händlerin sei und für das Verschulden des italienischen Herstellers nicht einstehen müsse. Schließlich seien die Nacherfüllungskosten in Höhe von insgesamt 3000 € (Austauschkosten 2400 € einschließlich neuer Fliesen für 600 €) angesichts des vereinnahmten Kaufpreises von 600 € absolut unverhältnismäßig. ■ 6

II. Materielle Rechtslage – Erfolgsaussichten einer Klage?

Als Studierende der Rechtswissenschaft wird Mona zunächst die materielle Rechtslage prüfen, wie sie dies in zahlreichen Klausuren gelernt hat. Die Urteile des EuGH (NJW 2011, 2269) sowie des BGH (NJW 2012, 1073, NJW 2013, 220 und NJW 2014, 2183) sind Mona bedauerlicherweise nicht bekannt, da sie für ihre Recherche ausschließlich einen veralteten BGB-Kommentar verwendet. Die Neuregelungen der §§ 439 Abs. 3, 475 Abs. 4, 6 BGB,[5] die eine Reaktion des Gesetzgebers auf die Vorgaben des EuGH darstellen, gelten erst ab 1.1.2018 und sind daher im Februar 2017 noch nicht relevant. Mona stellt folgende Überlegungen an: 7

» Versuchen Sie zunächst selbst, diesen Gewährleistungsfall zu lösen. Nutzen Sie die Gelegenheit und machen Sie sich mit den neuen Vorschriften im kaufrechtlichen Gewährleistungsrecht vertraut, die ab 1.1.2018 gelten. «

1. Mögliche Anspruchsgrundlagen

Ein Anspruch auf Nacherfüllung könnte sich aus §§ 437 Nr. 1, 439 Abs. 1 BGB ergeben. Dies setzt einen Kaufvertrag (§ 433 Abs. 1 BGB), eine mangelhafte Sache (§ 434 BGB) sowie das Vorliegen eines Sachmangels bei Gefahrübergang (§ 446 BGB) voraus. Hier geht es um einen Verbrauchsgüterkauf, da Mona als Privatkäuferin Verbraucherin (§ 13 BGB) und die V-GmbH gewerblich handelnde Unternehmerin (§ 14 BGB) ist und die Fliesen bewegliche Sachen sind (§ 474 BGB). In diesem Fall muss Mona das Vorhandensein der Verfärbungen bei Gefahrübergang nicht beweisen (§ 477 BGB n.F.), da sich der Mangel innerhalb von sechs Monaten 8

5 Gesetz zur Reform des Bauvertragsrechts, zur Änderung der kaufrechtlichen Mängelhaftung, zur Stärkung des zivilprozessualen Rechtsschutzes etc. vom 28.4.2017 (BGBl I 2017, 969).

gezeigt hat.[6] Nach § 439 Abs. 1 BGB steht ihr als Käuferin ein Wahlrecht zwischen Reparatur und Ersatzlieferung zu. Da die Reparatur der Fliesen technisch unmöglich ist (§ 275 Abs. 1 BGB), bleibt Mona nur das Recht auf Ersatzlieferung. Problematisch ist die Frage, ob die Nacherfüllung aus § 439 Abs. 1 BGB nur die Neulieferung von 30 Fliesen beinhaltet oder auch die Ausbaukosten der alten Fliesen und die Einbaukosten der neuen Fliesen umfasst. Hierzu ist der Meinungsstand ziemlich breit gefächert. So hatte der BGH im Jahr 2008 entschieden, dass die Kosten der Neuverlegung (= Einbaukosten) nicht unter den Nacherfüllungsanspruch des § 439 BGB fallen.[7] Mona überlegt daher, ob ein Anspruch auf Schadensersatz gem. §§ 437 Nr. 3, 280 Abs. 1, 3, 281 BGB möglich wäre. Voraussetzung des Schadensersatzanspruches ist ein Vertretenmüssen des Verkäufers (§§ 280 Abs. 1 S. 2, 276 BGB). Da die V-GmbH die Fliesen nicht selbst hergestellt hat und der Verkäufer als reiner Händler nicht zur Prüfung der Fliesen auf Fehlerfreiheit verpflichtet ist, wäre Mona kaum in der Lage, ein schuldhaftes Handeln der V-GmbH nachzuweisen, zumal der Hersteller auch nicht Erfüllungsgehilfe (§ 278 BGB) des Händlers ist.[8] Immerhin stellt Mona fest, dass einige Gerichte und Autoren die Meinung vertreten, der Verkäufer einer mangelhaften Sache müsse zumindest die Kosten für den Ausbau tragen, da er nach § 439 BGB zur Rücknahme der mangelhaften Sache verpflichtet sei.[9] Der Käufer brauche keine mangelhafte Sache behalten. Als Anspruchsgrundlage hierfür wird auf die Vorschriften der §§ 437 Nr. 1, 439, 280 Abs. 1, 3, 281 Abs. 1, 2 BGB verwiesen. Zu unverhältnismäßigem Kostenersatz dürfe der Verkäufer aber nicht gezwungen werden; insofern könne er sich auf § 439 Abs. 3 BGB (Unverhältnismäßigkeit) berufen. Als Zwischenergebnis ihrer Recherche stellt Mona fest, dass der Wortlaut der Gewährleistungsnormen wenig zur Lösung ihres Problems hergibt.

Würde Mona **2018** die Fliesen kaufen, könnte sie seit 1.1.2018 eindeutige Aussagen zu den Ein- und Ausbaukosten im BGB finden.[10] Der Gesetzgeber hat diese „Fliesenfälle" gesetzlich normiert. In § 439 Abs. 3 BGB ist nun die Ersatzpflicht des Verkäufers für Ein- und Ausbaukosten näher geregelt. Danach muss der Verkäufer die erforderlichen Aufwendungen für Ein- und Ausbau tragen. Sind die erforderlichen Ein- und Ausbaukosten unverhältnismäßig hoch, ist beim Verbrauchsgüterkauf der Anspruch auf Nacherfüllung in Form der Mängelbeseitigung aber nicht gänzlich ausgeschlossen, wenn die andere Art der Nacherfüllung (Reparatur) unmöglich ist (§ 475 Abs. 4 S. 1 BGB). Stattdessen darf der Unternehmer den Aufwendungsersatz auf einen „angemessenen Betrag" beschränken (§ 475 Abs. 4 S. 2, 3 BGB). Der Käufer kann einen Vorschuss verlangen (§ 475 Abs. 6 BGB). Die Beweislastumkehr ist nun in § 477 BGB geregelt, die Regressansprüche in §§ 445a, 445b BGB.

2. Chancenabwägung

9 Die Prüfung der materiellen Rechtslage ist stets die erste Maßnahme, die Mona (bzw. ein Anwalt, wenn es sich bei dem Rechtssuchenden um einen juristischen Laien handelt) ergreifen wird, um die Erfolgsaussichten einer Klage und das Kostenrisiko abzuschätzen. Das **Kostenrisiko** ist deshalb so bedeutsam, da der **Verlierer** eines zivilgerichtlichen Rechtsstreits nach **§ 91 ZPO** grundsätzlich sämtliche angefallenen Kosten (eigener Anwalt, gegnerischer Anwalt, Gerichtskosten) tragen muss. Ein Prozess kann somit teuer werden. Sollte Mona den

6 Eingehend zur Beweislast *BGH* NJW 2017, 1093.
7 *BGH* NJW 2008, 2837, 2838 f.
8 *BGH* NJW 2008, 2837, 2839 m.w.N. (= Parkett-Fall).
9 *OLG Frankfurt* OLGR 2008, 325.
10 Näher *Höpfner/Fallmann* NJW 2017, 3745.

Prozess in erster Instanz verlieren, kämen insgesamt Kosten von ca. 1400 € auf sie zu.[11] Mona diskutiert daher die gefundenen Ergebnisse mit ihrem Freund Thomas, der ihr wegen der „etwas wackeligen" Rechtslage von einem gerichtlichen Streit abrät. Er schlägt stattdessen vor, die Verfärbungen der Fliesen zu akzeptieren oder zumindest nochmals einen Güteversuch mit der V-GmbH zu starten. Als angehende Juristin will sich Mona allerdings nicht damit zufrieden geben, die nächsten Jahre auf schlecht polierte Fliesen blicken zu müssen. Insofern ist es ihr auch egal, dass der Ersatz von Aus- und Einbaukosten durch den Verkäufer einer mangelhaften Sache in der juristischen Fachliteratur umstritten ist. Vor allem findet sie das in der Literatur geäußerte Argument, § 439 BGB müsse europarechtskonform – also verbraucherfreundlich – interpretiert werden, da diese Vorschrift auf einer EU-Richtlinie beruhe, besonders überzeugend. Daher beschließt Mona, die V-GmbH auf Neulieferung und Kostenersatz zu verklagen. Allerdings fehlen ihr jegliche Kenntnisse über das Zivilprozessrecht, da sie noch keine Vorlesung zu diesem Rechtsgebiet besucht hat. Unklar ist ihr, ob sie Kosten vorstrecken muss, welches Gericht für ihren Fall zuständig ist und ob sie einen Anwalt benötigt. Ihr Studienkollege Kai rät ihr, erst dann einen Prozess zu führen, wenn sie folgende Themengebiete des Zivilprozessrechts beherrscht:

> Rechtswegzuständigkeit, Verfahrensgrundsätze, Klagearten, allgemeine Verfahrensvorschriften und Verfahren im ersten Rechtszug, Wirkungen gerichtlicher Entscheidungen, gütliche Streitbeilegung, Arten und Voraussetzungen der Rechtsbehelfe, Beweisgrundsätze, Zwangsvollstreckung (allgemeine Voraussetzungen, Arten, Rechtsbehelfe), vorläufiger Rechtsschutz.

C. Internetrecherche

In diesem Skript wird sich Mona Schritt für Schritt Grundkenntnisse im Zivilprozessrecht 10 aneignen. Zum Nachschlagen wichtiger Gesetze am Computer verwendet Mona die offizielle Homepage des Bundesministeriums der Justiz „www.gesetze-im-internet.de" bzw. die Website der EU für europäische Rechtsakte „eur-lex.europa.eu", zum Recherchieren der BGH-Rechtsprechung „www.bundesgerichtshof.de". Informationen über Internet-Versteigerungen durch die Gerichtsvollzieher findet sie unter „www.justiz-auktion.de". Testfragen zum Zivilprozessrecht bekommt Mona unter „www.juriq.de" beantwortet.

D. Aktuelle Reformen

Das Verfahren in Familiensachen (Ehe, Unterhalt, Kindesumgang etc.) war bis 2009 in der 11 ZPO geregelt. Mit dem Gesetz über das Verfahren in Familiensachen und in den Angelegenheiten der freiwilligen Gerichtsbarkeit **(FamFG)** hat der Gesetzgeber ein eigenes „Prozessgesetz" für **Familiensachen** geschaffen und weitere Themen (Betreuungssachen, Grundbucheinträge, Nachlasssachen) aufgenommen. Das FamFG ist am 1.9.2009 in Kraft getreten. Auch wenn oft auf die ZPO verwiesen wird, gibt es eigene Begrifflichkeiten. Statt einer „Klage" gibt es „Anträge", die Parteien sind die „Beteiligten" und heißen Antragsteller/in bzw. Antragsgegner/in, die ein „Verfahren" und keinen „Prozess" führen. Das Gericht entscheidet stets durch

11 Unterstellt wird ein Streitwert von 3000 € (600 € für Neulieferung und 2400 € für die Austauschkosten).

Beschluss, nicht durch Urteil (§ 38 FamFG). Installiert wurde das „Große Familiengericht" (kein gesetzlicher Begriff) mit einer umfassenden Zuständigkeitskonzentration (z.B. Scheidung, Zugewinn, elterliche Sorge, Unterhalt, Gewaltschutzsachen). Im erstinstanzlichen Verfahren herrscht grundsätzlich Anwaltszwang (§ 114 FamFG). Ein weiteres Ziel des FamFG ist, die außergerichtliche Streitbeilegung zu fördern. Das Gericht kann in sog. Folgesachen anordnen, dass beide Ehepartner an einem kostenfreien Informationsgespräch über Mediation oder andere Formen der außergerichtlichen Konfliktbeilegung teilnehmen (§ 135 FamFG).

12 Im Jahr 2012 hat der Gesetzgeber die **Mediation** gesetzlich verankert, um in Deutschland auf breiter Ebene eine Kultur der Streitvermeidung zu etablieren. Am 26.7.2012 ist das Gesetz zur Förderung der Mediation und anderer Verfahren der außergerichtlichen Konfliktbeilegung **(MediationsG)**[12] in Kraft getreten, das gesetzliche Regelungen zur außergerichtlichen und gerichtlichen **Mediation** in allen Verfahrensordnungen (ZPO, ArbGG, FamFG, VwGO, FGO, SGG) enthält. Erklärtes Ziel ist eine rasche und kostengünstige außergerichtliche Streitbeilegung. Einen Schwerpunkt des Gesetzes bilden die berufsrechtlichen Vorgaben für Mediatoren und Mediatorinnen (Aufgaben, Befugnisse, Ausbildung, Verjährung). Zusätzlich wurden die **gerichtlichen Güteversuche** (§§ 278 Abs. 5, 278a ZPO) neu konzipiert.

13 Das Gesetz zur Reform der Sachaufklärung in der Zwangsvollstreckung aus dem Jahr 2009 hat zahlreiche Neuerungen im Vollstreckungsrecht gebracht.[13] Die meisten Änderungen sind 2013 in Kraft getreten. Ganz im Sinne des Gläubigerschutzes steht nun die frühzeitige Informationsbeschaffung über (pfändbare) Vermögenswerte des Schuldners an erster Stelle. Zudem wurde die elektronische Datenverarbeitung im Vollstreckungsrecht fortentwickelt. Das Vermögensverzeichnis (§ 802f Abs. 5 ZPO) und das Schuldnerverzeichnis (§ 882h Abs. 1 ZPO) werden elektronisch geführt. Die EuKoPfVO (Nr. 655/2014) erlaubt seit 2017 eine (einfache) grenzüberschreitende vorläufige Kontenpfändung in der EU; die (deutschen) Ausführungsvorschriften sind neu in die ZPO eingefügt worden (§§ 946–959 ZPO).

14 Die fortschreitende **Digitalisierung** stellt auch die Justiz vor neue Herausforderungen. Zahlreiche Neuregelungen in der ZPO greifen diesen technischen Fortschritt auf (Videokonferenz § 128a ZPO, Internetversteigerungen § 814 Abs. 2 Nr. 2 ZPO, Fotos in elektronischer Form §§ 885a Abs. 2, 760 S. 2 ZPO etc.). Mit dem Gesetz zur Förderung des elektronischen Rechtsverkehrs mit den Gerichten (ERV-Gesetz) vom 10.10.2013[14] wird der Versuch gestartet, auch für Gerichtsverfahren endgültig in das Zeitalter papierloser (elektronischer) Kommunikation vorzustoßen. Die wichtigsten Änderungen sind 2016 bzw. 2018 in Kraft getreten. Zum 1.1.2018 kommt das besondere elektronische Anwaltspostfach (beA) gem. § 31a BRAO. Es leidet allerdings unter Startschwierigkeiten. Nach dem neuen § 130a ZPO können Anträge nun elektronisch über das beA bei Gericht eingereicht werden. Es besteht für Anwälte eine sog. passive Nutzungspflicht (= ins beA sehen; § 31a Abs. 6 BRAO).[15] Die Pflicht zur elektronischen Einreichung von Schriftsätzen (§ 130d ZPO n.F.) wird für Rechtsanwälte und Rechtsanwältinnen erst 2022 verbindlich. Mit dem Gesetz zur Einführung der elektronischen Akte und zur weiteren Förderung des elektronischen Rechtsverkehrs (E-Akte-Gesetz) vom 5.7.2017[16] wird es auch für die (Zivil-)Gerichte ernst. Auch sie müssen ihre Papier-Aktenführung allmählich

12 BGBl. I 2012, 1577; hierzu *Ahrens* NJW 2012, 2465.

13 BGBl. I 2009, 2258.

14 BGBl. I 2013, 3786.

15 Zur E-Justiz *Jost/Kempe* NJW 2017, 2705; *Kasper/Ory* NJW 2017, 2709; *Siegmund* NJW 2017, 3134.

16 BGBl I 2017, 2208.

aufgeben. Die Gerichte dürfen sich allerdings mit der E-Akte bis 2026 Zeit lassen (§ 298a Abs. 1a ZPO). Für sehbehinderte Personen gilt es, einen barrierefreien Zugang zu allen Dokumenten zu schaffen (§ 191a GVG).

E. Herausforderungen einer ZPO-Prüfung

Juristen und Juristinnen stehen bei jeder Prüfung vor der Herausforderung, für die Fallfragen **15**
eine sachgerechte (vertretbare) Lösung zu finden. Die Art und Weise, eine Lösung zu finden, ist in sämtlichen juristischen Fragestellungen durch die Methodenlehre vorgegeben. Die Kenntnis der Methodenlehre ist für eine überzeugende Argumentation unverzichtbar. Die Rechtswissenschaft lebt von der Sprache, der Diskussion und dem Gerechtigkeitsgedanken. Jeder Studierende ist daher gut beraten, seine Gedanken in ausführlicher Weise auf Papier zu bringen. In Deutschland, wie auch in vielen anderen europäischen Kontinentalländern, existiert der Vorteil, dass Rechtsuchende in nahezu allen Rechtsgebieten auf ein Gesetz zurückgreifen können. Englische Juristen dagegen stehen regelmäßig vor der Herausforderung, zur Falllösung Gerichtsurteile (auswendig) abrufen zu müssen (= case law). In Deutschland werden Prozesse unter den Rahmenbedingungen der ZPO geführt. Für eine Falllösung ist somit primär der **Wortlaut** einer Vorschrift aus der ZPO zugrunde zu legen. Dies bedeutet, dass die Studierenden zunächst dadurch „punkten“ können, dass sie die richtige Vorschrift finden und deren Wortlaut richtig wiedergeben. Ist der Wortlaut mehrdeutig, kommt die **systematische Auslegung** zum Tragen. Damit ist es von Vorteil, zu wissen, in welchem Kontext die Vorschrift steht (Nachbarvorschriften, Abschnitt). Helfen Wortlaut und systematische Auslegung nicht weiter, wird die **teleologische Auslegung** relevant, die nach dem Zweck der Vorschrift fragt. Das Positive für Studierende ist, dass sie den Zweck des Gesetzes nicht selbst erfinden müssen, sondern – das mag langweilig anmuten – die bereits geäußerten Vorstellungen von Rechtsprechung und Literatur übernehmen können und müssen. Der Knackpunkt ist also oft, den Meinungsstreit zu kennen und korrekt wiederzugeben. Dieses Buch will hierzu Hilfestellung bieten.

Hinweis

Viele Themenbereiche der ZPO sind nicht zentral und zusammenhängend an einer Stelle behandelt, sondern auf eine Vielzahl von Vorschriften verteilt. Diese im Kontext stehenden Vorschriften sollten daher am Rand der „Hauptnorm“ kommentiert werden (soweit es die jeweilige Prüfungsordnung erlaubt). Hier ist aktives Handeln beim Lesen gefordert. Die ZPO (Schönfelder) und ein Bleistift sind unverzichtbare Arbeitsmittel für dieses Buch.

2. Teil
Erkenntnisverfahren

A. Konzepte gütlicher Streitbeilegung

I. Gründe für eine außergerichtliche Konfliktlösung

16 Für Mona ist die Vorstellung, einen Prozess führen zu müssen, eher unangenehm. Dieses Problem haben nicht nur Privatpersonen, sondern auch Unternehmer/innen und Industriekonzerne. Im Vordergrund steht die Sorge, dass der Prozess verloren gehen könnte. Der Spruch „Vor Gericht und auf hoher See ist man in Gottes Hand" symbolisiert dieses Risiko besonders plastisch. Bei Prozessverlust droht eine „Kostenexplosion". Die Klagepartei muss nicht nur die eigenen Anwaltskosten und die Gerichtskosten tragen, sondern auch noch die Kosten der Gegenseite (Anwaltskosten). Geregelt ist die **Kostentragungspflicht** des Verlierers in § 91 ZPO. Auswege aus dieser Kostenfalle gibt es kaum.

17 Falls der Kläger/die Klägerin über eine **Rechtsschutzversicherung** verfügt, kann dieser Umstand Abhilfe schaffen. Im Rahmen des abgeschlossenen Vertrags werden sämtliche Prozesskosten von der Versicherung übernommen. Voraussetzung ist aber ein bereits vor dem Prozess bestehender Vertrag. Außerdem kann eine Rechtsschutzversicherung nicht für alle zivilrechtlichen Streitigkeiten abgeschlossen werden. Dies gilt etwa für bau- oder erbrechtliche Streitigkeiten. Für einkommensschwache Kläger gibt es die staatliche **Prozesskostenhilfe** (§§ 114 ff. ZPO). Sie dient der Rechtsschutzgleichheit (Art. 3 Abs. 1 i.V.m. Art. 20 Abs. 3 GG), ermöglicht aber kein „kostenloses Prozessieren".[1] Bei Prozessverlust müssen stets die gegnerischen Kosten (§ 123 ZPO) getragen werden. Ähnliches gilt bei Vereinbarung von Erfolgshonoraren mit dem eigenen Anwalt (vgl. § 49b BRAO mit § 4a RVG). Im Fall des Verlierens müssen lediglich der gegnerische Anwalt und die Gerichtskosten, nicht aber der eigene Anwalt gezahlt werden. Allerdings können **Erfolgshonorare** nur unter besonderen – erschwerten – Voraussetzungen vereinbart werden (vgl. § 4a RVG). So müssen die wirtschaftlichen Verhältnisse des Mandanten derart schlecht sein, dass er ohne Erfolgshonorar von der Rechtsverfolgung absehen würde.[2]

18 Ein weiterer Weg zur Kostenvermeidung ist die **Prozessfinanzierung**. Hier lassen sich auf Prozessfinanzierung spezialisierte Unternehmen gegen Vorfinanzierung der Verfahrenskosten sowie Übernahme des Prozesskostenrisikos im Unterliegensfall im Gegenzug für den Erfolgsfall einen Teil des erstrittenen Erlöses abtreten.[3] Die geforderte Quote für den Erfolgsfall ist bei den einzelnen Anbietern unterschiedlich. Ungeklärt ist auch die rechtliche Qualifikation des Prozessfinanzierungsvertrags. Des Weiteren ist umstritten, ob Anwälte eigene Prozessfinanzierungsunternehmen (GmbH, AG) gründen dürfen. Für „kleinere Verfahren" wird die Prozessfinanzierung mangels Rentabilität nicht eingesetzt. Anders ist die Situation bei „Sammelschäden" (z.B. VW-Abgasskandal). Das Geschäftsmodell wird hier eingesetzt, um die Ansprüche der Betroffenen zu bündeln und außergerichtlich bzw. gerichtlich durchzusetzen.

---

1 Zum Gebot der Rechtsschutzgleichheit *BVerfG* NJW 2010, 987; NJW 2014, 681; NJW 2016, 1377.

2 Vgl. *BGH* NJW 2014, 2653, 2655 (zu den Folgen eines Verstoßes).

3 Ausführlich *Gleußner* in FS für Vollkommer S. 25 ff.

Sieht man einmal von der Kostenfrage ab, ist auch der Zeitaufwand (Besprechungen mit dem Anwalt, Gerichtstermine) und die Dauer eines Zivilverfahrens (eventuell mehrere Jahre bei Ausschöpfung aller Rechtsmittel) zu berücksichtigen. Außerdem kann gegen die Inanspruchnahme einer richterlichen Entscheidung eingewendet werden, dass es an einer echten „Konfliktlösung" fehlt, weil es nur Sieger oder Verlierer gibt. 19

Ausgangsfall Mona hat keine Rechtsschutzversicherung. Als Studentin kann sie gegebenenfalls Prozesskostenhilfe beantragen. Eventuell wird sie zur Ratenzahlung verpflichtet. Ihre Wohnung muss sie jedenfalls nicht einsetzen (vgl. § 115 Abs. 3 ZPO mit § 90 Abs. 2 SGB XII). Für ein Prozessfinanzierungsunternehmen ist ihr Fall „zu mager", da die meisten Prozessfinanzierer einen Mindeststreitwert von 50 000 € verlangen. ■

II. Alternativen zum Prozess

Somit stellt sich nicht nur für Mona die Frage, ob es kostengünstigere und raschere Alternativen zur gerichtlichen Auseinandersetzung gibt.[4] Waren die Angebote bislang überschaubar, ist mittlerweile etwas Bewegung in die alternative und außergerichtliche Streitschlichtung gekommen. Ob der „Kundenrückgang" bei den staatlichen Gerichten damit zu tun hat, ist noch nicht ausreichend wissenschaftlich geklärt. 20

1. Obligatorische Streitschlichtung nach § 15a EGZPO

Zur Förderung der außergerichtlichen Streitbeilegung und zur Entlastung der Zivilgerichte wurde 1999 die obligatorische Streitschlichtung eingeführt. Nach § 15a EGZPO wurde den sechzehn Bundesländern die Möglichkeit eröffnet, in bestimmten Fällen die Parteien vor Klageerhebung in einen Schlichtungsversuch „zu zwingen". Regelungsgegenstände waren vermögensrechtliche Streitigkeiten unter 750 €, Nachbarschaftsstreitigkeiten sowie Persönlichkeitsverletzungen (§ 15a Abs. 1 Nr. 1 bis 3 EGZPO). Hintergrund für die Schlichtungsidee war, dass bei geringfügigen Geldforderungen Aufwand und Kosten eines Rechtsstreits im Missverhältnis stehen. Bei Nachbarschaftsstreitigkeiten wurde erfahrungsgemäß nach einem Urteil trotzdem weiter gestritten, so dass eine Lösung am runden Tisch vorzugswürdig erschien. Ähnliche Gründe wurden für Persönlichkeitsverletzungen, wie Beleidigungen, angeführt, die besser einvernehmlich beendet werden. 21

» Lesen Sie § 15a EGZPO unter www.gesetze-im-internet.de! «

Fallgruppen

≤ 750 €	Nachbar	Persönlichkeit	AGG

Von sechzehn Bundesländern haben elf (Baden-Württemberg, Bayern, Brandenburg, Hessen, Mecklenburg-Vorpommern, Niedersachsen, Nordrhein-Westfalen, Rheinland-Pfalz, Saarland, Sachsen-Anhalt sowie Schleswig-Holstein) die obligatorische Streitschlichtung eingeführt. Vier Bundesländer haben eine vierte Fallgruppe aufgenommen (zivilrechtliche Streitigkeiten nach

4 Näher *Greger* in FS für Vollkommer S. 1, 13 ff.

dem Allgemeinen Gleichbehandlungsgesetz = §§ 19ff. AGG). Unter den Ländern bestand Übereinstimmung, den Erfolg des Konzeptes nach einigen Jahren zu evaluieren. Nicht alle Länder haben nach einer Bestandsaufnahme an der ursprünglichen Idee festgehalten.

22 In Baden-Württemberg wurde die Verpflichtung der Parteien, ein Schlichtungsverfahren vorzuschalten, 2013 wieder abgeschafft. Auch die anderen Länder haben das obligatorische Schlichtungsverfahren für die erste Fallgruppe (Geldstreitigkeiten unter 750 €) aufgehoben. Maßgebend waren die schlechten Erfahrungen in der Praxis.[5] Vielfach wurde das Schlichtungsverfahren durch eine geschickte Kombination von Prozessanträgen umgangen.[6]

23 Ist eine Schlichtung nach Landesgesetz vorgeschrieben, ist die **erfolglose Durchführung** des Schlichtungsverfahrens **Voraussetzung für die Zulässigkeit** der Klage. Eine Nachholung während des Prozesses ist nach h.M. nicht möglich. Vielmehr muss die Klage als unzulässig abgewiesen werden.[7]

Ausgangsfall Mona macht Positionen in Höhe von insgesamt 3000 € geltend. Schon aufgrund der Höhe der geltend gemachten Forderung unterliegt sie keinem Schlichtungsverfahren. Würde Mona dagegen mit einem Nachbarn wegen überhängender Zweige streiten, käme es für die Frage, ob vor einer nachbarschaftsrechtlichen Klage ein Schlichtungsverfahren durchzuführen ist, auf ihren Wohnsitz (Bundesland) an. In Hamburg, Bremen oder Dresden bräuchte Mona beispielsweise keinen Schlichtungsversuch, anderes würde für Frankfurt, Potsdam oder Saarbrücken gelten. ■

2. Mediation

24 Die Mediation ist eine „amerikanische" Erfindung. Seit den 90er Jahren hat dieses außergerichtliche Streitschlichtungsmodell Eingang in die deutsche Rechtskultur gefunden. Bei der Mediation schalten die Parteien einen unabhängigen und neutralen Mediator ein, der im Wesentlichen „Moderatorentätigkeiten" übernimmt. Die Parteien sollen durch Erarbeiten ihrer Interessen zu einer gemeinsamen **gütlichen Einigung** gelangen. Der Mediator hat keine Zwangsbefugnisse. Er kann den Parteien keine Lösungen diktieren und den Streit nicht verbindlich entscheiden (keine Richterfunktion!). Das Konfliktlösungsinstrument der Mediation wird vor allem in familienrechtlichen Streitigkeiten empfohlen,[8] aber auch für Nachbarschaftskonflikte, Miet- und Immobilienstreitigkeiten. Auch die Wirtschaftsmediation (Konfliktlösung zwischen Unternehmen) ist in Deutschland zu finden. Die Rolle von Mediatoren und Mediatorinnen üben verschiedene Berufsträger aus (Anwälte, Psychologen, „Coaches" etc.).

» Das gesamte MediationsG können Sie unter www.gesetze-im-internet.de nachlesen! «

Im **MediationsG** vom 28.6.2012 (Rn. 12) finden sich erstmals gesetzliche Regelungen zur (außergerichtlichen und gerichtlichen) **Mediation**. Ziel des Gesetzes ist, die Konfliktkultur in Deutschland zu verändern und eine Alternative zum (Rechts-)Streit anzubieten. Im MediationsG werden zunächst die Aufgaben, Befugnisse und Ausbildungswege des Mediators/der Mediatorin näher umschrieben. Betont werden die Freiwilligkeit und die Vertraulichkeit (§ 1 Abs. 1 MediationsG) sowie die Neutralitätspflicht des Mediators (§ 1 Abs. 2 MediationsG). Da die Mediation von verschiedenen Berufsträgern ausgeübt wird, sieht das MediationsG zum

5 Vgl. *Adolphsen* Zivilprozessrecht § 2 Rn. 24 m.w.N.

6 Näher *Pohlmann* Zivilprozessrecht Rn. 118.

7 *BGH* NJW-RR 2009, 1239 f.; BeckRS 2010, 20020; *Zimmermann* EGZPO § 15a Rn. 3.

8 Vgl. *Jauernig/Hess* Zivilprozessrecht § 1 IV 3; ferner MüKo-*Rauscher* ZPO Einl. Rn. 64 f.

Schutz der Parteien die Einführung eines „zertifizierten Mediators" (§ 5 MediationsG) vor. Diese müssen diverse Vorgaben erfüllen, um den (geschützten) „Titel" zu erhalten.[9] Anwalts-Mediatoren unterliegen zudem der Anwaltshaftung.[10] Durch die Aufnahme der Mediation erleiden die Parteien verjährungsrechtlich keine Nachteile (Hemmung nach § 203 BGB). Einigen sich die Parteien vor dem Mediator, kommt es zu einer entsprechenden vertraglichen Abschlussvereinbarung (= außergerichtlicher Vergleich § 779 BGB). Diese Vereinbarung ist nicht vollstreckbar. Das ist nach wie vor – abgesehen von den (zusätzlichen) Kosten – das große Manko der Mediation. Die geringe Anzahl der Verfahren spiegelt dies wider. Einen echten Durchbruch hat die Mediation in Deutschland bislang nicht erzielt. Falls die Parteien auf Mediation oder andere außergerichtliche Konfliktbeilegungsmethoden verzichten und sogleich den Rechtsstreit suchen, eröffnet das MediationsG dem Gericht die Möglichkeit, nochmals den Versuch einer gütlichen Einigung zu starten (vgl. § 278 Abs. 5 ZPO; siehe hierzu Rn. 160).

Ausgangsfall Mona schlägt der V-GmbH die Durchführung eines Mediationsverfahrens vor. Die V-GmbH lehnt dies höflich mit der Begründung ab, dass man nicht für jeden Kunden, der Ware reklamiere, einen Mediator einschalten könne. Außerdem möge Mona angesichts der Stundensätze dieser Berufsgruppe die entstehenden Mehrkosten bedenken. Zudem dürfe nicht vergessen werden, dass am Ende der Mediation keine verbindliche Entscheidung stehe. Mona scheitert folglich mit ihrem Vorschlag. Eine Zwangsmediation gibt es nicht. Für „kaufrechtliche Einmalkonflikte" eignet sich dieses Verfahren eben nicht. ■

3. Weitere Streitschlichtungsangebote (für Verbraucher)

Neben der Mediation existieren vor allem für Verbraucher zahlreiche weitere Instrumente der alternativen (nicht gerichtlichen) Streitbeilegung.[11] So halten bestimmte Branchen (z.B. Luftverkehr, Energie, Versicherung, Banken, Post, Anwaltschaft) eine diffuse Palette von Schlichtungsangeboten (Beschwerde-, Ombuds-, Schiedsstellen) bereit.[12] Zu nennen sind beispielsweise die Schlichtungsstelle des Bundesamt für Justiz für Ansprüche von Fluggästen gegen Luftfahrtunternehmen (§ 57b LuftVG), die Schlichtungsstelle der Deutschen Bundesbank (§ 14 UKlaG) sowie die Schlichtungsstelle der Bundesnetzagentur (§ 47a TKG). 25

Am 1.4.2016 ist das **Verbraucherstreitbeilegungsgesetz** (VSBG) in Kraft getreten, das auf einer EU-Richtlinie beruht. Es beinhaltet eine weitere Form der freiwilligen Streitschlichtung. Ziel des Gesetzes ist die Errichtung eines flächendeckenden Netzes von (staatlich anerkannten) Verbraucherschlichtungsstellen. Träger können Vereine, behördliche Schlichtungsstellen und subsidiär die Universalschlichtungsstellen der Länder sein (§§ 3, 28, 29 VSBG). Die Verbraucherschlichtungsstellen (geschützter Begriff) sollen zügigen, billigen und qualifizierten Rechtsschutz in B2C-Streitigkeiten (§ 310 Abs. 3 BGB) anbieten. Das Verfahren soll spätestens nach ca. 5 Monaten mit einem (unverbindlichen) Schlichtungsvorschlag enden (§ 20 Abs. 2 i.V.m. §§ 17, 19 VSBG). Schlichter können nur Volljuristen oder zertifizierte Mediatoren sein (§ 6 Abs. 2 S. 2 VSBG). Um die Verbraucher über diese neue Idee zu informieren, müssen Unternehmen, die eine Webseite betreiben oder AGB verwenden, ihre Kunden darüber auf- 26

9 Verordnung über die Aus- und Fortbildung von zertifizierten Mediatoren (BGBl. I 2016, 1994).

10 *BGH* NJW 2017, 3442, 3443.

11 Näher *Greger/Unberath/Steffek* Recht der Alternativen Konfliktlösung Einl. Rn. 6 u. Teil D Rn. 1 ff.

12 *Greger/Unberath/Steffek* Recht der Alternativen Konfliktlösung Einl. Rn. 39.

klären, ob sie an einem solchen Streitbeilegungsverfahren teilnehmen würden (§ 36 VSBG). Bei den meisten Internet-Unternehmen ist eine Negativerklärung auf der Homepage zu finden. Es gibt eben keinen Mitmachzwang, da es sich um ein freiwilliges Verfahren handelt. Flankiert wird das Ganze durch die ODR-Verordnung (Online-Streitbeilegung in Verbraucherangelegenheiten). Nach Art. 14 ODR-VO sind Internet-Unternehmen verpflichtet, auf ihren Webseiten einen leicht zugänglichen (anklickbaren) Link auf die neue zentrale Internetplattform der EU (http://ec.europa.eu/consumers/odr) zu setzen. Dort wird ein elektronisches Beschwerdeformular bereitgestellt. In Deutschland ist das Bundesamt für Justiz zentrale Anlaufstelle für alle Fragen (§ 32 VSBG).

27 Eine wichtige Begleitvorschrift zur außergerichtlichen Streitbeilegung bildet § 204 Abs. 1 Nr. 4 BGB, der sich mit der Hemmung der **Verjährung** befasst. Wird ein Antrag bei einer staatlichen oder staatlich anerkannten Schlichtungsstelle eingereicht, wird die Verjährung durch „Veranlassung" der Bekanntgabe des Antrags gehemmt (§ 204 Abs. 1 Nr. 4a BGB). Dazu gehören alle Verbraucherschlichtungsstellen des VSBG. Bei sonstigen Streitbeilegungsstellen tritt die Hemmung der Verjährung nur bei einvernehmlicher Inanspruchnahme ein (§ 204 Abs. 1 Nr. 4b BGB), wobei das Einvernehmen in bestimmten Fällen unwiderleglich vermutet wird (§ 15a Abs. 3 S. 2 EGZPO). Voraussetzung für die Hemmung ist stets, dass der Gegenstand des Streits im Antrag hinreichend individualisiert wird.[13]

Ausgangsfall Nach Durchsicht der AGB der „VORORT Fliesen GmbH" muss Mona feststellen, dass diese an einer freiwilligen Streitschlichtung kein Interesse hat. In Ziffer 9 der AGB findet Mona folgenden Text: „Die EU stellt eine Plattform zur Online-Streitbeilegung bereit, die Sie unter http://ec.europa.eu/consumers/odr aufrufen können. Wir ziehen es vor, Ihr Anliegen im direkten Austausch zu klären und nehmen daher nicht an einem Verbraucherschlichtungsverfahren teil." ■

28 Um einen verbesserten Rechtsschutz gegen „Hassbotschaften" zu erreichen, ist 2017 das **Netzwerkdurchsetzungsgesetz** in Kraft getreten, das Nutzerinnen und Nutzern Sozialer Netzwerke mit mehr als 2 Mio. registrierten Mitgliedern (z.B. Facebook, Twitter, YouTube etc.) beisteht. Die Plattformen müssen den Nutzern ein wirksames und transparentes Beschwerdeverfahren zur Verfügung stellen, damit rechtswidrige Inhalte schnellstens gelöscht werden. Zudem muss ein Zustellungsbevollmächtigter benannt werden, falls es zu einer Klage auf Löschung kommt (§ 5 Abs. 1 NetzDG).

4. Schiedsgerichtliches Verfahren

29 Das in §§ 1025 ff. ZPO geregelte Schiedsverfahren erlaubt es den Parteien, einen Rechtsstreit durch eine sog. Schiedsvereinbarung vor einem privaten Schiedsgericht auszutragen und ihn damit der staatlichen Gerichtsbarkeit zu entziehen. Unter der Internetadresse www.disarb.org findet sich interessantes Zahlenmaterial zur deutschen Schiedsgerichtsbarkeit.

a) Adressatenkreis

30 Diese Möglichkeit der autonomen Konfliktlösung durch verbindlichen Schiedsspruch eines Dritten nutzen vor allem Unternehmen in internationalen Handels- und Wirtschaftsstreitigkeiten. Aber auch eine Reihe von nationalen Unternehmen ist in die Schiedsgerichtsbarkeit

13 *BGH* NJW 2015, 3297, 3298 f.; NJW 2016, 233 f.

„abgewandert", z.B. in gesellschaftsrechtlichen Streitigkeiten.[14] Ein wesentlicher Vorteil der „privaten Rechtsfindung" besteht für die „Global-Player" vor allem darin, dass Schiedssprüche **weltweit anerkannt** und für vollstreckbar erklärt werden (vgl. § 1061 ZPO),[15] während ein nationales Urteil nicht in allen Staaten anerkannt wird. Beispielsweise hat sich China verpflichtet, Schiedssprüche anzuerkennen, nicht aber Urteile „normaler Gerichte". Die globalisierten Unternehmen nutzen als Schiedsgerichte bevorzugt institutionelle Schiedsgerichtsorganisationen, wie etwa das Schiedsgericht der Internationalen Handelskammer in Paris, das Chinesisch-Europäische Schiedsgerichtszentrum in Hamburg sowie den London Court of International Arbitration.

b) Vorteile im Überblick

Als Vorteile für das Schiedsverfahren werden die größere Flexibilität der Verfahrensgestal- **31**
tung, die kürzere Verfahrensdauer, die Kostengünstigkeit bei hohen Streitwerten, die Nichtöffentlichkeit und damit Vertraulichkeit des Verfahrens, die spezielle Sachkunde der Schiedsrichter in technischen oder rechtlichen Fragen, die freie Wahl des Orts des Schiedsverfahrens sowie der Verhandlungssprache, die freie Rechtswahl sowie die internationale Vollstreckbarkeit des Schiedsspruchs (weltweit) genannt.[16] Die Verjährung des Anspruchs wird mit Beginn des schiedsrichterlichen Verfahrens gehemmt (§ 204 Abs. 1 Nr. 11 BGB).

c) Schiedsverfahren

Voraussetzung für das schiedsrichterliche Verfahren ist eine privatrechtliche Schiedsvereinbarung **32**
zwischen den Parteien. Einseitige Anordnungen (z.B. im Testament) genügen nicht.[17] Die Schiedsvereinbarung muss freiwillig erfolgen. Die Formerfordernisse sind in § 1031 ZPO aufgeführt. Gegenstand einer Schiedsvereinbarung kann jeder vermögensrechtliche Anspruch sein (§ 1030 ZPO). Ausgeschlossen sind Schiedsvereinbarungen beispielsweise in Mietsachen (§ 1030 Abs. 2 ZPO). Liegt eine Schiedsgerichtsvereinbarung vor und wird dennoch Klage bei einem staatlichen Gericht erhoben, ist die Klage als **unzulässig** abzuweisen, wenn der Beklagte dies rechtzeitig rügt (§ 1032 Abs. 1 ZPO). Im Regelfall ist das Schiedsgericht mit drei Schiedsrichtern besetzt. Das Schiedsgericht muss unabhängig und neutral sein.[18] Der Schiedsspruch hat für die Parteien die Wirkung eines rechtskräftigen Urteils (§ 1055 ZPO). Die Zwangsvollstreckung aus dem Schiedsspruch ist erst nach Vollstreckbarkeitserklärung durch ein staatliches Gericht möglich (§§ 1060 ff. ZPO). In bestimmten Fällen kann der Schiedsspruch wieder beseitigt werden (§ 1059 Abs. 2 ZPO), z.B. bei Unparteilichkeit des eingeschalteten Sachverständigen.[19]

Ausgangsfall Mona hat keinen Schiedsvertrag mit der V-GmbH geschlossen. Schiedsvereinbarungen mit Verbrauchern sind eher unüblich und stets an § 307 BGB zu messen. Nachdem nun sämtliche Formen der außergerichtlichen Streitbeilegung für den Fall von Mona keine Rolle spielen, wird Mona um die Aufnahme eines Prozesses nicht herum kommen. Eine kleine Chance besteht noch für Mona, einigermaßen rasch und kostengünstig an ihr Recht (bzw. zu einem Vergleich) zu kommen. Dies soll im Folgenden erläutert werden. ■

14 Vgl. *BGH* NJW 2015, 3234 (MediaMarkt); *BGH* NJW 2017, 892.
15 Vgl. *BGH* NZG 2017, 227 (Thailand).
16 Vgl. *Heinrich* NZG 2016, 1406; *Musielak/Voit* ZPO § 1025 Rn. 2.
17 *BGH* NJW 2017, 2112 u. 2115.
18 *BGH* NJW 2016, 2266, 2268 f.
19 *BGH* NJW 2018, 70 ff.

III. Vorgeschaltete Güteverhandlung; gerichtliche Güteversuche

33 Das Instrument der Güteverhandlung ist kein Konzept der „außergerichtlichen" Streitschlichtung, da sie die Erhebung einer Klage, also einen Prozess, voraussetzt. Da die Güteverhandlung aber auf eine rasche und frühzeitige Streitbeilegung gerichtet ist, soll sie – systematisch ungenau – dennoch an dieser Stelle behandelt werden. Nach § 278 Abs. 2 ZPO muss der **mündlichen Verhandlung** zwingend eine **Güteverhandlung vorausgehen**. Diese seit 2002 geltende Vorschrift ist § 54 ArbGG nachgebildet. Die Güteverhandlung ist nicht Teil der mündlichen Verhandlung, sondern vorgeschaltet. Ziel dieses Termins ist, eine frühzeitige, einvernehmliche Lösung des Konflikts zu fördern. Auf die Güteverhandlung kann das Gericht daher nur verzichten, wenn ein Einigungsversuch bereits vor einer außergerichtlichen Gütestelle (siehe hierzu Rn. 21) stattgefunden hat oder wenn die Güteverhandlung erkennbar aussichtslos erscheint (§ 278 Abs. 2 S. 1 ZPO). Wie die Güteverhandlung ausgeht, hängt u.a. auch von der Verhandlungsführung und dem Verhandlungsgeschick des Richters ab. Manche Länder haben daher Modellversuche mit speziell ausgebildeten Güte- bzw. Mediationsrichtern gestartet.[20] Das **Mediationsgesetz** (Rn. 12, 24) hat diesen Trend aufgegriffen. Um eine gütliche Einigung der Parteien vor Gericht noch intensiver zu fördern, hat das Gericht nach § 278 Abs. 5 ZPO zur Durchführung der Güteverhandlung nun mehrere Optionen. Nach Wahl des Gerichts kann es die Güteverhandlung selbst durchführen oder die Parteien an einen speziellen (nicht entscheidungsbefugten) **Güterichter** verweisen, der wiederum alle Modelle einvernehmlicher Konfliktlösung (z.B. Mediation) einsetzen kann (§ 278 Abs. 5 S. 2 ZPO). Richter/innen, die an einem Güte-/Mediationsverfahren mitgewirkt haben, sind von einer späteren Streitentscheidung ausgeschlossen (§ 41 Nr. 8 ZPO).[21] Außerdem kann das Gericht den Parteien die Durchführung einer außergerichtlichen Mediation vorschlagen (§ 278a ZPO), um so die Güteverhandlung bzw. den Prozess überflüssig zu machen.

34 Führt das Gericht die Güteverhandlung selbst durch, erläutert es den Sach- und Streitstand (§ 278 Abs. 2 S. 2 ZPO), insbesondere das Prozessrisiko der Parteien. Finden die Parteien daraufhin keine Lösung, kommt es zur mündlichen Verhandlung, die entweder gleich im Anschluss (§ 279 Abs. 1 S. 1 ZPO) oder in einem gesonderten Termin (§ 279 Abs. 1 S. 2 ZPO) stattfindet. Aber auch bei Scheitern der Vergleichsgespräche in der Güteverhandlung darf das Gericht nicht „aufgeben". Vielmehr ist das Gericht nach § 278 Abs. 1 ZPO in jeder Lage des Rechtsstreits verpflichtet, auf eine gütliche Einigung hinzuwirken. Es kann für weitere Güteversuche jederzeit an einen Güterichter verweisen (§ 278 Abs. 5 S. 1 ZPO). Finden die Parteien dagegen in der Güteverhandlung eine gemeinsame Lösung, wird ein gerichtlicher Vergleich geschlossen, der vollstreckbar ist (§ 794 Nr. 1 ZPO). Der Vergleich ist zu seiner Wirksamkeit vom Prozessgericht zu protokollieren (§ 160 Abs. 3 Nr. 1 ZPO); beim Vergleich vor dem Güterichter müssen die Parteien zunächst übereinstimmend die Aufnahme eines Protokolls beantragen (§ 159 Abs. 2 S. 2 ZPO). Schaffen es die Parteien, sich in der Güteverhandlung zu einigen, wird der Prozess in einem äußerst frühen Stadium beendet (spart Zeit und Kosten).

Ausgangsfall Das Gericht teilt Mona in der Güteverhandlung mit, dass es klärungsbedürftig sei, ob die Verfärbungen überhaupt als Sachmangel zu bewerten seien. Dem Geschäftsführer der V-GmbH erklärt das Gericht, dass man über die Ersatzfähigkeit der

---

20 Hierzu *Ahrens* NJW 2012, 2464 m.w.N.

21 MüKo-*Stackmann* ZPO § 41 Rn. 28.

Ein- und Ausbaukosten gründlicher diskutieren müsse und bei Bewertung des Prozesskostenrisikos eine hälftige Übernahme der Kosten durchaus angemessen sei. Der Geschäftsführer lehnt diesen Vorschlag auf Anraten seines Anwalts ab. Die Güteverhandlung ist damit gescheitert. Der Weg zur Durchführung des (restlichen) Erkenntnisverfahrens ist nun frei. ■

IV. Zusammenfassung

Für einen typischen Sachmangelfall aus dem Kaufrecht stehen in der Praxis kaum „Streitvermeidungsstrategien" zur Verfügung. Viele Unternehmen lehnen den Weg der Verbraucherschlichtung derzeit ab. Gelingt es dem Käufer also nicht, durch hartnäckige und argumentative Kommunikation den Verkäufer zu überzeugen, dass er den Mangel auf seine Kosten beseitigen muss, bleibt als einziger Weg die Aufnahme eines Prozesses. Möglicherweise gelingt es dem Gericht in der Güteverhandlung, die Parteien zu einer Einigung (zu einem Vergleich) zu bewegen. Andernfalls aber muss der Prozess zu Ende geführt werden. Diese Prozedur steht Mona nun bevor. 35

B. Verfahrensgrundsätze

Nach der mündlichen Verhandlung vor dem Amtsgericht Köln ist Mona zum Heulen zumute. 36
Die Ankündigung des Richters, ihr wegen der mangelhaften Fliesen einen Minderungsbetrag von maximal 273 € zuzubilligen, entspricht überhaupt nicht ihren Vorstellungen. Auch den Ausschluss ihrer muslimischen Freundin aus dem Gerichtssaal wegen Tragen eines Kopftuches findet Mona überzogen.[22] Mona beschließt daher, sich kundig zu machen, welche (verfassungsrechtlich) bedeutsamen Grundsätze in einem Zivilprozess zum Tragen kommen. Diese Vorgaben für das richterliche Tätigwerden kann Mona unter dem Stichwort „Verfahrensgrundsätze" genauer nachlesen.

I. Die Verfahrensgrundsätze im Überblick

37

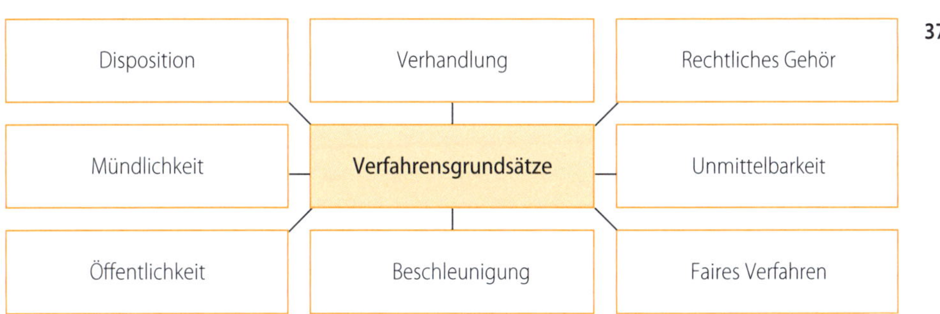

22 Nach *BVerfG* NJW 2007, 56 verstößt diese Anordnung gegen Art. 3 Abs. 1 und Art. 4 GG.

II. Dispositionsgrundsatz

38 Im BGB spielt der Grundsatz der Vertragsfreiheit („ich mache, was ich will") eine wesentliche Rolle. Der **Dispositionsgrundsatz** ist das Ebenbild in der ZPO. Er besagt, dass jede Partei frei darüber entscheiden kann, einen Prozess zu beginnen, den Prozessgegenstand (Lieferung von Waren, Schadensersatz, Unterhalt etc.) festzulegen sowie das Ende eines Prozesses herbeizuführen. Allein die Parteien und nicht der Staat sind die Herrinnen des Verfahrens. Das Gegenstück zum Dispositionsgrundsatz ist die Offizialmaxime (= Amtsverfahren), die im Strafprozessrecht oder in Teilen der Freiwilligen Gerichtsbarkeit (z.B. Nachlasssachen) vorherrscht. Bei der Offizialmaxime ist der Staat (das Gericht) der Herrscher über das Verfahren.[23]

1. Bedeutung im Einzelnen

a) Verfahrensbeginn

39 Ein Zivilprozess wird nur durch Erhebung einer Klage gem. § 253 ZPO eingeleitet. Jeder Zivilprozess beruht auf der aktiven Handlung einer Partei („wo kein Kläger, da kein Richter"). Kein Gericht ist befugt, von Amts wegen ein Zivilverfahren in Gang zu setzen.

Beispiel Der Vater von Thomas zahlt keinen Unterhalt. Das Familiengericht in Köln ist nicht befugt, von Amts wegen einen Prozess gegen den Vater einzuleiten. Das ist allein Sache von Thomas. ■

b) Bestimmung des Streitgegenstandes

40 Der Kläger kann frei entscheiden, in welcher Sache und in welchem Umfang er Rechtsschutz begehrt. Er kann Unterhalt fordern, Schadensersatz wegen Körperverletzung verlangen oder einen Herausgabeanspruch geltend machen. Er muss sich allerdings festlegen und nach § 253 Abs. 2 Nr. 2 ZPO einen bestimmten Antrag stellen („Die Beklagte wird verurteilt, an die Klägerin 2400 € zu zahlen") sowie den zugrunde liegenden Sachverhalt benennen („Kauf von mangelhaften Fliesen am 2.1.2017"). Hierdurch wird der Gegenstand des Rechtsstreits (= Streitgegenstand) bestimmt. Der Streitgegenstand ist ein Lieblingsthema der Prozessrechtswissenschaftler und wird in einem späteren Kapitel genauer behandelt. Das Gericht ist an den Antrag des Klägers nach § 308 Abs. 1 ZPO gebunden. Es darf nichts anderes oder mehr als beantragt zusprechen („ne ultra petitum").[24] Das gilt auch im Rechtsmittelverfahren (§§ 528, 557 Abs. 1 ZPO).

Ausgangsfall Mona hat wegen der schadhaften Fliesen Nacherfüllungskosten von 2400 € beantragt (§§ 437 Nr. 1, 439 BGB). Das Gericht darf ihr nicht einfach einen Minderungsbetrag in Höhe von 273 € zusprechen (§§ 437 Nr. 2, 441 BGB), da Mona diese Rechtsfolge gar nicht beantragt hat. Das Gericht darf allerdings weniger als beantragt zusprechen. Die Abgrenzung zwischen minus und aliud ist nicht immer leicht.[25] ■

---

23 *Grunsky/Jacoby* Zivilprozessrecht Rn. 85.

24 *BGH* NJW 2001, 157, 158 f.

25 Beispiele bei *Schilken* Zivilprozessrecht Rn. 342.

c) Verfahrensbeendigung

Die Parteien haben es auch in der Hand, dem Gericht den Rechtsstreit „wieder wegzunehmen". So kann der Kläger seine Klage zurücknehmen (§ 269 ZPO) oder auf den geltend gemachten Anspruch verzichten (§ 306 ZPO). Im Fall eines Verzichts darf der Kläger nicht mehr mit der gleichen Sache zu Gericht. Er ist endgültig ausgeschlossen. Der Beklagte kann den Anspruch des Klägers nach § 307 ZPO anerkennen und damit einen Schlussstrich ziehen. Das prozessuale Anerkenntnis wirkt, egal ob der Anspruch in Wahrheit tatsächlich besteht oder nicht. Die Parteien können zusammen einen Prozessvergleich schließen (§ 794 Abs. 1 Nr. 1 ZPO) oder den Rechtsstreit übereinstimmend nach § 91a ZPO für erledigt erklären. In sämtlichen Fällen darf das Gericht nicht mehr über den ursprünglichen Antrag des Klägers entscheiden. Es muss lediglich eine Kostenentscheidung treffen. **41**

2. Durchbrechung des Dispositionsgrundsatzes

a) Höherrangige Interessen

In bestimmten Situationen muss der **Dispositionsgrundsatz** (zum Teil) **durchbrochen** werden, vor allem wenn es um überparteiliche, staatliche Interessen geht. In Ehe- und Kindschaftssachen ist der Grundsatz beispielsweise eingeschränkt (kein Anerkenntnis im Scheidungsprozess, § 113 Abs. 4 Nr. 6 FamFG). Da in Mietsachen sozialpolitische Erwägungen eine erhebliche Rolle spielen, ist das Gericht bei der Entscheidung über die Fortsetzung eines Mietverhältnisses (§ 308a Abs. 1 ZPO) oder über die Frist zur Räumung von Wohnraum (§ 721 ZPO) nicht an die Anträge der Parteien gebunden. Auch die Kostenentscheidung (§§ 91 ff. ZPO) ergeht von Amts wegen. Das Gericht entscheidet also unabhängig von den Parteianträgen, ob die Kosten des Rechtsstreits vom Kläger allein, vom Beklagten allein oder von beiden anteilig getragen werden müssen. Ebenso ergeht die Entscheidung über die vorläufige Vollstreckbarkeit (§§ 708 ff. ZPO) von Amts wegen. Das Gericht entscheidet frei darüber, ob der Kläger gegen den Beklagten sogleich vollstrecken darf, auch wenn der Beklagte in die Berufung geht und der endgültige Ausgang des Rechtsstreits ungewiss ist. **42**

b) Richterliche Hinweispflicht

Ein besonderes Spannungsverhältnis besteht zwischen dem Dispositionsgrundsatz und der richterlichen Hinweispflicht des § 139 ZPO. Eigentlich ist es Sache der Parteien bzw. ihrer Anwälte, richtige und vollständige Anträge bei Gericht zu stellen. Das ist manchmal aber gar nicht so einfach (selbst für Rechtsanwälte). Besonders hoch sind die Hürden bei Unterlassungsanträgen.[26] Nach § 139 Abs. 1 S. 2 ZPO ist das Gericht daher verpflichtet, darauf hinzuwirken, dass die Parteien sachdienliche Anträge stellen. Pauschale Hinweise des Gerichts reichen hierfür nicht.[27] Das Gericht kann eventuell Formulierungshilfen geben. Die Vorschrift des § 139 ZPO fordert das Gericht zu aktiver und unterstützender Verhandlungsleitung auf.[28] Es bleibt allerdings den Parteien überlassen, ob sie Nachbesserungen vornehmen. **43**

---

26 *BGH* NJW 2000, 1794.
27 *BGH* NJW 2002, 3317, 3320.
28 *Zöller/Greger* ZPO § 139 Rn. 1.

III. Verhandlungsgrundsatz

1. Einführung und Inhalt

44 Im Zivilprozess herrscht der sog. **Verhandlungsgrundsatz** (= Beibringungsgrundsatz). Sein Gegenstück ist die sog. Inquisitionsmaxime (= Untersuchungs- oder Amtsermittlungsgrundsatz), die u.a. im Strafverfahren Geltung hat.[29] Inquisition kennt man aus den Hexenprozessen, in denen mit Hilfe der Folter als Beweismittel das Gericht von Amts wegen „die Wahrheit" erforschte. Im Zivilprozess kann das Gericht unter Geltung des Verhandlungsgrundsatzes nicht eigenmächtig Tatsachen ermitteln und die Wahrheit von Behauptungen überprüfen, um die wahre Rechtslage herauszufinden. Die Parteien entscheiden vielmehr allein darüber, welche relevanten Tatsachen „auf den Tisch kommen" und welche nicht. Der Verhandlungsgrundsatz ist Ausdruck der Privatautonomie, die staatliche Einmischung in privatrechtlichen Angelegenheiten grundsätzlich untersagt. Eine wichtige Ausnahme findet sich in Familiensachen und in Angelegenheiten der Freiwilligen Gerichtsbarkeit; hier ist in §§ 26, 29 FamFG der **Amtsermittlungsgrundsatz** statuiert, der allerdings zugunsten des Verhandlungsgrundsatzes gelegentlich (§§ 127, 177 FamFG) durchbrochen wird. Dass die Prozessvoraussetzungen von Amts wegen geprüft werden, hat mit dem Untersuchungsgrundsatz nichts zu tun. Denn auch diesbezüglich müssen die Parteien die erforderlichen Nachweise liefern.[30]

2. Konsequenzen für das Gericht

45 Das Gericht darf nur **Tatsachen berücksichtigen**, die von den **Parteien selbst vorgetragen** wurden. Privates Wissen des Richters oder nicht von den Parteien vorgetragene Tatsachen dürfen nicht in das Prozessergebnis einfließen (Ausnahme: offenkundige Tatsachen, § 291 ZPO). Wird eine Akte beigezogen, muss sich die Partei auf konkrete Aussagen darin berufen.[31] Trägt der Kläger Tatsachen vor, aus denen sich ergibt, dass der geltend gemachte Anspruch nicht besteht, muss das Gericht die Klage als unschlüssig (= unbegründet) abweisen.[32] Dies ist Konsequenz der Darlegungslast des Klägers. Welche der vorgetragenen Tatsachen tatsächlich bewiesen werden müssen, unterliegt ebenfalls der Parteiherrschaft. Beweisbedürftig sind nur solche Tatsachen, die der Gegner bestreitet. Nicht bestrittene Tatsachen (§ 138 Abs. 3 ZPO) oder vom Gegner zugestandene Tatsachen (§ 288 ZPO) müssen vom Gericht akzeptiert werden und sind dem Urteil zugrunde zu legen, selbst wenn der Richter vom Gegenteil überzeugt ist.

Ausgangsfall Mona behauptet in ihrer Klage gegen die V-GmbH, dass sie dieser mit E-Mail vom 6.2.2017 ein Nachbesserungsverlangen übermittelt habe. Die V-GmbH bestreitet den Erhalt der E-Mail nicht (obwohl sie diese vielleicht nie bekommen hat). Dann muss der Richter vom Zugang der E-Mail ausgehen.[33] ■

46 Die Beweismittel selbst liegen nicht mehr ausschließlich in den Händen der Parteien. Insofern ist der Verhandlungsgrundsatz eingeschränkt. Lediglich beim Zeugenbeweis ist der Richter auf den Vortrag und die Beweisangebote der Parteien angewiesen. Von Amts wegen darf der Richter keinen Zeugenbeweis anordnen. **Alle übrigen Beweismittel** darf das Gericht

29 *Grunsky/Jacoby* Zivilprozessrecht Rn. 96.
30 *Schilken* Zivilprozessrecht Rn. 351.
31 *BGH* NJW-RR 2014, 903, 905.
32 *Pohlmann* Zivilprozessrecht Rn. 68.
33 Vgl. auch *BGH* NJW 2016, 3654, 3655.

aber **von Amts wegen** heranziehen. Dies gilt für Urkunden (§§ 142, 143 ZPO), für den Augenschein und Sachverständige (§ 144 ZPO) sowie für die Parteivernehmung (§ 448 ZPO). Voraussetzung ist aber, dass hierzu streitiger Parteivortrag vorliegt.[34] Besonders bedeutsam für die Praxis ist die Anordnung der Urkundenvorlegung (§ 142 ZPO). Hier kann der Richter die Vorlagenanordnung nicht nur gegen die Partei erlassen, sondern auch gegen den Prozessgegner oder gegen einen nicht am Rechtsstreit beteiligten Dritten, und zwar unabhängig vom Bestehen eines materiell-rechtlichen Anspruchs oder der Beweislast.[35] Die Zurückdrängung des Verhandlungsgrundsatzes zugunsten eines Machtzuwachses des Gerichts ist im Hinblick auf die materielle Gerechtigkeit zu begrüßen.

3. Abgrenzung

Der Verhandlungsgrundsatz bezieht sich nur auf Tatsachen („den Sachverhalt"), nicht auf Paragrafen. Die Rechtsnormen müssen nicht von den Parteien vorgetragen werden. Die rechtliche Würdigung des vorgebrachten Stoffs obliegt dem Gericht („**iura novit curia** = das Gericht kennt das Recht"). Die Rechtsanwendung ist und bleibt originäre Aufgabe der Gerichte. Diese sind insbesondere nicht an die von den Parteien zitierten Anspruchsgrundlagen gebunden. **47**

Ausgangsfall Mona stützt ihren Anspruch auf Erstattung der Sachverständigenkosten auf §§ 437 Nr. 3, 280 Abs. 1 BGB. Das Gericht kann genauso gut § 439 Abs. 1 oder 2 BGB (vgl. BGH NJW 2014, 2351) heranziehen, ohne an die Auffassung von Mona gebunden zu sein. Allerdings darf es die Parteien mit seiner Rechtsauffassung nicht völlig „überraschen"; das Gericht muss vielmehr rechtzeitig auch die rechtlichen Gesichtspunkte, die eine Partei erkennbar übersehen hat und auf die sich das Gericht stützen will, mit den Parteien erörtern (§ 139 Abs. 2 ZPO). Die Hinweise sind frühzeitig vor der mündlichen Verhandlung zu geben (§ 139 Abs. 4 ZPO); andernfalls muss vertagt werden oder es ist Schriftsatznachlass (§ 139 Abs. 5 ZPO) zu gewähren.[36] ■

Auch die Beweiswürdigung (§§ 286, 287 ZPO) obliegt ausschließlich dem Gericht. Ob ein Zeuge (z.B. der Freund von Mona) glaubwürdig ist oder ob der Augenschein zu der Bejahung eines erheblichen Sachmangels führt, ist Sache des Gerichts.

4. Modifikationen

a) Wahrheitspflicht der Parteien

Der Verhandlungsgrundsatz wird durch die **Wahrheitspflicht** eingeschränkt. Die Parteien können zwar entscheiden, ob und welche Tatsachen sie vortragen, sie dürfen aber keine unwahren Tatsachen behaupten (= Lügen). Die Pflicht zur Wahrheit ist in § 138 Abs. 1 ZPO geregelt. Auch sog. Halbwahrheiten (= Weglassen von wesentlichen Umständen) verstoßen gegen die Wahrheitspflicht. Behauptungen ins Blaue hinein sind nur in engen Grenzen (= es sind Anhaltspunkte da) zulässig.[37] Jede Partei muss zudem ihre Erklärungen vollständig abgeben.[38] **48**

34 *Adolphsen* Zivilprozessrecht § 4 Rn. 17.
35 *BGH* NJW 2007, 2989, 2991; *Zöller/Greger* ZPO § 142 Rn. 2.
36 *BGH* NJW 2009, 2674, 2677; s. auch *BVerfG* NJW 1996, 3202.
37 *BGH* NJW 1995, 2111, 2112; NJW-RR 2000, 1156.
38 *BGH* NJW 2011, 2794, 2795.

Welche Folge hat die Verletzung der Wahrheitspflicht? Bewusst unwahres Parteivorbringen muss das Gericht unberücksichtigt lassen. Außerdem kann ein Prozessbetrug (§ 263 StGB) vorliegen. Zudem kann ein Verstoß gegen § 138 ZPO zum Schadensersatz nach § 823 Abs. 2 BGB (mit § 263 StGB) oder nach § 826 BGB verpflichten. Schließlich kann eine Wiederaufnahmeklage nach § 580 Nr. 4 ZPO in Betracht kommen.

b) Richterliche Hinweispflicht

49 Durch die richterliche Hinweispflicht erfährt der Verhandlungsgrundsatz ebenfalls eine sinnvolle Ergänzung. Nach § 139 ZPO muss das Gericht Sorge tragen, dass lückenhaftes Parteivorbringen nachgebessert wird und sachdienliche Beweismittel benannt werden. Der Richter muss auf Unklarheiten oder Widersprüche im Sachverhalt aufmerksam machen. Diese **Hinweispflicht** besteht unabhängig davon, ob die Parteien durch einen Anwalt vertreten sind.[39] Die Aufklärung darf allerdings nicht allzu einseitig (= zugunsten einer Partei) erfolgen. Es darf nicht der Eindruck **fehlender Neutralität** (Befangenheit des Richters nach § 42 ZPO) entstehen. Dies ist beispielsweise der Fall, wenn der Richter einen „Tipp zur Verjährung" gibt.[40] § 139 ZPO ist wegen des Gleichbehandlungsgebots der Parteien eine „Spagatvorschrift", die dem Gericht bei seiner materiellen Prozessleitung souveränes und weitsichtiges Handeln abverlangt.

IV. Anspruch auf rechtliches Gehör

1. Rechtsgrundlage und Inhalt

50 Der **Anspruch auf rechtliches Gehör** ist eines der **wichtigsten Prozessgrundrechte** der Parteien. Er ist als grundrechtsgleiches Recht in **Art. 103 Abs. 1 GG** statuiert. Darüber hinaus ist er in Art. 6 Abs. 1 EMRK verankert. Das Gebot des rechtlichen Gehörs verpflichtet die Gerichte, den Sachvortrag der Parteien zu berücksichtigen und die angebotenen Beweise zu erheben.[41] Das Gericht muss den Parteien vor Erlass einer Entscheidung Gelegenheit geben, ihren jeweiligen Standpunkt in tatsächlicher und rechtlicher Hinsicht vorzutragen. Dabei darf das Gericht nicht nur als „Briefkasten" fungieren, sondern muss zeigen, dass es sich aktiv mit dem Vortrag der Parteien auseinander setzt („Echoprinzip"). In den Entscheidungsgründen ist daher auf den zentralen Kern des Tatsachenvortrags einzugehen.[42] Ein Gehörsverstoß liegt vor, wenn das Gericht den Antrag einer Partei auf Ladung des Sachverständigen zur Erläuterung seines schriftlichen Gutachtens ablehnt oder über das Beweisergebnis überhaupt nicht diskutiert[43] oder Widersprüche zwischen Sachverständigen- und Privatgutachten übergeht.[44] Umstritten ist, ob der Anspruch auf rechtliches Gehör das Gericht zu einem Rechtsgespräch verpflichtet. Die h.M. lehnt dies ab.[45] Zu rechtlichen Gesichtspunkten, die eine Partei erkennbar übersehen hat, muss ihr allerdings Gelegenheit zu Stellungnahme (§ 139 Abs. 2 ZPO) gegeben werden, um Überraschungsentscheidungen zu verhindern.[46]

---

39 *BGH* NJW 2002, 3317, 3320 m.w.N.; *Lüke* Zivilprozessrecht I S. 15 f. (Nr. 34).
40 *BGH* NJW 2004, 164 f.
41 *BVerfG* NJW 2015, 1166; NJW 2017, 3218, 3219; *BGH* NJW 2016, 3024, 3026; NJW 2017, 1877, 1878.
42 *BGH* NJW 2015, 2125, 2126; NJW 2016, 3785, 3786.
43 *BGH* NJW 2016, 2890, 2891; NJW 2012, 2354; s. auch *BVerfG* NJW 2013, 3433.
44 *BGH* NJW 2017, 3661.
45 Vgl. *BVerfG* NJW 1994, 1274; NJW 2017, 3218, 3219; *Zeiss/Schreiber* Zivilprozessrecht Rn. 192.
46 *BVerfG* NJW 2017, 3218, 3219; *BGH* NJW 2014, 206, 207; NJW 2015, 3453, 3454; NJW 2016, 2508, 2509.

2. Ausnahmen

In besonders dringlichen Fällen, wie im Verfahren des einstweiligen Rechtsschutzes (§ 937 Abs. 2 ZPO) oder in der Zwangsvollstreckung (§ 834 ZPO), wird auf eine vorherige Anhörung des Gegners verzichtet. Grund ist, dass der Zweck des Verfahrens andernfalls vereitelt werden könnte. Das rechtliche Gehör wird aber nachgeholt, wenn der Betroffene Rechtsbehelfe einlegt. 51

3. Rechtsbehelfe

Ein **Verstoß** gegen den Anspruch auf rechtliches Gehör ist ein Verfahrensfehler und muss zunächst mit den normalen Rechtsmitteln (Berufung, Revision) geltend gemacht werden. Ist ein Rechtsmittel nicht gegeben (z.B. Streitwert unter 600 €), kommt die **Anhörungsrüge** gem. **§ 321a ZPO** in Betracht. Dieser außerordentliche „Sonderrechtsbehelf" wurde 2002 wegen der Überlastung des Bundesverfassungsgerichts in die ZPO eingeführt und 2005 nochmals abgeändert.[47] Nun ist die Anhörungsrüge gegen alle gerichtlichen Entscheidungen (nicht nur Urteile) statthaft. Beispielsweise ist sie möglich, wenn die Berufung wegen Unterschreitens der Berufungssumme von 600 € (§ 511 Abs. 2 Nr. 1 ZPO) oder Nichtzulassung (§ 511 Abs. 2 Nr. 2 ZPO) unstatthaft ist. Zweck dieses neuen Rechtsbehelfs ist eine Selbstkorrektur durch die Fachgerichte. Die Anhörungsrüge ist **kein Rechtsmittel**, weil ihr Devolutiv- und Suspensiveffekt fehlen.[48] Die Gehörsrüge muss binnen einer Notfrist von zwei Wochen, spätestens aber innerhalb eines Jahres seit Bekanntgabe der angegriffenen Entscheidung durch Einreichung eines Schriftsatzes geltend gemacht werden (§ 321a Abs. 2 ZPO). Das Verfahren findet vor dem judex a quo (vor dem Ausgangsgericht, nicht vor dem übergeordneten Gericht) statt. Weist der Betroffene eine entscheidungserhebliche Verletzung des rechtlichen Gehörs nach, versetzt das Gericht den Prozess in die Lage vor Schluss der mündlichen Verhandlung zurück und führt den Prozess weiter (§ 321a Abs. 5 ZPO). Die Anhörungsrüge selbst bewirkt keine weitere Verjährungshemmung.[49] Wird der Verletzung nicht abgeholfen, bleibt die Möglichkeit der Verfassungsbeschwerde, da nun der Rechtsweg erschöpft ist.[50] Die Anhörungsrüge kann **allein** wegen Verstoßes gegen **Art. 103 Abs. 1 GG** (rechtliches Gehör) erhoben werden. Die Verletzung anderer Verfahrensgrundsätze (z.B. Gebot fairen Verfahrens) wird nicht von § 321a ZPO erfasst.[51] 52

JURIQ-Klausurtipp

Die Anhörungsrüge = Gehörsrüge nach § 321a ZPO ist ein relativ neuer Rechtsbehelf und daher in jedem Fall examensrelevant.

47 *Baumbach/Lauterbach/Albers/Hartmann* § 321a Rn. 2 f.

48 Vgl. *Adolphsen* Zivilprozessrecht § 4 Rn. 52.

49 *BGH* NJW 2012, 3087, 3088.

50 Vgl. auch *BVerfG* NJW 2005, 3059 f.; NJW 2013, 3506, 3507; NJW 2014, 2635.

51 *BVerfG* NJW 2009, 3710, 3711; *BGH* NJW 2016, 3035, 3037.

V. Grundsatz der Mündlichkeit

1. Inhalt und Bedeutung

53 Der **Grundsatz der Mündlichkeit** ist in § 128 Abs. 1 ZPO geregelt. Danach darf das Gericht seine Entscheidung grundsätzlich nur auf der Grundlage einer mündlichen Verhandlung treffen. Nur das mündlich Vorgetragene kann Gegenstand der Urteilsfindung sein. Ergänzend gilt das Prinzip der Einheit der mündlichen Verhandlung. Finden mehrere Verhandlungstermine statt, bilden sie insgesamt eine einzige mündliche Verhandlung (früher erster Termin, Haupttermin, Folgetermine).[52] Was also einmal gesagt wurde, bleibt für die folgenden Termine erhalten. Dementsprechend ist in § 309 ZPO normiert, dass ein Urteil nur von den Richtern gefällt werden kann, die dem letzten mündlichen Verhandlungstermin beigewohnt haben. Diese haben aufgrund der Einheit der mündlichen Verhandlung das „letzte Wort" und damit „alles" mitbekommen. Das Gegenstück zum Mündlichkeitsprinzip bildet das Schriftlichkeitsprinzip, das vor dem Reichskammergericht (1495–1806) Geltung hatte. Damals schrieb man dem Richter seitenweise Stellungnahmen, ohne ihn je zu Gesicht zu bekommen. Das ist heute undenkbar. Allein der Anspruch auf rechtliches Gehör erfordert eine mündliche Verhandlung, in der Tatsachen und Rechtsausführungen miteinander erörtert werden. Nur dort kann der Richter seine richterliche Hinweis- und Aufklärungspflicht nach § 139 ZPO erfüllen. Ein Verstoß gegen den Grundsatz der Mündlichkeit ist ein wesentlicher Verfahrensmangel. Er muss durch Rechtsmittel geltend gemacht werden, ist aber kein absoluter Revisionsgrund nach § 547 ZPO.[53]

2. Ausnahmen

54 Der Grundsatz der Mündlichkeit tritt an einigen Stellen in der ZPO zugunsten schriftlicher Kommunikation zurück. Das gesprochene Wort ist flüchtig und als alleinige Grundlage für die Rechtsfindung nur bedingt geeignet. Daher legt die ZPO im Rahmen der Vorbereitung der mündlichen Verhandlung Wert auf schriftliche Äußerungen der Parteien. So erfolgt die Vorbereitung einer mündlichen Verhandlung regelmäßig durch Schriftsätze der Parteien (§§ 129 Abs. 1, 282 Abs. 2 ZPO). Das Gericht kann den Parteien Fristen für ihre schriftlichen Stellungnahmen setzen (§ 275 Abs. 1, 4 ZPO). Fragen des Gerichts zu Schriftsätzen sind rechtzeitig (schriftsätzlich) zu beantworten (§ 273 ZPO). Außerdem kann das Gericht ein schriftliches Vorverfahren anordnen (§ 276 ZPO). Hier erfolgt die Vorbereitung auf die mündliche Verhandlung ausschließlich aufgrund vorbereitender Schriftsätze. Eine Bezugnahme auf Schriftsätze ist ebenfalls möglich (§§ 137 Abs. 3, 297 Abs. 2 ZPO).

Ausgangsfall Die Anwältin von Mona erklärt in der mündlichen Verhandlung, dass sie den Antrag aus der Klageschrift vom 28.2.2017 (Blatt 1 der Akten) stellt. Sie muss den Antrag also nicht wörtlich wiederholen. Zudem stellt die vorbehaltslose Antragstellung die Bezugnahme auf den gesamten Akteninhalt dar.[54] Unter den Voraussetzungen des § 128a ZPO kann die Anwältin von Mona ihre „Botschaft" auch per Videokonferenz (Webcam) an das Gericht übermitteln. ■

52 *Schilken* Zivilprozessrecht Rn. 366.

53 *Grunsky/Jacoby* Zivilprozessrecht Rn. 131.

54 *Zöller/Greger* ZPO § 137 Rn. 3.

In einigen wenigen Fällen kann das Gericht sogar ganz auf mündliches Vorbringen verzichten und allein aufgrund der schriftlichen Äußerungen entscheiden. So kann das Gericht eine Entscheidung ohne mündliche Verhandlung treffen, wenn beide Parteien zustimmen (§ 128 Abs. 2 ZPO). Die Kostenentscheidung kann ohne mündliche Verhandlung ergehen (§ 128 Abs. 3 ZPO). Erfolgt die gerichtliche Entscheidung durch Beschluss, nicht durch Urteil, ist eine mündliche Verhandlung nicht erforderlich (§ 128 Abs. 4 mit z.B. § 922 Abs. 1 ZPO). In Verfahren vor den Amtsgerichten kann das Gericht ein schriftliches Verfahren anordnen, wenn der Streitgegenstand 600 € nicht übersteigt (§ 495a S. 1 ZPO). Auf Antrag muss aber mündlich verhandelt werden (§ 495a S. 2 ZPO); andernfalls liegt eine Gehörsverletzung vor.[55] Einer mündlichen Verhandlung bedarf es auch nicht, wenn die gegnerische Partei den Klageanspruch anerkennt (§ 307 S. 2 ZPO). Ein Versäumnisurteil im schriftlichen Vorverfahren (§ 331 Abs. 3 ZPO) kann ohne mündliche Verhandlung ergehen. 55

VI. Grundsatz der Unmittelbarkeit

Nach dem **Grundsatz der Unmittelbarkeit** müssen die mündliche Verhandlung sowie die Beweisaufnahme unmittelbar vor dem erkennenden Gericht stattfinden (vgl. §§ 128 Abs. 1, 355 Abs. 1 S. 1 ZPO). Damit soll gewährleistet werden, dass sich das Gericht einen eigenen Eindruck verschafft und einen Prozess aufgrund eigener Beurteilungskraft entscheidet. Da auch Richter pensioniert werden oder die Kammer wechseln, ist eine kontinuierliche „Prozessbetreuung" nicht durchweg möglich. Daher reicht es aus, wenn der erkennende Richter zumindest der letzten mündlichen Verhandlung beigewohnt hat (§ 309 ZPO; siehe auch „Mündlichkeit"). 56

Ausgangsfall Der Richter vernimmt Thomas, den Freund von Mona, als Zeugen. Im Protokoll vermerkt er, dass „der Zeuge den Eindruck einer wahrheitsliebenden und gewissenhaften Person vermittelt, die intellektuelles Denkvermögen besitzt und ein sicheres Erinnerungsvermögen hat." Wird dieser Richter nun während des Prozesses pensioniert und kommt eine neue Richterin, muss diese die Beweisaufnahme wiederholen, wenn sie den persönlichen Eindruck des Zeugen zur Beurteilung seiner Glaubwürdigkeit in ihrem Urteil aufnehmen will.[56] Dies gilt insbesondere, wenn auf die „Urteilsfähigkeit", das „Erinnerungsvermögen" oder die „Wahrheitsliebe" des Zeugen verwiesen wird.[57] Andernfalls kann die Zeugenaussage im Wege des Urkundenbeweises durch Auswertung des Vernehmungsprotokolls verwertet werden. ■

Auch zum Unmittelbarkeitsgrundsatz existieren Ausnahmen. So darf die Beweisaufnahme in bestimmten Fällen einem beauftragten oder ersuchten Richter übertragen werden (z.B. §§ 355 Abs. 1 S. 2, 361, 372 Abs. 2, 375, 434, 479 ZPO). Seit neuestem können die Parteien von Amts wegen (bzw. Zeugen, Sachverständige auf Antrag) auch per **Videokonferenz** an Terminen teilnehmen (§ 128a ZPO), sofern das Gericht über diese Technik verfügt.[58] Ein Verstoß gegen § 309 ZPO führt zu einem absoluten Revisionsgrund (§ 547 Nr. 1 ZPO).

55 *BVerfG* NJW 2015, 3779.

56 *BGH* NJW 2017, 1313, 1314 m.w.N.; NJW 1997, 466 f.

57 *BVerfG* NJW 2011, 49, 50; *BGH* NJW 2011, 3780, 3781.

58 Gesetz zur Intensivierung des Einsatzes von Videokonferenztechnik in gerichtlichen und staatsanwaltschaftlichen Verfahren vom 25.4.2013 (BGBl. I S. 935).

VII. Grundsatz der Öffentlichkeit

57 Mündliche Verhandlungen vor dem Zivilgericht sind grundsätzlich **öffentlich (§ 169 GVG)**. Jeder Bürger soll Gelegenheit haben, „dem Richter einen Blick über die Schulter zu werfen". Geheimgerichte, die hinter verschlossenen Türen Urteile fällen, sind in einem Rechtsstaat verboten.[59] In **Familiensachen** ist die Öffentlichkeit zum Schutz der Privatsphäre der Beteiligten grundsätzlich ausgeschlossen (§ 170 Abs. 1 S. 1 GVG). Die Urteilsverkündung muss aber in jedem Fall öffentlich erfolgen (§ 173 GVG). Die Idee, bei den Landgerichten Kammern für internationale Handelssachen einzurichten, die in englischer Sprache verhandeln, verstößt jedenfalls nicht gegen den Öffentlichkeitsgrundsatz. Gleiches gilt für das richterliche Verbot, bestimmte Motorradkleidung (Hells Angels) im Gerichtssaal zu tragen.[60] Neuerungen bringt das Gesetz zur Erweiterung der Medienöffentlichkeit (EMöGG).[61] Danach bleiben Fernsehaufnahmen im Rahmen der mündlichen Verhandlung grundsätzlich weiterhin verboten (§ 169 Abs. 1 S. 2 GVG). Jedoch kann der BGH bei Urteilsverkündungen Ton- und Filmaufnahmen gestatten (§ 169 Abs. 3 S. 1 GVG). Zudem sind künftig Tonübertragungen für Journalisten in Medienarbeitsräume zulässig (§ 169 Abs. 1 S. 3 GVG). Vor Beginn und nach Schluss der mündlichen Verhandlung sind Bild- und Tonaufnahmen (in anonymisierter = gepixelter Form) möglich.[62] Aus dem Öffentlichkeitsgrundsatz resultiert zudem die Pflicht der Gerichte, ihre Entscheidungen öffentlich zugänglich zu machen.[63] Ein Verstoß gegen das Öffentlichkeitsprinzip ist ein absoluter Revisionsgrund (§ 547 Nr. 5 ZPO).

Beispiel Liest das erstinstanzliche Gericht nur den Urteilstenor vor und stellt es das mit Gründen versehene Urteil den Parteien erst später zu und dürfen nur die Parteien das Urteil auf der Geschäftsstelle einsehen, verletzt dies den Grundsatz der Öffentlichkeit, da nach Art. 6 EMRK eine öffentliche Verkündung des Urteils vorgeschrieben ist (EGMR NJW 2009, 2873). ■

VIII. Beschleunigungsgrundsatz

58 Jeder Gerichtsprozess benötigt eine gewisse Dauer. Eine **überlange Verfahrensdauer** verstößt allerdings gegen das Gebot effektiven Rechtsschutzes, das in Art. 2 Abs. 1 GG i.V.m. dem Rechtsstaatsprinzip und in Art. 6 EMRK verankert ist.[64] Der Beschleunigungsgrundsatz (= die Konzentrationsmaxime) verpflichtet die Gerichte, den Rechtsstreit in angemessener Zeit beizulegen. Dies gelingt nicht immer. Beim LG Würzburg wurde beispielsweise ein Prozess über einen Zeitraum von 17 Jahren geführt![65] Der „Telekom-Prozess" hat mittlerweile eine ähnliche Länge. Welche Prozessdauer von den Parteien verfassungsrechtlich zu „erdulden" ist, hängt vom Einzelfall ab. Nach Auffassung des BVerfG sind die Natur des Verfahrens, die Bedeutung der Sache für die Parteien, die Auswirkungen der Dauer auf die Parteien, die Schwierigkeit der Sachmaterie, das den Parteien zuzurechnende Verhalten (z.B. Verfahrensverzögerungen) sowie Verfahrensverzögerungen durch Dritte, vor allem von Sachverständigen, zu berücksichtigen.[66] Allgemeingültige Zeitvorgaben (1 Jahr, 2 Jahre, 4 Jahre, 7 Jahre[67]) gibt es jedenfalls nicht.

---

59 Vgl. *EGMR* NJW 2009, 2873; *BVerfG* NJW 2013, 1058, 1065; *BAG* NJW 2016, 3611, 3612.

60 *BVerfG* NJW 2012, 1863, 1864 f.

61 BGBl. I 2017, 3546 (Inkrafttreten der Neufassung des § 169 GVG am 19.4.2018).

62 *BVerfG* NJW 2009, 350, 351 (Holzklotzprozess); *Adolphsen* Zivilprozessrecht § 4 Rn. 37.

63 *BGH* NJW 2017, 1819, 1820 (durch Publikation oder Erteilung anonymisierter Abschriften).

64 Zuletzt *BVerfG* NJW 2016, 2018, 2019; NJW 2013, 3630, 3631; *BGH* NJW 2011, 1072, 1073.

65 *LG Würzburg* Urteil vom 13.10.2009 – 64 O 578/92 (die Jahreszahl 92 ist dem Aktenzeichen zu entnehmen).

66 *BVerfG* NJW 2016, 2021; 2015, 3361, 3362; 2013, 3432 u. 3630, 3632; s. auch *EGMR* NJW 2011, 1055.

67 *BGH* NJW 2014, 1967, 1969.

Bis 2011 gab es gegen „gerichtliches Trödeln" keinen gesetzlichen Rechtsbehelf. Manche Instanzgerichte halfen mit einer sog. Untätigkeitsbeschwerde analog §§ 567 ff. ZPO.[68] Auf Drängen des EGMR[69] hat sich der deutsche Gesetzgeber der Materie angenommen. Die rechtlichen Möglichkeiten sind nun zentral in den **§§ 198 ff. GVG** geregelt. Verzögerungsrüge und Entschädigungsanspruch bilden den Kern der Reform. Arbeitet ein Gericht aus Sicht einer Partei zu langsam, muss die Partei als erstes eine **Verzögerungsrüge** (§ 198 Abs. 3 GVG) vor dem erkennenden Gericht erheben, um auf die (zu lange) Verfahrensdauer hinzuweisen. Durch die formelle Rüge soll der Richter aufgerüttelt werden und Abhilfe schaffen. Tut er das nicht, kann die betroffene Partei in einem zweiten Schritt (frühestens 6 Monate später = § 198 Abs. 5 S. 1 GVG) klageweise einen **verschuldensunabhängigen Entschädigungsanspruch** geltend machen. Er umfasst materielle sowie immaterielle Nachteile (§ 198 Abs. 1, 2 GVG), die durch die unangemessen lange Dauer eingetreten sind. Was ist unangemessen? Nach § 198 Abs. 1 S. 2 GVG richtet sich die Angemessenheit nach dem konkreten Einzelfall. Statistische Durchschnittswerte haben deshalb keine Bedeutung.[70] Ziel eines Prozesses ist es, eine materiell richtige Entscheidung zu finden. Denn die zügige Erledigung ist kein Selbstzweck; die richterliche Unabhängigkeit verlangt, dass dem Gericht je nach Komplexität ein ausreichender Bearbeitungszeitraum zur Verfügung steht.[71] Daher führt nur eine unvertretbare Verfahrensführung, die sachlich überhaupt nicht mehr zu rechtfertigen ist, zu einem Verstoß gegen § 198 GVG;[72] dazu gehören auch strukturelle Mängel (unzureichende Personalausstattung). Zuständig für die Entschädigungsklage ist das OLG bzw. der BGH (§ 201 GVG). Der Anspruch richtet sich gegen die Anstellungskörperschaft (Bund, Land) des untätigen Richters (§ 200 GVG). Die Verzögerungsnachteile müssen endgültig feststehen; die Schadenshöhe kann geschätzt werden (s. auch § 198 Abs. 2 S. 3 GVG).[73] Daneben sind u.U. Amtshaftungsansprüche aus § 839 BGB möglich.[74] Eine Untätigkeitsbeschwerde ist aufgrund der neuen Rechtslage nicht (mehr) statthaft.[75] 59

» Der Rechtsschutz gegen eine überlange Verfahrensdauer ist nun in §§ 198 ff. GVG geregelt. Unbedingt lesen! Aufgrund zahlreicher höchstrichterlicher Entscheidungen ist diese Materie hochaktuell! «

In der ZPO sind zusätzlich verschiedene Vorschriften enthalten, die helfen sollen, den Prozess zu beschleunigen. Nach § 272 Abs. 1 ZPO ist der Prozess in einem einzigen mündlichen Verhandlungstermin, der möglichst früh angesetzt wird (§ 272 Abs. 3 ZPO), zu erledigen. Räumungsprozesse müssen seit 2013 vorrangig und besonders zügig behandelt werden (§ 272 Abs. 4 ZPO). Das Gericht ist nach § 273 Abs. 1, 2 ZPO gehalten, den Prozess effektiv vorzubereiten. Im Termin soll es von seiner materiellen Prozessleitung nach § 139 ZPO Gebrauch machen und durch gezielte Fragen das Verfahren vorantreiben. Die Parteien wiederum müssen ihre Angriffs- und Verteidigungsmittel nach § 282 Abs. 1 ZPO rechtzeitig vorbringen. Bei einem Verstoß gegen die Prozessförderungspflicht kann das Vorbringen der Partei nach § 296 Abs. 1 ZPO präkludiert werden. 60

68 *OLG Düsseldorf* NJW 2009, 2388 (nach 1,5 Jahren immer noch keine Terminbestimmung).
69 *EGMR* 2010, 3355, 3358.
70 *BGH* NJW 2014, 220, 222 u. 789, 791 f. u. 1816, 1818; a.A. *BSG* NJW 2014, 248, 250.
71 *BGH* NJW 2014, 220, 223 u. 789, 793 u. 939, 942 u. 1816, 1818; NJW 2015, 1312, 1313.
72 *BGH* NJW 2014, 1816, 1818; NJW 2015, 1312, 1314; NJW 2017, 2478, 2479.
73 *BGH* NJW 2014, 939, 941 ff. (auch zur Beweislast).
74 *BGH* NJW 2011, 1072 ff.; s. auch *BVerfG* NJW 2013, 3630 ff.
75 *BGH* NJW 2013, 385, 386.

IX. Anspruch auf ein faires Verfahren

61 Nach der Rechtsprechung des Bundesverfassungsgerichts haben die Parteien einen Anspruch auf ein **faires Verfahren**.[76] Abgeleitet wird dieses prozessuale Grundrecht aus dem Rechtsstaatsprinzip. Das Gericht hat die Pflicht zur Objektivität und Neutralität gegenüber den Parteien. Eine wichtige Fallgruppe betrifft den Grundsatz der Waffengleichheit. Hierzu gehören insbesondere Fälle der Beweisnot, wie dies häufig bei Arzthaftungsprozessen vorkommt. Der Grundsatz der **Waffengleichheit** erfordert es beispielsweise auch, dass Vieraugengespräche nicht einseitig zum Nachteil einer Partei gereichen.[77] Ausprägungen des Anspruchs auf ein faires Verfahren finden sich auch in einigen ZPO-Vorschriften. So sind Überraschungsentscheidungen nach § 139 Abs. 2 ZPO ebenso verboten wie Urteile durch befangene Richter (§§ 42 ff. ZPO). Die Zustellungsfiktion des § 184 Abs. 2 S. 1 ZPO (Zugang nach 2 Wochen) verletzt dieses Grundrecht nicht, auch wenn der tatsächliche Zugang erst viel später (in China 3–4 Wochen) erfolgt.[78]

Online-Wissens-Check

Werden Familiensachen öffentlich verhandelt?

Überprüfen Sie jetzt online Ihr Wissen zu den in diesem Abschnitt erarbeiteten Themen. Unter **www.juracademy.de/skripte/login** steht Ihnen ein Online-Wissens-Check speziell zu diesem Skript zur Verfügung, den Sie kostenlos nutzen können. Den Zugangscode hierzu finden Sie auf der Codeseite.

C. Die Zulässigkeit der Klage

I. Überblick

62 Steht fest, dass ein gerichtliches Verfahren unvermeidbar ist, müssen für die Durchführung eines Zivilprozesses bestimmte „Spielregeln" beachtet werden. Es reicht nicht aus, dass ein materiellrechtlicher Anspruch besteht, die Klage also „begründet" ist. Vielmehr muss die Klage zunächst einmal „zulässig" sein. Den Prozess gewinnt Mona nur, wenn ihre Klage **zulässig** und **begründet** ist. Zulässigkeitsfragen sind im Wesentlichen formale Fragen. Zunächst heißt es, die Parteien des Rechtsstreits formell festzulegen. Wer ist Kläger, wer ist Beklagter? Außerdem muss das richtige Gericht gefunden werden. An der äußeren Form soll die Klage schließlich auch nicht scheitern. Klärungsbedürftig ist vor allem, ob ein Anwalt die Klage unterschreiben muss.

Eine Klage ist zulässig, wenn sämtliche **Prozessvoraussetzungen** (= Sachurteilsvoraussetzungen) vorliegen. Das Gericht prüft die Prozessvoraussetzungen stets **von Amts wegen** (vgl. § 56 ZPO).[79] Sind nicht einmal die wichtigsten Formalien („echte Prozessvoraussetzungen") eingehalten, wird die Klageschrift dem Beklagten gar nicht erst zugestellt. Das ist etwa der Fall, wenn die Klage nicht in deutscher Sprache verfasst ist oder anonym eingereicht wird oder keine Beklagtenbezeichnung enthält.[80] Mangels Zustellung wird die Klage nicht rechtshängig und die Verjährung des Anspruchs nach § 204 Abs. 1 Nr. 1 BGB nicht

---

76 *BVerfG* NJW 2014, 205; ausführlich *Zöller/Vollkommer* ZPO Einl. Rn. 101 f.
77 *BGH* NJW 2010, 3292, 3293; NJW 2013, 2601, 2602 (Parteivernehmung oder Anhörung).
78 *BGH* NJW 2013, 387, 390.
79 Näher *Grunsky/Jacoby* Zivilprozessrecht Rn. 379.
80 *Adolphsen* Zivilprozessrecht § 8 Rn. 6.

gehemmt. Fehlt es an der Zuständigkeit des Rechtswegs, leitet das falsche Gericht an das richtige Gericht weiter. Das Fehlen der übrigen Prozessvoraussetzungen führt dazu, dass das Gericht die Klage als unzulässig abweisen muss. Dies ist ein sog. **Prozessurteil**, kein Sachurteil, weil gar nicht erst in der Sache (= über den materiellen Anspruch) entschieden wird. Die Klage kann daher erneut (z.B. nun beim richtigen Gericht) eingereicht werden. Es gibt keine entgegenstehende Rechtskraft. Demzufolge hat die Prüfung der Zulässigkeit stets Vorrang vor der Prüfung der Begründetheit.[81]

Ausgangsfall Will Mona ihre Ansprüche auf Nachlieferung und Kostenersatz klageweise geltend machen, muss sie zunächst das nachfolgende Prüfungsschema zur Zulässigkeit „abarbeiten", damit das Gericht überhaupt in die Prüfung der materiellen Rechtslage einsteigt. ■

Zulässigkeit der Klage

PRÜFUNGSSCHEMA

I. Ordnungsgemäße Klageerhebung
1. Bezeichnung Parteien, Gericht, Klagegrund
2. bestimmter Antrag
3. Unterschrift
4. Postulationsfähigkeit

II. Gerichtsstandsbezogene Sachurteilsvoraussetzungen
1. Internationale Zuständigkeit
2. Zivilrechtsweg
3. sachliche Zuständigkeit
4. örtliche Zuständigkeit

III. Parteibezogene Sachurteilsvoraussetzungen
1. Parteifähigkeit
2. Prozessfähigkeit
3. Prozessführungsbefugnis
   - gewillkürte Prozessstandschaft Rn. 130 ff.

IV. Streitgegenstandsbezogene Sachurteilsvoraussetzungen
1. Schlichtungsversuch vor Klageerhebung
2. Rechtsschutzbedürfnis
3. keine anderweitige Rechtshängigkeit
4. keine entgegenstehende Rechtskraft

JURIQ-Klausurtipp

Das Gericht muss stets zuerst die Zulässigkeit und dann die Begründetheit prüfen. Dies gilt grundsätzlich auch für die Examensklausur. In der Klausur kann nur bei entsprechender Fragestellung von dieser Reihenfolge abgewichen werden. Soll zur Zulässigkeit der Klage Stellung genommen werden, sind nur diejenigen Prozessvoraussetzungen im Gutachtenstil ausführlicher zu behandeln, die im Text problematisiert werden. Die übrigen Prozessvoraussetzungen können im Urteilsstil in einem Satz „abgehandelt werden".

81 *BGH* NJW 2012, 1209, 1211.

II. Ordnungsgemäße Klageerhebung

63 Ein Zivilprozess setzt eine Initiative des Klägers voraus (Dispositionsgrundsatz). Der Prozess wird durch die **Erhebung der Klage** in Gang gesetzt (§ 253 ZPO). Die Klage wird bei Gericht eingereicht; damit wird sie **anhängig**. Das Gericht stellt die Klage dann dem Beklagten zu; damit wird sie **rechtshängig** (§§ 261 Abs. 1, 253 Abs. 1 ZPO). Ab diesem Zeitpunkt existiert ein Prozessrechtsverhältnis. Bei der Ausarbeitung einer Klageschrift sind Kreativität und handwerkliches Können der Anwälte gefragt. Da es keine Vordrucke gibt, kann die Klage lang oder kurz, schnörkelig oder sachlich, ironisch oder zynisch, mit oder ohne Rechtschreibfehler formuliert sein. Für jede Klage gibt es aber gesetzliche Mindestbedingungen. Jede Klage muss den Anforderungen des § 253 Abs. 2 ZPO genügen. Hierzu gehören die Bezeichnung der Parteien und des Gerichts, die Angabe des Klagegegenstands und des Klagegrunds, ein bestimmter Antrag sowie die Unterschrift der Partei bzw. des Rechtsanwalts. Sind die Angaben nach § 253 Abs. 2 ZPO lückenhaft und wird auch nicht nachgebessert, ist die zugestellte Klage als unzulässig abzuweisen.[82] Außerdem sollte die Klageschrift nach § 253 Abs. 3 ZPO weitere Angaben enthalten. Diese Förmlichkeiten dienen dazu, dass sich der Beklagte gegen die klägerische Forderung verteidigen kann.[83] Der Richter/die Richterin prüft nun anhand der Klageschrift, ob die Förmlichkeiten eingehalten wurden.

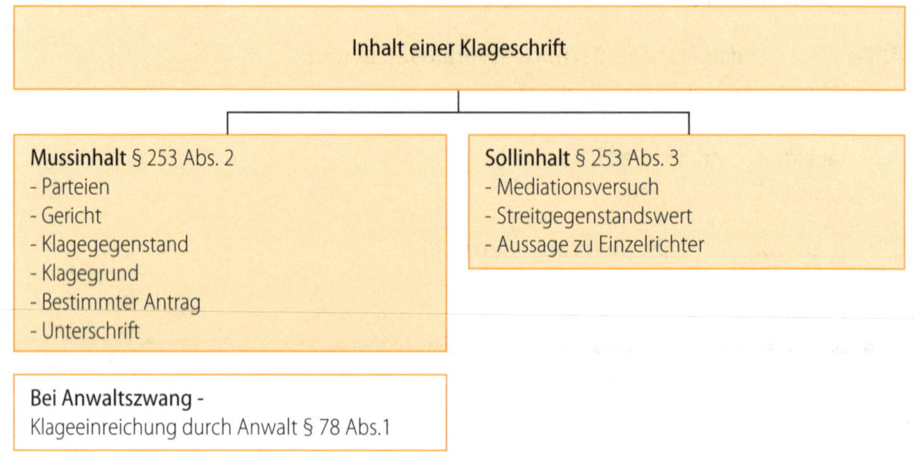

1. Parteien

64 Kläger und Beklagter sind in der Klageschrift zu **bezeichnen** (§ 253 Abs. 2 Nr. 1 ZPO). Die Vorschrift wird durch die Sollbestimmung des § 130 Nr. 1 ZPO konkretisiert, wonach die Parteien und ihre gesetzlichen Vertreter nach Namen, Stand, Gewerbe, Wohnort und Parteistellung bezeichnet werden sollen. In jedem Fall muss eine ladungsfähige Anschrift angegeben werden.[84] Wird diese Mitteilung verweigert, ist die Klage unzulässig. Kleinere Mängel bei der Parteibezeichnung (z.B. falscher Vorname) können später noch im Wege der **Parteiberichtigung (§ 319 ZPO)** korrigiert werden. Ausreichend ist jedenfalls eine Individualisierung der Parteien derart, dass es nicht zu Verwechslungen kommt.

---

82 *BGH* NJW 2013, 387, 389.

83 *Adolphsen* Zivilprozessrecht § 8 Rn. 4.

84 *BGH* NJW 1988, 2114; NJW 2016, 2727, 2748.

2. Gericht

Des Weiteren muss der Kläger das Gericht angeben (§ 253 Abs. 2 Nr. 1 ZPO), das nach seiner Meinung örtlich und sachlich für den Fall zuständig ist. Dieses Gericht hat den „Erstzugriff" auf die Klage und ist zunächst verpflichtet, seine Zuständigkeit und die ordnungsgemäße Klageerhebung zu prüfen. **65**

3. Angabe des Klagegegenstandes und des Klagegrundes

Nach § 253 Abs. 2 Nr. 2 ZPO sind der Gegenstand und der Grund des erhobenen Anspruchs anzugeben. Der Begriff „Anspruch" ist hier nicht im Sinne des § 194 BGB zu verstehen. Vielmehr geht es um die Festlegung des Streitgegenstands, so dass der zugrunde liegende Lebenssachverhalt (das tatsächliche Geschehen) anzugeben ist.[85] **66**

4. Bestimmter Antrag

Die Klageschrift muss nach § 253 Abs. 2 Nr. 2 a.E. ZPO einen **bestimmten Antrag** enthalten. Der Kläger muss dem Gericht deutlich machen, was er will. Je nach Streitgegenstand variieren die Anforderungen an die Genauigkeit.[86] Gegebenenfalls ist der Antrag auszulegen und das als gewollt anzusehen, was nach dem Gesetz vernünftig ist und der Interessenlage der Partei entspricht (s. auch Rn. 169).[87] Das Gericht ist an diesen Antrag **gebunden** (§ 308 ZPO). Der Kläger kann auch mehrere Anträge stellen (§ 260 ZPO) oder seinen Antrag später unter bestimmten Voraussetzungen abändern (§ 263 ZPO). Die Vielfalt von möglichen Anträgen ist groß. In Betracht kommen Anträge auf Leistung, Gestaltung oder Feststellung (= Klagearten). **67**

a) Leistungsklage

Die **Leistungsklage** ist im Zivilprozess die **Regel**. Damit möchte der Kläger einen Anspruch (i.S.d. § 194 BGB = Tun oder Unterlassen) durchsetzen. Mit der Leistungsklage kann der Kläger beispielsweise die Zahlung einer Geldsumme, die Herausgabe einer Sache, die Vornahme einer Handlung, die Unterlassung einer Handlung, die Abgabe einer Willenserklärung, den Widerruf einer Behauptung oder die Duldung der Zwangsvollstreckung begehren. Gewinnt der Kläger den Prozess, hat er einen Vollstreckungstitel (§ 704 ZPO) in der Hand. Das Urteil kann er dann im Wege der Zwangsvollstreckung durchsetzen. **68**

Beispiele **Formulierungen für einen Klageantrag auf Leistung**

„Der Beklagte wird verurteilt, 30 Fliesen der Marke XY an den Kläger zu übereignen."

„Der Beklagte wird verurteilt, an den Kläger 2400 € zu zahlen." ■

Eine Klage auf Zahlung muss grundsätzlich **exakt beziffert** werden. Der Kläger muss den Umfang seines Begehrens genau festlegen. Ausnahmsweise ist allerdings auch ein **unbezifferter Antrag** erlaubt. Die nötige Bestimmtheit wird im Ergebnis dadurch erreicht, dass der Kläger die Schätzungsgrundlagen im Einzelnen darlegt.[88] Ob der Kläger zumindest eine Größenanordnung vorgeben muss (zwischen 100 000 € und 150 000 €), ist streitig. Der BGH ver- **69**

85 *Zeiss/Schreiber* Zivilprozessrecht Rn. 329.
86 *BGH* NJW 2016, 1094, 1095 (Klage auf Löschung von intimen Fotos).
87 *BGH* NJW 2017, 2191, 2192; NZG 2016, 1032, 1033.
88 *Zöller/Greger* ZPO § 253 Rn. 14, 14a.

langt jedenfalls dann einen Schätzwert, wenn der Kläger ein Rechtsmittel gegen die richterliche Entscheidung einlegen möchte.[89] Denn die Einlegung eines Rechtsmittels ist nur möglich, wenn das Urteil von den (geäußerten) Vorstellungen des Klägers negativ abweicht. Unbezifferte Zahlungsanträge sind vor allem bei **Schmerzensgeldklagen** erlaubt, in denen das Gericht bei der Festsetzung der „billigen Entschädigung" (§ 253 Abs. 2 BGB) einen Spielraum hat. Außerdem wird der unbezifferte Klageantrag in den Fällen für zulässig erachtet, in denen das Gericht einen eingetretenen Schaden **schätzen** darf (§ 287 ZPO), wie beispielsweise bei Entschädigungsklagen nach dem AGG.[90] Auch bei der sog. Stufenklage (§ 254 ZPO) darf der Kläger einen Auskunftsantrag mit einem unbezifferten Leistungsantrag verbinden. Eine besondere Fallgruppe bilden Klagen, die auf eine zukünftige Leistung lauten. Unter bestimmten Voraussetzungen sind derartige Klagen zulässig (§§ 257–259 ZPO). Dies ist beispielsweise bei Unterhaltsansprüchen der Fall (§ 258 ZPO).

b) Feststellungsklage

70 Grundsätzlich gilt der Vorrang der Leistungsklage.[91] Eine **Feststellungsklage** kann daher nur erhoben werden, wenn eine Leistungsklage mangels Bezifferung noch nicht möglich ist. Wurde beispielsweise Mona von einem Auto angefahren und steht noch nicht fest, welche Operationen nach dem Unfall nötig sind, kann Feststellungsklage erhoben werden.

Beispiel Formulierung eines Feststellungsantrags

„Es wird festgestellt, dass der Beklagte gegenüber der Klägerin für alle Folgeschäden aus dem Unfall vom 1.2.2018 haftbar ist." ■

71 Mit der Feststellungsklage begehrt der Kläger lediglich die Klärung der Rechtslage. Festgestellt werden kann nach **§ 256 ZPO** das Bestehen oder Nichtbestehen eines Rechtsverhältnisses (positive und negative Feststellungsklage). Rechtsverhältnis ist jede rechtliche Beziehung zwischen Personen oder Personen und Sachen (z.B. Eigentum an einer Sache oder Vertragsschluss zwischen zwei Personen).[92] Bloße Tatsachen (z.B. die Mangelhaftigkeit der von Mona gekauften Fliesen) oder abstrakte Rechtsfragen sind kein „Rechtsverhältnis". Im Gegensatz zur Leistungsklage enthält die Feststellungsklage keinen Leistungsbefehl an den Beklagten. Dementsprechend hat das Feststellungsurteil **keinen vollstreckungsfähigen Inhalt**. Die ZPO geht daher vom Vorrang der Leistungsklage aus. Um die Gerichte vor überflüssigen Feststellungsklagen zu schützen, bedarf es für deren Zulässigkeit eines besonderen Feststellungsinteresses.

c) Gestaltungsklage

72 Mit der **Gestaltungsklage** wird die Umgestaltung eines zwischen den Parteien bestehenden Rechtsverhältnisses durch richterliches Urteil angestrebt. Eine Gestaltungsklage kann nur in den vom Gesetz vorgesehenen Fällen erhoben werden. Das materielle Recht erlaubt es vor allem in bestimmten handelsrechtlichen und familienrechtlichen Konstellationen nicht, dass das Rechtsverhältnis durch einseitige Willenserklärung aufgelöst wird. Vielmehr ist hierzu ein richterlicher Gestaltungsakt erforderlich.

89 *BGH* NJW 1999, 1339, 1340.
90 *BAG* NJW 2011, 550, 551; NJW 2012, 171, 173; NJW 2013, 2055, 2056; NJW 2016, 2443, 2444.
91 *BGH* NJW 2017, 1823 (st. Rspr.).
92 *BGH* NJW 2013, 1744 m.w.N.

Beispiele Handelsrechtliche Gestaltungsklagen sind:
die Klage auf Ausschließung eines Gesellschafters (§ 140 HGB), die Klage auf Entziehung der Vertretungsmacht (§ 127 HGB) sowie die Nichtigerklärung eines Gesellschafterbeschlusses (§ 241 Nr. 5 AktG). Beispiele für familienrechtliche Gestaltungsklagen sind der Ehescheidungsantrag (§ 1564 BGB) oder der Antrag auf Vaterschaftsfeststellung (§ 1600d BGB). Beispiele für prozessuale Gestaltungsklagen sind die Abänderungsklage (§ 323 ZPO), die Vollstreckungsgegenklage (§ 767 ZPO) oder die Drittwiderspruchsklage (§ 771 ZPO). ■

5. Unterschrift

Die Klageschrift muss **eigenhändig** unterschrieben sein (§§ 253 Abs. 4, 130 Nr. 6 ZPO). Obwohl 73
§ 130 Nr. 6 ZPO lediglich eine Soll-Vorschrift enthält, verlangt die ganz h.M. für bestimmende Schriftsätze (Klage, Berufungseinlegung) **zwingend** die Unterschrift. Die Unterschrift beweist dem Gericht, dass es einen bestimmten Urheber gibt, der die Verantwortung für den Prozess übernehmen wird.[93] In Prozessen mit **Anwaltszwang (§ 78 ZPO)** muss daher der Anwalt die Klage unterschreiben, da nur er berechtigt (= postulationsfähig) ist, vor dem Gericht Prozesshandlungen vorzunehmen. Andernfalls ist die Klage nicht wirksam erhoben (siehe sogleich unter Postulationsfähigkeit). Aber selbst dann ist Unterschrift nicht gleich Unterschrift. Die Gerichte lassen beispielsweise eine unleserliche Unterschrift nicht genügen![94] Die Technik stellt die Gerichte vor neue Herausforderungen. Bei Telefax und Computerfax wird im Interesse moderner Kommunikationsmittel auf das Erfordernis der Originalunterschrift verzichtet.[95]

Eine weitere Erleichterung ist die elektronische Kommunikation mit den Gerichten. So 74
besteht mittlerweile die Möglichkeit, die Klage (bzw. andere Dokumente etc.) als **elektronisches Dokument (§ 130a ZPO)** einzureichen. Die Norm wurde zum 1.1.2018 neu gefasst (Rn. 14). Um eine Authentifizierung des Absenders zu gewährleisten, kann das elektronische Dokument entweder mit einer qualifizierten elektronischen Signatur versehen werden oder signiert und über einen sicheren Übermittlungsweg eingereicht werden (§ 130a Abs. 3 ZPO). Als sicherer Weg gilt nach § 130a Abs. 4 Nr. 2 ZPO insbesondere das beA (besondere elektronische Anwaltspostfach gem. § 31a BRAO). Die jeweiligen Dateien sind in einem zulässigen Format (PDF) einzureichen (§ 130a Abs. 2 S. 2 i.V.m. ERV-VO).[96] Falls das elektronische Dokument für die gerichtliche Bearbeitung nicht geeignet ist, wird der Absender darüber informiert und die „Nachreichung auf normalem Weg" gestattet (§ 130a Abs. 6 ZPO). Spätestens ab 2022 besteht für Anwälte die Pflicht zur elektronischen Einreichung (§ 130d n.F.).[97] Der Begriff „Schriftsatz" (körperliches Papierdokument) ist damit am Aussterben.

6. Postulationsfähigkeit

a) Parteiprozesse und Anwaltsprozesse

Postulationsfähigkeit bedeutet die Fähigkeit, vor Gericht wirksame **Prozesshandlungen** vor- 75
nehmen zu können. Grundsätzlich sind die Parteien selbst postulationsfähig und können vor Gericht Erklärungen abgeben oder Anträge stellen. Falls sie keine Lust dazu haben, *können*

93 *BGH* NJW 2010, 2134; *BAG* NJW 2009, 3596, 3597; *Pohlmann* Zivilprozessrecht Rn. 169.
94 *BGH* NJW 2013, 1966, 1967: NJW 2015, 3104; *BAG* NJW 2015, 3533, 3534.
95 Instruktiv *BGH* NJW 2015, 3246 f.
96 Hierzu *Müller* NJW 2017, 2713; *Siegmund* NJW 2017, 3134.
97 Art. 1 Nr. 4 des Gesetzes zur Förderung des elektronischen Rechtsverkehrs (BGBl. 2013, 3786).

sich die Parteien auch vertreten lassen (der „erlauchte" Personenkreis steht in § 79 Abs. 2 ZPO). Anders ist es in Prozessen mit **Anwaltszwang** (§ 78 ZPO). Anwaltszwang besteht gem. § 78 Abs. 1 S. 1, 3 ZPO bei den Landgerichten, den Oberlandesgerichten und dem BGH. Die Parteien *müssen* sich von einem dort zugelassenen Anwalt vertreten lassen. Bei einem Anwaltsprozess muss bereits die Klage von einem zugelassenen Anwalt unterzeichnet sein (§§ 130 Nr. 6, 78 ZPO). Die Postulationsfähigkeit ist in diesem Fall Sachurteilsvoraussetzung.[98] Auch Berufungsschrift und Berufungsbegründung müssen von einem Anwalt unterschrieben sein.[99] In Familiensachen, die in erster Instanz vor den Amtsgerichten verhandelt werden, besteht ebenfalls Anwaltszwang (§ 114 Abs. 1 FamFG). Prozesshandlungen einer postulationsunfähigen Person sind **unwirksam**.

Ausgangsfall Die Klage von Mona wird vor dem Amtsgericht erhoben. Hier könnte Mona ihre Klage auch ohne anwaltliche Vertretung erheben. Vor den Amtsgerichten besteht – außer in Familiensachen – kein Anwaltszwang (§ 78 Abs. 1 ZPO). Mona ist daher postulationsfähig und kann die Klage selbst unterschreiben. In der Praxis lassen sich die Parteien allerdings häufig auch bei den Amtsgerichten anwaltlich vertreten. Denn es ist nicht gerade einfach, als Laie einen „guten Antrag" zu formulieren. Mona sieht das genauso, auch wenn die Einschaltung eines Anwalts mit Kosten verbunden ist. Bestellt Mona einen Anwalt, muss das Gericht alle Zustellungen an ihn bewirken (§ 172 ZPO).[100] Zustellen kann das Gericht ab 1.1.2018 an das beA des Anwalts (§ 174 Abs. 3 ZPO). Eine ganz andere Frage ist, welcher Anwalt für den jeweiligen Streitfall geeignet ist. Mittlerweile gibt es 23 Fachanwaltschaften (vgl. § 43c BRAO), die eine werbewirksame Spezialisierung für bestimmte Rechtsgebiete erlauben. Da es keinen „Fachanwalt für Kaufrecht" gibt, wird Mona durch eine „normale" Anwältin vertreten. ■

b) Anwaltsgesellschaften

76 Eine Gesellschaft ist nur dann postulationsfähig, wenn das Gesetz diese Befugnis ausdrücklich verleiht. Bei der Partnerschaftsgesellschaft, der PartmbB (§ 8 Abs. 4 PartGG) und der Rechtsanwalts-GmbH wird verlangt, dass die Gesellschaft selbst durch einen postulationsfähigen Rechtsanwalt handelt.[101] Die Existenz der EU bringt es mit sich, dass auch in Deutschland zunehmend ausländische Anwälte bzw. Anwaltsgesellschaften auftreten. Der BGH musste folgenden Fall entscheiden.[102] Eine Partei hatte eine englische LLP (Limited Liability Partnership) mit Niederlassung in Deutschland bevollmächtigt, Berufung für sie einzulegen. Ein Anwalt der LLP unterschrieb die Berufungsschrift unter Hinweis auf seine Stellung als Partner, Rechtsanwalt und Solicitor. Der BGH ließ offen, ob eine englische LLP selbst postulationsfähig ist. Die Unterzeichnung durch den deutschen Anwalt der LLP sei jedenfalls so auszulegen, dass er nicht nur im Namen der LLP, sondern zugleich im eigenen Namen handelt. Dass die Vollmacht des Klägers nur auf die LLP lautete, war ohne Belang. Denn die fehlende Vollmachterteilung könne nachträglich geheilt werden.

98 *Schilken* Zivilprozessrecht Rn. 278; a.A. *Adolphsen* Zivilprozessrecht § 7 Rn. 33 (keine Zustellung).
99 *BGH* NJW 2013, 237, 238 m.w.N.
100 Vgl. *BVerfG* NJW 2017, 318, 319.
101 Näher *Zöller/Althammer* ZPO Vor § 78 Rn. 7.
102 *BGH* NJW 2009, 3162, 3163; hierzu *Henssler* NJW 2009, 3136.

7. Weiterer (Soll-)Inhalt

Die Sollangaben finden sich in § 253 Abs. 3 ZPO. Die Vorschrift wurde durch das Mediationsgesetz (Rn. 12) neu gefasst. Nunmehr soll die Klageschrift die Angabe enthalten, ob zwischen den Parteien bereits ein **Mediationsverfahren** oder ein anderes Verfahren zur außergerichtlichen Konfliktlösung stattgefunden hat (§ 253 Abs. 3 Nr. 1 ZPO). Zudem soll die Klagepartei erklären, ob einem solchen gütlichen Verfahren Gründe entgegenstehen (§ 253 Abs. 3 Nr. 1 ZPO). Damit wird bezweckt, den Kläger (und die Anwaltschaft) frühzeitig für gütliche Lösungen zu sensibilisieren. Des Weiteren soll die Klage die Angabe des Wertes des Streitgegenstands enthalten (§ 253 Abs. 3 Nr. 2 ZPO). Das ist wichtig, weil hiervon die sachliche Zuständigkeit des Gerichts abhängt und sie Grundlage für den Gerichtskostenvorschuss ist. Die Klage soll außerdem eine Äußerung enthalten, ob einer Entscheidung der Sache durch den Einzelrichter (§ 348 ZPO) Gründe entgegenstehen (§ 253 Abs. 3 Nr. 3 ZPO).[103] Das Fehlen dieser Angaben macht die Klage aber nicht unzulässig. Der Kläger muss keinen Antrag zur Kostentragung und zur vorläufigen Vollstreckbarkeit stellen, da das Gericht hierüber von Amts wegen entscheidet. In der Praxis werden derartige Anträge dennoch regelmäßig gestellt. Der Kläger braucht auch nicht vorzutragen, auf welche materiellen Anspruchsgrundlagen er seine Klage stützt. Es gilt der Grundsatz „iura novit curia", d.h. das Gericht kennt das Recht. Dennoch ist es üblich, eine rechtliche Würdigung des Falls bereits in der Klage vorzutragen, um das Gericht von der eigenen Rechtsauffassung zu überzeugen. Auf die eigene rechtliche Beurteilung sollte man daher keinesfalls verzichten.[104] Das Gericht muss sich mit den vorgetragenen Standpunkten auseinandersetzen und gegebenenfalls rechtliche Hinweise (§ 139 ZPO) geben. 77

8. Beispiel für eine Klageschrift

Mona fertigt zusammen mit ihrer Rechtsanwältin Roslinde Huber anhand der Vorgaben des § 253 Abs. 2, 3 ZPO folgenden Klageentwurf: 78

> Huber & Kollegen Rechtsanwälte
>
> | | |
> |---|---|
> | Amtsgericht Köln
– Zivilkammer –
50939 Köln | Roslinde Huber
Klaus Meier
Mühlstr. 1
5000 Köln
Telefon: 0815-2
E-Mail:info@ra-huber.de

Unser Zeichen:
112233/RH
Datum: 28.2.2017 |
>
> KLAGE
> in dem Rechtsstreit

103 Beim LG erforderlich, nicht beim AG (ausschließlich Einzelrichter).
104 Vgl. *BGH* NJW 2016, 957, 958 (Anwaltshaftung).

Mona Moos, Burgstr. 1, 5000 Köln
– Klägerin –
Prozessbevollmächtigte: Huber & Kollegen, Rechtsanwälte, Mühlstr. 1, 5000 Köln

Gegen

VORORT Fliesen GmbH, gesetzlich vertreten durch den Geschäftsführer Gerald Grün, Kirchenweg 1, 5000 Köln
– Beklagte –

wegen Forderung

Streitwert EUR 3000

Wir zahlen Gerichtskosten in Höhe von EUR 267,00 per Verrechnungsscheck ein. Wir zeigen an, dass die Klägerin uns zu ihren Prozessbevollmächtigten bestellt hat. In ihrem Namen und Auftrag erheben wir Klage zum Amtsgericht Köln mit dem

Antrag

I. Die Beklagte wird verurteilt, an die Klägerin 30 Fliesen (Vario Premium weiß, Typ XY) zu übereignen sowie 2400 € nebst Zinsen in Höhe von 5 %-Punkten über dem Basiszinssatz seit Rechtshängigkeit zu bezahlen.
II. Die Beklagte trägt die Kosten des Rechtsstreits.
III. Das Urteil ist vorläufig vollstreckbar.

Wir regen die Anberaumung eines frühen ersten Termins zur mündlichen Verhandlung an. Für den Fall des Vorliegens der gesetzlichen Voraussetzungen stellen wir hiermit ausdrücklich Antrag auf Erlass eines Anerkenntnis- bzw. Versäumnisurteils. Ein außergerichtliches Konfliktbeilegungsverfahren haben die Parteien nicht durchgeführt; aus Sicht der Klägerin stehen einem solchen Verfahren keine Gründe entgegen.

Begründung:

A. Sachverhalt
Am 2.1.2017 kaufte die Klägerin bei der Beklagten 30 Fliesen der Marke „Vario Premium weiß Typ XY" zum Kaufpreis von insgesamt EUR 600.
Beweis: Vorlage des Kaufvertrags vom 2.1.2017
– Anlage K 1 –

Bei der Auswahl der Fliesen sicherte der Verkäufer gegenüber der Klägerin die herausragende Qualität der streitgegenständlichen Fliesen zu.
Beweis: Volker Vossen, Verkäufer der Beklagten, zu laden über die Beklagte, als Zeuge

Zwei Wochen später wurden die Fliesen im Badezimmer der Klägerin durch den Fliesenleger Fromm fachgerecht verlegt.
Beweis: Felix Fromm, Fliesenleger, Burgstr. 2, 5000 Köln, als Zeuge

Kurze Zeit später traten auf sämtlichen Fliesen dunkle Verfärbungen auf.
Beweis: Lothar Moos, Steinweg 1, 5000 Köln, als Zeuge

Die Klägerin bat die Beklagte telefonisch um Abhilfe, was die Beklagte aber verweigerte.
Beweis: Volker Vossen, b.b., als Zeuge

Daraufhin beauftragte die Klägerin den Sachverständigen Simon Sand mit der Begutachtung der Fliesen. Der Sachverständige kam in seiner Expertise zu dem Ergebnis, dass die Fliesen falsch geschliffen seien und Abhilfe nur durch einen Austausch der Fliesen möglich sei. Die Kosten des Austausches werden mit EUR 2400 beziffert.
Beweis: Gutachten des Sachverständigen Simon Sand vom 31.1.2017
– Anlage K 2 –

Die Klägerin forderte daraufhin die Beklagte mit E-Mail vom 6.2.2017 zur Lieferung neuer Fliesen und Begleichung der Austauschkosten in Höhe von EUR 2400 auf.
Beweis: E-Mail der Klägerin vom 6.2.2017
– Anlage K 3 –

Die Beklagte lehnte das Ersuchen der Klägerin mit Schreiben vom 14.2.2017 endgültig ab.
Beweis: Schreiben der Beklagten vom 14.2.2017
– Anlage K 4 –

Aufgrund der endgültigen Verweigerung der Nacherfüllung ist daher Klage geboten.

B. Rechtliche Würdigung
Die Klage ist zulässig. Das angerufene Gericht ist insbesondere sachlich und örtlich zuständig. Die Klage ist auch begründet. Der Klägerin steht gegen die Beklagte ein Anspruch auf Nacherfüllung gem. §§ 437 Nr. 1, 439 BGB zu. Die von der Klägerin gelieferten Fliesen weisen einen Sachmangel gem. § 434 Abs. 1 S. 2 Nr. 2 BGB auf, da sich die Fliesen aufgrund der aufgetretenen Verfärbungen nicht zur gewöhnlichen Verwendung eignen. Zudem haben die Fliesen nicht die vereinbarte Beschaffenheit nach § 434 Abs. 1 S. 1 BGB, da sie nicht die vereinbarte „hochwertige Qualität" besitzen. Der Mangel lag bereits bei Gefahrübergang nach § 446 a.F.; § 477 BGB n.F. vor. Dies hat der Sachverständige zweifelsfrei bestätigt. Zudem ist die Beklagte in den ersten sechs Monaten beweisbelastet dafür, dass die Fliesen bei Gefahrübergang mangelfrei waren (§ 476 a.F.; § 477 n.F. BGB). Es handelt sich hier um einen Verbrauchsgüterkauf nach §§ 474 Abs. 1, 13, 14 BGB. Die Klägerin ist als Studentin Verbraucherin (§ 13 BGB), die Beklagte ist Unternehmerin (§ 14 BGB). Aufgrund der Lieferung mangelhafter Fliesen steht der Klägerin ein Anspruch auf Nacherfüllung gem. §§ 437 Nr. 1, 439 BGB zu. Die Klägerin hat die Wahl zwischen Beseitigung des Mangels und Ersatzlieferung. Die Klägerin hat sich für Ersatzlieferung entschieden, da eine Beseitigung des Mangels nach Aussagen des Sachverständigen nicht möglich ist. Der Umfang des Nachbesserungsanspruchs ergibt sich aus § 439 BGB. Er beinhaltet nicht nur die Lieferung neuer Fliesen, sondern auch die Kosten für den Austausch der Fliesen. Der Klägerin kann es nicht zugemutet werden, diese Kosten selbst zu tragen. Mit dem Nacherfüllungsanspruch muss die Klägerin so gestellt werden, dass sie kostenneutral die alten mangelhaften Fliesen gegen die neuen fehlerfreien Fliesen austauschen kann. Die Beklagte kann sich als Verkäuferin nicht darauf berufen, dass ihr der Austausch zu teuer ist. Hier ist zu berücksichtigen, dass dem Recht aus § 439 BGB eine EU-Richtlinie zugrunde liegt, worin die Unentgeltlichkeit der Nacherfüllung für den Verbraucher betont wird.

Sofern das Gericht in der einen oder anderen Frage noch weiteren Sachvortrag oder weitere Beweisangebote für erforderlich hält, bitten wir höflichst um einen richterlichen Hinweis gem. § 139 ZPO.

Roslinde Huber
– Rechtsanwältin –

III. Gerichtsbezogene Prozessvoraussetzungen

79 Ein Gericht kann nur dann Rechtsschutz gewähren, wenn es für den Fall zuständig ist. Sachurteilsvoraussetzungen sind die deutsche Gerichtsbarkeit, die Rechtswegzuständigkeit, die internationale, sachliche und örtliche Zuständigkeit. Diese Prüfung ergibt dann, welches Gericht konkret für den Rechtsstreit von Mona zuständig ist (deutsches oder italienisches Gericht, Verwaltungsgericht oder ordentliches Gericht, Amtsgericht oder Landgericht, Amtsgericht München oder Amtsgericht Köln).

Hinweis

Zweckmäßig ist die Prüfung in folgender Reihenfolge: (Deutsche Gerichtsbarkeit), internationale Zuständigkeit, Zulässigkeit des Rechtswegs, sachliche Zuständigkeit, örtliche Zuständigkeit.

1. Deutsche Gerichtsbarkeit

80 Die deutsche Gerichtsbarkeit betrifft die Frage, ob bestimmte Personen auf deutschem Boden „Unverfolgbarkeitsstatus" genießen, wie beispielsweise Personen, die Diplomatenstatus besitzen (§§ 18, 19 GVG). Auch Staaten (z.B. Griechenland, Italien) können nicht von Gläubigern vor deutschen Gerichten verklagt werden (sog. Staatenimmunität gem. § 20 Abs. 2 GVG).[105] In Prüfungen spielt diese Thematik kaum eine Rolle.

2. Internationale Zuständigkeit

81 Da auch andere Staaten Gerichte haben, stellt sich die Frage, ob ein deutsches Gericht überhaupt entscheiden darf, wenn der Fall Auslandsberührung hat. Kann ein Student aus China, der in Deutschland studiert, im Inland verklagt werden? Umfassende Regelungen zur **internationalen Zuständigkeit** fehlen in der ZPO. Es gilt folgender Grundsatz: Ist die örtliche Zuständigkeit eines deutschen Gerichts gegeben (§§ 12 ff. ZPO; siehe Rn. 90 ff.), ist automatisch auch die internationale Zuständigkeit indiziert **(Doppelfunktionalität)**.[106] Wer sich örtlich nach Deutschland begibt, muss im Fall einer Streitigkeit damit rechnen, in Deutschland ein Gericht von innen zu sehen. Dabei genügt es, wenn die internationale Zuständigkeit erst im Lauf des Rechtsstreits eintritt.[107]

Beispiel Leiht ein Studierender aus China von seinem Studienkollegen eine Kaffeetasse und gibt diese nicht zurück, kann der ausländische Studierende aus China an seinem Aufenthaltsort in Deutschland (§ 20 ZPO) verklagt werden. Das deutsche Gericht des Aufenthaltsorts ist auch international zuständig. Die internationale Zuständigkeit folgt also der örtlichen Zuständigkeit. ■

82 Für Streitigkeiten innerhalb der Europäischen Union mit ihren (noch) 28 Mitgliedsstaaten gibt es eine eigene Rechtsverordnung, die **EuGVO** (= Europäische Verordnung über die gerichtliche Zuständigkeit und die Anerkennung und Vollstreckung von Entscheidungen in Zivil- und Handelssachen; Neufassung ab 1.1.2015 = VO-EU Nr. 1215/2012 = Brüssel Ia-VO).

105 *BGH* NJW 2016, 1659, 1660; *BAG* NZA 2017, 1350, 1351.
106 *BGH* NJW 1991, 3092, 3093; NJW 2010, 1752; NJW 2011, 2059 u. 2518, 2519.
107 *BGH* NJW 2011, 2515, 2516.

Hierin ist u.a. die internationale Zuständigkeit der Gerichte gegenüber einem Beklagten aus einem der (noch) 28 Mitgliedsstaaten (Ausnahme Dänemark) geregelt. Die EuGVO knüpft die internationale Zuständigkeit dabei grundsätzlich an den Wohnsitz des Beklagten an (Art. 4 Abs. 1 EuGVO).

Beispiele Wohnt ein spanischer Student während seines Studiums in Deutschland, ist ein deutsches Gericht für gegen ihn gerichtete Zivilrechtsstreitigkeiten auch international zuständig (Art. 4 Abs. 1 EuGVO).

Behauptet eine schwedische Firma auf ihrer Website zu Unrecht, die „VORORT Fliesen GmbH sei eine Gaunerfirma", gilt Art. 7 Nr. 2 EuGVO (unerlaubte Handlung). Danach kann die GmbH Ansprüche auch in dem Mitgliedstaat erheben, an dem der Schadenserfolg eingetreten ist. Das ist nach Ansicht des EuGH bei Internetveröffentlichungen der Ort, an dem sich der „Mittelpunkt ihres Interesses" befindet.[108] Da die VORORT Fliesen GmbH den wesentlichen Teil ihrer wirtschaftlichen Tätigkeit in Köln ausübt, kann sie die schwedische Firma in Köln auf Unterlassung und Schadensersatz verklagen. ■

3. Zulässigkeit des Zivilrechtswegs

Englische Bürger haben es im Fall eines Rechtsstreits relativ leicht, das zuständige Gericht zu finden. Dort existiert ein „Einheitsgericht", das für sämtliche Streitigkeiten zuständig ist. In Deutschland ist die Situation komplizierter. Hier gibt es **fünf verschiedene Gerichtszweige**, die für die unterschiedlichen Rechtsgebiete zuständig sind (vgl. Art. 95 GG). 83

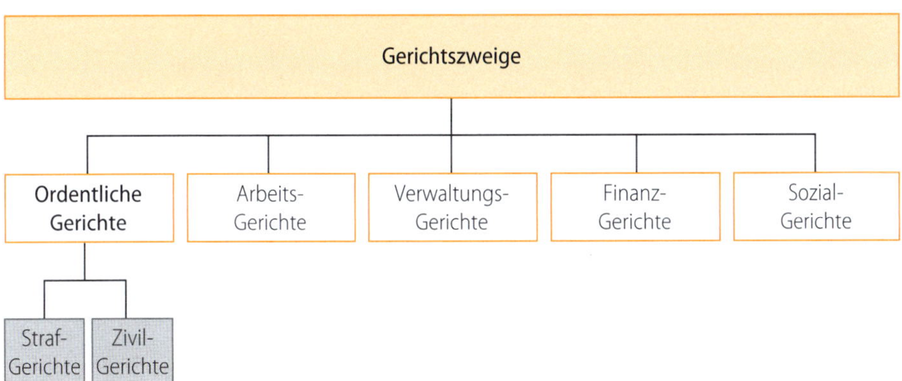

a) Zuständigkeit der Zivilgerichte

Nach **§ 13 GVG** sind alle **bürgerlichen Rechtsstreitigkeiten** den Zivilgerichten zugewiesen. 84 Die Zivilgerichtsbarkeit umfasst die streitige (ZPO) und die freiwillige Gerichtsbarkeit (vgl. § 23a Abs. 2 GVG i.V.m. FamFG ab Buch 3). Ob eine „bürgerliche Rechtsstreitigkeit" vorliegt, entscheidet sich nach der Natur des Rechtsverhältnisses, aus dem der geltend gemachte Anspruch hergeleitet wird.[109] Der Schwerpunkt muss im **Privatrecht** liegen. Zur Ermittlung wird der Tatsachenvortrag des Klägers zugrunde gelegt. Im Übrigen sind die Zivilgerichte aufgrund ausdrücklicher gesetzlicher Zuweisung auch für Streitigkeiten aus anderen Rechtsgebieten zuständig. Beispielsweise haben die Zivilgerichte über die Höhe der Entschädigung

108 Vgl. *EuGH* NJW 2017, 3433, 3434 f. (kann mit dem Satzungssitz identisch sein oder auseinanderfallen).
109 *BGH* NJW 2015, 3718, 3719.

bei Enteignungen (Art. 14 Abs. 3 S. 4 GG), über Schadensersatzansprüche wegen Amtspflichtverletzung (Art. 34 S. 3 GG) oder Ansprüche aus Aufopferung (§ 40 Abs. 2 VwGO) zu entscheiden, obwohl diese aus dem öffentlichen Recht stammen. Ist der Zivilrechtsweg eröffnet, entscheidet das zuständige Gericht den Rechtsstreit nach **§ 17 Abs. 2 S. 1 GVG** unter **allen in Betracht kommenden Gesichtspunkten** (zivilrechtliche, öffentlich-rechtliche, arbeitsrechtliche etc.).

Ausgangsfall Mit ihrer Klage macht Mona Gewährleistungsansprüche wegen einer mangelhaften Kaufsache (§ 437 BGB) geltend. Es handelt sich eindeutig um einen zivilrechtlichen Anspruch, der vor die Zivilgerichte gehört. Das zuständige Zivilgericht wird den Rechtsstreit unter allen in Betracht kommenden Gesichtspunkten entscheiden (§ 17 Abs. 2 S. 1 GVG).[110] ■

Die Einordnung einer Streitigkeit unter die fünf Gerichtszweige fällt nicht immer leicht. Die Abgrenzung zwischen Verwaltungsgerichtsbarkeit und Zivilgerichtsbarkeit ist schwierig, wenn es um Mietstreitigkeiten gegen Kommunen oder um Subventionen geht.[111] Für die Klage gegen die (schlechte) Bewertung einer (juristischen) Hausarbeit durch eine Privat-Uni ist der Zivilrechtsweg eröffnet.[112] Besonders häufig streiten sich Arbeitsgerichte und ordentliche Gerichte um „ihr Klientel". So vertreten etwa BGH und BAG konträre Meinungen zu der Frage, welches Gericht für Insolvenzanfechtungsklagen des Insolvenzverwalters bezüglich der Zahlung von Arbeitslohn zuständig ist.[113] Der BGH hatte das Verfahren ausgesetzt und dem GmS-OGB vorgelegt.[114]

b) Verweisung bei Fehlen des Zivilrechtswegs

85 Den richtigen Rechtsweg zu finden, ist also gar nicht so leicht. Fehlt die Zulässigkeit des Zivilrechtswegs, darf die Klage nicht als unzulässig abgewiesen werden. Das angegangene (falsche) Gericht muss vielmehr nach Anhörung der Parteien **von Amts wegen** an das zuständige Gericht **verweisen** (§ 17a Abs. 2 GVG). Diese (rechtskräftige) Entscheidung ist für das Gericht, an das verwiesen wurde, **bindend** (§ 17a Abs. 2 S. 3 GVG; hierzu BGH NJW 2014, 2125). Damit kann kein Gericht den Fall „im Kreisverkehr" wieder zurückgeben oder an einen dritten Rechtsweg verweisen. Das zuständige Gericht entscheidet dann den Fall unter allen rechtlichen Gesichtspunkten (§ 17 Abs. 2 S. 1 GVG).

Hinweis

Bei falschem Rechtsweg wird die Klage nicht als unzulässig abgewiesen, sondern es ergeht Verweisungsbeschluss von Amts wegen.

---

110 A.A. *BAG* NJW 2018, 184, 185 f. (kartellrechtliche Vorfragen dürfen Arbeitsgerichte nicht prüfen).
111 Hierzu *Grunsky/Jacoby* Zivilprozessrecht Rn. 192 f.; *Musielak/Voit* Grundkurs ZPO Rn. 60 ff.
112 *VGH Kassel* NJW 2016, 1338.
113 Vgl. *BAG* NJW 2009, 3389 „gegen" *BGH* NJW 2009, 1968.
114 Nach Ansicht des *GmS-OGB* sind die Arbeitsgerichte zuständig (NJW 2011, 1211).

4. Sachliche Zuständigkeit

a) Allgemeines

Die sachliche Zuständigkeit betrifft die Frage, welches Gericht in erster Instanz als Eingangsgericht für den Rechtsstreit zuständig ist. In Betracht kommen **Amtsgericht** (AG) oder **Landgericht** (LG). In diesem Zusammenhang ist es zunächst hilfreich, die ordentlichen Gerichte sowie den Instanzenzug zu kennen. Die ordentliche Gerichtsbarkeit umfasst vier Gerichte: die Amtsgerichte (§§ 22 ff. GVG), die Landgerichte (§§ 59 ff. GVG), die Oberlandesgerichte (§§ 115 ff. GVG) und den Bundesgerichtshof (§§ 123 ff. GVG). Der Instanzenzug betrifft die Frage, welches Gericht für die Überprüfung der gerichtlichen Ausgangsentscheidung zuständig ist. Die erste Instanz ist entweder das AG oder das LG. Die zweite Instanz nach dem AG ist das LG (Ausnahme: bei den Familiensachen ist es das OLG). Die zweite Instanz nach dem LG ist das Oberlandesgericht (OLG). Die dritte Instanz ist der Bundesgerichtshof (BGH) in Karlsruhe. **86**

b) Streitwert

Die sachliche Zuständigkeitsverteilung zwischen AG und LG als Eingangsgerichte der ersten Instanz ist im GVG näher geregelt. Grundsätzlich bestimmt die Höhe des Streitwerts die Zuständigkeit. Die **Amtsgerichte** sind für Streitigkeiten mit einem Streitwert **bis exakt 5000 €** oder weniger zuständig (§ 23 Nr. 1 GVG), die **Landgerichte** für Streitwerte **über 5000 €** (§ 71 Abs. 1 GVG). **87**

c) Spezialzuweisungen

Darüber hinaus gibt es Sonderzuweisungen in §§ 23 Nr. 2, 23a, 71 Abs. 2 GVG, die vorrangig gelten. Die **Amtsgerichte** sind beispielsweise in Familiensachen sachlich ausschließlich zuständig (§ 23a GVG) oder für Miet- und Wohnungseigentumsstreitigkeiten (§ 23 Nr. 2 GVG). Für die **Landgerichte** finden sich die Spezialzuweisungen in § 71 Abs. 2 GVG. So ist das LG beispielweise für Klagen aus Amtshaftung (Nr. 2), aus fehlerhaften Kapitalmarktinformationen (Nr. 3) und ab 1.1.2018 für Änderungsanordnungen des Bestellers beim Bauvertrag (Nr. 3 i.V.m. §§ 650b, 650c BGB) ausschließlich zuständig. Um eine höhere Spezialisierung bei den Landgerichten zu erreichen, werden ab 1.1.2018 Zivilkammern für bestimmte Sachgebiete (Bankrecht, Baurecht, Arztrecht, Versicherungsrecht) gebildet (§ 72a GVG).[115] Daneben existieren bei den Landgerichten Kammern für Handelssachen (§§ 93, 105 GVG), die mit einem Berufsrichter und zwei ehrenamtlichen Richtern besetzt sind, deren Bedeutung aber drastisch sinkt (50% weniger Eingangszahlen). Ganz ausnahmsweise ist das **OLG** (bzw. der **BGH**) das erstinstanzlich ausschließlich zuständige Gericht, soweit es um Entschädigungsansprüche wegen **88**

115 Neu eingefügt durch das Gesetz zur Reform des Bauvertragsrechts etc. vom 28.4.2017 (BGBl. I 2017, 969).

überlanger Verfahrensdauer oder Musterprozesse geht (§§ 118, 201 Abs. 1 GVG). Auch bei den Oberlandesgerichten wird auf Spezialisierung gesetzt. So gibt es die Kartellsenate (§ 91 GWB). Ab 1.1.2018 sind Zivilsenate für bestimmte Sachgebiete (Bankrecht, Baurecht, Arztrecht, Versicherungsrecht) einzurichten (§ 119a GVG).

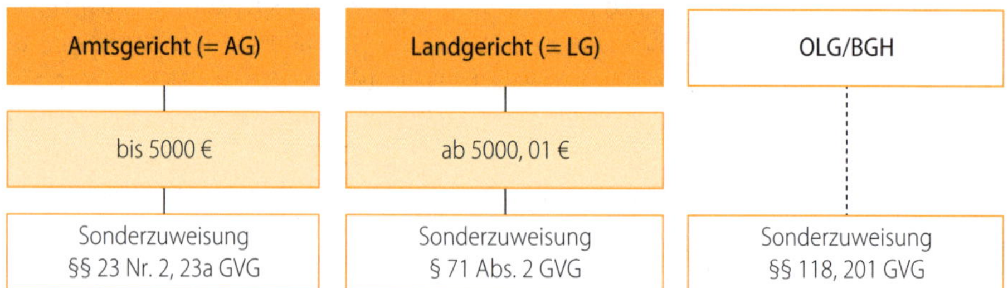

Ausgangsfall Mona klagt auf Übereignung (Ersatzlieferung) 30 neuer Fliesen im Wert von 600 €. Zusätzlich verlangt sie Erstattung der Austauschkosten in Höhe von 2400 €. Die sachliche Zuständigkeit richtet sich hier nach dem Wert des Streitgegenstands (§§ 23 Nr. 1, 71 GVG). Für die Streitwertberechnung gelten die §§ 2 ff. ZPO. Danach ist der Wert der Hauptforderung entscheidend. Zinsen bleiben unberücksichtigt (§ 4 ZPO).[116] Mehrere Ansprüche (= objektive Klagehäufung § 260 ZPO) werden zusammen gerechnet (§ 5 ZPO). Dies gilt aber nicht für Klage und Widerklage. Im Fall von Mona ergibt die Addition einen Betrag von 3000 € (also unter 5000 €), so dass das AG für die Klage von Mona sachlich zuständig ist. ■

89 Besondere Vorschriften befassen sich mit der Frage, welche Folgen eine **Erhöhung** oder eine **Absenkung** des Streitwerts während des Prozesses hat. Hat ein Kläger vor dem LG beispielsweise eine Klage über 10 000 € eingereicht und ermäßigt er die Klage im Laufe des Prozesses auf 4000 €, bleibt das LG nach § 261 Abs. 3 Nr. 2 ZPO zuständig (sog. **perpetuatio fori**). Im umgekehrten Fall (Klage auf 4000 € beim AG, dann Erhöhung auf 10 000 €) gilt die Spezialvorschrift des § 506 Abs. 1 ZPO. Hier sind drei verschiedene Varianten denkbar. Zum einen muss das AG an das LG verweisen, wenn eine Partei die Verweisung beantragt (§ 506 ZPO). Das LG als höheres Gericht wird sozusagen immer als „Top-Adresse" angesehen. Wird ein Verweisungsantrag nicht gestellt und schweigt der Beklagte zur Unzuständigkeit, bleibt die Zuständigkeit des AG durch rügelose Einlassung bestehen (§ 39 ZPO). Beantragt der Beklagte wegen Unzuständigkeit des AG Klageabweisung und stellt der Kläger keinen Verweisungsantrag, muss das AG die Klage als unzulässig abweisen.

JURIQ-Klausurtipp

Die sachliche Zuständigkeit ist besonders examensrelevant. Die Abgrenzung zwischen der Zuständigkeit des Amts- und des Landgerichts muss beherrscht werden. Die Frage, ob bei einem Streitwert von exakt 5000 € noch das Amtsgericht zuständig ist, sollte man ebenfalls kennen. Gleiches gilt für die Zuständigkeitsvorschriften (§§ 261, 506 ZPO) bei Erhöhung oder Ermäßigung des Streitwerts während eines Prozesses (perpetuatio fori).

116 Beispielsfall bei *Adolphsen* Zivilprozessrecht § 6 Rn. 38, 39.

5. Örtliche Zuständigkeit

Während die sachliche Zuständigkeit die Frage betrifft, ob das AG oder das LG über den Fall entscheidet, befasst sich die **örtliche Zuständigkeit** mit der Frage, welches konkrete Gericht von den 638 Amtsgerichten bzw. den 115 Landgerichten[117] in Deutschland zuständig ist. Die örtliche Zuständigkeit ist in **§§ 12–40 ZPO**, 122 FamFG sowie in einigen Spezialgesetzen geregelt. Synonym werden für die örtliche Zuständigkeit die Begriffe „Gerichtsstand" bzw. der lateinische Begriff „Forum" verwendet. Die Zuständigkeitsvorschriften der §§ 12 ff. ZPO sind Regelungen mit eigenem Gerechtigkeitsgehalt.[118] Anknüpfungspunkte sind vor allem die örtlichen Verhältnisse des Beklagten (Wohnsitz), die Sachnähe sowie die Konzentration. 90

Die ZPO unterscheidet zwischen **allgemeinen**, **besonderen** und **ausschließlichen** Gerichtsständen. Der Kläger hat zwischen mehreren allgemeinen und besonderen Gerichtsständen nach § 35 ZPO die Wahl. Dieses Wahlrecht besteht jedoch nicht, wenn ein ausschließlicher Gerichtsstand existiert. Ausschließlich sind Gerichtsstände, wenn sie im Gesetz ausdrücklich als solche bezeichnet sind, wie der dingliche Gerichtsstand (§ 24 ZPO), der Gerichtsstand bei Miet- oder Pachträumen (§ 29a ZPO) sowie der Gerichtsstand bei falschen Kapitalmarktinformationen (§ 32b ZPO). Sie schließen andere Gerichtsstände aus und man kann sie nicht durch Parteivereinbarung loswerden (§ 40 Abs. 2 Nr. 2 ZPO). 91

a) Allgemeiner Gerichtsstand (§§ 12 bis 19a ZPO)

Der allgemeine Gerichtsstand richtet sich gem. **§ 12 ZPO** nach der Person des Beklagten. Am allgemeinen Gerichtsstand kann man immer klagen, sofern nicht ein ausschließlicher Gerichtsstand besteht (§ 12 ZPO). Primär knüpft der allgemeine Gerichtsstand an den **Wohnsitz** des **Beklagten** an (§ 13 ZPO i.V.m. §§ 7 ff. BGB). Dem liegt die Idee zugrunde, dass der Angreifer den Angegriffenen an dessen Ort aufzusuchen hat („actor sequitur forum rei").[119] Wenn man schon verklagt wird, soll es zumindest einen „Heimvorteil" geben. Verlegt der Beklagte seinen Wohnsitz, bleibt die örtliche (und internationale) Zuständigkeit des Gerichts erhalten (§ 261 Abs. 2 Nr. 2 ZPO = **perpetuatio fori**).[120] 92

» Lesen Sie die zitierten Vorschriften zur örtlichen Zuständigkeit aufmerksam durch und verschaffen Sie sich einen Überblick. Die wesentlichen Informationen lassen sich ganz leicht dem Gesetzestext entnehmen. «

Juristische Personen (z.B. GmbH, Aktiengesellschaft, SE) und andere parteifähige Personengesellschaften (z.B. OHG, KG, GbR) haben ihren allgemeinen Gerichtsstand an ihrem Sitz (= Satzungssitz)[121] und hilfsweise am Ort der Verwaltung (§ 17 Abs. 1 ZPO). Ort der Verwaltung ist, wo Personal eingestellt, Telefonate geführt, Verträge entworfen und alle wichtigen Entscheidungen der Geschäftsführung getroffen werden. Für Klagen gegen den Insolvenzverwalter ist der Sitz des Insolvenzgerichts maßgebend (§ 19a ZPO). Für wohnsitzlose Beklagte gilt § 16 ZPO.

b) Besondere Gerichtsstände

Nicht immer ist der allgemeine Gerichtsstand am Wohnsitz des Beklagten „ideal". Bei einem Autounfall mag es zweckmäßiger sein, den Verursacher direkt am Unfallort zu verklagen, weil dort die Zeugen und der Tatort zur Verfügung stehen. Aufgrund besonderer Sachnähe hat 93

117 Vgl. die Übersicht bei www.bmj.bund.de.

118 *Zöller/Schultzky* ZPO § 12 Rn. 2; *Musielak/Voit/Heinrich* ZPO § 12 Rn. 1.

119 *BGH* NJW 1991, 3092, 3093; *Zöller/Schultzky* ZPO § 12 Rn. 2.

120 *BGH* NJW 2011, 2515, 2517.

121 *Musielak/Voit/Heinrich* ZPO § 17 Rn. 7.

die ZPO daher „besondere Gerichtsstände" kreiert. Die wichtigsten besonderen Gerichtsstände sind folgende: Aufenthaltsort (§ 20 ZPO), Niederlassung (§ 21 ZPO), Mitgliedschaft (§ 22 ZPO), Erbschaft (§§ 27, 28 ZPO), Erfüllungsort (§ 29 ZPO), Haustürgeschäfte = AGV = Außerhalb von Geschäftsräumen geschlossene Verträge (§ 29c ZPO), Beförderung (§ 30 ZPO), Bergung (§ 30a ZPO), unerlaubte Handlung (§ 32 ZPO), Widerklage (§ 33 ZPO). Im Folgenden sind die Gerichtsstände vorzustellen, die besondere Examensrelevanz besitzen.

aa) Gerichtsstand der unerlaubten Handlung (§ 32 ZPO)

» Kennen Sie noch die hier zitierten Anspruchsgrundlagen des materiellen Rechts? Wenn nicht, nutzen Sie die Gelegenheit, Ihre Kenntnisse im Delikts- und Produkthaftungsrecht aufzufrischen. «

94 Der Gerichtsstand der **unerlaubten Handlung** (§ 32 ZPO) gilt für alle unerlaubten Handlungen nach **§§ 823 ff. BGB**, für Ansprüche aus Gefährdungshaftung (z.B. §§ 1 ProdHaftG, 7 StVG) und Ansprüche aus § 1004 BGB. Maßgebend ist der Ort, an dem die unerlaubte Handlung begangen wurde. Dies ist grundsätzlich der Ort, wo der Täter gehandelt hat (Handlungsort) oder wo in das geschützte Rechtsgut eingegriffen wurde (Erfolgsort).[122] Bei einem Autounfall ist es der Unfallort.

Beispiel Mona wird beim Überqueren der Straße in Hamburg von einem Autofahrer, der in Stuttgart wohnt, angefahren. Die Behandlungskosten betragen 2000 €. Welches Gericht ist zuständig? Sachlich zuständig ist das AG, da der Streitwert unter 5000 € liegt (§ 23 Nr. 1 GVG). Der allgemeine Gerichtsstand des beklagten Autofahrers ist Stuttgart, da er dort seinen Wohnsitz hat (§§ 12, 13 ZPO). Zusätzlich könnte der besondere Gerichtsstand der unerlaubten Handlung gegeben sein (§ 32 ZPO). Ein Fall der unerlaubten Handlung liegt vor, da Mona ihre Klage auf § 823 BGB bzw. § 7 StVG stützt. Die unerlaubte Handlung wurde in Hamburg begangen. Hier wurde der Körper von Mona verletzt. Handlungs- und Erfolgsort liegen in Hamburg (wo Mona ärztlich behandelt wird, ist unerheblich). Da mehrere Gerichtsstände in Frage kommen und kein ausschließlicher Gerichtsstand vorliegt, kann Mona wählen (§ 35 ZPO), ob sie in Stuttgart oder in Hamburg Klage erhebt. ■

Bei Persönlichkeitsverletzungen in einer überregionalen deutschen Zeitschrift sind die Erfolgsorte überall dort, wo die Zeitschrift bestimmungsgemäß vertrieben wird.[123] Bei Klagen gegen Medienberichterstattungen führt das faktisch zur freien Wahl des Forums. Umstritten ist der Erfolgsort bei Rechtsverletzungen im **Internet**. Nach Ansicht des BGH kann die bloße Abrufbarkeit der Website (im Inland) keinesfalls zuständigkeitsbegründend wirken; dies würde sonst zu einem uferlosen „weltweiten Verfolgungsrecht" des Beklagten führen. Daher wird neben der Abrufbarkeit in Deutschland ein besonderer **Inlandsbezug** verlangt.[124] Ein solcher liegt vor, wenn eine Kenntnisnahme der Internetmeldung aufgrund ihres spezifischen Inhalts durch deutsche (inländische) Internetnutzer nahe liegt.[125] Gibt ein User in eine **Suchma-**

122 *BGH* NJW 2010, 1752; NJW 2011, 2059.

123 *BGH* NJW 2010, 1752.

124 *BGH* NJW 2010, 1752, 1753; NJW 2011, 2059, 2060; NJW 2012, 148, 149; NJW 2013, 2348; s. auch *EuGH* NJW 2017, 3433 zu Art. 7 Nr. 2 EuGVO.

125 *BGH* NJW 2010, 1752, 1754; NJW 2011, 2059, 2060.

schine Vor- und Nachnamen ein und erhält hierauf (unwahre) Suchwortergänzungsvorschläge in deutscher Sprache, liegt ein Inlandsbezug vor.[126] Der Betreiber der Suchmaschine mit Sitz in USA kann daher in Deutschland verklagt werden. Gleiches gilt, wenn ein Blog in deutscher Sprache, der sich an deutsche und auf Mallorca lebende Immobilienbesitzer richtet, unter Angabe des vollen Namens und der Adresse des Opfers veröffentlicht wurde.[127] Ein in russischer Sprache verfasster Bericht über eine private Reise in Moskau begründet dagegen keinen Inlandsbezug.[128] Auf die Anzahl der Klicks oder der registrierten Portalnutzer im Inland kommt es nicht an. Bei Internetveröffentlichungen ist auch der EuGH der Ansicht, dass der Betroffene nicht in jedem Mitgliedstaat (aufgrund der Abrufbarkeit) klagen kann.[129]

Wird im Gerichtsstand der unerlaubten Handlung (§ 32 ZPO) Klage erhoben, ist fraglich, **96** ob das Gericht auch andere Ansprüche, wie vertragliche Ansprüche, zusätzlich prüfen darf. Dies war lange streitig und wurde unter dem Stichwort „Gerichtsstand des Sachzusammenhangs" diskutiert. Mittlerweile hat der **BGH** seine frühere Rechtsprechung aufgegeben und entschieden, dass das Gericht den Rechtsstreit **unter allen rechtlichen Gesichtspunkten** entscheiden darf. Begründet wird dies mit der analogen Anwendung des § 17 Abs. 2 S. 1 GVG.[130]

bb) Gerichtsstand des Erfüllungsorts (§ 29 ZPO)

Im Gerichtsstand des Erfüllungsorts (§ 29 ZPO) können Streitigkeiten aus Vertragsverhältnis- **97** sen erhoben werden. Dazu gehören etwa Schadensersatzansprüche aus Vertrag (z.B. §§ 280, 281, 283, 286, 311a, 437 Nr. 3, 634 Nr. 4 BGB), aus c.i.c. (§§ 280, 311 Abs. 2 BGB), Ansprüche wegen Minderung (§§ 437 Nr. 2, 441 BGB) oder Rücktritt (§§ 437 Nr. 2, 323, 346 BGB).[131] In derartigen Fällen kann der Kläger den Beklagten statt an dessen Wohnsitz auch am Erfüllungsort (= Leistungsort §§ 269, 270 Abs. 4 BGB) verklagen. Zu beachten ist, dass es keinen einheitlichen Erfüllungsort für den ganzen Vertrag gibt, sondern dieser eigenständig nach dem geltend gemachten Anspruch beurteilt werden muss.[132] Wichtig ist noch, dass vertragliche Vereinbarungen über den Erfüllungsort (etwa in Allgemeinen Geschäftsbedingungen = „im Kleingedruckten") nur zwischen Kaufleuten möglich sind (§ 29 Abs. 2 ZPO).

Ausgangsfall Vorliegend streitet Mona mit der V-GmbH über Gewährleistungsansprüche aus einem Kaufvertrag (§ 437 BGB). Eine Streitigkeit aus einem Vertragsverhältnis i.S.d. § 29 ZPO liegt somit vor. Fraglich ist allerdings, wo der Erfüllungsort = Leistungsort für die Ersatzlieferung der Fliesen (§§ 437 Nr. 1, 439 BGB) und die Zahlung der Austauschkosten (§ 439 BGB) ist. Der Leistungsort ist nach §§ 269, 270 BGB für jede vertragliche Verpflichtung eigenständig zu bestimmen. Leistungsort ist im Zweifel der Wohnort/Sitz des Schuldners (Holschuld § 269 Abs. 1 BGB). Dies gilt auch für Geldschulden (§ 270 Abs. 4 mit § 269 BGB). Der Leistungsort für den Nacherfüllungsanspruch aus § 439 BGB ist umstritten. Nach Ansicht des BGH ist mangels spezieller Regelungen im Kaufrecht **§ 269 BGB** maßgebend (Parteivereinbarung, Natur des Schuldverhältnisses, im Zweifel Sitz des

126 *BGH* NJW 2013, 2348.

127 *BGH* NJW 2012, 148, 149; NJW 2011, 2059, 2061.

128 *BGH* NJW 2011, 2059, 2061.

129 *EuGH* NJW 2017, 3433, 3436 (zu Art. 7 Nr. 2 EuGVO).

130 *BGH* NJW 2003, 828, 829; *BayOblG* NJW-RR 1996, 508, 509; *Zeiss/Schreiber* Zivilprozessrecht Rn. 91.

131 *Thomas/Putzo/Hüßtege* ZPO § 29 Rn. 4.

132 Näher *Schwab* Zivilprozessrecht Rn. 111 f.

Schuldners = Verkäufers).[133] Bei Alltagsgeschäften ist Nacherfüllungsort daher regelmäßig der Sitz des Verkäufers. Bei eingebauten Sachen (Bodenfliesen) kommt es (wegen der Umstände und der Natur des Schuldverhältnisses) auf den Ort an, an dem sich die Kaufsache bestimmungsgemäß befindet (Belegenheitsort).[134] Dies wäre nicht der Firmensitz der V-GmbH, sondern die Wohnung von Mona. Erfüllungsort ist also der Wohnsitz von Mona in Köln. Zwischen dem besonderen Gerichtsstand und dem allgemeinen Gerichtsstand hat Mona die Wahl (§ 35 ZPO). Folglich könnte Mona ihre Klage auch im allgemeinen Gerichtsstand der V-GmbH erheben (§ 17 ZPO). Das wäre der Sitz der Firma in Köln. Somit bleibt für Mona die Wahl zwischen Köln und Köln. ■

cc) Gerichtsstand für AGV (§ 29c ZPO)

» Die ZPO verweist hier auf das BGB. Seit 2014 gibt es im BGB neue Begrifflichkeiten! Lesen Sie zunächst § 312b BGB (Außerhalb von Geschäftsräumen geschlossene Verträge = die früheren Haustürgeschäfte) und § 13 BGB (Verbraucher) aufmerksam durch. «

98 § 29c Abs. 1 S. 1 ZPO privilegiert den **klagenden Verbraucher** (§ 13 BGB). Nimmt der Verbraucher die Rolle des Klägers ein, kann er bei Streitigkeiten aus AGV = Außerhalb von Geschäftsräumen geschlossenen Verträgen (§ 312b BGB) auch an seinem „Wohnsitzgericht" prozessieren. Es handelt sich um einen besonderen Gerichtsstand. Eine abweichende Gerichtsstandsvereinbarung ist unzulässig.[135] Der Verbraucher kann das Unternehmen aber auch an dessen allgemeinen Gerichtsstand, dem Sitz des Unternehmens (§ 17 ZPO), verklagen. Der Verbraucher hat die Wahl (§ 35 ZPO). Erhebt der Unternehmer Widerklage, ist das vom Verbraucher gewählte Gericht auch für die Widerklage zuständig (§ 29c Abs. 2 ZPO).[136] Abgrenzung: Ist der Verbraucher **Beklagter**, ist das Wohnsitzgericht des Verbrauchers ausschließlich für den Streitfall zuständig (§ 29c Abs. 1 S. 2 ZPO). Hier gibt es kein Wahlrecht für das klagende Unternehmen zu Lasten des Verbrauchers. Exkurs: Für grenzüberschreitende Streitigkeiten im EU-Raum gibt es zugunsten des Verbrauchers den Wohnsitzgerichtsstand nach Art. 17, 18 EuGVO.

dd) Gerichtsstand Datenschutz

99 Das reformierte BDSG wird parallel mit der EU-Datenschutz-Grundverordnung am 25.5.2018 in Kraft treten. Für zivilrechtliche Schadensersatzansprüche bei Verstößen gegen das Datenschutzrecht hält es zwei besondere Gerichtsstände bereit. Nach § 44 Abs. 1 BDSG (n.F.) kann entweder an jedem Ort der Niederlassung des Verantwortlichen geklagt werden oder am Ort des gewöhnlichen Aufenthalt des Klägers (= Heimatgericht).[137]

c) Ausschließliche Gerichtsstände

100 Ein ausschließlicher Gerichtsstand geht dem allgemeinen und den besonderen Gerichtsständen **zwingend vor** (§ 12 a.E. ZPO). Die wichtigsten ausschließlichen Gerichtsstände sind der dingliche Gerichtsstand (§ 24 ZPO), der Gerichtsstand bei Miet- oder Pachträumen (§ 29a ZPO), der Gerichtsstand bei falschen Kapitalmarktinformationen (§ 32b ZPO) sowie der Verbrauchergerichtsstand bei Urheberrechtsverletzungen (§ 104a UrhG).

---

133 *BGH* NJW 2011, 2278 ff. m.w.N. zum Streitstand.
134 Vgl. auch *BGH* NJW 2011, 2278 ff.; ferner *BGH* NJW 2008, 2837, 2839 [27]).
135 *BGH* NJW 2015, 169, 170.
136 Zur Einschränkung bei fehlender Konnexität *Zöller/Schultzky* ZPO § 29c Rn. 10.
137 *Kühling* NJW 2017, 1985, 1990.

Hinweis

Ein besonders wichtiger ausschließlicher Gerichtsstand ist der ausschließliche Gerichtsstand bei AGV (= Außerhalb von Geschäftsräumen geschlossene Verträge § 312b BGB), sofern der Verbraucher in der Rolle des Beklagten ist (§ 29c Abs. 1 S. 2 ZPO). Hier ist örtlich stets das Gericht am Wohnsitz des Verbrauchers zuständig. Die Überschrift dieser Vorschrift ist etwas irreführend, weil sie das Wort „ausschließlich" nicht enthält.

6. Zuständigkeitsvereinbarungen

Die Gerichtsstände dienen vor allem dem Schutz des Beklagten. Daher sind abweichende 101
Gerichtsstandsvereinbarungen durch (Prozess-)vertrag (= **Prorogation**) nur unter strengen Voraussetzungen (§§ 38, 40 ZPO) möglich. Gerichtsstandsvereinbarungen werden häufig „im Kleingedruckten" (in Allgemeinen Geschäftsbedingungen) platziert und sind stets auf ihre Wirksamkeit in folgender Reihenfolge zu prüfen:

Gerichtsstandsvereinbarungen nach **§ 38 Abs. 1 ZPO** sind nur unter **Kaufleuten** zulässig. Klä- 102
ger und Beklagter müssen also Kaufleute sein. Der Kaufmannsbegriff ist in §§ 1, 2 und 6 HGB näher geregelt. Hier sind also HGB-Kenntnisse gefragt. Kaufmann ist, wer ein Handelsgewerbe nach § 1 Abs. 1 HGB betreibt (nach außen gerichtete Tätigkeit, auf Dauer, selbstständig, mit Gewinnerzielungsabsicht, kein Freiberufler nach § 1 Abs. 2 PartGG). Außerdem muss er sein Gewerbe nach § 1 Abs. 2 HGB „als Profi" in kaufmännischer Weise (größere Mitarbeiterzahl, höherer Umsatz) ausüben. Dieser Kaufmann wird als sog. Ist-Kaufmann bezeichnet. Kaufmann ist aber auch der „Nicht-Profi", wenn er im Handelsregister eingetragen ist (§ 2 HGB), der sog. Kann-Kaufmann. Kaufleute sind auch die Handelsgesellschaften nach § 6 HGB (z.B. OHG, KG, GmbH, AG).[138] In jedem Fall sind **Gerichtsstandsvereinbarungen mit Verbrauchern** (§ 13 BGB) mangels Kaufmannseigenschaft nach § 38 Abs. 1 ZPO **nicht erlaubt** und missbräuchlich. Dies hat das Gericht von Amts wegen zu prüfen.[139] Die örtliche Zuständigkeit durch rügelose Einlassung (§ 39 ZPO) kommt nur bei einem entsprechenden richterlichen Hinweis in Betracht.

» Lesen Sie die zitierten Vorschriften aufmerksam durch. Sollten Sie den Kaufmannsbegriff nicht mehr parat haben, können Sie Einzelheiten im Skript „Handels- und Gesellschaftsrecht" nachschlagen. «

Unter Nichtkaufleuten sind Gerichtsstandsvereinbarungen nur unter den Voraussetzungen 103
des § 38 Abs. 2, 3 ZPO zulässig.[140] Eine Gerichtsstandsvereinbarung ist nach § 38 Abs. 2 ZPO möglich, wenn mindestens einer der Vertragspartner keinen allgemeinen Gerichtsstand im Inland hat. Weitere Anforderungen ergeben sich aus S. 2 (Schriftform) und S. 3. Eine Gerichtsstandsvereinbarung nach § 38 Abs. 3 ZPO ist zulässig, wenn sie nach Entstehen der Streitigkeit ausdrücklich und schriftlich getroffen wurde, was in der Praxis höchst selten vorkommt. Gerichtsstandsvereinbarungen nach §§ 38 Abs. 2 und 3 ZPO können also auch von Verbrauchern getroffen werden.

Schließlich muss sich jede nach § 38 ZPO zulässige Prorogation an den **Grenzen** des **§ 40** 104
ZPO messen lassen. Eine Gerichtsstandsvereinbarung ist danach nur zulässig, wenn sie sich auf ein bestimmtes Rechtsverhältnis bezieht (§ 40 Abs. 1 ZPO). Sie ist stets unzulässig, wenn

138 Näher *Zöller/Schultzky* ZPO § 38 Rn. 22.
139 *EuGH* NJW 2009, 2367, 2368 f. m. Anm. *Pfeiffer.*
140 Vgl. *BGH* NJW 2016, 2328, 2329 f.

für die Klage ein ausschließlicher Gerichtsstand besteht (§ 40 Abs. 2 S. 1 Nr. 2 ZPO). Ein ausschließlicher Gerichtsstand wäre etwa § 29c (AGV= Außerhalb von Geschäftsräumen geschlossene Verträge).

Beispiel Linus, der Bruder von Mona, hat in Dresden eine 2-Zimmer-Wohnung von der „Wohnungsbaugesellschaft mbH" (= W-GmbH) für fünf Jahre gemietet. Im Mietvertrag heißt es, dass für Streitigkeiten das AG Kiel zuständig ist (der Geschäftsführer der GmbH hat dort eine Ferienwohnung). Als Linus seine Miete zwei Monate hintereinander nicht bezahlt, beschließt die W-GmbH, Linus auf Zahlung und Räumung vor dem AG Kiel zu verklagen. Ist das Gericht sachlich und örtlich zuständig? Die sachliche Zuständigkeit richtet sich nach der Sonderzuweisung des § 23 Nr. 2a GVG. Für Streitigkeiten über Ansprüche aus einem Mietverhältnis über Wohnraum (Geschäftsräume fallen nicht darunter) ist das AG unabhängig vom Streitwert ausschließlich sachlich zuständig. Da es sich bei der 2-Zimmer-Wohnung um „Wohnraum" handelt, ist das AG und nicht das LG erstinstanzlich zuständig. Zu prüfen bleibt, welches Gericht örtlich für den Rechtsstreit zuständig ist. Der allgemeine Gerichtsstand ist der Wohnort des Beklagten (§§ 12, 13 ZPO), so dass danach das AG Dresden örtlich zuständig wäre. Allerdings besteht nach § 29a Abs. 1 ZPO für Streitigkeiten aus Mietverhältnissen eine ausschließliche örtliche Zuständigkeit am Sitz der Mietsache. Das wäre hier ebenfalls Dresden. Nun wurde zwischen Linus und der W-GmbH eine Gerichtsstandsvereinbarung getroffen. Diese ist aber weder nach § 38 Abs. 1 ZPO zulässig (Linus ist kein Kaufmann) noch nach § 38 Abs. 3 ZPO (die Vereinbarung wurde nicht nach Entstehen der Streitigkeit getroffen). Außerdem ist nach § 40 Abs. 2 Nr. 2 ZPO eine Gerichtsstandsvereinbarung unzulässig, wenn ein ausschließlicher Gerichtsstand besteht. Das ist hier wegen § 29a ZPO (Sitz der Mietsache) der Fall. Somit ist das AG Dresden sachlich und örtlich für den Rechtsstreit zuständig. Seit 2013 sind Räumungsprozesse besonders zügig zu erledigen (§ 272 Abs. 4 ZPO) und das AG Dresden kann eine Sicherungsanordnung (§ 283a ZPO) aussprechen. ■

7. Rügelose Einlassung (§ 39 ZPO)

105 Manchen Beklagten sind die Zuständigkeitsvorschriften der ZPO nicht allzu gut bekannt. Daher kann es passieren, dass ein unzuständiges Gericht infolge **rügeloser Einlassung** des Beklagten zuständig wird. § 39 ZPO setzt nicht voraus, dass der Beklagte Kaufmann oder Unternehmer ist. Auch Verbraucher, die schweigen, fallen unter § 39 ZPO.[141] Für eine rügelose Einlassung gem. § 39 ZPO ist zunächst erforderlich, dass der Beklagte in der mündlichen Verhandlung zur Hauptsache verhandelt, ohne die Unzuständigkeit des Gerichts zu rügen (§ 39 S. 1 ZPO). Damit wird das Gericht durch bloßes „Schweigen zur Unzuständigkeit" zuständig (§ 39 S. 1 ZPO). Vergleichsgespräche oder die Einführung in den Sach- und Streitstand sind noch kein „mündliches Verhandeln zur Hauptsache". Notwendig sind vielmehr Erklärungen zum Streitgegenstand, wie etwa der Antrag auf Klageabweisung aus sachlichen Gründen. Zweite (negative) Voraussetzung ist, dass **kein ausschließlicher** Gerichtsstand besteht (vgl. § 40 Abs. 2 S. 2 ZPO). Beim Amtsgericht muss sich der Richter um den rechtsunkundigen Beklagten besonders kümmern. So muss der Beklagte nach § 504 ZPO auf die Unzuständigkeit und die Folgen einer rügelosen Einlassung explizit hingewiesen werden (§ 39 S. 2 ZPO). § 39 ZPO gilt analog auch für die internationale Zuständigkeit.[142]

141 *Zeiss/Schreiber* Zivilprozessrecht Rn. 103.
142 *BGH* NJW 2016, 2328, 2330.

8. Fehlen der sachlichen oder örtlichen Zuständigkeit

Das Gericht muss seine Zuständigkeit von Amts wegen prüfen. Da die örtliche und sachliche Zuständigkeit Zulässigkeitsvoraussetzungen der Klage sind, muss eine Klage beim unzuständigen Gericht grundsätzlich durch **Prozessurteil** als unzulässig abgewiesen werden. Eine Chance gibt es noch für den Kläger. Auf Antrag des Klägers (der merkt, dass er bei einem unzuständigen Zivilgericht Klage erhoben hat), muss das unzuständige Gericht sich selbst für unzuständig erklären und den Rechtsstreit durch förmlichen Beschluss an das zuständige Gericht verweisen (§ 281 Abs. 1 S. 1 ZPO). Bestehen mehrere Gerichtsstände, kann der Kläger wählen, an welches Gericht verwiesen werden soll (§ 281 Abs. 1 S. 2 ZPO). Der Verweisungsbeschluss ist nach § 281 Abs. 2 S. 2 ZPO unanfechtbar (Ausnahme Willkür).[143] Die Mehrkosten dieser Verweisung muss stets der Kläger tragen (§ 281 Abs. 3 ZPO). Versäumt der Kläger den Antrag auf Verweisung und ergeht Prozessurteil, ist das nicht weiter schlimm. Er kann **erneut Klage**, nunmehr beim zuständigen Gericht, erheben, da sein Anspruch ja nicht rechtskräftig aberkannt wurde.[144] Allerdings muss er die Kosten des „ersten Prozesses" tragen (§ 91 ZPO). 106

IV. Parteibezogene Prozessvoraussetzungen

Für die Zulässigkeit einer Klage ist nicht nur wichtig, das „richtige Gericht" zu finden. Auch die Parteien (Kläger und Beklagter) müssen bestimmte Voraussetzungen erfüllen, um vor Gericht akzeptiert zu werden. Relevant sind die Stichworte „Parteifähigkeit", „Prozessfähigkeit", „Postulationsfähigkeit" sowie „Prozessführungsbefugnis". 107

1. Parteibegriff

a) Zwei-Parteien-Prinzip

Auch im Zivilprozess geht es romantisch zu. Es gilt das Zwei-Parteien-Prinzip. Vor Gericht muss sich stets ein „Pärchen" finden. Es gibt genau zwei Parteien, nicht mehr und nicht weniger. Gruppenklagen sind dem deutschen Recht fremd. Auch die Verbandsklage nach dem UKlaG bleibt diesem Grundsatz treu.[145] Anders ist die Situation im amerikanischen Recht. Dort ist es erlaubt, dass zahlreiche Personen (z.B. 2540 erkrankte Raucher und Raucherinnen) in einem Verfahren gegen ein Unternehmen klagen (sog. class action) mit der Folge, dass alle Geschädigten an die Entscheidung gebunden sind.[146] In Deutschland gibt es immerhin bei kapitalmarktrechtlichen Streitigkeiten die Möglichkeit, einer Vielzahl von Aktionärsklagen einen Musterprozess (beim OLG) vorzuschalten (KapMuG; s. auch Rn. 389). Der Zwei-Parteien-Grundsatz bleibt aber auch bei diesem Verfahren unangetastet, denn jeder Prozess wird am Ende einzeln entschieden. 108

b) Formeller Parteibegriff

Im Zivilprozess gilt der sog. formelle Parteibegriff. Die Parteien werden formell aus der Klageschrift bestimmt. Parteien sind diejenigen, die in der Klageschrift als Kläger und Beklagter namentlich bezeichnet sind. Das sind die beiden Parteien des Rechtsstreits. Ob zwischen 109

143 *BGH* NJW 2007, 847, 848; NJW-RR 2015, 1016.

144 *Adolphsen* Zivilprozessrecht § 6 Rn. 46.

145 Vgl. auch *Schilken* Zivilprozessrecht Rn. 195a.

146 Vgl. *Grunsky/Jacoby* Zivilprozessrecht Rn. 265.

ihnen tatsächlich materielle Ansprüche bestehen, wird erst bei der Begründetheit (Aktivlegitimation des Klägers, Passivlegitimation des Beklagten) geprüft.

Welche Konsequenzen hat ein Tippfehler oder eine irrtümliche Falschbezeichnung der Partei in der Klageschrift? Ungenaue oder unrichtige Angaben sind unschädlich und können vom Richter von Amts wegen jederzeit korrigiert werden (§ 319 ZPO), sofern die Identität der Parteien gewahrt bleibt.[147] Bei „Mehrdeutigkeit" ist grundsätzlich die Person als Partei anzusehen, die erkennbar durch die Parteibezeichnung getroffen werden sollte. Damit kann ein falscher Vorname oder eine falsche Rechtsform (GmbH statt AG) jederzeit berichtigt werden. Hat der Kläger aber tatsächlich einen falschen Beklagten (gewollt) benannt, bleibt dieser Beklagter.[148] Wird die Klage versehentlich einem Dritten zugestellt, wird dieser nicht Partei (er ist ja nicht in der Klageschrift bezeichnet) und der „echte Beklagte" auch nicht (mangels Zustellung).[149]

Ausgangsfall Mona ist Klägerin, die Firma V-GmbH ist in der Klageschrift als Beklagte bezeichnet. Damit sind diese beiden die Parteien des vorliegenden Rechtsstreits. Es gilt der formelle Parteibegriff. Ob Mona tatsächlich gegen die V-GmbH einen Anspruch aus § 437 BGB hat, ist keine Frage der Zulässigkeit, sondern der Begründetheit. ■

2. Parteifähigkeit

110 Die am Prozess Beteiligten müssen parteifähig sein. Die Frage der Parteifähigkeit ist stets von Amts wegen zu prüfen (§ 56 ZPO). Sie ist Prozessvoraussetzung und Prozesshandlungsvoraussetzung. Wird über die Parteifähigkeit gestritten, ist die Partei bis zur gerichtlichen Klärung als parteifähig zu behandeln.[150] Fehlt die Parteifähigkeit beim Kläger oder Beklagten, ist die Klage durch Prozessurteil als unzulässig abzuweisen.[151] Nach § 50 ZPO entspricht die Parteifähigkeit der Rechtsfähigkeit nach materiellem Recht. Parteifähig sind demnach alle natürlichen und juristischen Personen.

Hinweis

Materielles Recht und Prozessrecht laufen hier parallel.

a) Natürliche Personen

111 Natürliche Personen (= Menschen) sind ab Vollendung der Geburt bis zu ihrem Tod rechts- und damit parteifähig (§ 1 BGB).

b) Juristische Personen

112 Juristische Personen des öffentlichen und des privaten Rechts sind rechts- und damit parteifähig. Hierzu gehören u.a. die Aktiengesellschaft (AG), der eingetragene Verein (e.V.), die eingetragene Genossenschaft (eG), die Kommanditgesellschaft auf Aktien (KGaA), die Socie-

147 *BVerfG* NJW 2014, 205; *BGH* NJW 2003, 1043 f; weitere Beispiele *Zöller/Althammer* ZPO vor § 50 Rn. 7.
148 *BGH* NJW 2017, 2472, 2473.
149 *BGH* NJW 2017, 2472, 2474; *Grunsky/Jacoby* Zivilprozessrecht Rn. 226.
150 *BGH* NJW 2010, 3100.
151 *BGH* NJW 2011, 778, 779; *Grunsky/Jacoby* Zivilprozessrecht Rn. 233.

tas Europaea (SE) und die Gesellschaft mit beschränkter Haftung (GmbH). Die „Parteifähigkeit" ist ein besonders dynamisches ZPO-Thema. Die neueren Entwicklungen gehören zwingend zum Examenswissen. So ist die neue Rechtsform „Unternehmergesellschaft (haftungsbeschränkt)" (sog. Mini-GmbH), die in § 5a GmbHG geregelt ist, als juristische Person des Privatrechts ebenfalls parteifähig. Gleiches gilt für die ausländischen Rechtsformen der EU-Mitgliedstaaten (z.B. die englische Limited, deren Schicksal aufgrund des BREXIT derzeit ungewiss ist).[152]

c) Personengesellschaften

Nach §§ 124 Abs. 1, 161 Abs. 2 HGB sind auch OHG, KG und GmbH & Co. KG parteifähig. Gleiches gilt für die Partnerschaftsgesellschaft und die (neue) PartmbB (§ 7 Abs. 2 PartGG i.V.m. § 124 HGB). Auch die GbR (Gesellschaft bürgerlichen Rechts = BGB-Gesellschaft) ist seit einer Entscheidung des BGH aus dem Jahr 2001 analog § 124 Abs. 1 HGB parteifähig.[153] 113

Vertiefung zur „GbR": Die Rechtsform der **GbR** ist in §§ 705 ff. BGB näher geregelt. Voraussetzung ist, dass sich mindestens zwei Personen zur Förderung eines gemeinsamen Zwecks zusammenschließen. Typischerweise verwenden die freien Berufe die Rechtsform der GbR (Anwalts- und Steuerberaterkanzleien, Architektenbüros). Aber auch Handelsgewerbe, die keinen kaufmännischen Geschäftsbetrieb erfordern (vgl. § 1 Abs. 2 HGB), können sich dieser Rechtsform bedienen. Mangels einer ausdrücklichen Regelung im BGB wurde die GbR lange Zeit als nicht parteifähig angesehen. Nach einer Entscheidung des BGH aus 2001 ist die GbR als Außengesellschaft nunmehr **analog § 124 Abs. 1 HGB** parteifähig. Sie kann daher unter ihrer Firma verklagt werden. Analog § 124 Abs. 2 HGB kann im Fall des Prozessgewinns in ihr Vermögen (Konto, Büroeinrichtung etc.) vollstreckt werden. Vorteil dieser Rechtsprechung ist, dass eine GbR nunmehr unter ihrem Namen (z.B. Rechtsanwälte Meier & Kollegen) klagen und verklagt werden kann. Man muss nicht mehr alle Gesellschafter (z.B. 17 Anwälte) namentlich in der Klage bezeichnen. Außerdem muss die Klage nicht umgestellt werden, wenn im Laufe des Prozesses ein Gesellschafter ausscheidet oder ein neuer hinzukommt. Achtung: Eine Besonderheit gilt bei Grundstücken. Ist die GbR Eigentümerin eines Grundstücks, sind nach § 47 Abs. 2 S. 1 GBO neben der GbR auch die Gesellschafter im Grundbuch einzutragen. Bei Grundstücksprozessen sollten daher die GbR-Gesellschafter von Anfang an im Rubrum aufgeführt werden. Denn andernfalls kann ein gegen die GbR erworbener Titel nicht in das Grundbuch vollstreckt werden.[154] Neben der GbR können auch die einzelnen Gesellschafter analog § 128 HGB verklagt werden. Hierfür ist ein eigener Prozess gegen den Gesellschafter erforderlich (§ 129 Abs. 4 HGB analog). 114

JURIQ-Klausurtipp

Die GbR ist seit der Entscheidung des BGH im Jahr 2001 ein „Dauerbrenner". Daher sollten Sie die wesentlichen Eckdaten der BGH-Rechtsprechung sowie der Gesetzgebung kennen. Seit 2013 gibt es die neue Rechtsform PartmbB (§ 8 Abs. 4 PartGG), die gerade für Anwaltskanzleien besonders attraktiv ist.

152 *BGH* NJW 2005, 1648, 1649; *KG* NJW 2014, 2737; *Zöller/Althammer* ZPO § 50 Rn. 31.
153 *BGHZ* 146, 341 ff; *BGH* NJW 2009, 1610, 1611; NJW 2009, 2449, 2450; NJW 2011, 615, 616.
154 *BGH* NJW 2011, 615, 616.

d) Wohnungseigentümergemeinschaften

115 Wohnungseigentümergemeinschaften wurde lange Zeit die Parteifähigkeit abgesprochen. Mittlerweile ist der Gesetzgeber tätig geworden und hat im Jahr 2007 die Parteifähigkeit von Wohnungseigentümergemeinschaften ausdrücklich in § 10 Abs. 6 S. 5 WEG verankert. Damit kann nun die „Wohnungseigentümergemeinschaft Birkenweg 1, Köln, diese vertreten durch den Verwalter XY" klagen und verklagt werden.[155]

e) Nicht rechtsfähige Vereine

116 Vereine, die nicht im Vereinsregister eingetragen sind, sind nicht rechtsfähig und können daher eigentlich keine Träger von Rechten und Pflichten sein. Nach der ausdrücklichen Vorschrift des § 50 Abs. 2 ZPO sind nicht rechtsfähige Vereine seit 2009 aber sowohl aktiv als auch passiv parteifähig und können daher Kläger und Beklagte sein. Ebenso wie die GbR kann der nicht eingetragene Verein nicht als Eigentümer im Grundbuch eingetragen werden, sondern nur die Mitglieder als Gesamthand.

f) Zusammenfassung

117 **Ausgangsfall** Mona ist als natürliche Person parteifähig, § 1 BGB. Die beklagte Firma V-GmbH ist eine GmbH und damit als juristische Person des Privatrechts ebenfalls parteifähig (§ 13 Abs. 1 GmbHG). ■

3. Prozessfähigkeit

118 Die Prozessfähigkeit ist Prozessvoraussetzung. Fehlt sie, ist die Klage als unzulässig abzuweisen.[156] Die Prozessfähigkeit ist zugleich Prozesshandlungsvoraussetzung. Prozesshandlungen der prozessunfähigen Partei (Klage, Klagerücknahme, Anerkenntnis etc.) sind ohne Wirkung. Erlangt eine Partei im Lauf des Prozesses Prozessfähigkeit (z.B. der Minderjährige wird volljährig), kann der Prozess „pauschal" genehmigt werden.[157]

a) Natürliche Personen

119 Unter Prozessfähigkeit versteht man die Fähigkeit, einen Rechtsstreit selbst oder durch einen selbst bestellten Vertreter führen zu können (§ 51 Abs. 1 ZPO). Prozessfähig ist, wer „sich selbst durch Verträge verpflichten kann" (§ 52 ZPO). Gemeint sind die voll Geschäftsfähigen (§§ 104 ff. BGB). Nur Volljährige können daher selbstständig Prozesse führen. Kinder unter 7 Jahren (= geschäftsunfähige Personen nach § 104 BGB) und Minderjährige zwischen 7 und 18 Jahren (= beschränkt Geschäftsfähige nach §§ 106, 114 BGB) sind nicht prozessfähig. Ausgenommen sind Rechtstreitigkeiten im Rahmen der Erwerbstätigkeit von Minderjährigen gem. §§ 112, 113 BGB (volle Geschäftsfähigkeit).[158]

120 Fraglich ist, wer anstelle der Prozessunfähigen den Prozess führt. Dies ist in § 51 Abs. 1 ZPO geregelt. Eine prozessunfähige Partei muss sich durch ihren gesetzlichen Vertreter im Prozess vertreten lassen. Minderjährige werden durch ihre Eltern vertreten (§ 1629 Abs. 1 BGB). In den Fällen der §§ 112, 113 BGB dürfen sie ausnahmsweise selbst tätig werden. Unter Betreuung

155 *BGH* NJW 2012, 1207, 1208.
156 *Grunsky/Jacoby* Zivilprozessrecht Rn. 240.
157 *Zöller/Althammer* ZPO § 52 Rn. 14.
158 *Adolphsen* Zivilprozessrecht § 7 Rn. 27.

stehende Personen werden durch ihren Betreuer vertreten (§ 1902 BGB). Zustellen muss man immer an den gesetzlichen Vertreter (§ 170 Abs. 1 ZPO). Erhält er das an den Prozessunfähigen gerichtete Schreiben zufällig, ist eine Heilung nach § 189 ZPO möglich.[159] Die Zustellung eines Urteils an den Prozessunfähigen selbst lässt allerdings die Rechtsmittelfrist laufen.[160]

b) Juristische Personen und Personengesellschaften

Auch juristische Personen und Personengesellschaften können nur durch ihre gesetzlichen Vertreter handeln. Sie selbst sind nach h.M. nicht prozessfähig. Juristische Personen des Privatrechts werden durch ihre vertretungsberechtigten Organe vertreten. Eine AG wird durch ihren Vorstand vertreten (§ 78 Abs. 1 AktG), ein Verein wird ebenfalls durch den Vorstand vertreten (§ 26 Abs. 1 S. 2 BGB) eine GmbH oder eine UG (haftungsbeschränkt) durch ihren Geschäftsführer (§ 35 Abs. 1 GmbHG). Die Personengesellschaften werden durch ihre vertretungsberechtigten Gesellschafter vertreten. Bei der OHG besteht Einzelvertretungsbefugnis (§ 125 HGB), bei der GbR Gesamtvertretungsbefugnis (§§ 709, 714 BGB), soweit keine anderweitige Regelung im Gesellschaftsvertrag getroffen wurde. Bei der KG sind nur die Komplementäre vertretungsbefugt, nicht die Kommanditisten (§ 170 HGB). Partnerschaftsgesellschaften und PartmbB werden durch die vertretungsberechtigten Gesellschafter vertreten (§ 7 Abs. 3 PartGG i.V.m. § 125 HGB). 121

Ausgangsfall Mona ist volljährig und damit prozessfähig (§§ 51, 52 ZPO mit §§ 104 ff. BGB). Die Firma V-GmbH ist als juristische Person nicht prozessfähig, sie muss sich durch ihren Geschäftsführer (G) gem. § 35 GmbHG vertreten lassen. ■

c) Zulassungsstreit

Wird die Prozessfähigkeit einer Partei bestritten (dem 90-jährigen Kläger wird seitens des Beklagten völlige Demenz vorgeworfen), gilt die Partei für diesen Zwischenstreit (Zulassungsstreit) als prozessfähig.[161] Bei Zweifeln an der Prozessfähigkeit muss das Gericht von Amts wegen mit Hilfe des Freibeweises ermitteln. Bleiben danach Unklarheiten (Demenz ja oder nein), geht dies zu Lasten der betroffenen Partei. Das Gericht muss dem Prozessunfähigen aber Gelegenheit geben, einen (vorläufigen) Betreuer zu bestellen, statt die Klage sofort als unzulässig abzuweisen.[162] Notfalls ist nach § 57 ZPO ein Prozesspfleger zu bestellen. 122

4. Postulationsfähigkeit

Neben der Partei- und Prozessfähigkeit ist die Postulationsfähigkeit zu prüfen (näher Rn. 75). In Verfahren mit Anwaltszwang (§ 78 ZPO) ist die Partei nicht postulationsfähig. Sie benötigt einen Rechtsanwalt, der sie vor Gericht vertritt.[163] Anders ist es im Parteiprozess (§ 79 ZPO), also bei Prozessen vor den Amtsgerichten (Ausnahme Familiensachen). Hier ist die Partei postulationsfähig und kann den Rechtsstreit ganz alleine führen. 123

159 *BGH* NJW 2015, 1760, 1761.
160 *BGH* NJW 2014, 937 (Nichtigkeitsklage jederzeit möglich).
161 *BGH* NJW 2011, 3087, 3088 m.w.N.; *BAG* NJW 2009, 3051.
162 *BAG* NJW 2009, 3051, 3052.
163 Näher *Grunsky/Jacoby* Zivilprozessrecht Rn. 244 f.

5. Prozessführungsbefugnis

a) Eigenes und fremdes Recht

124 Die **Prozessführungsbefugnis** ist **nicht** explizit in der ZPO geregelt. Sie ist ohne weiteres gegeben, wenn der Kläger ein (behauptetes) eigenes Recht im eigenen Namen vor Gericht einklagen will. Das Gericht muss sich bei der Zulässigkeitsprüfung keine weiteren Gedanken machen. Ob dem Kläger der geltend gemachte Anspruch dann tatsächlich gegen den Beklagten zusteht, wird im Rahmen der Begründetheit der Klage untersucht (sog. Aktivlegitimation des Klägers und Passivlegitimation des Beklagten).[164]

Ausgangsfall Vorliegend verklagt Mona die Firma V-GmbH auf Ersatzlieferung und Zahlung der Austauschkosten nach § 437 BGB wegen eines Mangels der von ihr gekauften Fliesen. Damit macht Mona vor Gericht ein eigenes Recht (sie schildert eigene Gewährleistungsansprüche) im eigenen Namen (Klägerin ist „Mona") geltend. Das ist der Normalfall bei Gericht. In derartigen Fällen muss die Prozessführungsbefugnis in der Prüfung nicht extra angesprochen werden. ■

125 Problematisch sind für die Gerichte allerdings Situationen, in denen der Kläger offensichtlich ein **fremdes Recht** im eigenen Namen einklagen will, ohne Inhaber des Rechts zu sein.

Beispiel Mona klagt im eigenen Namen beim AG Köln den Unterhaltsanspruch ihres Freundes Thomas ein, weil Thomas sich nicht traut, einen Prozess gegen seinen Vater zu führen. ■

Die Rechtsprechung lehnt derartige „Popularklagen" grundsätzlich ab. Grund ist der Schutz des Beklagten. Dieser darf grundsätzlich darauf vertrauen, nur von dem Rechtsinhaber in einen Prozess verstrickt zu werden, nicht aber von einer ihm völlig fremden Person. Nur ausnahmsweise wird diese Vorgehensweise gestattet. Ein solches Prozessführungsrecht wird als Prozessstandschaft bezeichnet.

b) Prozessstandschaft

126 Werden fremde Rechte im eigenen Namen geltend gemacht, ist auf die Prozessführungsbefugnis näher einzugehen. Die Berechtigung, (als Partei des Prozesses) ein fremdes Recht im eigenen Namen geltend zu machen, kann sich nur aus Gesetz oder aus der Ermächtigung des wahren Rechtsträgers ergeben. Dementsprechend wird zwischen gesetzlicher und gewillkürter Prozessstandschaft unterschieden.

aa) Gesetzliche Prozessstandschaft

127 Hauptfallgruppen der gesetzlichen Prozessstandschaft sind die Prozessführung kraft Amtes und kraft gesetzlicher Ermächtigung.

Die Partei **kraft Amtes** stellt nach überwiegender Auffassung einen Unterfall der gesetzlichen Prozessstandschaft dar. Hauptbeispiel ist der Insolvenzverwalter. So darf der Insolvenzverwalter eines Unternehmens (z.B. der Insolvenzverwalter von Schlecker, Quelle oder Air Berlin) als sog. Partei kraft Amtes die Forderungen des Unternehmens gegen säumige Kunden im eigenen Namen einklagen (§ 80 Abs. 1 InsO). Wesentliches Merkmal einer Partei kraft Amtes ist,

164 Vgl. *Grunsky/Jacoby* Zivilprozessrecht Rn. 223.

dass sie fremdes Vermögen verwaltet und darüber verfügt. Im Prozess spiegelt sich diese Rechtsmacht wider. Statt des Rechtsträgers ist die Partei kraft Amtes prozessführungsbefugt. Parteien kraft Amtes sind außerdem der Nachlassverwalter (§§ 1984 Abs. 1 S. 3, 1985 Abs. 1 BGB), der Testamentsvollstrecker (§§ 2212, 2213 Abs. 1 S. 1 BGB) sowie der Zwangsverwalter (§ 152 Abs. 1 ZVG).

Den Hauptfall der Prozessstandschaft kraft gesetzlicher Ermächtigung regelt § 265 ZPO, der die Veräußerung der streitbefangenen Sache während eines laufenden Prozesses betrifft. Tritt der Kläger während des Prozesses die streitgegenständliche Forderung an einen Dritten ab, hat er seine Stellung als Rechtsinhaber verloren (materiell verfügungsbefugt ist nun der Dritte).[165] Dennoch darf er nach § 265 Abs. 2 S. 1 ZPO weiterhin in der Klägerrolle bleiben. Grund ist, unnötige Doppelprozesse zu vermeiden.[166] Die Abtretung hat auf den Prozess keinen Einfluss. Er darf das fremde Recht im eigenen Namen geltend machen. Trotz Verlustes der Aktivlegitimation bleibt der Veräußerer prozessführungsbefugt. Der neue Rechtsinhaber kann daran wenig ändern. Er kann nur dann anstelle des Klägers in den Prozess eintreten, wenn der Prozessgegner hierzu seine Zustimmung erklärt (§ 265 Abs. 2 S. 2 ZPO). 128

» Lesen Sie zunächst § 265 ZPO in Ruhe durch. Der Gesetzestext enthält alle wesentlichen Informationen! «

Beispiel Mona tritt ihre Gewährleistungsansprüche gegen die V-GmbH im Laufe des Prozesses an ihre Mutter ab (§ 398 BGB). Ist die Klage von Mona noch zulässig? Die Partei- und Prozessfähigkeit von Mona stehen außer Frage. Problematisch ist die Prozessführungsbefugnis von Mona. Denn nun macht Mona ein fremdes Recht im eigenen Namen geltend. Hier könnte ein Fall der gesetzlichen Prozessstandschaft nach § 265 Abs. 2 S. 1 ZPO vorliegen. Danach hat die Abtretung der streitbefangenen Sache auf den Prozess keinen Einfluss. Mona bleibt Partei des Rechtsstreits und ist hierfür prozessführungsbefugt. Die Klage ist demnach zulässig. Fraglich ist allerdings, ob die Klage begründet ist, da Mona nicht mehr Anspruchsberechtigte und damit nicht mehr aktiv legitimiert ist. Nach der Irrelevanztheorie, die sich am Wortlaut des § 265 Abs. 2 S. 1 ZPO orientiert, ist die Veräußerung irrelevant, so dass Mona nach wie vor als Anspruchsberechtigte auftreten darf und Leistung an sich verlangen kann. Nach der herrschenden Relevanztheorie muss Mona ihren Klageantrag umstellen und Leistung an ihre Mutter verlangen. Die Änderung der materiellen Rechtslage wird als so relevant angesehen, dass sie auch im Klageantrag zum Ausdruck gebracht werden muss.[167] Versäumt Mona die Umstellung des Klageantrags, ist die Klage mangels Aktivlegitimation als unbegründet abzuweisen. ■

Eine weitere Fallgruppe betrifft die Prozessstandschaft kraft gesetzlicher Ermächtigung des materiellen Rechts.[168] Hier stehen die Ansprüche eigentlich einer Gesamthand zu, aber der einzelne Mitberechtigte darf diese alleine einklagen. Beispiele sind Ehe-Gesamthandsgemeinschaften (§§ 1422, 1428, 1429 S. 2 BGB), Miteigentümer (§ 1011 BGB), Pfandgläubiger (§ 1281 BGB), Ehegatten (§§ 1368, 1369 Abs. 3 BGB) sowie Miterben (§ 2039 BGB). Macht die Wohnungseigentümergemeinschaft Unterlassungsansprüche oder Ansprüche wegen Mängeln des Gemeinschaftseigentums geltend, klagt sie in gesetzlicher Prozessstandschaft (denn Rechtsinhaber sind die einzelnen Wohnungseigentümer).[169] 129

165 *BGH* NJW 2011, 2193, 2194 (auch zur Verjährungsunterbrechung).
166 *BGH* NZG 2016, 1390, 1391.
167 Vgl. *Pohlmann* Zivilprozessrecht Rn. 256.
168 Zum Streitstand ausführlich *Zöller/Althammer* ZPO vor § 50 Rn. 21 ff.
169 *BGH* NJW 2015, 1020, 1021 f.; NJW 2016, 1575.

bb) Gewillkürte Prozessstandschaft

130 Liegt kein gesetzlicher Erlaubnistatbestand vor, ist noch die gewillkürte Prozessstandschaft zu prüfen. Hier wird der Prozessstandschafter von dem Rechtsinhaber ausdrücklich **ermächtigt**, das fremde Recht im eigenen Namen geltend zu machen. Die Rechtsprechung verlangt außer der Ermächtigung **ein besonderes Interesse** des Klägers an der Geltendmachung des fremden Rechts.[170] Die gewillkürte Prozessstandschaft kommt nur auf der Klägerseite vor.

PRÜFUNGS-SCHEMA

Gewillkürte Prozessstandschaft:

I. Liegt eine Ermächtigung des Rechtsinhabers analog § 185 Abs. 1 BGB vor?

II. Ist der Anspruch abtretbar?

IIIa. Liegt ein schutzwürdiges Eigeninteresse des Prozessstandschafters vor?

IIIb. Ist die Prozessführung durch den Prozessstandschafter rechtsmissbräuchlich?

131 Das Erfordernis eines eigenen schutzwürdigen Interesses dient dem Schutz des Beklagten. Dieser vertraut im Regelfall darauf, mit dem von ihm ausgewählten Vertragspartner vor Gericht „die Klingen zu kreuzen". Taucht ein Dritter auf, muss der Dritte dafür Gründe = ein eigenes rechtsschutzwürdiges Interesse haben. Dies wird bejaht, wenn der Ausgang des Prozesses die eigene Rechtslage des Prozessstandschafters beeinflusst. Ob allein ein wirtschaftliches Interesse reicht, ist strittig. Folgende Fallgruppen sind von der Rechtsprechung akzeptiert:[171] Sicherungsabtretung der Forderung (Sicherungsgeber darf als Prozessstandschafter klagen), Forderungsverkauf/-abtretung vor einem Rechtsstreit (Zedent = Verkäufer darf als Prozessstandschafter klagen), Drittschadensliquidation (geschädigter Käufer darf als Prozessstandschafter klagen), mangelhafte Leasingsache (Leasingnehmer darf als Prozessstandschafter klagen).

132 Ein schutzwürdiges Interesse ist bei erkennbarem Missbrauch der Prozessstandschaft abzuerkennen. Der Beklagte muss davor geschützt werden, dass seine berechtigten Belange durch die Einschaltung eines Dritten beeinträchtigt werden. Rechtsmissbräuchlichkeit wird vor allem dann bejaht, wenn der Prozessstandschafter eine juristische Person und **vermögenslos** ist.[172] Hier besteht die Gefahr, dass der Beklagte seinen Kostenerstattungsanspruch nicht realisieren kann und auf seinen Anwaltskosten „sitzen bleibt".

Beispiel Mona ermächtigt ihre gleichaltrige Freundin Sabine, die Gewährleistungsrechte gegen die V-GmbH im eigenen Namen bei Gericht einzuklagen. Sabine ist allerdings hoch verschuldet und hat vor kurzem die Durchführung eines Verbraucherinsolvenzverfahrens beantragt. Sabine erhebt nun Klage bei Gericht (den Gerichtskostenvorschuss zahlt Mona). Ist die Klage von Sabine zulässig? Das ist der Fall, wenn alle Prozessvoraussetzungen vorliegen (Parteifähigkeit, Prozessfähigkeit, ordnungsgemäße Klageerhebung, zuständiges Gericht etc.). Problematisch ist hier die Prozessführungsbefugnis von Sabine. Sie macht ein fremdes Recht (Gewährleistungsansprüche von Mona) im eige-

170 *BGH* NJW 2017, 486; NJW 2017, 487, 488; NJW 2016, 2335, 2336.

171 Ausführlich *Zöller/Althammer* ZPO vor § 50 Rn. 46.

172 *BGH* NJW 1986, 850, 851 (vermögenslose GmbH oder GmbH & Co. KG).

nen Namen geltend. Dies ist nur möglich, wenn ein Fall der gesetzlichen oder gewillkürten Prozessstandschaft vorliegt. Hier kommt nur die gewillkürte Prozessstandschaft in Betracht. Voraussetzung ist zunächst eine Ermächtigung durch den Rechtsinhaber analog § 185 Abs. 1 BGB. Hier hat Mona ausdrücklich Sabine zur Prozessführung ermächtigt. Auch die Abtretbarkeit der Gewährleistungsansprüche aus § 437 BGB ist gegeben. Gewährleistungsansprüche sind grundsätzlich abtretbar. Des Weiteren müsste ein eigenes schutzwürdiges Interesse von Sabine vorliegen, den Prozess zu führen. Dies wäre beispielsweise bei einem Forderungskauf oder bei einer Sicherungsabtretung der Fall. Derartige Konstellationen liegen hier nicht vor. Ein rechtliches Interesse ist daher nicht erkennbar. Außerdem erscheint die Ermächtigung von Sabine rechtsmissbräuchlich. Verliert Sabine den Prozess, muss sie sämtliche Kosten, also auch die Anwaltskosten der V-GmbH, tragen (§ 91 ZPO). Da sie kein Geld hat und ein Verbraucherinsolvenzverfahren sechs Jahre[173] dauert, würde die V-GmbH höchstwahrscheinlich auf ihren Kosten sitzen bleiben. Derartige „Verschiebungen" des Prozessrisikos zu Lasten einer Partei sind rechtsmissbräuchlich. Sabine fehlt daher die Prozessführungsbefugnis. Die Klage ist als unzulässig abzuweisen. ■

cc) Konsequenzen im Prozess

Partei des Prozesses ist allein der Prozessstandschafter. Prozessfähigkeit und Prozessführungs- **133**
befugnis sind in seiner Person zu prüfen. Die Prüfung erfolgt von Amts wegen.[174] Fehlt die Prozessführungsbefugnis, ist die Klage als unzulässig abzuweisen.[175] Der Klageantrag des Prozessstandschafters muss grundsätzlich auf Leistung an den (echten) Anspruchsinhaber lauten. Das fremde Recht ist somit offen zu legen. Ausnahmsweise darf der Prozessstandschafter Leistung an sich selbst verlangen (z.B. wenn der Beklagte nach § 362 Abs. 2 BGB befreiend an ihn leisten kann). Da allein der Prozessstandschafter Partei ist, kann der wahre Rechtsträger Zeuge sein. Eine parallele Klage des Rechtsinhabers ist nicht zulässig; der Gegner ist gegen eine zweite Klage durch die Einrede der Rechtshängigkeit (§ 261 Abs. 3 Nr. 1 ZPO) geschützt. Das Urteil entfaltet für und gegen den Rechtsinhaber Rechtskraft (s. Rn. 387). Der Beklagte muss also nicht Sorge haben, dass er von verschiedenen Parteien mehrfach verklagt wird.

V. Streitgegenstandsbezogene Prozessvoraussetzungen

1. Schlichtungsversuch vor Klageerhebung

Der Zivilprozess wird durch die Erhebung einer Klage eingeleitet. Diese muss den zwingen- **134**
den Anforderungen des § 253 ZPO genügen (Rn. 63 ff.). Soweit dies landesrechtlich vorgeschrieben ist, muss vor der Klageerhebung eine Schlichtung durchgeführt worden sein (Rn. 21 ff.). Fehlt die Bescheinigung über den erfolglosen Einigungsversuch, ist die Klage unzulässig und durch Prozessurteil abzuweisen.[176]

» Wissen Sie noch, in welchen Fällen die Schlichtung vorgesehen ist? Andernfalls wiederholen Sie diese Zulässigkeitsvoraussetzung (Rn. 21 ff.). «

173 Eine Verkürzung auf 3 Jahre ist nach § 300 Abs. 1 Nr. 2 InsO möglich (bei 35% Quote).
174 *BGH* NJW 2011, 2581.
175 *BGH* NJW 2000, 738, 739.
176 *BGH* NJW-RR 2009, 1239 f.; a.A. *Adolphsen* Zivilprozessrecht § 6 Rn. 2.

2. Klagbarkeit des Anspruchs

135 Kann ein Anspruch nach materiellem Recht nicht eingeklagt werden, ist eine trotzdem erhobene Klage unzulässig.[177] Die Fälle sind zwar nicht zahlreich, aber wichtig. Hat beispielsweise ein türkisches Mädchen auf Drängen ihrer Eltern die Eingehung der Ehe mit einem türkischen Mann versprochen, kann keine Klage auf Eingehung der Ehe erhoben werden (§ 1297 Abs. 1 BGB). Spiel- und Wettschulden (§ 762 BGB) begründen keine Verbindlichkeiten; wird dennoch Klage erhoben, ist diese zwar zulässig, aber unbegründet.

3. Rechtsschutzbedürfnis

136 Zulässig ist eine Klage nur dann, wenn der Kläger ein berechtigtes Interesse daran hat, sein Recht vor einem Zivilgericht geltend zu machen. Da Selbsthilfe grundsätzlich verboten ist, ist ein Interesse des Klägers bei Leistungsklagen stets anzuerkennen. Bei einer klausurmäßigen Bearbeitung muss es daher nicht explizit erwähnt werden. Anders ist die Situation bei der **Feststellungsklage**. Hier verlangt § 256 ZPO ausdrücklich ein **Feststellungsinteresse** des Klägers. Dies ist zu bejahen, wenn dem Recht des Klägers eine gegenwärtige Gefahr der Unsicherheit droht (z.B. Unklarheit, ob der Mieter zu Schönheitsreparaturen verpflichtet ist)[178] oder der Beklagte das Recht des Klägers ernstlich bestreitet.[179] Bei positiven Feststellungsklagen fehlt das Feststellungsinteresse, wenn der Kläger sofort eine Leistungsklage erheben könnte. Grund ist, eine doppelte Beanspruchung der Gerichte zu vermeiden. Da Feststellungsklagen keinen vollstreckungsfähigen Inhalt haben, müsste der Kläger häufig eine Leistungsklage „hinterher schieben".

Beispiel Mona hat ihrer Freundin Susi ihr Fahrrad verliehen. Susi behauptet nun, dass das Fahrrad ihr gehört. Eine Feststellungsklage („Es wird festgestellt, dass Mona Eigentümerin des Fahrrads XY ist") wäre unzulässig, da Mona vorrangig Leistungsklage erheben könnte („Die Beklagte wird verurteilt, das Fahrrad XY an die Klägerin herauszugeben"). Mona fehlt das Feststellungsinteresse. Die Feststellungsklage wäre unzulässig. Feststellungsklagen sind vor allem dann erforderlich, wenn ein Schaden (z.B. Operationskosten nach Autounfall) im Ganzen noch nicht beziffert werden kann. ■

4. Keine anderweitige Rechtshängigkeit

137 Der Kläger darf eine Klage nur einmal erheben, nicht aber ein zweites Mal. Nach § 261 Abs. 3 Nr. 1 ZPO ist eine Klage unzulässig, wenn der bei Gericht erhobene Anspruch schon anderweitig rechtshängig ist, d.h. bei einem anderen Gericht (zeitgleich) erhoben worden ist. Das zweite Gericht muss die Klage von Amts wegen als unzulässig abweisen. Dadurch soll vermieden werden, dass sich der Beklagte in derselben Sache in mehreren Verfahren verteidigen muss und dass einander widersprechende Entscheidungen ergehen.[180] Rechtshängig wird eine Klage erst durch deren Zustellung an den Beklagten, nicht schon mit ihrer Einreichung (§§ 253 Abs. 1, 271, 261 Abs. 1 ZPO). Voraussetzung für die Sperrfunktion der Rechtshängigkeit ist, dass „dieselben Parteien" eine Entscheidung über „dieselbe Streitsache" begehren.

---

177 *Pohlmann* Zivilprozessrecht Rn. 265.
178 *BGH* NJW 2010, 1877, 1878.
179 *BGH* NJW 2010, 1660, 1661.
180 *BGH* NJW 2002, 1503; NJW 2001, 3713.

Beispiel Die Tante von Mona möchte sich scheiden lassen. Zunächst erhebt sie Scheidungsklage (= Antrag auf Scheidung § 124 FamFG) beim AG Köln, später dann beim AG Nürnberg, in der Meinung, dass bayerische Gerichte schneller entscheiden. ■

Unabhängig von der Frage der Zuständigkeit des Gerichts (§ 122 FamFG) ist hier problematisch, dass die Tante von Mona zwei Klagen in derselben Sache erheben will. Derartige Parallelprozesse will § 261 Abs. 3 Nr. 1 ZPO verhindern. Klärungsbedarf besteht allerdings noch, in welchen Fällen „dieselbe Streitsache" vorliegt. Diese Frage betrifft den sog. Streitgegenstand. Er ist ein Schlüsselbegriff des Prozessrechts und wird sogleich näher dargestellt (Rn. 139 ff.).

5. Keine entgegenstehende Rechtskraft

Nach der rechtskräftigen Entscheidung eines Rechtsstreits (§ 322 Abs. 1 ZPO) ist es unzulässig, 138
dieselbe Sache ein zweites Mal vor Gericht zu bringen. Untersagt sind nicht nur parallele Prozesse (§ 261 Abs. 3 Nr. 1 ZPO), sondern auch hintereinander geschaltete Prozesse. Voraussetzung ist auch hier, dass Parteiidentität besteht und es beim zweiten Gericht „um dieselbe Streitsache" geht. Auch hier kommt es maßgeblich auf den Begriff des Streitgegenstands an.

6. Exkurs: Der Streitgegenstand

Die Frage, worüber im Prozess eigentlich gestritten wird, beschäftigt die Prozessrechtswissen- 139 
schaft seit jeher.[181] Dreh- und Angelpunkt ist der **Begriff** des Streitgegenstands. Er taucht in der ZPO allerdings kaum auf. Meist ist vom „erhobenen Anspruch" oder schlicht vom „Anspruch" oder von der „Streitsache" die Rede.[182]

Hinweis

Der Streitgegenstand ist wesentlich für die sachliche Zuständigkeit (§ 23 Nr. 1 GVG), die objektive Klagehäufung (§ 260 ZPO), die Rechtshängigkeit (§ 261 ZPO), die Klageänderung (§ 263 ZPO), die Rechtskraft (§ 322 ZPO) sowie die Hemmung der Verjährung (§§ 204, 213 BGB[183]).

Der Streitgegenstand wird durch die Klage bestimmt.[184] Die Klage muss Angaben zum 140
Gegenstand und Grund des erhobenen Anspruchs sowie einen bestimmten Antrag enthalten (§ 253 Abs. 2 Nr. 2 ZPO). Durch diese Eckpunkte wird der „prozessuale Anspruch" festgelegt. Der Streitgegenstand dieses Prozesses ist damit fest zementiert. Er soll nicht noch einmal bei einem anderen Gericht geltend gemacht (§§ 261 Abs. 3 Nr. 2, 322 ZPO) oder im Laufe des Prozesses einfach geändert (§ 263 ZPO) werden können. Äußerst umstritten ist nun aber, wie der Streitgegenstand der Klage genau ermittelt werden soll. Im Wesentlichen werden zwei Theorien vertreten.

Beispiel Der Vater von Mona klagt gegen seinen Cousin Carl auf Zahlung von 1000 € aus einem Kaufvertrag. Kurze Zeit später klagt er nochmals gegen Carl. Auch diesmal will er Zahlung von 1000 €, allerdings aus einem Darlehensvertrag. In beiden Fällen lau-

181 *Adolphsen* Zivilprozessrecht § 8 Rn. 51.
182 Näher *Zöller/Vollkommer* ZPO Einl. Rn. 60.
183 *BGH* NJW 2007, 2560, 2561; NJW 2010, 998, 1002.
184 *Pohlmannn* Zivilprozessrecht Rn. 315; *Zöller/Vollkommer* ZPO Einl. Rn. 63.

tet der Klageantrag in der Klageschrift: „Der Beklagte wird verurteilt, an den Kläger 1000 € zu zahlen". Was ist der Streitgegenstand der Klagen? Liegt Identität des Streitgegenstands vor?

a) Eingliedriger Streitgegenstandsbegriff

141 Nach der **Theorie** des **eingliedrigen** Streitgegenstandsbegriffs[185] ist der Klageantrag für die Bestimmung des Streitgegenstands entscheidend.

Da es eine unendliche Vielzahl an Klageanträgen gibt (z.B. „Der Beklagte wird verurteilt, den Fernseher mit der Herstellernummer DXY2569 herauszugeben", „der Beklagte wird verurteilt, an den Kläger 257 € zu zahlen", „der Beklagte wird verurteilt, an den Kläger 2000 € zu zahlen"), lassen sich mit dieser Theorie die meisten Abgrenzungsfragen lösen. Allerdings scheitert die Theorie des eingliedrigen Streitgegenstandsbegriffs bei gleichlautenden Leistungsklagen, wie im obigen Beispiel. Nach der Theorie des eingliedrigen Streitgegenstands würde an sich nur ein Streitgegenstand vorliegen, auch wenn der Klage völlig unterschiedliche Lebenssachverhalte zugrunde liegen. Daher zieht diese Theorie als Auslegungshilfe den vom Kläger vorgetragenen Sachverhalt heran.[186]

b) Zweigliedriger Streitgegenstandsbegriff

142 Die Rechtsprechung geht von einem **zweigliedrigen** Streitgegenstandsbegriff aus.[187] Danach wird der Streitgegenstand durch den **Klageantrag** und den **Lebenssachverhalt** bestimmt.

Folgt man dieser Theorie, liegen im obigen *Beispiel* zwei verschiedene Streitgegenstände vor. Identisch sind zwar die Klageanträge, nicht aber die zugrunde liegenden Lebenssachverhalte. Daher kann die zweite Klage wirksam erhoben werden. Die Rechtshängigkeit der ersten Klage steht der zweiten Klage nicht entgegen. Wichtig ist, dass sich der Streitgegenstand nach dem Lebenssachverhalt und nicht (!) nach dem materiellen Anspruch (§ 194 BGB) richtet.[188] Relevant wird dies im Fall der sog. Anspruchskonkurrenz, d.h. wenn mehrere Anspruchsgrundlagen einschlägig sind.[189] Wird bei einem Taxiunfall ein Fahrgast verletzt, kann dieser Schadensersatz aus § 280 Abs. 1 BGB und aus § 823 Abs. 1 BGB verlangen. Es liegt aber nur ein Streitgegenstand vor. Der Kläger kann nicht wegen zwei Anspruchsgrundlagen zwei Prozesse führen. Davon abzugrenzen sind Situationen, in denen die zusammentreffenden Ansprüche erkennbar unterschiedlich ausgestaltet sind.[190] Wann das eine, wann das andere vorliegt, ist nicht ganz einfach zu beantworten. Aufgrund dieser Unsicherheit hat sich eine umfangreiche Kasuistik entwickelt.[191]

185 *Schwab* Der Streitgegenstand im Zivilprozess 1954 S. 74 ff. und 183 ff.

186 Vgl. *Adolphsen* Zivilprozessrecht § 8 Rn. 61; Schilken *Zivilprozessrecht* Rn. 226.

187 *BGH* NJW 2014, 314, 315; 2010, 998, 1002 (ständige Rspr.); MüKo-*Becker-Eberhard* ZPO vor §§ 253 ff. Rn. 32 ff.; *Thomas/Putzo/Reichold* ZPO Einl. II Rn. 24 f.; *Rosenberg/Schwab/Gottwald* Zivilprozessrecht § 92 Rn. 10; *Schilken* Zivilprozessrecht Rn. 229 ff.

188 Vgl. *Zeiss/Schreiber* Zivilprozessrecht Rn. 307.

189 Vgl. *BGH* NJW 2016, 3027, 3028.

190 *Zöller/Vollkommer* ZPO Einl. Rn. 70.

191 *Grunsky/Jacoby* Zivilprozessrecht Rn. 317.

Beispiel Mehrere Streitgegenstände 143

Bei Schadensersatzansprüchen bilden materieller Schadensersatz und Schmerzensgeld zwei Streitgegenstände.[192] Gleiches gilt beim Kauf einer mangelhaften Sache für unterschiedliche Sachmängel.[193] Bei dem Anspruch des Käufers auf Kaufpreisrückzahlung sowie Schadensersatz (§§ 437 Nr. 2, 3 i.V.m. 325 BGB) und dem Anspruch des Verkäufers auf Ersatz gezogener Nutzungen (§ 346 Abs. 2 BGB) handelt es sich um zwei Streitgegenstände.[194] ■

Beispiel Einheitlicher Streitgegenstand

Schließen sich zwei Anspruchsgrundlagen wechselseitig aus (Vertrag/§ 812 BGB) liegt ein einheitlicher Streitgegenstand vor.[195] Bei mehreren Beratungsfehlern in einem Bankgespräch soll es sich um einen Streitgegenstand handeln.[196] Gleiches gilt bei mehreren Prospektfehlern.[197] ■

Beispiel Mona beschließt, wegen der mangelhaften Fliesen vom Kaufvertrag zurückzutreten (§§ 437 Nr. 2, 323, 346 BGB). Sie erhebt Klage auf Kaufpreisrückzahlung in Höhe von 600 € beim AG Köln. Die Klage wird rechtskräftig abgewiesen. Jetzt klagt Mona auf Minderung (§§ 437 Nr. 2, 441 BGB) in Höhe von 600 €. Problematisch ist die Zulässigkeit der (zweiten) Klage. Unterstellt wird zunächst, dass die Klage ordnungsgemäß erhoben wurde. Fraglich ist aber, ob die materielle Rechtskraft des ersten Urteils der zweiten Klage nach § 322 ZPO entgegensteht. Dies ist der Fall, wenn Parteiidentität und Streitgegenstandsidentität bestehen. Erste und zweite Klage betreffen dieselben Parteien, Mona und die V-GmbH. Zu prüfen ist nun, ob derselbe Streitgegenstand vorliegt. Nach der h.M. (zweigliedriger Streitgegenstandsbegriff) setzt sich der Streitgegenstand aus Antrag und dem zugrunde liegenden Lebenssachverhalt zusammen. Zwar liegen identische Anträge vor. Es könnte sich aber um unterschiedliche Lebenssachverhalte handeln. Dagegen spricht, dass es bei der Klage um denselben Mangel (Fliesenverfärbungen) geht, also derselbe Tatsachenkomplex gegeben ist. Dafür spricht, dass Rücktritt und Minderung an unterschiedliche Tatsachen knüpfen. Für den Rücktritt muss der Mangel erheblich sein (§ 323 Abs. 5 S. 2 BGB). Für die Minderung nicht. Daher steht die materielle Rechtskraft des ersten Urteils der neuen Klage von Mona nicht entgegen.[198] Die Klage ist zulässig. Mona muss nur darauf achten, dass ihr Minderungsanspruch nicht verjährt ist (§ 438 Abs. 1 Nr. 3 BGB). Gut für sie ist, dass durch die Klage auf Kaufpreisrückzahlung auch die Verjährung des Anspruchs auf Minderung gehemmt wird.[199] ■

VI. Zusammenfassung zur Zulässigkeit der Klage

Der Richter weist eine Klage als unzulässig ab, wenn das Gericht sachlich unzuständig ist (außer Verweisungsantrag), das Gericht örtlich unzuständig ist (außer Verweisungsantrag), die Parteifähigkeit oder die Prozessfähigkeit oder die Postulationsfähigkeit fehlt, die Klage nicht 144

192 *BGH* NJW 2014, 3300, 3301; *Zöller/Vollkommer* ZPO Einl. Rn. 73.
193 *BGH* NJW 2016, 2493, 2495.
194 *BGH* NJW 2017, 3438, 3439.
195 *BVerfG* NJW 2016, 1377, 1378.
196 *BGH* NJW 2014, 314, 315.
197 *BGH* NJW 2015, 236, 249 (Telekom); NJW 2015, 3040, 3041.
198 Vgl. auch *Zöller/Vollkommer* ZPO Einl. Rn. 73.
199 Vgl. *BGH* NJW 2015, 2106, 2107.

ordnungsgemäß erhoben wurde (keine Angaben zu Gegenstand und Grund des Anspruchs, kein bestimmter Antrag), der erforderliche Schlichtungsversuch nicht durchgeführt wurde, die Klage bereits bei einem anderen Gericht rechtshängig ist, ein anderes Gericht über die Klage bereits rechtskräftig entschieden hat oder wenn das Rechtsschutzbedürfnis fehlt. Das Augenmerk des Klägers muss also zunächst auf den Zulässigkeitsfragen liegen. Die Erfüllung aller Prozessvoraussetzungen verschafft dem Kläger den erforderlichen Zutritt zu Gericht und garantiert ihm, dass das Gericht in die Prüfung der materiellen Rechtslage einsteigt.

JURIQ-Klausurtipp

Die Vorschriften zur sachlichen Zuständigkeit (§§ 23, 71 GVG) sowie zur örtlichen Zuständigkeit (§§ 12 ff. ZPO) gehören zum Basiswissen und sind beliebte Zusatzfragen in der Klausur und in der mündlichen Prüfung. Versuchen Sie daher, sich die Grundregeln gut einzuprägen. Auch die Begriffe der Partei-, Prozess- und Postulationsfähigkeit müssen von Ihnen beherrscht werden.

Online-Wissens-Check

Welches Gericht ist für bürgerliche Streitigkeiten über 5000 € sachlich zuständig?

Überprüfen Sie jetzt online Ihr Wissen zu den in diesem Abschnitt erarbeiteten Themen. Unter **www.juracademy.de/skripte/login** steht Ihnen ein Online-Wissens-Check speziell zu diesem Skript zur Verfügung, den Sie kostenlos nutzen können. Den Zugangscode hierzu finden Sie auf der Codeseite.

D. Ablauf eines Zivilprozesses

145 Mit Eingang der Klageschrift bei Gericht (§ 253 Abs. 5 ZPO) wird der Prozess „losgetreten“. Das Verfahren nimmt nun seinen Gang. Die Abfolge eines Zivilprozesses unterliegt einer gewissen Grundstruktur. Mona verschafft sich anhand der nachfolgenden Grafik einen ersten Überblick, wie sich der Ablauf eines Zivilprozesses und ihr Leben in den nächsten Monaten gestaltet.

I. Überblick

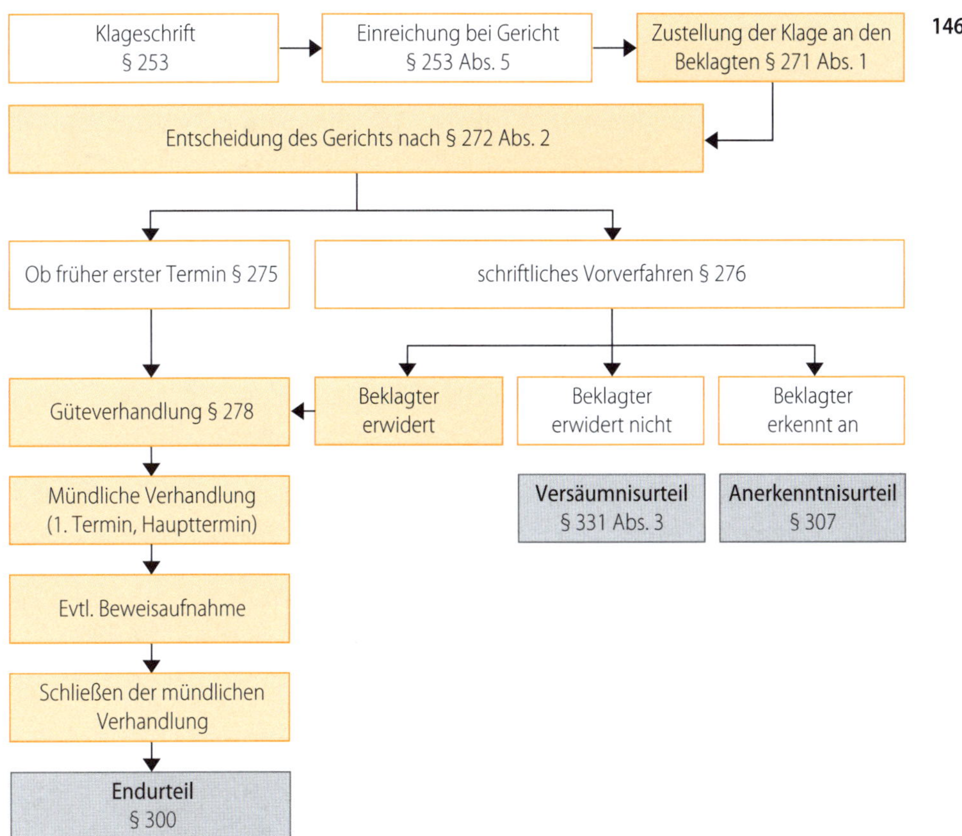 146

Die wichtigsten Schlüsselbegriffe sind außergerichtliche Streitschlichtung, Klageerhebung (= Zustellung der Klage), schriftliches Vorverfahren, Gütetermin, mündliche Verhandlung, Beweisaufnahme, Endurteil und Vollstreckung. Im folgenden Kapitel werden vor allem die Stationen bis zur Beweisaufnahme näher dargestellt. Beweisaufnahme, Urteil sowie die Vollstreckung aus dem Urteil werden in gesonderten Kapiteln behandelt. 147

II. Außergerichtliche Streitschlichtung

Manche Zivilprozesse setzen die vorherige Durchführung einer außergerichtlichen Streitschlichtung (§ 15a EGZPO) voraus (siehe Rn. 21 ff.). In bestimmten Fällen können die Bundesländer die Erhebung der Klage von einem vorherigen Versuch einer einvernehmlichen Konfliktlösung vor einer Gütestelle abhängig machen.[200] Dies betrifft nachbarrechtliche Streitigkeiten, Ehrverletzungen sowie Ansprüche aus dem AGG. Die meisten Länder haben zwischenzeitlich für vermögensrechtliche Streitigkeiten (bis zu 750 €) auf das Erfordernis eines vorherigen obligatorischen Schlichtungsversuchs verzichtet, da der erhoffte Entlastungseffekt für die Gerichte nicht eingetreten ist. Keine Pflicht besteht zur Durchführung eines Mediationsverfahrens (Rn. 12, 24). Dieses Verfahren setzt absolute Freiwilligkeit voraus. 148

200 Überblick bei *Pohlmann* Zivilprozessrecht Rn. 114.

III. Klageerhebung

1. Voraussetzungen

149 „Wo kein Kläger, da kein Richter". Mit diesem Satz wird die zentrale Bedeutung der Klageerhebung für den Zivilprozess trefflich beschrieben. Die Einreichung der Klage ist notwendige Voraussetzung für den Beginn eines Zivilprozesses (§ 253 Abs. 5 ZPO). Die Anforderungen an den **Inhalt einer Klageschrift** sind in § 253 Abs. 2 ZPO festgelegt (hierzu Rn. 63 ff.). Die Klageschrift kann per Post gesendet, gefaxt oder in den (Nacht-)briefkasten bei Gericht geworfen werden. Auch eine elektronische Einreichung ist möglich (§ 130a ZPO; näher Rn. 75). Durch die Einreichung der Klageschrift wird die Klage bei Gericht anhängig. Wichtig für den Kläger ist nun der nächste Schritt, den das Gericht veranlasst. Die Klage muss dem Beklagten unverzüglich **zugestellt** werden (§ 271 Abs. 1 ZPO i.V.m. §§ 166 ff. ZPO). Bislang erfolgte die Zustellung der Klage klassischerweise in Papierform per Post. Sie kann nun aber auch elektronisch erfolgen, im Anwaltsprozess gegen (elektronisches) Empfangsbekenntnis (§ 174 Abs. 4 ZPO). Damit das funktioniert, müssen die Anwälte ab 2018 ein beA bereithalten (§ 174 Abs. 3 S. 1 u. 4 ZPO). In Papierform ist eine beglaubigte Abschrift der Klage zuzustellen.[201] Wird nur eine einfache Abschrift zugestellt, ist eine Heilung gem. § 189 ZPO (durch tatsächlichen Zugang) möglich.[202] Ein elektronisches Dokument wird i.d.R. ohne Beglaubigung zugestellt (vgl. § 169 Abs. 5 ZPO). Mit der Zustellung der Klage an den Beklagten ist die Klage erhoben (§ 253 Abs. 1 ZPO), auch wenn die Anlagen fehlen.[203] Hierdurch wird die Klage **rechtshängig** (§ 261 Abs. 1 ZPO). Die Klage soll grundsätzlich erst dann zugestellt werden, wenn der Gerichtskostenvorschuss vom Kläger eingezahlt wurde (§ 65 Abs. 1 S. 1 GKG).

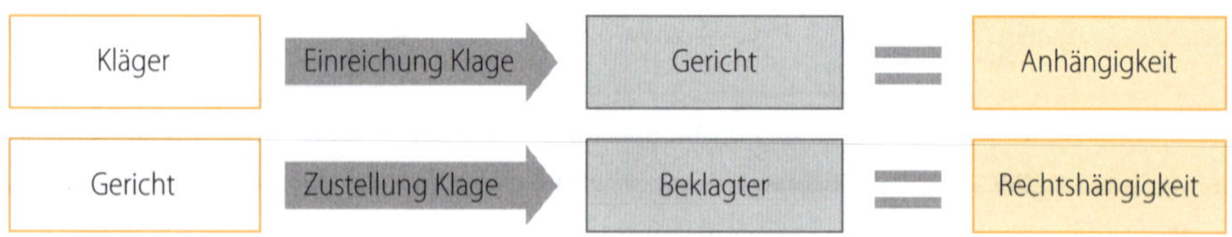

2. Beteiligter Personenkreis

150 Der Zivilprozess beruht auf dem Zwei-Parteien-Prinzip. Allerdings erweitert sich der beteiligte Personenkreis durch einen Prozess erheblich. Mit der Erhebung der Klage entsteht ein **öffentlich-rechtliches Prozessrechtsverhältnis** zwischen Kläger, Beklagtem und Gericht. Hierdurch werden zahlreiche Parteipflichten begründet (z.B. Prozessförderungspflichten, Wahrheits- und Vollständigkeitspflichten).[204] Eine zentrale Schlüsselrolle fällt dem Gericht zu (Einzelrichter, Kammer), das nun über den Fall entscheidet. Im Anwaltsprozess übernehmen die von Kläger und Beklagten bevollmächtigten Rechtsanwälte wichtige Funktionen. Die Geschäftsstelle bei Gericht kümmert sich um die erforderlichen Zustellungen und Ladungen. Ist eine Beweiserhebung erforderlich, werden auch Zeugen und Sachverständige in den Prozess involviert. Kommt es zur Zwangsvollstreckung, nehmen Vollstreckungsgericht, Rechts-

201 *BGH* NJW 2016, 1517, 1518.
202 *BGH* NJW 2017, 3721, 3722.
203 *BGH* NJW 2013, 387, 390.
204 Ausführlich *Zöller/Vollkommer* ZPO Einl. Rn. 52 ff.

pfleger und Gerichtsvollzieher eine wesentliche Rolle im Verfahren ein. Nähere Regelungen zu den involvierten Personen finden sich in der ZPO und in den prozessualen „Nebengesetzen" (z.B. BRAO, RVG, RpflegerG, ZVG, GVGA).

3. Wirkungen der Klageerhebung

Die Klageerhebung bewirkt die Rechtshängigkeit der Klage (§ 261 Abs. 1 ZPO). Mit der Klage- **151**
erhebung sind weitreichende prozessuale und materiell-rechtliche Folgen verbunden.

a) Prozessuale Wirkungen

aa) Anderweitige Rechtshängigkeit

Die Rechtshängigkeit der Klage bewirkt, dass dieselbe Streitsache nicht bei einem anderen **152**
Gericht zum zweiten Mal rechtshängig gemacht werden darf (§ 261 Abs. 3 S. 1 ZPO). Sind die Parteien und der Streitgegenstand im zweiten Prozess identisch, muss das zweite Gericht die Klage als unzulässig abweisen (siehe Rn. 137).[205] Diese Situation kommt in der Praxis selten vor.

bb) Perpetuatio fori

Ist die Klage rechtshängig geworden, bleibt das Gericht zuständig, auch wenn sich die **153**
zugrunde liegenden Umstände ändern (§ 261 Abs. 3 Nr. 2 ZPO), sog. perpetuatio fori (Weitergeltung des Forums). Aus Gründen der **Prozessökonomie** bleiben die örtliche, sachliche und internationale Zuständigkeit erhalten. Dies gilt sogar, wenn ein neuer ausschließlicher Gerichtsstand begründet wird.[206] Gleiches gilt für die Rechtswegzuständigkeit. Die Parteien sollen rasch zu einer Sachentscheidung gelangen können. Ein „Gerichte-Hopping" während eines anhängigen Rechtsstreits ist nicht erwünscht.

Ausgangsfall Mona erhebt ihre Klage am Sitz der V-GmbH in Köln (§ 17 ZPO). Verlegt die V-GmbH ihren Satzungssitz durch Änderung des Gesellschaftsvertrags nach Nürnberg, bleibt das angerufene Gericht weiterhin zuständig. ■

Hinweis

Bei der sachlichen Zuständigkeit gilt der Grundsatz der perpetuatio fori allerdings nur eingeschränkt. Ist das angerufene Landgericht sachlich zuständig, bleibt es zuständig, auch wenn der Streitwert unter die Zuständigkeitsgrenze von 5000 € fällt. Anders ist die Situation beim Amtsgericht bei einer Streitwerterhöhung (beachte § 506 Abs. 1 ZPO). In diesem Fall ist die Sache auf Antrag einer Partei an das Landgericht zu verweisen (siehe Rn. 89).

cc) Klageänderungen

Die Klage legt die Parteien und den Streitgegenstand fest. Mit Eintritt der Rechtshängigkeit **154**
kann der Streitgegenstand der Klage nur noch unter erschwerten Voraussetzungen geändert werden. Grund ist, dass der Beklagte nicht gezwungen werden soll, sich ständig gegen einen neuen Streitgegenstand verteidigen zu müssen. Die Voraussetzungen der Klageänderung sind in §§ 263, 264 ZPO geregelt (hierzu näher Rn. 235 ff.).

---

205 *Zeiss/Schreiber* Zivilprozessrecht Rn. 346; *Schilken* Zivilprozessrecht Rn. 236.
206 *BGH* NJW 2001, 2477, 2478; vgl. auch *BGH* NJW-RR 2010, 891.

dd) Veräußerung der streitbefangenen Sache

155 Der Kläger darf auch nach Rechtshängigkeit seine Forderung an einen Dritten abtreten (§ 265 Abs. 1 ZPO). Allerdings wird der Prozess ohne Rücksicht auf die Veräußerung fortgesetzt. Der Veräußerer bleibt nach § 265 Abs. 2 ZPO in seiner Klägerrolle verhaftet (näher Rn. 128).

b) Materiell-rechtliche Wirkungen

» Lesen Sie die zitierten Vorschriften aus dem BGB und der ZPO. Nutzen Sie insbesondere die Gelegenheit, die Höhe der Verzugszinsen für Verbraucher und Unternehmer zu wiederholen. «

156 Die wichtigste Wirkung der Klageerhebung betrifft die Verjährung. Die Klageerhebung **hemmt** die **Verjährung** der geltend gemachten Ansprüche (§§ 204 Abs. 1 Nr. 1, 209 BGB). Da der Kläger auf die Zustellung der Klage und damit die Rechtshängigkeit keinen Einfluss hat, bestimmt § 167 ZPO, dass die Hemmung schon mit dem Eingang des Antrags eintritt, wenn die Zustellung **„demnächst"** erfolgt. Die Hemmung endet sechs Monate nach der rechtskräftigen Entscheidung oder der anderweitigen Beendigung des Prozesses (§ 204 Abs. 2 S. 1 BGB). Bedeutung hat die Klageerhebung auch für den Schuldnerverzug. Nach § 286 Abs. 1 S. 2 BGB steht der Mahnung die Erhebung der Klage gleich. Außerdem ist eine Geldschuld vom Eintritt der Rechtshängigkeit zu verzinsen, selbst wenn der Schuldner nicht in Verzug ist (§ 291 S. 1 Hs. 1 BGB).[207] Die Höhe der Zinsen ergibt sich aus § 288 BGB, der zwischen Verbraucher (§ 13 BGB) und Unternehmer (§ 14 BGB) unterscheidet. Verschiedene Vorschriften im BGB zur Haftungsverschärfung knüpfen ebenfalls an die Rechtshängigkeit an (z.B. §§ 292, 818 Abs. 4, 987, 989, 994 Abs. 2, 996 BGB).

IV. Entscheidung über den weiteren Prozessablauf

1. Entscheidungsmöglichkeiten

157 Nach § 272 Abs. 1 ZPO soll der Prozess in einem einzigen Termin erledigt werden. Damit dies realisiert werden kann, muss das Gericht, noch bevor es die Klage zustellen lässt, über die weitere Vorgehensweise entscheiden. Dem Richter stehen nach § 272 Abs. 2 ZPO zwei Wege zur Verfügung. Er kann entweder einen **frühen ersten Termin** zur mündlichen Verhandlung bestimmen (§ 275 ZPO) oder ein **schriftliches Vorverfahren** anordnen (§ 276 ZPO).

Der weitere Verfahrensablauf hängt davon ab, für welchen Weg sich der Richter entscheidet. Die Entscheidung liegt in seinem freien Ermessen. In der Praxis ist das schriftliche Vorverfahren die Regel. Hier bekommt das Gericht die Gegenauffassung des Beklagten vor dem „ersten gemeinsamen Treffen" schriftlich vorgelegt, so dass es in Ruhe die unterschiedlichen Standpunkte der Parteien prüfen und würdigen kann. Auf dieser Grundlage kann das Gericht dann die Festlegung des Haupttermins planen.

Ausgangsfall Die Klage von Mona betrifft Gewährleistungsansprüche und damit eine „komplexe Materie". Das Gericht wird sich hier für die Durchführung eines schriftlichen Vorverfahrens entscheiden, um die (ausführlichen) Gegenargumente der V-GmbH schriftlich übermittelt zu bekommen. Gegebenenfalls wird Mona Gelegenheit gegeben, auf die schriftliche Klageerwiderung der V-GmbH zu antworten (sog. Replik). ■

---

207 Vgl. *Palandt/Grüneberg* BGB § 291 Rn. 1 (geringe praktische Bedeutung der Norm).

2. Früher erster Termin

Wählt der Richter den frühen ersten Termin (§ 275 ZPO), muss er unverzüglich den Termin 158
bestimmen (§ 216 Abs. 2 ZPO), also ein Datum festlegen. Da jeder mündlichen Verhandlung ein Gütetermin vorausgehen muss (§ 278 Abs. 2 ZPO), ist dieser zeitgleich zu datieren. Als nächstes muss das Gericht die Klage dem Beklagten zustellen und beide Parteien zum Termin laden. Außerdem muss der Richter dem Beklagten eine Frist zur (schriftlichen) Klageerwiderung setzen (§ 275 Abs. 1 S. 1 ZPO) oder ihn auffordern, die Verteidigungsmittel unverzüglich mitzuteilen (§ 275 Abs. 1 S. 2 ZPO). In jedem Fall muss dem Beklagten mindestens zwei Wochen Zeit gegeben werden (§ 274 Abs. 3 S. 1 ZPO).[208] Diese Frist heißt „Einlassungsfrist". Bei Zustellungen im Ausland (§ 183 ZPO) beträgt die Frist sogar einen Monat (§ 274 Abs. 3 S. 2 ZPO). Der frühe erste Termin ist ein vollwertiger Termin zur mündlichen Verhandlung, so dass der Rechtsstreit sogleich entschieden werden kann. Kann eine Entscheidung noch nicht ergehen (z.B. weil Zeugen geladen werden müssen), ist unverzüglich das Datum des Haupttermins zu bestimmen. Der Nachteil des frühen ersten Termins liegt auf der Hand. Der Richter kennt zu diesem Zeitpunkt nur die Klage, nicht aber die Strategie des Beklagten. Daher kommt dieser Weg eher bei einfach gelagerten Fällen in Betracht.

3. Schriftliches Vorverfahren

Wählt das Gericht das schriftliche Vorverfahren (§ 276 ZPO), gibt es zunächst keine Terminbe- 159
stimmung. Dem Beklagten wird die Klage mit der Aufforderung zugestellt, seine **Verteidigungsbereitschaft** binnen einer **Notfrist von zwei Wochen** anzuzeigen (§ 276 Abs. 1 S. 1 ZPO). Zugleich wird ihm eine **weitere Frist** von nochmals zwei Wochen zur Klageerwiderung gesetzt (§ 276 Abs. 1 S. 2 ZPO); bei Auslandszustellung beträgt sie einen Monat (§ 276 Abs. 1 S. 3 ZPO). Ein inländischer Beklagter hat damit für seine inhaltliche Stellungnahme insgesamt vier Wochen Zeit. Die zweifache Fristsetzung erfordert eine zweifache Belehrung (§ 276 Abs. 2 ZPO).[209] Versäumt der Beklagte es trotz Belehrung, seine Verteidigungsbereitschaft innerhalb der Zwei-Wochen-Frist anzuzeigen (im Anwaltsprozess muss dies durch einen Rechtsanwalt erfolgen, § 276 Abs. 2 ZPO), ergeht Versäumnisurteil (hierzu Rn. 268 ff.).

Ausgangsfall Die Klage wird der V-GmbH am 14.3.2017 zugestellt. Bei der Frist zur Anzeige der Verteidigungsbereitschaft handelt es sich um eine Notfrist. Notfristen sind nicht verlängerbar (§ 224 Abs. 1 S. 1 ZPO). Die Berechnung der Frist von zwei Wochen erfolgt über § 222 ZPO nach den Vorschriften des BGB. Damit sind die §§ 187 bis 193 BGB relevant. Die Frist beginnt mit der Zustellung der Klage. Nach § 222 ZPO i.V.m. § 187 Abs. 1 BGB beginnt die Frist am 15.3.2017 zu laufen und endet nach § 222 ZPO i.V.m. § 188 Abs. 2 BGB am 28.3.2017. Da hier kein Anwaltszwang besteht (Amtsgericht), kann der Geschäftsführer der V-GmbH die Verteidigungsanzeige selbst formulieren. ■

Zeigt der Beklagte seine Verteidigungsbereitschaft rechtzeitig an und reicht er seine Klageerwiderung ein, kann das Gericht dem Kläger wiederum eine Frist zur „Gegenerwiderung" setzen (§ 276 Abs. 3 ZPO). Nach Studium der Akten muss das Gericht sodann einen Gütetermin (§ 278 Abs. 2 ZPO) und einen Termin zur mündlichen Verhandlung (Haupttermin) festlegen und die Parteien hierzu laden.

208 Vgl. *Musielak/Voit/Foerste* ZPO § 275 Rn. 3 (Einräumung längerer Fristen regelmäßig erforderlich).
209 *Zöller/Greger* ZPO § 276 Rn. 2.

JURIQ-Klausurtipp

Die Berechnung von Fristen (§§ 187–193 BGB) ist stets examensrelevant und sollte unbedingt, ohne groß nachzudenken, gelingen. Da Fristen in allen Rechtsgebieten eine wichtige Rolle spielen, gehört dies zum „Grundrepertoire".

V. Die Güteverhandlung

» Wissen Sie noch, seit wann es die Güteverhandlung in der ZPO gibt und in welchem Jahr der sog. Güterichter eingeführt wurde? Die Lösung finden Sie in Rn. 33 f. «

160 Bevor das Gericht in einer mündlichen Verhandlung die Parteien anhört, muss es eine Güteverhandlung vorschalten (§ 278 Abs. 2 ZPO). Seit 2012 hat das Gericht die Wahl, ob es die Güteverhandlung selbst durchführt oder die Parteien an einen speziellen Güterichter verweist, der alle Verfahren der außergerichtlichen Konfliktbeilegung anwenden darf (§ 278 Abs. 5 ZPO; s. auch Rn. 33). Zweck ist der Vorrang einer einvernehmlichen **Streitbeilegung** mit Hilfe des Gerichts. Daher ist grundsätzlich das persönliche Erscheinen der Parteien anzuordnen (§ 278 Abs. 3 ZPO). Im Gütetermin hat das Gericht den Sach- und Streitstand mit den Parteien zu erörtern. Es gilt, die Vergleichsbereitschaft „auszuloten". In geeigneten Fällen kann das Gericht eine außergerichtliche Mediation vorschlagen (§ 278a ZPO), was in der Praxis derzeit kaum vorkommt.[210] Die Güteverhandlung ist **kein** Teil der mündlichen Verhandlung.[211] Erscheint die Partei im Gütetermin im Verfahren mit Anwaltszwang ohne Anwalt, ist sie nicht säumig. Ein Versäumnisurteil kann nicht ergehen. Im Fall des Scheiterns der Güteverhandlung wird die mündliche Verhandlung im Regelfall unmittelbar nach dem Gütetermin durchgeführt. Schließt sich an die Güteverhandlung sofort die mündliche Verhandlung an, ist nun ein Versäumnisurteil möglich. Die Güteverhandlung ist nur in seltenen Fällen entbehrlich (§ 278 Abs. 2 S. 1 ZPO; hierzu bereits Rn. 33).

VI. Die mündliche Verhandlung (der Haupttermin)

161 Der Mündlichkeitsgrundsatz erfordert es, dass der Rechtsstreit vor dem zuständigen Gericht mündlich verhandelt wird (hierzu Rn. 53). Der Haupttermin gewährleistet dieses Recht. Er ist ein wichtiger Knotenpunkt im Prozess. Hier erfolgt eine Bestandsaufnahme und Zwischenbilanz durch den Richter und die Parteien erfahren zugleich, wie der Prozess weiter gehen wird.

162 Der exakte Ablauf des Haupttermins ist in der ZPO nicht zwingend vorgeschrieben. In der gerichtlichen Praxis hat sich folgende Vorgehensweise etabliert.[212] Der Termin beginnt stets mit dem Aufruf der Sache (§ 220 Abs. 1 ZPO). In der Praxis nehmen die Parteien und ihre Anwälte im Sitzungssaal Platz und der Richter nennt Kläger und Beklagten sowie das Aktenzeichen. Sodann eröffnet der Vorsitzende formell die Verhandlung (§ 136 Abs. 1 ZPO) und stellt die Anwesenheit der Prozessbeteiligten fest (§ 160 Abs. 1 Nr. 4 ZPO). Dabei wird geprüft, ob Kläger und Beklagter bzw. deren gesetzlichen Vertreter persönlich erschienen sind und welche Rechtsanwälte sich in der Sache anzeigen. Gegebenenfalls wird an dieser Stelle die Güteverhandlung eingeschoben, in der der Sach- und Streitstand mit den Parteien umfas-

210 *Adolphsen* Zivilprozessrecht § 10 Rn. 8.
211 *Zeiss/Schreiber* Zivilprozessrecht Rn. 210.
212 Vgl. *Pohlmann* Zivilprozessrecht Rn. 128 ff.

send erörtert wird (§ 278 Abs. 2 ZPO). Findet keine Güteverhandlung statt, führt das Gericht vor der streitigen Verhandlung ebenfalls in den Sach- und Streitstand ein (§ 139 ZPO). Es stellt Fragen und gibt seine Meinung zu den maßgeblichen Sach- und Rechtsfragen wieder. Insbesondere müssen Bedenken gegen die Zulässigkeit der Klage erörtert werden, da die Zulässigkeitsvoraussetzungen von Amts wegen geprüft werden. Das Gericht wird sodann erneut versuchen, zu einer gütlichen Einigung zu gelangen (§ 278 Abs. 1 ZPO). Im Anschluss daran beginnt die eigentliche streitige Verhandlung, indem die Parteien ihre Anträge stellen (§ 137 Abs. 1 ZPO). Dies geschieht in der Praxis derart, dass der Kläger auf seinen Antrag (auf Seite 1 der Klageschrift) und der Beklagte auf seinen Klageabweisungsantrag in der Klageerwiderung (auf Seite 2) verweist. Diese Bezugnahme ist erlaubt; der Mündlichkeitsgrundsatz wird eingehalten. Im Folgenden können die Parteien über Zulässigkeit und Begründetheit der Klage streitig diskutieren (§ 137 Abs. 2 ZPO). Das Gericht ist für die Prozessleitung verantwortlich und kann den Parteien das Wort erteilen oder entziehen (§ 136 ZPO).

Wie der Prozess nun weiter geht, entscheidet sich danach, ob eine Beweisaufnahme erfor- **163**
derlich wird oder nicht. Sind erhebliche Tatsachen zwischen den Parteien streitig, findet, soweit die Tatsachen beweisbedürftig sind, eine Beweisaufnahme statt (§ 279 Abs. 2 ZPO). Bedarf es keiner Beweisaufnahme (z.B. weil es nur um Rechtsfragen geht), wird die mündliche Verhandlung zu Ende gebracht.

VII. Beweisaufnahme

Die Beweisaufnahme soll der streitigen Verhandlung unmittelbar nachfolgen. Sie ist nicht Teil **164**
der mündlichen Verhandlung. Die mündliche Verhandlung wird durch die Beweisaufnahme unterbrochen. Für die möglichen **Beweismittel** existiert ein **numerus clausus**. In Betracht kommen nur Zeugenbeweis, Sachverständigenbeweis, Urkundenbeweis, Augenschein sowie Parteivernehmung (hierzu näher Rn. 344 ff.).

Ausgangsfall Bestreitet die V-GmbH die Mangelhaftigkeit der Fliesen, kommen grundsätzlich Zeugenbeweis (Aussage des außergerichtlichen Sachverständigen Simon Sand als sachverständiger Zeuge) oder Sachverständigenbeweis in Betracht. Höchstwahrscheinlich wird das Gericht einen gerichtlichen Sachverständigen zur Klärung dieser Tatsache beauftragen, es sei denn, das Gericht will durch Augenschein entscheiden. ■

VIII. Fortsetzung der mündlichen Verhandlung

Nach der Beweisaufnahme wird die mündliche Verhandlung fortgesetzt. Der Sach- und Streit- **165**
stand sowie das Ergebnis der Beweisaufnahme werden nochmals erörtert (§ 279 Abs. 3 ZPO). Das Gericht muss insbesondere darlegen, ob es die unter Beweis gestellte Behauptung für bewiesen hält oder nicht. Die wesentlichen Aspekte der Beweiswürdigung muss es zur Diskussion stellen. Hierdurch soll den Parteien Gelegenheit gegeben werden, durch weitere Aufklärungs- oder Überzeugungsarbeit, Richtigstellungen oder neue Beweisanträge noch Einfluss auf die Tatsachenfeststellung zu nehmen.[213] Wird den Parteien die Abschlusserörterung verwehrt, verletzt dies den Anspruch auf rechtliches Gehör. Außerdem bietet die Schlusserörterung die Möglichkeit, die Parteien – letztmalig – zu einer gütlichen Einigung zu bewegen. Sobald der Streit zur Entscheidung reif ist, schließt das Gericht die mündliche Verhandlung.

213 *Zöller/Greger* ZPO § 279 Rn. 5.

IX. Urteil

166 Sobald die mündliche Verhandlung geschlossen ist, erlässt der Richter ein Urteil (§§ 136 Abs. 4, 300 Abs. 1 ZPO). Das Urteil kann sogleich nach Schluss der mündlichen Verhandlung verkündet werden. Dieses wird auch als „Stuhlurteil" bezeichnet. Andernfalls erfolgt die Verkündung in einem separaten Verkündungstermin (§ 310 Abs. 1), zu dem die Parteien aber in der Regel nicht hingehen. Nicht selten rufen die Anwälte bei der Geschäftsstelle an und fragen nach dem Inhalt des Urteils. Andernfalls wird die Zustellung des Urteils abgewartet, die stets von Amts wegen erfolgt (§§ 317 Abs. 1, 270 ZPO).

Online-Wissens-Check

Kann eine Notfrist verlängert werden?

Überprüfen Sie jetzt online Ihr Wissen zu den in diesem Abschnitt erarbeiteten Themen. Unter **www.juracademy.de/skripte/login** steht Ihnen ein Online-Wissens-Check speziell zu diesem Skript zur Verfügung, den Sie kostenlos nutzen können. Den Zugangscode hierzu finden Sie auf der Codeseite.

E. Prozessverhalten des Beklagten zur Klage

167 Mit der Zustellung der Klage ist der Beklagte über das klägerische Vorbringen informiert. Er muss sich nun überlegen, welche Maßnahmen er zu seiner Verteidigung ergreifen will. Die ZPO bietet hierfür verschiedene prozessuale Instrumente an.

I. Prozesshandlungen und ihre Auslegung

168 Bevor die einzelnen Prozesshandlungen vorgestellt werden, die der Beklagte zur Verteidigung gegen die Klage vorbringen kann, ist zunächst der **Begriff** der Prozesshandlung zu klären. Während im materiellen Recht der Begriff Willenserklärung im Vordergrund steht, ist es im Prozessrecht die Prozesshandlung. Als Prozesshandlungen werden die Handlungen der Parteien bezeichnet, die dazu dienen, den Prozess zu beginnen, voranzutreiben, zu gestalten oder zu beenden.[214]

Beispiele Mona erhebt Klage, die V-GmbH stellt den Antrag auf Klageabweisung, Mona stellt ein Fristverlängerungsgesuch, die V-GmbH erkennt den Anspruch von Mona an, Mona legt gegen das Urteil Berufung ein, die V-GmbH erhebt Widerklage. ■

169 Einigkeit besteht, dass Prozesshandlungen grundsätzlich nach den Regeln des Prozessrechts bewertet werden.[215] Allerdings gibt es in der ZPO kein eigenes Kapitel zu „Prozesshandlungen". Daher ist es Aufgabe der Gerichte, aus den verschiedenen Vorschriften der ZPO prozessuale Grundsätze herauszuarbeiten. Ein Rückgriff auf das BGB ist nur ausnahmsweise erlaubt. Prozesshandlungen sind jedenfalls der **Auslegung** zugänglich (§§ 133, 157 BGB analog),

214 Ausführlich *Zeiss/Schreiber* Zivilprozessrecht Rn. 211 f.; *MüKo-Rauscher* ZPO Einl. Rn. 372 f.

215 *Adolphsen* Zivilprozessrecht § 11 Rn. 2.

sofern die Erklärung nicht eindeutig ist.[216] Dabei ist der wirkliche Wille der Partei zu ermitteln. Das Gericht darf bei der Interpretation nicht an dem buchstäblichen Sinn der Erklärung der Partei verhaftet bleiben, sondern muss davon ausgehen, „dass die Partei das erreichen möchte, was ihrer recht verstandenen Interessenlage entspricht".[217] Hier kann die richterliche Hinweispflicht (§ 139 ZPO) helfend eingreifen. Schließlich ist auch der Grundsatz von Treu und Glauben (§ 242 BGB) zu beachten (z.B. Verbot widersprüchlichen Prozessverhaltens).[218]

Hinweis

Prägen Sie sich den Begriff der Prozesshandlung gut ein. (Fast) jede Aktion des Klägers oder des Beklagten im Prozess ist eine Prozesshandlung. Dieser Begriff gehört daher zum Basiswissen (wie der Begriff der Willenserklärung im materiellen Recht).

1. Bewirkungs- und Erwirkungshandlungen

Üblicherweise werden die Prozesshandlungen zunächst nach ihrer Wirkung unterschieden. **170**
Es gibt Erwirkungshandlungen und Bewirkungshandlungen.[219] Bewirkungshandlungen ändern die prozessuale Lage unmittelbar (z.B. Anerkenntnis, Klagerücknahme). Erwirkungshandlungen benötigen noch ein Tätigwerden des Gerichts (z.B. Beweisantrag, damit das Gericht den Zeugen lädt). Bewirkungshandlungen sind nur in seltenen Fällen widerruflich. Erwirkungshandlungen sind dagegen grundsätzlich widerruflich (Rn. 173).

2. Wirksamkeit von Prozesshandlungen

a) Allgemeine Voraussetzungen

Die Voraussetzungen bestimmen sich allein nach dem Prozessrecht. Es müssen die allgemei- **171**
nen Prozesshandlungsvoraussetzungen vorliegen.[220] Diese sind Parteifähigkeit, Prozessfähigkeit, Postulationsfähigkeit (Anwaltsprozess § 78 ZPO), Formerfordernis sowie Wirksamwerden mit Zugang. Die meisten Prozesshandlungen bedürfen keiner Form. Prozesshandlungen können in der mündlichen Verhandlung durch mündliche Erklärung gegenüber dem Gericht erfolgen. Außerhalb der mündlichen Verhandlung werden Prozesshandlungen durch Einreichung eines Schriftsatzes vorgenommen. In einigen Fällen ist die schriftliche Einlegung ausdrücklich vorgeschrieben. Beispiele sind der Einspruch gegen ein Versäumnisurteil (§ 340 Abs. 1 ZPO), die Berufungseinlegung (§ 519 Abs. 1 ZPO) oder die Revisionsschrift (§ 549 Abs. 1 ZPO). Ab 2018 ist auch die elektronische Einreichung von Schriftsätzen erlaubt (§ 130a ZPO). In Einzelfällen kann die Prozesshandlung auch mündlich zu Protokoll der Geschäftsstelle erklärt werden (z.B. übereinstimmende Erledigungserklärung nach § 91a Abs. 1 ZPO). Adressat der meisten Prozesshandlungen ist das Gericht, so dass zur Wirksamkeit der Zugang bei Gericht (selten bei der gegnerischen Partei) erforderlich ist.

216 Allg. Meinung, vgl. *BVerfG* NJW 2016, 2018, 2020; *BGH* NJW 2013, 1744, 1745.
217 *BVerfG* NJW 2014, 291; *BGH* NJW 2017, 2340, 2341; NJW 2016, 2328, 2330.
218 *BGH* NJW 2015, 2965, 2966 f.
219 *Adolphsen* Zivilprozessrecht § 11 Rn. 15 ff.; *Zeiss/Schreiber* Zivilprozessrecht Rn. 215.
220 Statt vieler *Schilken* Zivilprozessrecht Rn. 131 ff.

b) Bedingungsfeindlichkeit

172 Prozesshandlungen sind anders als materielle Rechtsgeschäfte grundsätzlich **bedingungsfeindlich**. Sie dürfen daher nicht vom Eintritt einer Bedingung (§ 158 BGB) oder Befristung (§ 163 BGB) abhängig gemacht werden.[221] Mit den Interessen einer geordneten Rechtspflege wäre es kaum vereinbar, wenn Mona die Klagerücknahme „unter der Bedingung, dass mein Vater die Prozesskosten übernimmt" erklären könnte. Dass derartige Handlungen unwirksam sind, leuchtet ein. Eine **Ausnahme** wird für sog. innerprozessuale Bedingungen gemacht.[222] Hier wird die Handlung von einem Ereignis abhängig gemacht, das unmittelbar im Prozess (vor den Augen des Richters) stattfindet. Das Ereignis kann eine bestimmte Entscheidung des Richters sein oder die Beurteilung einer dafür erheblichen Rechtsfrage. Zulässig sind daher sog. **Hilfsanträge**, die nur unter der Bedingung wirksam werden sollen, dass das Gericht den Hauptantrag abweist.[223] Denn dies betrifft Vorgänge im bestehenden Prozessrechtsverhältnis. Prozesshandlungen, die ein Prozessrechtsverhältnis erst begründen sollen, können nicht von einer Bedingung abhängig gemacht werden. Unzulässig ist demzufolge die bedingte Einlegung der Klage, der hilfsweise erklärte Parteiwechsel, die hilfsweise Klageerhebung gegen einen Dritten, die bedingte Einlegung eines Rechtsmittels, die bedingte Rücknahme eines Rechtsmittels oder der bedingte Parteibetritt zu einem selbstständigen Beweisverfahren.[224]

Beispiel Mona verklagt die V-GmbH auf Kaufpreisrückzahlung wegen eines Mangels der Fliesen aufgrund Rücktritts (§§ 437 Nr. 2, 323, 346 BGB). Kommt der Richter nach einer Beweisaufnahme zu dem Schluss, dass der Mangel der gekauften Sache unerheblich ist, würde Mona den Prozess verlieren. Daher stellt Mona einen zweiten (Hilfs-)Antrag bei Gericht. Hilfsweise beantragt sie Minderung (§§ 437 Nr. 2, 441 BGB) für den Fall, dass das Gericht die Erheblichkeit des Mangels verneint. Hier werden zwei Anträge so miteinander verbunden, dass über den zweiten nur entschieden werden soll, wenn der erste nicht erfolgreich ist. Das ist zulässig, da es sich um eine innerprozessuale Bedingung handelt. Das Gericht hat den Eintritt der Bedingung „selbst in der Hand". Die Hemmung der Verjährung (§ 204 Abs. 1 BGB) erstreckt sich auch auf den Hilfsantrag.[225] ■

c) Willensmängel

173 Umstritten ist, ob Prozesshandlungen nach den Vorschriften des BGB (§§ 119, 123 BGB analog) wegen Irrtums oder arglistiger Täuschung angefochten werden können. Die h.M. lehnt dies aus Gründen der Rechtssicherheit ab und leitet die Rechtsfolgen allein aus dem Prozessrecht ab.[226] Das Prozessrecht (die ZPO) erlaubt in bestimmten Fällen, eine Prozesshandlung durch **Widerruf** oder Rücknahme zu beseitigen. So existieren für das Geständnis (§ 290 ZPO) und die Klagerücknahme (§ 269 Abs. 1 ZPO) spezielle Regelungen. In den übrigen Fällen der Bewirkungshandlungen (z.B. Anerkenntnis) gilt daher, dass ein Widerruf grundsätzlich nicht möglich ist,[227]es sei denn, es liegt ein Restitutionsgrund (§ 580 ZPO) vor.[228] Ausnahmen

221 *BGH* NJW 2010, 621; *Zeiss/Schreiber* Zivilprozessrecht Rn. 216; *Pohlmann* Zivilprozessrecht Rn. 283.
222 *BGH* NJW 2010, 621 f.; *Schilken* Zivilprozessrecht Rn. 138 f.; *Zöller/Greger* ZPO Vorb. § 128 Rn. 20.
223 *Adolphsen* Zivilprozessrecht § 11 Rn. 37.
224 *BGH* NJW 2010, 621, 622 m.w.N.
225 *BGH* NJW 1997, 3164, 3165; *Palandt/Heinrichs* BGB § 204 Rn. 13.
226 *BGH* NJW 2016, 716, 717; NJW 2013, 2686; NJW 2007, 1460, 1461 m.w.N.
227 *BGH* NJW 2016, 716, 717 (Ausnahme bei notwendigen Streitgenossen).
228 *BGH* NJW 2013, 2686.

macht die Rechtsprechung außerdem für die sog. Erwirkungshandlungen, die noch ein Tätigwerden des Gerichts erfordern und demgemäß nur „mittelbar" auf den Prozess einwirken. So sind Erwirkungshandlungen grundsätzlich widerruflich (z.B. Antrag auf Vernehmung eines Zeugen, einseitige Erledigungserklärung), solange keine geschützte Position der Gegenseite entstanden ist.[229]

d) Besonderheiten für Prozessverträge

Eine weitere Ausnahme gilt für sog. Prozessverträge (z.B. Gerichtsstandsvereinbarungen, Verträge über eine Klagerücknahme). Anders als bei einseitigen Prozesshandlungen gelten bei zweiseitigen Prozessverträgen auch die allgemeinen Regelungen des Vertragsrechts. Prozessverträge sind daher grundsätzlich nicht bedingungs- und befristungsfeindlich (§§ 158, 163 BGB) und können analog §§ 119, 123 BGB angefochten werden.[230] Gleiches gilt für Verträge, die sowohl materiellrechtliche als auch prozessrechtliche Wirkung haben (z.B. Prozessvergleiche). **174**

3. Rechtzeitigkeit von Prozesshandlungen

a) Versäumung von Prozesshandlungen und Wiedereinsetzung

Ist für die Prozesshandlung eine Frist bestimmt, muss sie innerhalb dieser Frist vorgenommen werden. Dabei gibt es gesetzliche Fristen (z.B. für die Berufungseinlegung § 517 ZPO oder für die Einlegung der Revision § 548 ZPO) oder richterliche Fristen (z.B. Prozesskostensicherheit § 113 ZPO). Nach Ablauf der Frist ist die Partei mit der Prozesshandlung ausgeschlossen (§ 230 ZPO = **Präklusion**). Das kann für den Betroffenen äußerst nachteilig sein, etwa wenn er die Frist für die Berufungseinlegung aus „Schusseligkeit" versäumt hat. Daher gewährt die ZPO in bestimmten Fällen die **Wiedereinsetzung in den vorigen Stand (§ 233 ZPO)**. Die Prozesshandlung kann dann trotz Verspätung nachgeholt werden. Statthaft ist die Wiedereinsetzung in den vorigen Stand nur in den in § 233 ZPO aufgeführten Fällen (Fristen für die Einlegung von Rechtsbehelfen = Notfristen, Fristen für die Begründung von Rechtsbehelfen und Frist für den Wiedereinsetzungsantrag selbst). Neben dem Wiedereinsetzungsantrag muss die versäumte Prozesshandlung innerhalb der Antragsfrist nachgeholt werden (§ 236 ZPO). Der Antrag auf Wiedereinsetzung ist begründet, wenn die Partei ohne ihr Verschulden (z.B. schwerer Autounfall) an der Einhaltung der Frist gehindert war.[231] Das Verschulden ihres Rechtsanwalts wird der Partei zugerechnet (§ 85 Abs. 2 ZPO). Ist der Wiedereinsetzungsantrag zulässig und begründet, wird die rechtzeitige Vornahme der Prozesshandlung fingiert. Die Präklusion nach § 230 ZPO wird rückwirkend beseitigt. **175**

Hinweis

Fristen spielen in der ZPO eine wesentliche Rolle. Die Berechnung von Fristen ist daher ebenso relevant wie die Kenntnis über die Folgen ihrer Versäumung. Grundsätzlich kann eine versäumte Frist durch den Rechtsbehelf der Wiedereinsetzung nachgeholt werden. Die Parteien können sich allerdings nicht auf die Vergesslichkeit ihres Anwalts berufen, da dessen Verschulden der Partei stets zugerechnet wird (§ 85 Abs. 2 ZPO).

---

229 *BGH* NJW 2015, 2425, 2428; NJW 2002, 442.

230 *Pohlmann* Zivilprozessrecht Rn. 289; *Schilken* Zivilprozessrecht Rn. 146.

231 Näher *Schilken* Zivilprozessrecht Rn. 163.

b) Angriffs- und Verteidigungsmittel

176 Für Prozesshandlungen, die Angriffs- oder Verteidigungsmittel sind, existiert in **§ 296 ZPO** eine eigenständige **Präklusionsvorschrift** (= Zurückweisung verspäteten Vorbringens). Ziel ist es, Parteiverhalten zu sanktionieren, das der Prozessförderungspflicht zuwiderläuft. Eine „Überbeschleunigung" gilt es aber zu verhindern, da Verfahrensrecht nicht Selbstzweck ist, sondern der materiellen Gerechtigkeit dient.[232] Nach § 296 Abs. 1 ZPO sind Angriffs- und Verteidigungsmittel, die erst nach Ablauf einer vom Richter gesetzten Frist vorgenommen werden, zurückzuweisen, es sei denn, dass keine Verzögerung des Prozesses eintritt oder die Partei die Verspätung ausreichend entschuldigt. Nach § 296 Abs. 2 ZPO sind Angriffs- und Verteidigungsmittel, die gegen die Prozessförderungspflicht nach § 282 Abs. 1, 2 ZPO verstoßen, zurückzuweisen, wenn ihre Zulassung den Rechtsstreit verzögern würde und die Verspätung auf grober Nachlässigkeit beruht. Angriffs- und Verteidigungsmittel sind alle tatsächlichen Behauptungen, Bestreiten, Einreden sowie Beweisangebote. Nach umstrittener Ansicht zählt dazu auch die Aufrechnung.[233] Der Begriff der Verzögerung spielt in § 296 ZPO eine zentrale Rolle. Der BGH tendiert zu einem absoluten Verzögerungsbegriff. Danach liegt eine Verzögerung vor, wenn der Prozess bei Zulassung der verspäteten Prozesshandlung länger dauern würde als bei deren Zurückweisung.[234] Dieser strenge Maßstab soll einer Prozessverschleppung durch die Parteien effektiv entgegenwirken. Das BVerfG korrigiert diese Ansicht im Hinblick auf Art. 103 Abs. 1 GG dahingehend, dass die Handlung nicht präkludiert werden darf, wenn offenkundig ist, dass dieselbe Verzögerung auch bei rechtzeitigem Vorbringen eingetreten wäre.[235] Da Sachverständige für ihr Gutachten i.d.R. längere Zeit benötigen, kann dieses Beweismittel „verspätet angeboten werden".[236] In der Praxis spielt § 296 ZPO keine schwerwiegende Rolle, da die Gerichte spätes Vorbringen eher großzügig zulassen.

Beispiel Im zweiten Verhandlungstermin benennt die V-GmbH einen Zeugen. Sie hätte den Zeugen aber bereits in der Klageerwiderung als Beweismittel anführen können (ein Vorbringen im ersten Termin ist nie verspätet nach § 282 Abs. 1 ZPO).[237] Für die Vernehmung ist also ein neuer Termin erforderlich. Das verzögert den Prozess um Monate (absolut). Für den verspäteten Beweisantritt fällt der V-GmbH keine Ausrede ein. Der Zeuge ist nach dem absoluten Verzögerungsbegriff präkludiert. Nach Ansicht des BVerfG wäre noch zu prüfen, ob auch bei rechtzeitiger Nennung dieselbe Verzögerung eingetreten wäre (ein eigener neuer Termin erforderlich gewesen wäre). Das wäre der Fall, wenn der Zeuge wegen Krankheit oder Auslandsurlaub sowieso nicht zum zweiten Termin hätte kommen können. ■

II. Prozessverhalten des Beklagten im Überblick

177 Die Möglichkeiten des Beklagten auf die Klage zu reagieren, sind vielfältig. Er kann den Kopf in den Sand stecken und überhaupt nichts tun. In diesem Fall ergeht Versäumnisurteil (hierzu Rn. 268 ff.). Der Beklagte kann auch aktiv den Rechtsstreit beenden, indem er den prozessualen Anspruch des Klägers anerkennt. Dann ergeht Anerkenntnisurteil (hierzu Rn. 207 ff.). In

232 Vgl. *BGH* NJW 2012, 2808, 2809; *Zöller/Greger* ZPO § 296 Rn. 2.
233 *Zöller/Greger* ZPO § 296 Rn. 2; *Adolphsen* Zivilprozessrecht § 12 Rn. 48.
234 *BGH* NJW 2012, 2808, 2809 m.w.N.; *Schilken* Zivilprozessrecht Rn. 388.
235 *BVerfGE* 75, 302, 316; *Zöller/Greger* ZPO § 296 Rn. 22.
236 *BGH* NJW 2012, 2808, 2809.
237 Lehrreich *BGH* NJW 2012, 3787, 3788.

beiden Fällen gewinnt der Kläger auf ganzer Linie. Der Beklagte kann außerdem versuchen, sich mit dem Kläger in dieser Phase noch gütlich zu einigen. Für einen Prozessvergleich braucht er allerdings die Mitwirkung des Klägers. Schließlich kann der Beklagte den Ehrgeiz entwickeln, die Klage zu Fall zu bringen. Für diese Art der Verteidigung stehen ihm im Wesentlichen drei prozessuale Möglichkeiten zur Verfügung. Diese sind der Klageabweisungsantrag, die Aufrechnung sowie die Widerklage.

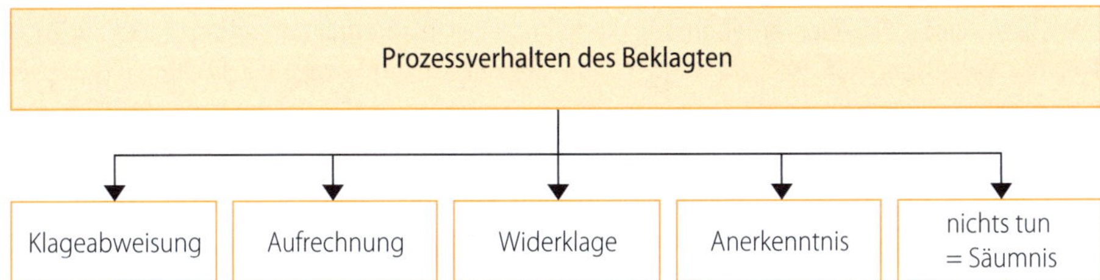

III. Der Klageabweisungsantrag

Die Formulierung eines Klageabweisungsantrags ist denkbar einfach. Er lautet „Die Klage wird abgewiesen". Als Begründung kann der Beklagte eine Vielzahl von Varianten vortragen. Zum einen kann der Beklagte zur Begründung vortragen, dass eine Prozessvoraussetzung (Parteifähigkeit, Prozessfähigkeit etc.) fehlt.[238] Damit könnte er die Abweisung der Klage als **unzulässig** erreichen **(Prozessurteil)**. Zum anderen kann der Beklagte aber auch ein **Sachurteil** begehren, mit dem die Klage als **unbegründet** abgewiesen wird. Hierzu muss der Beklagte den Tatsachenvortrag des Klägers im Einzelnen (= substantiiert) bestreiten. Das Bestreiten führt dazu, dass der Kläger nach den Grundsätzen der Beweislast die behaupteten Tatsachen beweisen muss. 178

Ausgangsfall Die V-GmbH bestreitet den von Mona geltend gemachten Gewährleistungsanspruch. Die GmbH trägt vor, dass kein Sachmangel der Fliesen vorliege. Zudem seien die Verfärbungen erst durch ein falsches Putzmittel verursacht worden. Außerdem würden die Austauschkosten maximal 200 € betragen. Prinzipiell muss nun Mona sämtliche streitigen Tatsachen beweisen. Allerdings hat sie ein wenig Glück. Mona muss nicht beweisen, dass der Mangel bereits bei Gefahrübergang vorlag (§ 477 BGB n.F.). ■

Bestreitet der Beklagte die vom Kläger behaupteten Tatsachen nicht, ist das prozessual nicht ungefährlich. Damit gelten die Tatsachen als **zugestanden** (§ 138 Abs. 3 ZPO). Für den Beklagten ist es daher wichtig, die Klageschrift intensiv zu lesen. Überliest er eine Tatsachenbehauptung und äußert sich demzufolge nicht, entfällt die Beweisbedürftigkeit für den Kläger. Gleiches gilt, wenn der Beklagte die behauptete Tatsache **ausdrücklich** zugesteht (§ 288 ZPO). Der Streit um Tatsachen kann daher über Erfolg oder Misserfolg einer Klage entscheiden. 179

Der Beklagte kann aber auch die rechtliche Würdigung des Klägers hinterfragen. Er kann vortragen, dass die Rechtsansicht des Klägers unzutreffend ist. Beispielsweise wird die V-GmbH im Prozess vorbringen, dass der Verkäufer nach geltendem Recht nicht zum Ersatz von Austauschkosten gegenüber dem Käufer verpflichtet sei. Sollte der Anspruch aus Sicht des 180

238 Beispiele bei *Adolphsen* Zivilprozessrecht § 12 Rn. 16 f.

Beklagten dem Grunde nach doch bestehen, kann er dagegen Einreden und Einwendungen geltend machen.[239] Einwendungen werden vom Gericht von Amts wegen berücksichtigt, Einreden nur, wenn der Beklagte sich darauf beruft.[240] Der Beklagte kann also Tatsachen vortragen, die den vom Kläger geltend gemachten Anspruch hindern (= rechtshindernde Einwendungen), wie z.B. die Anfechtung wegen arglistiger Täuschung (§§ 123, 142 Abs. 1 BGB) oder die Sittenwidrigkeit eines Vertrags (§ 138 BGB). Er kann auch rechtsvernichtende Einwendungen erheben, wie z.B. die Erfüllung des Anspruchs (§ 362 BGB). Zudem kann er auch rechtshemmende Einreden erheben, z.B. die Einrede des nichterfüllten Vertrags (§ 320 BGB)[241] oder der Verjährung (§§ 195 ff., 438 BGB). Eine wichtige rechtsvernichtende Einwendung ist die Aufrechnung (§§ 387 ff. BGB).

IV. Die Aufrechnung im Prozess

181 Hat der Kläger eine Leistungsklage auf Zahlung einer Geldsumme erhoben, kann der Beklagte mit einem **Gegenanspruch aufrechnen**. Die Aufrechnung bewirkt, dass die Forderungen, soweit sie sich decken, erlöschen (§ 389 BGB). Damit kann der Beklagte die Klage auf „elegantem" Weg zu Fall bringen. Der Zeitpunkt der Aufrechnungserklärung ist frei wählbar. Der Beklagte kann die Aufrechnung bereits vor dem Prozess oder erst im Prozess (= **Prozessaufrechnung**) erklären.[242]

1. Doppelnatur der Prozessaufrechnung

» Sind Ihnen die einschlägigen Vorschriften im BGB über die Aufrechnung noch präsent? Sie können dieses Themengebiet im Skript „Schuldrecht AT I" genauer nachlesen. «

182 Die Prozessaufrechnung hat eine **Doppelnatur**. Sie ist zum einen eine Willenserklärung nach materiellem Recht (§ 388 BGB). Die Voraussetzungen der Aufrechnung beurteilen sich daher nach materiellem Recht (BGB). Andererseits nimmt der Beklagte bei einer Aufrechnung im Prozess zugleich eine Prozesshandlung vor. Deshalb müssen für eine erfolgreiche Geltendmachung der Prozessaufrechnung sowohl die materiell-rechtlichen Voraussetzungen (§§ 387 ff. BGB) als auch die Prozesshandlungsvoraussetzungen in der Person des Beklagten gegeben sein.[243] Die Doppelnatur der Aufrechnung zieht komplexe Rechtsfragen nach sich. Materielles Recht und Prozessrecht geraten teilweise in Konflikt. Das Verfahrensrecht muss hierfür Lösungen anbieten. Im Folgenden sollen nur die typischen Probleme der Prozessaufrechnung behandelt werden.

2. Besonderheiten der Eventualaufrechnung

a) Ausgangslage

183 Ein ideales Prozessergebnis für den Beklagten wäre, wenn das Gericht den Anspruch des Klägers (z.B. Kaufpreiszahlungsanspruch des Verkäufers gem. § 433 Abs. 2 BGB) für unschlüssig hält und die Klage als unbegründet abweist. Ist der Beklagte unsicher, ob das Gericht den Anspruch des Klägers bejahen wird, kann er durch die Aufrechnung mit einer Gegenforderung den klägerischen Anspruch vernichten. Erklärt der Beklagte die Aufrechnung unbedingt,

239 Beispiele bei *Adolphsen* Zivilprozessrecht § 12 Rn. 25 ff.; *Zeiss/Schreiber* Zivilprozessrecht Rn. 386.

240 *Grunsky/Jacoby* Zivilprozessrecht Rn. 394.

241 Führt zur Verurteilung Zug-um-Zug; näher *Grunsky/Jacoby* Zivilprozessrecht Rn. 393.

242 Näher *Zeiss/Schreiber* Zivilprozessrecht Rn. 390.

243 *Adolphsen* Zivilprozessrecht § 12 Rn. 40 f.; *Pohlmann* Zivilprozessrecht Rn. 521.

ist der Zahlungsanspruch des Klägers durch die Aufrechnung erloschen (§ 389 BGB). Der Beklagte hat seine Gegenforderung „verbraucht". Daher wird der Beklagte die Aufrechnung bevorzugt hilfsweise erklären (sog. **Eventualaufrechnung** = Hilfsaufrechnung). Die Eventualaufrechnung bedeutet, dass der Beklagte primär die Hauptforderung bestreitet und für den Fall, dass die Hauptforderung begründet ist, die Aufrechnung erklärt. Dabei werden zwei Anträge gestellt: „1. Die Klage wird abgewiesen. 2. Hilfsweise wird die Aufrechnung mit einer Gegenforderung in Höhe von 2000 € erklärt." Erklärt der Beklagte dagegen die Aufrechnung unbedingt (als einzige Verteidigung = Hauptaufrechnung), liegt darin regelmäßig ein Geständnis (§ 288 ZPO) der klägerischen Behauptungen.[244]

b) Zulässigkeit

Bei einer Eventualaufrechnung müssen sowohl die materiell-rechtlichen Voraussetzungen als **184**
auch die Prozesshandlungsvoraussetzungen vorliegen. Nimmt man § 388 S. 2 BGB wörtlich, wäre eine bedingte (= eventuelle) Aufrechnung stets verboten. Folglich wäre die Eventualaufrechnung unwirksam. Dies wird als unbillig angesehen. Denn der Eintritt der Bedingung wird im Prozess abschließend geklärt. Der Kläger wird nicht im Ungewissen über den Erfolg der Aufrechnung gelassen.[245] Eine Eventualaufrechnung ist daher trotz des Wortlauts des § 388 S. 2 BGB zulässig.

c) Feststehen der Gegenforderung

Steht fest, dass die Gegenforderung besteht, könnte das Gericht auf die Idee kommen, erst **185**
gar nicht über die Klage zu entscheiden, sondern die Klage sogleich wegen des Bestehens der Gegenforderung als unbegründet abzuweisen. Das möchte der Beklagte gerade nicht, wenn er die Aufrechnung hilfsweise (für den Fall der Unbegründetheit) stellt. Dem Gericht ist nach der herrschenden Beweiserhebungstheorie deshalb ein solches Vorgehen nicht erlaubt.[246] **Vorrangig** sind stets die Zulässigkeit und Begründetheit der Hauptforderung zu prüfen. Besteht die Hauptforderung nicht, bleibt die Gegenforderung erhalten.

3. Rechtswegfremde Gegenforderung

Die örtliche und sachliche Zuständigkeitspielen bei der Aufrechnung keine Rolle.[247] Für die **186**
Gegenforderung ist das Gericht auch dann zuständig, wenn es im Fall einer (aktiven) Klage sachlich oder örtlich unzuständig wäre. Die internationale Zuständigkeit muss dagegen positiv vorliegen.[248] Umstritten ist, ob das Gericht über eine Gegenforderung entscheiden darf, die einem **anderen Rechtsweg** (z.B. Arbeitsgerichte, Verwaltungsgerichte) zugehört. Hierzu werden unterschiedliche Auffassungen vertreten. Nach überwiegender Ansicht **hindert** die Unzulässigkeit des Rechtswegs eine **Prüfung** und Entscheidung der Gegenforderung. Begründet wird dies mit dem Zweck der Rechtswegaufteilung (Sachnähe, Fachkompetenz, teils unterschiedlichen Verfahrensordnungen).[249] Entschieden werden könne über eine rechtswegfremde Gegenforderung nur, wenn sie unstreitig oder rechtskräftig festgestellt ist.

244 *BGH* NJW-RR 1996, 699 f.; *Grunsky/Jacoby* Zivilprozessrecht Rn. 395.
245 *Schilken* Zivilprozessrecht Rn. 434; *Pohlmann* Zivilprozessrecht Rn. 524.
246 Vgl. *Adolphsen* Zivilprozessrecht § 12 Rn. 52.
247 *Zeiss/Schreiber* Zivilprozessrecht Rn. 396; *Schilken* Zivilprozessrecht Rn. 440.
248 *BGH* NJW 2015, 1118, 1119.
249 *BAG* NJW 2002, 317; *Pohlmann* Zivilprozessrecht Rn. 530; *Zöller/Greger* ZPO § 145 Rn. 19a m.w.N.

Eine andere Ansicht verweist auf die Vorschrift des § 17 Abs. 2 GVG. Diese Norm erlaube es dem Gericht, einen Rechtsstreit unter allen rechtlichen Gesichtspunkten zu entscheiden, also auch über eine rechtswegfremde Gegenforderung.[250] Diese Auffassung ist abzulehnen, da der vorgeschriebene Rechtsweg sonst durch bloßen Parteiakt entzogen werden könnte. Die Prozessökonomie hat keinen Vorrang vor der Sachkompetenz. Das Zivilgericht muss daher das Verfahren aussetzen (§ 148 ZPO) und eine Entscheidung des zuständigen Gerichts abwarten. Zweckmäßig ist es, den Beklagten unter Fristsetzung zur Einreichung seiner Klage beim zuständigen Gericht aufzufordern.

4. Rechtshängigkeit der Gegenforderung

187 Die Prozessaufrechnung ist keine Klage, sondern ein Verteidigungsmittel. Erklärt der Beklagte im Prozess die Aufrechnung, ist fraglich, ob seine Gegenforderung damit rechtshängig wird. Hintergrund ist, dass die Aufrechnung die einzige Einwendung ist, über die **rechtskräftig** entschieden wird **(§ 322 Abs. 2 ZPO)**. Stellt das Gericht etwa fest, dass die Gegenforderung des Beklagten nicht besteht, ist darüber rechtskräftig entschieden. Der Beklagte kann die Gegenforderung nicht mehr klageweise bei einem anderen Gericht geltend machen. Teils wird daraus gefolgert, dass die Gegenforderung rechtshängig wird (keine Rechtskraft ohne Rechtshängigkeit). Die h.M. verneint dies.[251] Die Aufrechnung sei reines **Verteidigungsmittel**, keine Klage. Demnach bleiben dem Beklagten sämtliche Freiheiten erhalten. Er kann seine Gegenforderung vor einem anderen Gericht einklagen, er kann sie in einem anderen Prozess oder in mehreren anderen Prozessen zur Aufrechnung stellen oder seine Aufrechnung (ohne Beschränkung des § 269 ZPO) zurücknehmen.

Beispiel Im Prozess von Mona gegen die V-GmbH beim AG Köln passiert folgendes: Die V-GmbH rechnet mit einer Gegenforderung in Höhe von 1000 € gegen den Anspruch auf Zahlung der Austauschkosten von Mona auf. Die Gegenforderung resultiert daraus, dass Mona Tapeten bei der V-GmbH gekauft hatte, die noch nicht bezahlt wurden (§ 433 Abs. 2 BGB). Kurze Zeit später klagt die V-GmbH den Kaufpreis für die Tapeten am AG Düsseldorf (dorthin ist Mona nach dem Tapetenkauf umgezogen) nochmals ein. Ist die Klage der V-GmbH zulässig? Lösung: Problematisch ist hier, dass die Forderung der V-GmbH schon in einem anderen Prozess (AG Köln) zur Aufrechnung gestellt wurde. Dann könnte der Klage der Einwand der anderweitigen Rechtshängigkeit entgegenstehen. Dies ist bei der Aufrechnung umstritten. Da nach § 322 Abs. 2 ZPO über die Gegenforderung rechtskräftig entschieden wird, vertritt eine M.M. den Standpunkt, dass Rechtshängigkeit eintritt.[252] Die h.M. verneint dies.[253] Zur Begründung wird angeführt, dass die Aufrechnung keine Klage, sondern lediglich ein Verteidigungsmittel ist. Die Klage der V-GmbH ist demnach zulässig. Ihr steht nicht der Einwand anderweitiger Rechtshängigkeit entgegen. Mona wird hierdurch nicht unbillig benachteiligt. Wird das Verfahren vor dem AG Köln rechtskräftig beendet, ist die Gegenforderung der V-GmbH erloschen. Die Klage vor dem AG Düsseldorf wäre damit unbegründet. Ist das AG Düsseldorf schneller und verurteilt Mona zur Zahlung, steht die Gegenforderung der V-GmbH nicht mehr als Aufrechnungsposten vor dem AG Köln zur Verfügung. Das AG Düsseldorf darf aber auch den Rechtsstreit aussetzen (§ 148 ZPO), bis das AG Köln den Fall entscheidet. ■

250 Etwa *Grunsky/Jacoby* Zivilprozessrecht Rn. 402.

251 *BGH* NJW 1986, 2767; *Zöller/Greger* ZPO § 145 Rn. 18, 18a; *Stein/Jonas/Leipold* ZPO § 145 Rn. 49.

252 Etwa *Zeiss/Schreiber* Zivilprozessrecht Rn. 394 f. m.w.N.

253 *BGH* NJW 1999, 1179, 1180; *Grunsky/Jacoby* Zivilprozessrecht Rn. 401.

5. Rechtskraft

Rechtskraft bedeutet, dass der geltend gemachte Streitgegenstand nicht vor Gericht erneut zur Entscheidung gestellt werden darf. Grundsätzlich wächst nur der Tenor in Rechtskraft, nicht aber die Entscheidungsgründe, wozu auch die Einwendungen des Beklagten gehören. Für die Aufrechnung regelt § 322 Abs. 2 ZPO eine Ausnahme. Geht aus dem Urteil hervor, dass die zur Aufrechnung gestellte Gegenforderung nicht besteht, wird diese Feststellung rechtskräftig. Auch die Abweisung der Gegenforderung aus prozessualen Gründen (verspätetes Vorbringen § 296 ZPO oder mangelnde Substanziierung) unterfällt der Rechtskraftwirkung.[254] Gleiches gilt – obwohl vom Wortlaut des § 322 Abs. 2 ZPO nicht umfasst – nach allgemeiner Ansicht für den Fall, dass die Gegenforderung exakt durch die Aufrechnung im Prozess erloschen ist.[255] Auch diese Entscheidung entfaltet Rechtskraft. Die Gegenforderung kann nicht im Wege der Klage noch einmal vor Gericht geltend gemacht werden. **188**

6. Schema Prozessaufrechnung

Prozessaufrechnung **189**

PRÜFUNGSSCHEMA

I. Zulässigkeit der Klage[256]

II. Begründetheit der Klage
1. Hauptforderung besteht
2. Prozessaufrechnung
   - **a) prozessuale Zulässigkeitsvoraussetzungen**
     - aa) allgemeine Prozesshandlungsvoraussetzungen
       Parteifähigkeit, Prozessfähigkeit, Postulationsfähigkeit, Rechtzeitigkeit (§ 296 ZPO), Bestimmtheit der Aufrechnung (§ 253 Abs. 2 ZPO analog)
     - bb) Zulässigkeit der Eventualaufrechnung
     - cc) anderweitige Rechtshängigkeit der Gegenforderung
       Verteidigungsmittel Rn. 187
     - dd) entgegenstehende Rechtskraft bezüglich der Gegenforderung
   - **b) materiell-rechtliche Voraussetzungen**
     - aa) Aufrechnungserklärung (§ 388 BGB)
     - bb) Aufrechnungslage (§ 387 BGB)
     - cc) kein Ausschluss der Aufrechnung (§§ 390 ff. BGB)

Die Eventualaufrechnung kann den Prozess deutlich verzögern, etwa weil eine umfangreiche Beweisaufnahme erforderlich ist. Daher gibt es die Möglichkeit, ein Vorbehaltsurteil (§ 302 ZPO) zu erlassen, sobald die Hauptforderung zur Entscheidung reif ist.[257] Der Bestand des Vorbehaltsurteils ist dann vom Ergebnis des Nachverfahrens (über die Gegenforderung) abhängig. **190**

---

254 *BGH* NJW 2015, 955, 959.

255 Vgl. nur *BGH* NJW 2002, 900; *Pohlmann* Zivilprozessrecht Rn. 532.

256 Zum Aufbau auch *Adolphsen* Zivilprozessrecht § 12 Rn. 54 ff.

257 Vgl. *Adolphsen* Zivilprozessrecht § 12 Rn. 53; *Schilken* Zivilprozessrecht Rn. 436 f.

V. Die Widerklage

1. Privilegiertes Angriffsmittel

191 „Angriff ist die beste Verteidigung!" Dieser Satz hat auch für das Zivilprozessrecht Gültigkeit. Der Beklagte muss sich nicht auf passives Verteidigen beschränken, sondern kann durch eine sog. **Widerklage**, die in **§ 33 ZPO** (unzureichend) geregelt ist, zum Gegenangriff starten.

192 Als Widerklage wird eine Klage bezeichnet, die der Beklagte (!) in einem Verfahren gegen den Kläger erhebt. Die Widerklage ist eine **eigenständige Klage**. Der Beklagte wird zum Widerkläger, der Kläger zum Widerbeklagten. Da die Widerklage „echte Klage" und kein bloßes Angriffs- und Verteidigungsmittel (§ 282 Abs. 1 ZPO) ist, gelten die Präklusionsvorschriften (§ 296 ZPO) nicht. Die Widerklage kann daher bis zum Schluss der mündlichen Verhandlung erhoben werden, auch mündlich (§ 261 Abs. 2 ZPO). In diesem Fall bedarf sie nicht der Form des § 253 Abs. 2 ZPO. Prozessökonomisch ist eine Widerklage oft sinnvoll, da über einen zusammengehörigen Sachverhalt entschieden wird, so dass nur eine Beweiserhebung nötig ist. Ein weiterer Vorteil besteht darin, dass für die Widerklage ein zusätzlicher besonderer Gerichtsstand existiert (§ 33 ZPO). Ein Gerichtskostenvorschuss muss nicht entrichtet werden (§ 12 Abs. 2 Nr. 1 GKG). Auch Kostenvorteile bezüglich der Gebühren sind zu nennen.

Beispiel Thomas, der Freund von Mona, kauft über das Internet ein gebrauchtes Motorrad von dem Studenten Martin. Den Kaufpreis bezahlt Thomas nicht. Martin verklagt ihn vor dem AG Köln auf Kaufpreiszahlung in Höhe von 4000 €. Thomas verteidigt sich gegen die Klage mit der Begründung, dass das Motorrad einen Sachmangel habe (§ 434 BGB), da der Tacho manipuliert worden sei und er daher vom Kaufvertrag zurücktrete. Thomas hatte vor der Klageerhebung einen Sachverständigen beauftragt, der die Manipulation bestätigte. Für dieses Gutachten musste Thomas 2000 € zahlen. Thomas kann nun überlegen, ob er gegen den Verkäufer Martin Widerklage auf Erstattung der Gutachterkosten (§ 439 Abs. 2 BGB) in Höhe von 2000 € erhebt oder ob er diesen Anspruch erst nach Abschluss des Prozesses gesondert einklagt. In jedem Fall muss Thomas auf die Verjährung seiner Ansprüche achten. ■

Betrachtet man das Prozessziel von Thomas, könnte er die Gutachterkosten auch zur (Eventual-)Aufrechnung stellen. Würde das Gericht die Kaufpreiszahlungsklage des Verkäufers als unzulässig oder unbegründet ansehen, würde über die Gegenforderungen von Thomas gar nicht entschieden. Mit einer Widerklage zwingt Thomas das Gericht also zu einer Entscheidung über seine Forderung. Häufig wird in der Praxis folgende Strategie eingesetzt: Der Beklagte beantragt Klageabweisung, hilfsweise rechnet er mit der Gegenforderung auf (= für den Fall, dass das Gericht den Anspruch des Klägers für begründet hält) und hilfsweise erhebt er Widerklage (für den Fall, dass das Gericht den Anspruch für unbegründet hält).[258] Damit erreicht Thomas in jedem Fall, dass über seine Gegenforderung verbindlich entschieden wird. Derartige Hilfswiderklagen sind zulässig, weil es sich um innerprozessuale Bedingungen handelt.

2. Zulässigkeitsvoraussetzungen

193 Da die Widerklage eine „echte" Klage ist, müssen, wie bei jeder Klage, die allgemeinen Prozessvoraussetzungen vorliegen, wie Parteifähigkeit, Prozessfähigkeit, Prozessführungsbefugnis,

258 Vgl. *Adolphsen* Zivilprozessrecht § 12 Rn. 88 ff.; *Musielak/Voit/Heinrich* ZPO § 33 Rn. 12, 13.

Postulationsfähigkeit, keine entgegenstehende Rechtskraft, örtliche und sachliche Zuständigkeit des Gerichts. Da die Widerklage eine eigenständige Klage ist, darf sie nicht lediglich die Negation der Klage sein. Sie muss einen anderen Streitgegenstand als die Klage haben.[259] Andernfalls stünde der Einwand der anderweitigen Rechtshängigkeit (§ 261 Abs. 3 Nr. 1 ZPO) entgegen (z.B. wenn Thomas Widerklage auf Feststellung erhebt, dass ein Kaufpreisanspruch des Verkäufers nicht besteht).

Hinweis

Für die Widerklage gelten zusätzlich einige Besonderheiten. Diese „Spezialpunkte" müssen in der Zulässigkeitsprüfung einer Widerklage in jedem Fall thematisiert werden. Dies sind die sachliche Zuständigkeit, die örtliche Zuständigkeit (besonderer Gerichtsstand der Widerklage), die Rechtshängigkeit der Hauptsache, dieselbe Prozessart, die Parteiidentität (mit vertauschten Rollen) und die Konnexität als zusätzliche Prozessvoraussetzung.

a) Sachliche Zuständigkeit

Die sachliche Zuständigkeit folgt den allgemeinen Regeln (§§ 23, 71 GVG). Würde Thomas im obigen *Beispiel* Widerklage in Höhe von 2000 € erheben, wären an sich insgesamt 6000 € „im Streit". Wichtig ist aber, dass die **Streitwerte** von Klage und Widerklage **nicht addiert** werden (§ 5 Hs. 2 ZPO). Der Streitwert der Klage und der Streitwert der Widerklage werden getrennt berechnet. Daher ist das Amtsgericht für beide Klagen sachlich zuständig (§ 23 Nr. 1 GVG). Sowohl die Klage des Verkäufers (4000 €) als auch die Widerklage von Thomas (2000 €) liegen unter der Streitwertgrenze von 5000 €. Damit ist die sachliche Zuständigkeit des Amtsgerichts für Klage und Widerklage gegeben. 194

Allerdings muss im amtsgerichtlichen Verfahren die Vorschrift des § 506 ZPO beachtet werden. Erhebt der Beklagte eine Widerklage, welche die Zuständigkeitsgrenze des Amtsgerichts für sich überschreitet (z.B. Widerklage auf 10 000 €), kann das Amtsgericht nicht mehr entscheiden. Es muss nun auf die sachliche Zuständigkeit des Landgerichts hinweisen und nach entsprechendem Antrag einer Partei Klage und Widerklage dorthin verweisen (§ 506 ZPO). Der umgekehrte Fall (Zuständigkeit des LG für die Klage, Zuständigkeit des Amtsgerichts für die Widerklage) ist gesetzlich nicht geregelt. Einigkeit besteht, dass das LG für beide Klagen zuständig ist.[260] Man kann dies mit einem Umkehrschluss aus § 506 ZPO begründen oder mit dem Zweck des § 33 ZPO (was zusammen gehört, soll auch zusammen verhandelt werden). 195

» Die Vorschrift des § 506 ZPO haben Sie bereits kennen gelernt. Wenn Ihnen der Zusammenhang nicht mehr in Erinnerung ist, lesen Sie nochmals die Ausführungen zur sachlichen Zuständigkeit (Rn. 89). «

b) Örtliche Zuständigkeit und besonderer Gerichtsstand der Widerklage

Grundsätzlich wird die örtliche Zuständigkeit nach §§ 12 ff. ZPO ermittelt. Dies gilt auch für die Widerklage. Der Widerkläger muss den Widerbeklagten (= Kläger) also grundsätzlich an dessen Wohnsitz verklagen. 196

Beispiel Hat Martin als Verkäufer des Motorrads in Köln seinen Wohnsitz, ist das AG Köln nach den allgemeinen Regeln (§§ 12, 13 ZPO) für die Widerklage von Thomas zuständig. ■

259 *Musielak/Voit/Heinrich* ZPO § 33 Rn. 9.

260 *Adolphsen* Zivilprozessrecht § 12 Rn. 72.

197 Schwierig wird es, wenn der Verkäufer seinen Wohnsitz in einem anderen Gerichtsbezirk hat. Hier hilft der **besondere Gerichtsstand** der Widerklage **(§ 33 ZPO)**. Nach § 33 ZPO kann die Widerklage bei dem Gericht erhoben werden, wo die Klage erhoben ist. Allerdings macht § 33 ZPO eine kleine Einschränkung. Voraussetzung für dieses Privileg ist, dass der Gegenstand der Widerklage mit dem der Klage in Zusammenhang **(= Konnexität)** steht. Wann Konnexität besteht, ist streitig. Die überwiegende Ansicht fordert einen rechtlichen Zusammenhang, der allerdings weit verstanden wird. Ein Zusammenhang ist etwa gegeben, wenn die Forderungen von Kläger und Beklagtem auf ein einheitliches Rechtsverhältnis (z.B. Vertrag) zurückzuführen sind oder auf einem einheitlichen Lebensverhältnis beruhen.[261]

Beispiel Der Verkäufer Martin hat seinen Wohnsitz in Dortmund. Ist die Widerklage am Amtsgericht Köln zulässig? Nach den allgemeinen Regeln wäre das AG Dortmund für die Widerklage zuständig (§§ 12, 13 ZPO). Hier ist aber der besondere Gerichtsstand der Widerklage (§ 33 ZPO) zu prüfen. Nach § 33 ZPO kann Thomas die Widerklage am Gericht der Klage erheben. Voraussetzung ist ein rechtlicher Zusammenhang. Diese Voraussetzung ist in unserem *Beispiel* unzweifelhaft gegeben, da Klage und Widerklage aus dem Kaufvertrag über das Motorrad (§ 433 BGB) resultieren. Nicht ausreichend ist hingegen ein bloßer wirtschaftlicher Zusammenhang. Dieser rechtfertigt kein „wohnortfernes" Verfahren. ■

c) Rechtshängigkeit der Hauptforderung

198 Eine besondere Prozessvoraussetzung der Widerklage ist, dass die Hauptforderung im Zeitpunkt der Klageerhebung (noch) rechtshängig ist. Ist die Klage bereits zurückgenommen (§ 269 ZPO) oder über sie schon rechtskräftig entschieden (§ 322 ZPO), ist die Widerklage unzulässig. Ist die Widerklage aber einmal zulässig erhoben, weil die Hauptforderung rechtshängig war, bleibt sie zulässig. Ab dem Zeitpunkt der Rechtshängigkeit erleidet die Widerklage ein selbstständiges Schicksal.[262]

d) Gleiche Prozessart

199 Die Widerklage soll grundsätzlich in derselben Prozessart wie die Hauptklage erhoben werden. Nach Ansicht des BGH ist eine Urkunden-Widerklage im ordentlichen Verfahren zulässig.[263]

e) Konnexität als zusätzliche Prozessvoraussetzung?

200 Umstritten ist, ob die Konnexität, die im Zusammenhang mit der örtlichen Zuständigkeit bereits thematisiert wurde, eine zusätzliche besondere Prozessvoraussetzung der Widerklage ist. Diese Frage ist ein Dauerbrenner in zivilprozessualen Klausuren. Sie kommt insbesondere zum Tragen, wenn die Widerklage im allgemeinen Gerichtsstand (§§ 12 ff. ZPO) erhoben wurde (damit wurde § 33 ZPO noch nicht geprüft).[264]

Beispiel Martin hat seinen Wohnsitz in Köln. Er verklagt Thomas auf Kaufpreiszahlung vor dem AG Köln. Thomas erhebt Widerklage mit der Begründung, dass Martin ihn bei einer Massenschlägerei im Bierzelt verletzt habe. ■

---

261 *Stein/Jonas/Roth* ZPO § 33 Rn. 27 f.; MüKo-*Patzina* ZPO § 33 Rn. 20.
262 *Zeiss/Schreiber* Zivilprozessrecht Rn. 403; *Musielak/Voit/Heinrich* ZPO § 33 Rn. 10.
263 *BGH* NJW 2002, 751, 752 f.; *Zöller/Greger* ZPO § 595 Rn. 2; a.A. *Schilken* Zivilprozessrecht Rn. 736.
264 Vgl. *Adolphsen* Zivilprozessrecht § 12 Rn. 81 ff.

Nach der Rechtsprechung ist die **Konnexität** eine **besondere Prozessvoraussetzung** für die Widerklage.[265] Argument ist, dass die Grundidee des § 33 ZPO eine gemeinsame Beweisaufnahme verlangt. Nur das rechtfertige die Verbindung zweier Klagen. Nach dieser Auffassung ist die Widerklage von Thomas unzulässig, weil ihr der rechtliche Zusammenhang mit der Klage fehlt. Die Widerklage ist durch Prozessurteil als unzulässig abzuweisen, selbst wenn das Gericht aus anderen Gründen örtlich zuständig wäre. Inkonnexität führt also stets zum Prozessurteil. Nach einer in der Literatur verbreiteten Ansicht stellt § 33 ZPO lediglich einen besonderen Gerichtsstand dar und keine besondere zusätzliche (!) Prozessvoraussetzung.[266] Argument ist der Wortlaut des § 33 ZPO und seine systematische Stellung bei den Gerichtsständen. Daraus folgt: Fehlt der Zusammenhang, aber ist das Gericht aus anderen Gründen (§ 39 ZPO u.ä.) örtlich zuständig, ist die Widerklage zulässig. Das Gericht trennt dann die Verfahren (§ 145 Abs. 2 ZPO). Folgt man dieser Auffassung, wäre die Widerklage von Thomas zulässig. 201

JURIQ-Klausurtipp

Die Widerklage ist ein bei Prüfern und Prüferinnen beliebtes ZPO-Thema. Denn Wortlaut und Stellung des § 33 ZPO eignen sich besonders gut, systematische Zusammenhänge abzufragen.

3. Drittwiderklage

Dass sich der Kläger in der Rolle des Widerbeklagten findet, darf ihn nicht überraschen. Komplizierter wird es, wenn durch die Widerklage ein Dritter in den Rechtsstreit hinein gezogen wird. Hier werden zwei Fallgruppen unterschieden. Der Beklagte erhebt gegen den Kläger und einen Dritten Widerklage (parteierweiternde Drittwiderklage) oder der Beklagte erhebt isoliert Widerklage gegen einen am Rechtsstreit nicht beteiligten Dritten (isolierte Drittwiderklage). 202

Beispiel Isolierte Drittwiderklage

Thomas bekommt bei einem Kurzurlaub in Regensburg Zahnschmerzen. Er geht dort zum Zahnarzt. Dieser zieht einen Zahn – allerdings den falschen. Thomas zahlt daher die Rechnung in Höhe von 1000 € nicht. Der Zahnarzt tritt nun seinen Anspruch an eine Verrechnungsstelle in Stuttgart ab. Diese verklagt Thomas an seinem Wohnsitz in Köln auf Zahlung. Thomas erhebt vor dem Amtsgericht Köln Drittwiderklage gegen den Zahnarzt mit der Feststellung, dass dem Zahnarzt aufgrund der Falschbehandlung keine Forderung zustehe. Der Zahnarzt aus Regensburg macht insbesondere die Unzuständigkeit des Amtsgerichts Köln geltend. ■

a) Parteierweiternde Drittwiderklage

Umstritten ist, unter welchen Voraussetzungen überhaupt eine parteierweiternde Drittwiderklage („aus eins mach zwei“) erhoben werden kann. Der Streit betrifft vor allem die Frage, welche ZPO-Vorschriften auf eine nachträgliche Parteierweiterung heranzuziehen sind. Nach einer in der Literatur verbreiteten Ansicht ist die nachträgliche Parteierweiterung eine nachträglich begründete Streitgenossenschaft. Es reicht daher aus, wenn eine rechtliche Beziehung i.S.d. 203  

265 *BGH* NJW 1975, 1228.

266 *Baumbach/Lauterbach/Albers/Hartmann* ZPO § 33 Rn. 1; *Stein/Jonas/Roth* ZPO § 33 Rn. 2 ff.; *Pohlmann* Zivilprozessrecht Rn. 185; *Assmann* Fall 14 Rn. 18 ff.

§§ 59, 60 ZPO (Streitgenossenschaft) zwischen Kläger und Drittem besteht.[267] Der BGH verlangt hingegen, dass zusätzlich die Voraussetzungen der Klageänderung (§ 263 ZPO) vorliegen (sog. Klageänderungstheorie).[268] Der Drittwiderbeklagte muss daher entweder in die Widerklage einwilligen oder das Gericht muss die Sachdienlichkeit bejahen (zur Klageänderung Rn. 235 ff.).

b) Isolierte Drittwiderklage

204 Eine isolierte Drittwiderklage ist grundsätzlich **unzulässig**.[269] Nur in seltenen Ausnahmefällen hat der BGH die isolierte Drittwiderklage erlaubt.[270] Zugelassen wird die isolierte Drittwiderklage, wenn sie sich – wie im obigen *Beispiel* – gegen den Zedenten der Klageforderung richtet und eine enge Verknüpfung der Ansprüche von Klage und Drittwiderklage besteht oder wenn die Ansprüche aus einem einheitlichen Schadensereignis resultieren.

c) Örtliche Zuständigkeit und Drittwiderklage

205 Ein besonderes Problem betrifft die örtliche Zuständigkeit. Kann die Drittwiderklage gegen den Dritten nach § 33 ZPO am Gericht der Hauptklage erhoben werden? Dies war lange streitig. Früher vertrat der BGH die Meinung, dass es dem Dritten nicht zugemutet werden könne, vor einem für ihn unzuständigen Gericht verklagt zu werden.[271] Die Gegenmeinung wendet dagegen § 33 ZPO analog an.[272] Dieser Meinung hat sich BGH nun für den Fall einer isolierten Drittwiderklage gegen den Zedenten angeschlossen.[273] Dieser habe durch die Abtretung der Forderung die komplizierte Prozesssituation ausgelöst, so dass es ihm zumutbar sei, sich vor dem Gericht der Klage auf eine Verteidigung einzulassen.

Beispiel Ist die Drittwiderklage gegen den Zahnarzt im obigen *Beispiel* zulässig? Die Drittwiderklage ist zulässig, wenn die allgemeinen und besonderen Prozessvoraussetzungen für die Drittwiderklage vorliegen. Die allgemeinen Prozessvoraussetzungen (Parteifähigkeit, Prozessfähigkeit, ordnungsgemäße Klageerhebung) sind gegeben. Fraglich ist aber, ob das AG Köln für die Widerklage örtlich zuständig ist. Bezüglich der örtlichen Zuständigkeit war streitig, ob § 33 ZPO gegenüber dem Dritten eine besondere Zuständigkeit begründet. Der BGH verneinte dies früher. Danach war das AG Köln für die Drittwiderklage nur zuständig, wenn ein allgemeiner (§§ 12 ff. ZPO) oder besonderer Gerichtsstand (z.B. § 32 ZPO) vorlag oder durch rügelose Einlassung (§ 39 ZPO) begründet wurde. Die Drittwiderklage wäre danach nur zulässig, wenn der Zahnarzt seinen Firmensitz (§ 17 ZPO) in Köln hätte oder die Klage im Gerichtsstand der unerlaubten Handlung (§ 32 ZPO) erhoben wurde. Da der Zahnarzt in Regensburg residiert und Thomas auch dort behandelt wurde, wäre keine Zuständigkeit für das AG Köln gegeben. Diese (strenge) Auffassung hat der BGH (NJW 2011, 460) zwischenzeitlich aufgegeben. Mittlerweile wendet er für die isolierte Drittwiderklage gegen den Zedenten (Zahnarzt) § 33 ZPO analog an. Die Gewährung eines besonderen Gerichtsstands für die Drittwiderklage begründet der BGH damit, dass der Zahnarzt ohne Abtretung der Forderung Thomas in Köln hätte verklagen müssen und auch dort mit einer Widerklage hätte rechnen müssen. Daher gebiete es die

267 Etwa *Zöller/Schultzky* ZPO § 33 Rn. 24 f.
268 *BGH* NJW 2001, 2094; NJW 2011, 460; NJW-RR 2008, 1516, 1518.
269 *BGH* NJW 2001, 2094; NJW 2007, 1753; NJW 2014, 1670; *Stein/Jonas/Roth* ZPO § 33 Rn. 44.
270 *BGH* NJW 2007, 1753; NJW 2011, 460, 461 m.w.N.
271 *BGH* NJW-RR 2008, 1516, 1517; NJW 2000, 1871, 1872; NJW 1993, 2120.
272 Zum Meinungsstand *Zöller/Schultzky* ZPO § 33 Rn. 28.
273 *BGH* NJW 2011, 460, 461.

Waffengleichheit, den besonderen Gerichtsstand des § 33 ZPO (analog) für die Drittwiderklage zu bejahen. Somit kann das AG Köln über die Drittwiderklage gegen den Regensburger Zahnarzt entscheiden. ■

4. Schema Widerklage

Widerklage 206

PRÜFUNGSSCHEMA

1. Teil: Die Klage
- **I. Zulässigkeit der Klage**
- **II. Begründetheit der Klage**

2. Teil: Die Widerklage
- **I. Zulässigkeit der Widerklage**
  1. Allgemeine Prozessvoraussetzungen
     a) Gerichtsbezogene
        aa) sachliche Zuständigkeit
           - keine Streitwertzusammenrechnung § 5 Hs. 2 ZPO
           - Streitwert der Widerklage höher als 5000 €: § 506 ZPO
        bb) örtliche Zuständigkeit
           - zunächst §§ 12 ff. ZPO
           - dann ggf. § 33 ZPO Rn. 196 f.
     b) Parteibezogene Prozessvoraussetzungen
     c) Streitgegenstandsbezogene Prozessvoraussetzungen
        aa) ordnungsgemäße Klageerhebung
            § 261 Abs. 2 ZPO: Erhebung in mündlicher Verhandlung möglich
        bb) keine anderweitige Rechtshängigkeit
  2. Besondere Prozessvoraussetzungen der Widerklage
     a) Rechtshängigkeit der Hauptklage
     b) gleiche Prozessart (meist unproblematisch)
     c) Konnexität
        Meinungsstreit Rn. 200 f.
- **II. Begründetheit der Widerklage**

VI. Anerkenntnis

207 Neben den eben genannten Verteidigungsstrategien hat der Beklagte auch die Möglichkeit, dem Kläger Recht zu geben und den behaupteten Anspruch anzuerkennen (**§ 307 ZPO**). Mit diesem Instrument sollte der Beklagte vorsichtig umgehen. Denn durch sein **Anerkenntnis** ist der Prozess (endgültig) verloren. Es ergeht Anerkenntnisurteil, d.h. der Klage wird ohne Prüfung der materiellen Rechtslage statt gegeben. Der Beklagte geht als Verlierer nach Hause. Diese Niederlage kann allenfalls durch Kostenvorteile etwas versüßt werden. Ein Anerkenntnis sollte daher nur ausgesprochen werden, wenn die Rechtslage völlig eindeutig ist.

Hinweis

In der Praxis wird diese Prozesshandlung von erfahrenen Anwältinnen und Anwälten gemieden. Anerkenntnisurteile beruhen meist auf „Anfängerfehlern".

1. Voraussetzungen

208 Auch im Fall des Anerkenntnisses müssen die Prozessvoraussetzungen (Parteifähigkeit, Prozessfähigkeit, zuständiges Gericht etc.) vorliegen. Denn das Anerkenntnisurteil ist ein Sachurteil. Fehlen die Prozessvoraussetzungen, ist die Klage als unzulässig abzuweisen. Außerdem muss das Anerkenntnis wirksam erklärt werden. Es müssen also die Prozesshandlungsvoraussetzungen auf Seiten des Beklagten vorliegen. Besteht Anwaltszwang (§ 78 ZPO), muss ein Rechtsanwalt das Anerkenntnis erklären.[274] Es kann in der mündlichen Verhandlung, in der Güteverhandlung oder in einem Schriftsatz erklärt werden.[275] Die Erklärung („der Beklagte erkennt den Anspruch des Klägers an") muss unbedingt und uneingeschränkt erfolgen. Ein Klageabweisungsantrag kann nicht als Anerkenntnis ausgelegt werden.[276] Das Anerkenntnis ist reine Prozesshandlung und kein materiell-rechtliches Schuldanerkenntnis (keine Doppelnatur).[277] Als reine Prozesshandlung (= Bewirkungshandlung) ist das Anerkenntnis weder anfechtbar noch widerruflich. Eine Ausnahme gilt für den Fall, dass ein Restitutionsgrund gem. § 580 ZPO vorliegt.[278] Abzugrenzen ist das Anerkenntnis vom **Geständnis** (§ 288 ZPO). Durch das Geständnis des Beklagten werden lediglich einzelne Tatsachenbehauptungen des Klägers als richtig eingeräumt. Dagegen bezieht sich das Anerkenntnis auf den prozessualen Anspruch selbst. Der Anspruch braucht weder schlüssig vorgetragen noch begründet zu sein. Die anerkannte Rechtsfolge darf aber nicht sittenwidrig sein oder gegen ein gesetzliches Verbot verstoßen. Zu beachten ist, dass ein Anerkenntnis in Ehesachen (§ 121 FamFG) nicht ergehen darf (§ 113 Abs. 4 Nr. 6 FamFG), da die Beteiligten nicht dispositionsbefugt sind.

Beispiel Mona verklagt die Firma V-GmbH auf Ersatz der Austauschkosten für die Fliesen. Die Firma V-GmbH lässt in der mündlichen Verhandlung durch ihren Anwalt vortragen, dass der Anspruch von Mona bestehe und keine Einwendungen erhoben werden. Hierin liegt ein Anerkenntnis (§ 307 ZPO). Die Erklärung bezieht sich auf den geltend gemachten Anspruch (auf die Rechtsfolge). Der Zusatz „unter Verwahrung gegen die Kostenlast" schadet nicht. Nun muss das Gericht zunächst die Zulässigkeit der Klage prüfen. Ist die Klage zulässig und ist das Anerkenntnis wirksam erklärt (= Vorliegen der Prozesshandlungsvoraussetzungen), ergeht Anerkenntnisurteil. Ob die Klage begründet ist, muss das Gericht nicht mehr klären.

Variante: Hätte die V-GmbH lediglich eingeräumt, dass die Fliesen mangelhaft sind, würde es sich lediglich um ein Geständnis handeln (§ 288 ZPO). Das Geständnis bewirkt, dass die eingeräumte Tatsache vom Gericht (Mangelhaftigkeit der Fliesen) als wahr unterstellt werden muss. Ob § 439 Abs. 1 BGB den Ersatz von Austauschkosten umfasst, bleibt zwischen den Parteien strittig. Daher muss das Gericht die materielle Rechtslage prüfen. Es darf kein Anerkenntnisurteil erlassen. ■

2. Verfahren und (Kosten-)Entscheidung

209 Sind die Voraussetzungen für ein wirksames Anerkenntnis erfüllt, erlässt das Gericht ein **Anerkenntnisurteil** (§ 307 S. 1 ZPO). Eine Prüfung der **Schlüssigkeit** der Klage und der materiellen Rechtslage **unterbleibt**. Eine mündliche Verhandlung ist seit 2004 nicht mehr nötig

274 *BGH* NJW 2015, 2193; *Thomas/Putzo/Reichold* ZPO § 307 Rn. 4.
275 *Zöller/Feskorn* ZPO § 307 Rn. 3.
276 *BVerfG* NJW 2014, 291.
277 *BGH* NJW 2016, 716, 717; *Adolphsen* Zivilprozessrecht § 15 Rn. 2.
278 *BGH* NJW 1981, 2193, 2194; *Pohlmann* Zivilprozessrecht Rn. 514.

(§ 307 S. 2 ZPO). Das Gericht kann daher das Anerkenntnisurteil im schriftlichen Verfahren erlassen. Ein extra Antrag des Klägers („ich beantrage im Fall eines Anerkenntnisses Anerkenntnisurteil") muss nicht gestellt werden (Ausnahme seit 2014: Revisionsinstanz § 555 Abs. 3 ZPO). Als normales Endurteil ist das Anerkenntnis mit Rechtsmitteln (Berufung, Revision) anfechtbar. Der Überprüfungsgegenstand im Berufungsverfahren ist allerdings darauf beschränkt, ob ein Restitutionsgrund (§ 580 ZPO) vorliegt.

Die **Kosten** trägt nach der allgemeinen Kostenregel der Verlierer, also der Beklagte (§ 91 ZPO). Hier ist allerdings die Spezialnorm des **§ 93 ZPO** zu beachten, die den Schutz des Beklagten vor übereilten Klagen bezweckt. Danach kommt der Beklagte um die Kostenlast herum, wenn er dem Kläger aufgrund seines vorprozessualen Verhaltens keinen Anlass zur Klageerhebung gegeben hat und den Anspruch im Prozess sofort anerkennt. Bedeutet „sofort" bei erster Gelegenheit? Hat der Richter frühen ersten Termin angeordnet, muss das Anerkenntnis sofort im Termin oder in der Klageerwiderung (falls das Gericht eine Frist hierzu gesetzt hat) erklärt werden. Beim schriftlichen Vorverfahren ist die Erklärung der Verteidigungsbereitschaft unschädlich. Das Anerkenntnis kann daher noch innerhalb der Klageerwiderungsfrist erklärt werden, es sei denn die Verteidigungsanzeige enthält zugleich einen Klageabweisungsantrag.[279] 210

Beispiel Mona vergisst, ihre Telefonrechnung für den Monat Dezember 2017 zu begleichen. Ihr Vertragspartner erhebt sofort Klage, ohne Mona auf die Säumnis hinzuweisen. Der Richter ordnet frühen ersten Termin an. Im Prozess erkennt Mona noch vor Stellung der Anträge den Anspruch an. Das Gericht prüft, ob das Anerkenntnis wirksam erklärt wurde und die Prozessvoraussetzungen vorliegen. Sodann ergeht Anerkenntnisurteil (§ 307 S. 1 ZPO). Wem muss der Richter die Kosten auferlegen? Nach § 91 ZPO trägt grundsätzlich die unterlegene Partei die (gesamten) Kosten des Rechtsstreits. Hier könnte aber die Spezialnorm des § 93 ZPO vorrangig sein. Danach trägt der Kläger die Kosten, wenn der Beklagte keinen Anlass zur Klage gegeben hat und den Anspruch sofort anerkennt. Anlass zur Klageerhebung besteht aus Sicht des Klägers dann, wenn er bei vernünftiger Betrachtungsweise annehmen darf, die Zahlung nur mittels gerichtlicher Hilfe zu erlangen. Dies ist der Fall, wenn sich der Beklagte in Verzug befindet. Da Mona auch ohne Mahnung in Verzug kommen kann (§ 286 Abs. 2 Nr. 2, Abs. 3 BGB), kommt es hier auf die materielle Rechtslage an. Ist Mona bereits in Verzug, trägt sie die Kosten (§ 91 ZPO). Liegt kein Verzug vor, trägt der Telefonanbieter die Kosten (§ 93 ZPO), da er nicht einmal den Versuch einer außergerichtlichen Rechtsdurchsetzung (Mahnung) unternommen hat. Im Übrigen ist das Anerkenntnis von Mona auch sofort erfolgt, da es noch vor Stellung der Anträge abgegeben wurde. ■

F. Prozessverhalten des Klägers

Die Dispositionsmaxime bedeutet, dass der Kläger frei darüber entscheiden kann, ob er einen Prozess beginnt, mit welchen Angriffsmitteln er ihn führt und ob er ihn weiter betreiben will. 211
Hat der Kläger ein Gerichtsverfahren in Gang gesetzt, kann er aber nicht mehr frei darüber befinden, ob er den Prozess wieder los haben oder sein Rechtsschutzbegehren ändern möchte. Denn nun werden auch schützenswerte Belange des Beklagten berührt. Folgende

279 *BGH* NJW 2006, 2490, 2491 f.; *Zöller/Herget* ZPO § 93 Rn. 4.

prozessbeendigende Prozesshandlungen stehen dem Kläger zur Verfügung: Klagerücknahme (§ 269 ZPO), Klageverzicht (§ 306 ZPO) sowie die einseitige Erledigungserklärung (§ 91a ZPO), die ein Unterfall der Klageänderung (§§ 263, 264 ZPO) ist. Mit der Klageänderung sind Anpassungen an veränderte Umstände möglich.

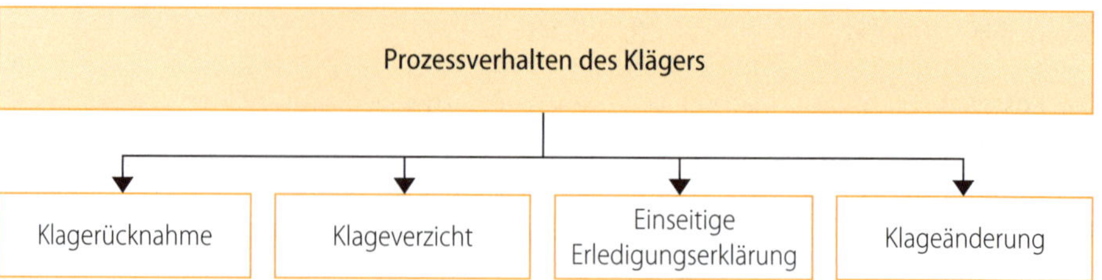

I. Klagerücknahme

212 **Ausgangsfall** Mona muss in ihrem „Fliesenrechtsstreit" enttäuscht feststellen, dass der BGH[280] in einem Urteil (Parkettfall) die Rechtsauffassung vertritt, der Käufer einer mangelhaften Sache habe keinen Anspruch auf Ersatz der Einbaukosten für die ersatzweise gelieferte Sache. Ihr Freund Thomas rät ihr erneut, mit dem Prozessieren aufzuhören. Er findet, die ganze Klage sei „Geldverbrennen". ■

» Lesen Sie zunächst den gesamten § 269 ZPO, der alle wichtigen Informationen in seinem Wortlaut enthält (und daher ein wenig lang geraten ist). «

213 Möchte der Kläger nicht mehr an seiner Klage festhalten und eine Erledigung des Prozesses ohne Urteil erreichen, kann er die Klage unter den Voraussetzungen des **§ 269 ZPO** zurücknehmen. Die Klagerücknahme wird der Kläger regelmäßig anstreben, wenn er seinen Prozess für wenig aussichtsreich hält, etwa weil ihm Beweismittel fehlen oder – wie im obigen *Beispiel* – eine entgegenstehende höchstrichterliche Entscheidung ergangen ist.

1. Vorteile aus Klägersicht

214 Aus Sicht des Klägers bietet die Klagerücknahme bei (derzeit) aussichtslosen Klagen einige Vorteile. Ein Vorteil liegt darin, dass kein streitiges Urteil ergeht und daher nur eine Gerichtsgebühr (statt drei Gebühren) anfällt. Damit nimmt der Prozess ein etwas billigeres Ende. Die Interessen des Beklagten werden eher zwiespältig sein. Einerseits ist er das Gerichtsverfahren „auf die Schnelle" los. Andererseits kann der Kläger zu einem späteren Zeitpunkt **erneut Klage** erheben (§ 269 Abs. 6 ZPO). Denn die Klagerücknahme hat lediglich die Wirkung, als sei die Klage nie rechtshängig geworden (§ 269 Abs. 3 S. 1 ZPO). Damit bleibt der Beklagte bis zum Verjährungseintritt des Anspruchs im Ungewissen, ob der Kläger erneut Klage erhebt.

2. Voraussetzungen

215 Zunächst muss der Kläger die Klagerücknahme gegenüber dem Gericht erklären (§ 269 Abs. 2 S. 1 ZPO). Das kann in der mündlichen Verhandlung oder in einem Schriftsatz erfolgen (§ 269 Abs. 2 S. 2 ZPO). Im Anwaltsprozess (§ 78 ZPO) muss die Erklärung von einem Rechtsanwalt abgegeben werden. Die allgemeinen Prozesshandlungsvoraussetzungen müssen vorliegen. Die Klagerücknahme ist Bewirkungshandlung, so dass Anfechtung und Widerruf ausge-

280 Vgl. *BGH* NJW 2008, 2837.

schlossen sind.[281] Die Klagerücknahme setzt eine Klage, d.h. Rechtshängigkeit, voraus. Die Rücknahme kann daher ab Zustellung der Klage (= **ab Rechtshängigkeit**) bis zum Eintritt der formellen Rechtskraft erklärt werden.[282] Die h.M. erlaubt darüber hinaus die Klagerücknahme schon **zwischen Anhängigkeit und Zustellung** (= vor Rechtshängigkeit) der Klage.[283] Grund ist die Neufassung des § 269 Abs. 3 S. 3 ZPO, der die Kostenfrage für die Rücknahme der Klage zwischen Anhängigkeit und Rechtshängigkeit regelt. Ist der Anlass der Klage **vor** Anhängigkeit entfallen, gilt § 269 Abs. 3 S. 3 ZPO analog (hierzu Rn. 217).

Benötigt der Kläger für seine Klagerücknahme die **Einwilligung des Beklagten**? Nach § 269 Abs. 1 ZPO kann der Kläger bis zum Beginn der mündlichen Verhandlung seine Klage ohne weiteres zurücknehmen. Nach Beginn der mündlichen Verhandlung (= Äußerungen der Parteien zur Sache = Stellung der Sachanträge) ist die Klagerücknahme nur noch mit Einwilligung des Beklagten möglich (§ 269 Abs. 1 ZPO). Denn der Beklagte hat ab diesem Zeitpunkt ein Recht darauf, dass die Klage rechtskräftig entschieden wird. Wird die Klagerücknahme schriftsätzlich erklärt und dem Beklagten zugestellt, gilt sein Schweigen als Einwilligung, wenn er auf die Folge seines Schweigens hingewiesen wurde (§ 269 Abs. 2 S. 4 ZPO). **216**

3. Rechtliche Folgen

Die Klagerücknahme hat prozessuale, kostenrechtliche und materiell-rechtliche Wirkungen. Durch die Klagerücknahme wird der Prozess beendet. Die Rechtshängigkeit der Klage wird durch die Rücknahme rückwirkend beseitigt (§ 269 Abs. 3 S. 1 ZPO). Das Gericht darf daher keine Sachentscheidung treffen. Ein bereits ergangenes (nicht rechtskräftiges) Urteil wird automatisch wirkungslos (§ 269 Abs. 3 S. 1 ZPO). Es ergeht lediglich eine Kostenentscheidung. Diese Kostenregelung hat der Gesetzgeber mehrfach reformiert. Als Veranlasser der Klage (und der Klagerücknahme) muss der **Kläger** grundsätzlich die bereits angefallenen **Kosten** tragen (§ 269 Abs. 3 S. 2 ZPO). In einem besonderen Fall ist diese Kostenregel gemildert. Nach **§ 269 Abs. 3 S. 3 ZPO** kann das Gericht über die Kosten nach billigem Ermessen entscheiden, wenn der Anlass zur Klage **vor** Rechtshängigkeit entfallen ist (z.B. der Beklagte erfüllt schnell den Anspruch). Die h.M. wendet diese Norm analog für den Wegfall des Anlasses vor Anhängigkeit an, wenn der Kläger nichts davon wusste.[284] Statt über § 269 Abs. 3 S. 3 ZPO vorzugehen, kann der Kläger wahlweise Kostenerstattungsklage erheben.[285] Ist der Anlass **nach** Rechtshängigkeit weggefallen, hilft die Erledigungserklärung.[286] **217**

Die Klagerücknahme entfaltet keine „Sperrwirkung" für einen neuen Prozess. Der Kläger kann jederzeit erneut Klage erheben (§ 269 Abs. 6 ZPO). Das ist das Risiko für den Beklagten. Materiell-rechtlich ist die Verjährungsvorschrift des § 204 Abs. 2 S. 1 BGB zu beachten. Der Kläger hat für eine etwaige erneute Klage Zeit. Denn die Wirkung der Hemmung entfällt erst sechs Monate nach Klagerücknahme (= „anderweitige Beendigung"). **218**

Beispiel Mona nimmt wegen der BGH-Entscheidung die Klage noch vor Beginn der mündlichen Verhandlung zurück. Sollte Mona eine abweichende BGH- oder EuGH-Entscheidung zur Erstattungspflicht des Verkäufers zugunsten des Verbrauchers finden,

281 *Schilken* Zivilprozessrecht Rn. 621.
282 *Zeiss/Schreiber* Zivilprozessrecht Rn. 485.
283 *Zöller/Greger* ZPO § 269 Rn. 8; *Adolphsen* Zivilprozessrecht § 14 Rn. 9.
284 Vgl. *OLG Karlsruhe* NJW 2012, 1373, 1374; *Musielak/Voit/Foerste* ZPO § 269 Rn. 13b.
285 *BGH* NJW 2013, 2201.
286 *BGH* NJW 2014, 3520, 3521.

könnte Mona erneut Klage erheben (§ 269 Abs. 6 ZPO), falls der Anspruch bis dahin nicht verjährt ist. Die Prozesskosten der ersten Klage (§ 269 Abs. 3 S. 2 ZPO) muss Mona tragen. ■

4. Verpflichtung zur Klagerücknahme

219 Die Parteien können (beispielsweise im Rahmen von Vergleichsgesprächen) außerhalb des Prozesses eine Vereinbarung treffen, dass der Kläger die Klage zurücknimmt. Umstritten ist, ob es sich um eine prozessuale oder materiell-rechtliche Vereinbarung handelt. Nach überwiegender Ansicht in der Literatur handelt es sich um einen Prozessvertrag.[287] Die Vereinbarung führt nicht automatisch zum Wegfall der Rechtshängigkeit. Der Kläger muss auch hier erst die Klagerücknahme gegenüber dem Gericht erklären (§ 269 ZPO). Hält er sich nicht an seine Vereinbarung, ist auf prozessuale Einrede des Beklagten hin die Klage als unzulässig abzuweisen.[288] Die Gegenansicht kommt über die Arglisteinrede (§ 242 BGB) zu demselben Ergebnis.

II. Klageverzicht

220 Der in **§ 306 ZPO** geregelte **Klageverzicht** beinhaltet die ausdrückliche Erklärung des Klägers, den prozessualen Anspruch überhaupt nicht mehr geltend machen zu wollen. Anders als bei der Klagerücknahme wird der Prozess hier durch ein **Sachurteil** beendet. Eine erneute Klage ist wegen der entgegenstehenden Rechtskraft des Verzichtsurteils nicht mehr zulässig. Denn anders als bei der Klagerücknahme verzichtet der Kläger nicht auf den Rechtsschutz im konkreten Verfahren, sondern auf Rechtsschutz überhaupt. Der Verzicht ist das Gegenstück zum Anerkenntnis (§ 307 ZPO) und kommt in der Praxis so gut wie nicht vor.

1. Voraussetzungen

221 Der Klageverzicht setzt eine ausdrückliche Verzichtserklärung des Klägers voraus. Sein Wille, den geltend gemachten Anspruch endgültig aufzugeben, muss klar erkennbar sein.[289] Die Erklärung erfolgt gegenüber dem Gericht in der mündlichen Verhandlung (§ 306 ZPO).[290] Die allgemeinen Prozesshandlungsvoraussetzungen, insbesondere die Postulationsfähigkeit im Anwaltsprozess (§ 78 ZPO), müssen vorliegen. Das Gericht ist an die Verzichtserklärung gebunden, auch wenn es die Klage für begründet hält. Eine Einwilligung des Beklagten ist nicht erforderlich. § 306 ZPO verlangt jedoch einen **Antrag** des Beklagten auf Klageabweisung. Ein Antrag auf „Erlass eines Verzichturteils" ist nicht erforderlich.[291] Da ein Sachurteil ergeht, müssen die Prozessvoraussetzungen vorliegen, d.h. die Klage muss zunächst zulässig sein. Da der Verzicht Ausdruck der Dispositionsmaxime ist, ist er in Fällen fehlender Dispositionsbefugnis des Klägers ausgeschlossen. Beispielsweise kann der Kläger keinen Verzicht für künftige Unterhaltsansprüche erklären (§ 1614 Abs. 1 BGB). Als Bewirkungshandlung ist der Verzicht weder anfechtbar noch widerruflich.[292]

287 *Adolphsen* Zivilprozessrecht § 14 Rn. 12.

288 MüKo-*Becker-Eberhard* ZPO § 269 Rn. 12; *Schilken* Zivilprozessrecht Rn. 624.

289 *Zöller/Feskorn* ZPO § 306 Rn. 1.

290 A.A. *Rosenberg/Schwab/Gottwald* Zivilprozessrecht § 132 Rn. 73 (analog § 307).

291 *Musielak/Voit/Musielak* ZPO § 306 Rn. 4.

292 *Pohlmann* Zivilprozessrecht Rn. 461.

2. Entscheidung des Gerichts

Durch die Verzichtserklärung wird der Prozess nicht automatisch beendet. Das Gericht muss auf Antrag des Beklagten noch ein Verzichtsurteil erlassen. Dabei handelt es sich um ein klageabweisendes Sachurteil, das in Rechtskraft erwächst. Anders als bei der Klagerücknahme kann der Kläger **nicht** mehr **erneut** Klage erheben. Da der Kläger (freiwillig) den Prozess verloren hat, muss er nach der allgemeinen Grundregel die Kosten des Rechtsstreits tragen (§ 91 ZPO). Der Verzicht bringt für den Kläger somit kaum Vorteile; lediglich die Gerichtsgebühren sind etwas ermäßigt. 222

III. Einseitige Erledigungserklärung

1. Ausgangslage

Beispiel Mona meldet sich in einem Fitnessstudio an. Die einmalige Aufnahmegebühr von 29 € ist laut Vertrag am 31.10. fällig. Mona versäumt die Überweisung. Am 20.11. reicht das Fitnessstudio Klage gegen Mona ein, die ihr am 27.11. zugestellt wird. Welche prozessualen Möglichkeiten hat das Fitnessstudio, wenn Mona die Gebühr bereits am 22.11 bezahlt hat? Was könnte das Fitnessstudio tun, wenn Mona am 30.11. bezahlt? ■ 223

Beiden Fallgestaltungen ist gemein, dass Mona den Anspruch über 29 € erfüllt hat (wenngleich etwas spät). Würde das Fitnessstudio die Klage weiter verfolgen, müsste das Gericht die Klage gegen Mona als unbegründet abweisen, da sie den Erfüllungseinwand (§ 362 BGB) erhebt. Das Fitnessstudio hätte den Prozess verloren und müsste als Verlierer die Kosten des Rechtsstreits tragen (§ 91 ZPO), obwohl Mona den Anspruch über 29 € durch die Zahlung eingeräumt hat. Zwei Möglichkeiten wurden bereits besprochen, wie der Kläger auf veränderte Umstände im Prozess reagieren kann. Möglich ist die Klagerücknahme (§ 269 ZPO) oder der Klageverzicht (§ 306 ZPO). Im Fall des Klageverzichts muss das Fitnessstudio automatisch die Kosten tragen (§ 91 ZPO); das macht wenig Sinn. Weitaus attraktiver ist für das Fitnessstudio daher die Klagerücknahme. Nach § 269 Abs. 3 S. 3 ZPO kann das Gericht über die Kosten nach billigem Ermessen unter Berücksichtigung der Rechtslage entscheiden, wenn der Klageanlass vor Rechtshängigkeit weggefallen ist.[293] Hat Mona am 22.11., also zwischen Anhängigkeit und Rechtshängigkeit, bezahlt, greift die Vorschrift des § 269 Abs. 3 S. 3 ZPO. Danach kommt das Fitnessstudio um die Tragung der Kostenlast „herum", was durchaus gerecht ist. Fraglich ist, welche prozessualen Möglichkeiten das Fitnessstudio hat, wenn Mona erst am 30.11., also **nach** Rechtshängigkeit, die 29 € zahlt. Hier hilft die sog. **einseitige Erledigungserklärung**. Dieses prozessuale Instrument wird immer dann eingesetzt, wenn sich die **Klage im Laufe des Prozesses** durch Erfüllung (§ 362 BGB) oder auf andere Weise **erledigt**, der Kläger die Erledigung erklärt, aber der Beklagte sich dieser Erklärung nicht anschließt. 224

Beispiel Zahlt Mona nach Zustellung der Klage (= Rechtshängigkeit) die Aufnahmegebühr von 29 €, kommt die Kostenregel des § 269 Abs. 3 S. 3 ZPO nicht zum Tragen (kein Wegfall des Klageanlasses vor Rechtshängigkeit). Zudem müsste Mona der Klagerücknahme zustimmen (§ 269 Abs. 1 ZPO), was sie nicht tun muss. In derartigen Fällen hilft dem Kläger (dem Fitnessstudio) nur die einseitige Erledigungserklärung. Die einseitige Erledigung

293 Nach h.M. gilt § 269 Abs. 3 S. 3 ZPO auch für die Erledigung vor Anhängigkeit: *Zöller/Greger* ZPO § 269 Rn. 18d.

steht im Gegensatz zur beidseitigen Erledigungserklärung (§ 91a ZPO) nicht im Gesetz, sie ist eine Erfindung der Rechtsprechung. **Ziel** ist einzig und allein, dem Beklagten die **Kostenlast** (§ 91 ZPO) des (erledigten) Prozesses aufzuerlegen. ■

2. Begriff der einseitigen Erledigungserklärung

225 Eine **einseitige Erledigungserklärung** liegt vor, wenn der Kläger seine Klage in der Hauptsache für erledigt erklärt und der Beklagte dieser Erledigungserklärung widerspricht.

Der Beklagte wird der Erledigungserklärung des Klägers vor allem dann widersprechen, wenn er die Klage von vornherein für unzulässig oder unbegründet hält oder einfach weiter streiten möchte, um ein gerichtliches Urteil zu erhalten. Stimmt der Beklagte dagegen der Erledigungserklärung des Klägers zu, handelt es sich um eine übereinstimmende (zweiseitige) Erledigungserklärung, die in § 91a ZPO gesetzlich geregelt ist (Rn. 247 ff.). Kennzeichen der einseitigen Erledigung ist, dass der Kläger keine gerichtliche Entscheidung mehr über seine ursprüngliche Klage begehrt, weil sich das Ganze aus seiner Sicht erledigt hat (und das will er festgestellt wissen).

3. Rechtliche Einordnung

226 Da die einseitige Erledigungserklärung gesetzlich nicht geregelt ist,[294] finden sich konträre Ansichten, wie diese dogmatisch einzuordnen ist.

a) Privilegierte Klagerücknahme, Verzicht, Rechtsinstitut sui generis

227 Eine Auffassung ordnet die einseitige Erledigungserklärung als Klagerücknahme (§ 269 ZPO) ein. Es handle sich um eine privilegierte Klagerücknahme, weil weder die Einwilligung des Beklagten noch die Kostenfolge des § 269 Abs. 3 S. 2 ZPO anwendbar sei. Nach anderer Ansicht verzichtet der Kläger auf den streitigen Anspruch (§ 306 ZPO). Allerdings dürfe kein Verzichtsurteil, sondern nur eine Kostenentscheidung ergehen. Eine weitere Ansicht sieht die einseitige Erledigungserklärung als Rechtsinstitut sui generis (kein ZPO-Paragraf). Sie sei ein Antrag an das Gericht, den Eintritt des Erledigungsereignisses festzustellen. Daraufhin müsse eine gerichtliche Entscheidung (sui generis) ergehen.[295]

b) Klageänderungstheorie

228 Die h.M. behandelt die einseitige Erledigungserklärung als eine nach § 264 Nr. 2 ZPO **privilegierte Klageänderung**.[296] Sie bedarf keiner Einwilligung des Beklagten und muss auch nicht sachdienlich sein (zur Klageänderung Rn. 235 ff.). Der Kläger ändert den ursprünglichen Antrag („Die Beklagte wird verurteilt, an die Klägerin 29 € zu zahlen") in einen **Feststellungsantrag** („Es wird festgestellt, dass die ursprüngliche Klage zulässig und begründet war und aufgrund eines zwischenzeitlich eingetretenen Ereignisses nicht mehr zulässig oder begründet ist").

---

294 Kritik übt *Schumann* FS Vollkommer 2006, S. 155 ff. (insb. S. 171 ff.).

295 Vgl. *Zeiss/Schreiber* Zivilprozessrecht Rn. 504; s. auch *Pohlmann* Zivilprozessrecht Rn. 484 m.w.N.

296 *BGH* NJW 2017, 3521, 3522; NJW 2012, 1653, 1655; *Rosenberg/Schwab/Gottwald* Zivilprozessrecht § 131 Rn. 22 ff.; *Zöller/Althammer* ZPO § 91a Rn. 34.

4. Prüfungsreihenfolge

Legt man die h.M. zugrunde, ergibt sich folgender Prüfungsaufbau: Liegt eine wirksame Prozesshandlung des Klägers in Form eines neuen Antrags vor? Sodann ist im Rahmen der Zulässigkeit der neuen Feststellungsklage zu prüfen, ob eine Änderung des Klageantrags während des Prozesses überhaupt zulässig ist (§§ 263, 264 ZPO). Im Rahmen der Begründetheit der neuen Feststellungsklage ist zu prüfen, ob die Klage bis zum erledigenden Ereignis zulässig und begründet war. Außerdem muss festgestellt werden, ob ein erledigendes Ereignis vorliegt, das im Laufe des Prozesses eingetreten ist. 229

PRÜFUNGSSCHEMA

Einseitige Erledigungserklärung

I. Zulässigkeit der neuen Feststellungsklage
1. wirksamer Antrag (= ordnungsgemäße Klageerhebung)
   wirksame Erklärung, in mündlicher Verhandlung
   Auslegung des Antrags
   allgemeine Prozesshandlungsvoraussetzungen z.B. § 78 ZPO Rn. 230
2. Zulässigkeit der Klageänderung
   Meinungsstreit darstellen
   Voraussetzungen der §§ 263, 264 Nr. 2 ZPO Rn. 231
3. weitere Zulässigkeitsvoraussetzungen
   a) § 261 Abs. 3 Nr. 2 ZPO – Zuständigkeit des Gerichts
   b) Feststellungsinteresse § 256 ZPO (Kostenlast)

II. Begründetheit der neuen Feststellungsklage
1. Zulässigkeit der ursprünglichen Klage
2. Begründetheit der ursprünglichen Klage
3. erledigendes Ereignis nach Rechtshängigkeit

a) Zulässigkeit der neuen Feststellungsklage

aa) Wirksame Erklärung

Als Prozesshandlung muss die einseitige Erledigung gegenüber dem Gericht erklärt werden und zwar in der mündlichen Verhandlung oder schriftsätzlich (§ 261 Abs. 2 ZPO). § 91a ZPO (zu Protokoll der Geschäftsstelle) gilt für die einseitige Erledigungserklärung nicht.[297] Die Prozesshandlungsvoraussetzungen müssen vorliegen. Im Anwaltsprozess (§ 78 Abs. 1 ZPO) muss die Erledigung durch einen postulationsfähigen Rechtsanwalt erklärt werden. Der Kläger muss nicht ausdrücklich den Antrag auf Feststellung der Erledigung stellen. Das Gericht kann die Erklärung auslegen. Ein ausdrücklicher Klagerücknahmeantrag kann aber nicht in eine Erledigungserklärung umgedeutet werden.[298] Die einseitige Erledigungserklärung **beendet** den Prozess **nicht** unmittelbar. Sie ist eine „Bitte" an das Gericht, über den neuen Feststellungsantrag zu entscheiden. Als Erwirkungshandlung ist sie bis zur Entscheidung des Gerichts frei widerruflich.[299] 230

297 Vgl. *Adolphsen* Zivilprozessrecht § 14 Rn. 31; *Pohlmann* Zivilprozessrecht Rn. 487.
298 *BGH* NJW 2014, 3520, 3521.
299 *BGH* NJW 2002, 442; *Stein/Jonas/Bork* ZPO § 91a Rn. 46; *Musielak/Voit/Flockenhaus* ZPO § 91a Rn. 30.

bb) Zulässigkeit der Klageänderung

231 Die h.M. sieht die einseitige Erledigungserklärung als Klageänderung an. Der Kläger ändere seinen ursprünglichen Antrag auf Leistung in einen Feststellungsantrag. Daher müssen die Voraussetzungen der §§ 263, 264 ZPO (Klageänderung) vorliegen. Eine Klageänderung ist nicht ohne weiteres im Prozess möglich. In der Regel bedarf sie der Zustimmung des Beklagten oder sie muss sachdienlich sein (§ 263 ZPO). Nach Ansicht des BGH handelt es sich bei der einseitigen Erledigungserklärung um eine privilegierte Klageänderung (§ 264 Nr. 2 ZPO), so dass die Zustimmung des Beklagten entbehrlich ist.[300]

cc) Weitere Zulässigkeitsvoraussetzungen

232 Da die neue Klage nunmehr Feststellungsklage ist, muss das **Feststellungsinteresse** (§ 256 ZPO) vorliegen.[301] Das ist wegen der Kostenlast des Klägers (§ 91 ZPO), die ohne Umstellung des Klageantrags drohen würde, stets zu bejahen. Zu beachten ist, dass das angerufene Gericht auch nach Änderung des Antrags weiterhin zuständig ist (§ 261 Abs. 3 Nr. 2 ZPO).

b) Begründetheit der neuen Feststellungsklage

233 Nach h.M. muss das Gericht die Erledigung der Hauptsache feststellen, wenn die Klage bis zu dem geltend gemachten erledigenden Ereignis zulässig und begründet war und durch dieses Ereignis unzulässig oder unbegründet geworden ist.[302] Das Gericht muss also zuerst über die **Zulässigkeit** und **Begründetheit** der ursprünglichen Klage entscheiden. Auch wenn der Arbeitsaufwand hoch ist, kann es nicht etwa aus prozessökonomischen Gründen auf diese Prüfung verzichten. Denn der Beklagte hat ein Anrecht auf eine Hauptsacheentscheidung. Ist die ursprüngliche Klage zulässig und begründet, muss das Gericht als nächsten Schritt prüfen, ob ein **erledigendes Ereignis** nach Rechtshängigkeit eingetreten ist.[303] Beispiele für erledigende Ereignisse sind Erfüllung (§ 362 BGB), Unmöglichkeit (§ 275 BGB) oder Verlust der Parteifähigkeit. Umstritten ist, ob bei der Aufrechnung die Aufrechnungslage oder die Aufrechnungserklärung (§ 388 S. 1 BGB) das erledigende Ereignis ist. Nach Ansicht des BGH ist die Aufrechnungserklärung relevant, da erst sie zum Erlöschen der Forderung führt.[304] Dieser Rechtsgedanke gilt auch für die Erhebung der **Verjährungseinrede**.[305] Die Erhebung der Einrede stellt das erledigende Ereignis dar, auch wenn die Verjährung vor Rechtshängigkeit eingetreten ist. Der Zeitpunkt ist deshalb wichtig, da weitere Voraussetzung für die Begründetheit der neuen Feststellungsklage ist, dass das erledigende Ereignis **nach Rechtshängigkeit**, d.h. nach Zustellung der Klageschrift an den Beklagten, eingetreten ist.[306] Denn andernfalls gibt es noch gar keinen Rechtsstreit, der sich erledigen könnte. Tritt das erledigende Ereignis **vor Rechtshängigkeit** oder sogar schon vor Anhängigkeit ein, kann der Kläger nach h.M. den Weg der Klagerücknahme nehmen (§ 269 Abs. 3 S. 3 ZPO; Rn. 224).

300 Vgl. *BGH* NJW 2017, 3521, 3522; NJW 2004, 442.
301 *Stein/Jonas/Bork* ZPO § 91a Rn. 47; a.A. *Rosenberg/Schwab/Gottwald* Zivilprozessrecht § 131 Rn. 40.
302 *BGH* NJW 2017, 3521, 3522; *Adolphsen* Zivilprozessrecht § 14 Rn. 34.
303 *Schilken* Zivilprozessrecht Rn. 636; *Zöller/Althammer* ZPO § 91a Rn. 41, 44.
304 *BGH* NJW 2003, 3134; *Adolphsen* Zivilprozessrecht § 14 Rn. 49 f.
305 *BGH* NJW 2010, 2422, 2424.
306 Vgl. nur *BGH* NJW 1982, 1598 m.w.N.; *Schilken* Zivilprozessrecht Rn. 636.

c) Entscheidung des Gerichts

Ist die Klageänderung (Umstellung Leistungs- in Feststellungsklage) zulässig (§§ 263, 264 ZPO), darf das Gericht nur noch über den neuen Feststellungsantrag entscheiden. Über die alte Klage wird nicht mehr entschieden, da sie nicht mehr zur Entscheidung gestellt ist (§ 308 ZPO).[307] Ist das Gericht der Meinung, dass die ursprüngliche Klage nicht zulässig war, ist die neue Feststellungsklage als unbegründet abzuweisen. Gleiches gilt, wenn die ursprüngliche Klage unbegründet war. Auch bei Nichtvorliegen eines erledigenden Ereignisses nach Rechtshängigkeit ist die (neue) Feststellungsklage als unbegründet abzuweisen. Glatt läuft es dagegen für den Kläger, wenn die alte Klage zulässig und begründet war und ein erledigendes Ereignis eingetreten ist. Dann ergeht ein der Feststellungsklage statt gebendes **Endurteil** (Tenor: „Es wird festgestellt, dass der Rechtsstreit in der Hauptsache erledigt ist."). Der Beklagte muss als Verlierer die Prozesskosten tragen (§ 91 ZPO).[308] 234

Beispiel Zahlt Mona am 30.11. die Aufnahmegebühr über 29€ und erklärt das Fitnessstudio die Klage einseitig für erledigt, muss das Gericht prüfen, ob die Klage des Fitnessstudios bis zum Eintritt des erledigenden Ereignisses zulässig und begründet war. Da der Anspruch des Fitnessstudios auf Zahlung der Aufnahmegebühr aus dem Vertrag bestand, muss das Gericht dies (die Zulässigkeit der Klage wird unterstellt) bejahen. Nun muss es noch prüfen, ob ein erledigendes Ereignis nach Rechtshängigkeit eingetreten ist. Die Klage wurde Mona am 27.11. zugestellt, so dass ab diesem Zeitpunkt Rechtshängigkeit vorlag. Die Zahlung (= Erfüllung nach § 362 BGB) von Mona erfolgte am 30.11., so dass ein erledigendes Ereignis nach Rechtshängigkeit festzustellen ist. Das Gericht muss zugunsten des Fitnessstudios ein statt gebendes Endurteil erlassen mit der Folge, dass Mona die Prozesskosten tragen muss (§ 91 ZPO). ■

JURIQ-Klausurtipp

Die einseitige Erledigungserklärung findet sich nirgendwo in der ZPO. Sie haben also keinen Paragrafen zum Nachlesen. Daher müssen Sie sich die Aussagen der Rechtsprechung und der Literatur zu diesem Thema gut (auswendig) einprägen.

IV. Klageänderung

1. Interessenlage

Beispiel Mona hat nach der Lektüre des Parkett-Falls des BGH[309] Bedenken, weiterhin an ihrer Klage auf Ersatz der Austauschkosten festzuhalten. Sie erwägt stattdessen, vom Kaufvertrag zurückzutreten und Erstattung des Kaufpreises zu verlangen (§§ 437 Nr. 2, 323, 346 BGB). Alternativ denkt sie darüber nach, zumindest ihren Klageantrag zu ermäßigen und die Kosten der Neuverlegung (400€) aus ihrer Klage herauszunehmen. ■ 235

» Lesen Sie die §§ 263, 264 ZPO! Sie finden darin alle Antworten zur Zulässigkeit einer Änderung der Klage mitten im Prozess! «

Die ZPO verbietet es dem Kläger nicht grundsätzlich, seinen Klageantrag nach Rechtshängigkeit zu ändern. Zum Schutz des Beklagten macht sie die Zulässigkeit der Klageänderung aber von bestimmten Voraussetzungen abhängig (§§ 263, 264 ZPO). Hierdurch soll vermieden werden, dass der Beklagte ständig mit neuen Ansprüchen des Klägers konfrontiert wird und 236

307 *Adolphsen* Zivilprozessrecht § 14 Rn. 29.
308 *BGH* NJW 1992, 2235, 2236; *Grunsky/Jacoby* Zivilprozessrecht Rn. 434.
309 *BGH* NJW 2008, 2837.

sein Verteidigungskonzept wieder und wieder umstellen muss.[310] Die **§§ 263, 264 ZPO** berücksichtigen aber auch die Interessen des Klägers, dem es zugebilligt werden muss, sein Klagebegehren an veränderte Umstände anzupassen und die Kosten eines neuen Prozesses zu sparen. Würde man ihn zwingen, am ursprünglichen Klageantrag festzuhalten, würde das der Prozessökonomie widersprechen und unnötige Justizressourcen verschwenden. Bei der Auslegung der Vorschriften der §§ 263, 264 ZPO ist dieses Spannungsverhältnis zwischen Kläger- und Beklagteninteressen zu berücksichtigen.

2. Vorliegen einer Klageänderung

237 Mit dem Klageantrag legt der Kläger den Streitgegenstand fest (§ 253 ZPO). Die Klageänderung bedeutet demzufolge eine **Änderung des Streitgegenstands**. Nach dem herrschenden zweigliedrigen Streitgegenstandsbegriff liegt eine Klageänderung vor, wenn Klageantrag oder Klagegrund (= zugrunde liegender Lebenssachverhalt) geändert werden.[311] Tauscht Mona ihren Antrag aus (Kaufpreisrückzahlung statt Zahlung der Austauschkosten) oder ermäßigt sie ihren Antrag (2000 € statt ursprünglich 2400 €), liegt in beiden Fällen ein neuer Streitgegenstand vor. In diesen Fällen tritt ein neuer prozessualer Anspruch an die Stelle des alten prozessualen Anspruchs. Ein umstrittenes Themenfeld betrifft die Geltendmachung eines zusätzlichen prozessualen Anspruchs, der neben den alten Anspruch tritt. Die h.M. sieht das nachträgliche Hinzufügen eines weiteren Klageantrags (= objektive Klagehäufung) als einen Fall der Klageänderung an.[312] Klageänderungen sind somit die Klageauswechslung, die Klageerhöhung, die Klageermäßigung sowie die nachträgliche, objektive Klagehäufung. Umstritten ist der Fall des Parteiwechsels (hierzu Rn. 324 ff.). Die Klageänderung erfolgt durch Zustellung eines Schriftsatzes oder in der mündlichen Verhandlung (§ 261 Abs. 2 ZPO).

3. Zulässigkeit der Klageänderung

238 Die Klageänderung muss zulässig sein. Andernfalls darf das Gericht nicht über den geänderten (neuen) Klageantrag entscheiden. Die Zulässigkeit der Klageänderung ist eine besondere Zulässigkeitsvoraussetzung der neuen Klage und daher unter dem Punkt „Zulässigkeit" zu prüfen. Die ZPO kennt drei Fälle einer zulässigen Klageänderung:

310 Vgl. *Adolphsen* Zivilprozessrecht § 13 Rn. 1.
311 *BGH* NJW 1997, 588 m.w.N.; *BAG* NJW 2006, 2716, 2717.
312 *BGH* NJW 2001, 1210, 1211.

a) Ohne weiteres zulässige Klageänderung kraft Gesetzes

Die Fälle der Zulässigkeit einer Klageänderung kraft Gesetzes sind in § 264 ZPO geregelt. Kein Fall der Klageänderung ist § 264 Nr. 1 ZPO, der Ergänzungen oder Berichtigungen der rechtlichen Ausführungen für zulässig erklärt. Diese Bestimmung ist rein deklaratorisch.[313] Demgegenüber enthalten § 264 Nr. 2 und 3 ZPO Fälle der Klageänderung, die aber unabhängig von Einwilligung und Sachdienlichkeit ohne weiteres zulässig sind. Diese Vorschriften sind daher stets vorrangig zu prüfen. 239

aa) Klageermäßigung und Klageerhöhung

Nach **§ 264 Nr. 2 ZPO** liegt eine **zulässige Klageänderung** vor, wenn der ursprüngliche Antrag **erhöht** oder **ermäßigt** wird, ohne dass der zugrunde liegende Lebenssachverhalt ausgetauscht wird. Die Klageermäßigung von Mona (Streichung der Kosten für die Neuverlegung der Fliesen in Höhe von 400 €) ist daher eine ohne weiteres zulässige Klageänderung nach § 264 Nr. 2 ZPO. Der weggefallene Teil des Anspruchs muss allerdings auch noch betrachtet werden. Die Ermäßigung kann als teilweise Erledigterklärung oder teilweise Klagerücknahme oder als teilweiser Verzicht verstanden werden. In der Regel wird der Kläger die für ihn kostengünstigste Variante wählen (Klagerücknahme, wenn er versehentlich zu viel gefordert hat; Erledigterklärung, wenn der Beklagte die Klage teilweise erfüllt hat). Im Fall von Mona kommt lediglich die Klagerücknahme in Betracht. Bei der (teilweisen) Klagerücknahme ist zu beachten, dass sie der Einwilligung des Beklagten bedarf (§ 269 ZPO). Nach h.M. sind § 264 Nr. 2 ZPO und § 269 ZPO bei der Klagereduzierung **kumulativ** anzuwenden.[314] Der Beklagte habe ein Recht auf eine Entscheidung. Für eine Klageermäßigung ist damit die Einwilligung des Beklagten erforderlich. Mona braucht noch die Zustimmung der V-GmbH, die auch konkludent (durch rügelose Einlassung § 267 ZPO) erfolgen kann.[315] Verweigert der Beklagte die Einwilligung, bleibt der Restbetrag weiter rechtshängig; das Gericht muss dann darüber entscheiden (Reihenfolge: Zulässigkeit und Begründetheit des neuen Antrags; Zulässigkeit und Begründetheit des restlichen alten Antrags). Bei Klageermäßigungen vor dem LG sei an die Zuständigkeitsregelung des § 261 Abs. 3 Nr. 2 ZPO (perpetuatio fori) erinnert. 240

Zulässige Klageerweiterungen i.S.d. § 264 Nr. 2 ZPO sind beispielsweise die zusätzliche Geltendmachung von Zinsen, die Geltendmachung von Unterhalt für weitere Monate, der Antrag auf Leistung statt auf Feststellung oder unbedingte Verurteilung statt Zug-um-Zug-Leistung.[316] Bei Klageerweiterungen vor dem Amtsgericht ist noch auf die Zuständigkeitsregelung des § 506 ZPO zu achten. 241

§ 264 Nr. 2 ZPO erfasst grundsätzlich solche Antragsänderungen, die auf demselben Lebenssachverhalt beruhen. Bei Änderungen des Lebenssachverhalts passt § 264 Nr. 2 ZPO nicht. Hier wird verlangt, dass die Klageänderung sachdienlich ist oder der Beklagte einwilligt (§ 263 ZPO). Schwierigkeiten bereitet allerdings die Frage, wie weit sich der Vortrag des Klägers ändern muss, damit ein anderer Lebenssachverhalt (= anderer Streitgegenstand) vorliegt. Stellt Mona ihren Antrag auf Zahlung von Austauschkosten auf Kaufpreisrückerstattung 242

313 *Zöller/Greger* ZPO § 264 Rn. 1; *Adolphsen* Zivilprozessrecht § 13 Rn. 13.

314 H.M., *Stein/Jonas/Roth* ZPO § 264 Rn. 17; *Thomas/Putzo/Reichold* ZPO § 264 Rn. 6; a.A. *Schwab* Zivilprozessrecht § 5 Rn. 194.

315 *Schilken* Zivilprozessrecht Rn. 752.

316 Vgl. *Musielak/Voit/Foerste* ZPO § 264 Rn. 3; *Rosenberg/Schwab/Gottwald* Zivilprozessrecht § 99 Rn. 13.

um, ist dies ein neuer Streitgegenstand. Bei Zweifeln, ob eine Klageänderung (neuer Streitgegenstand) vorliegt, kann das Gericht den neuen Antrag von Mona in jedem Fall aufgrund Sachdienlichkeit zulassen (§ 263 ZPO).

bb) Surrogat

243 Die ohne weiteres zulässige Klageänderung nach § 264 Nr. 3 ZPO erfasst Fälle, in denen statt des ursprünglich geforderten Gegenstands aufgrund einer späteren Veränderung der Umstände ein anderer Gegenstand oder das Interesse gefordert wird.[317] Verleiht beispielsweise Mona ihr Fahrrad an eine Freundin, die dann die Rückgabe verweigert, muss sie die Freundin auf Herausgabe verklagen. Wird das Fahrrad später durch einen Autounfall zerstört, kann Mona nach § 264 Nr. 3 ZPO ihre Herausgabeklage auf eine Schadensersatzklage (ohne weiteres) umstellen.

b) Einwilligung des Beklagten

244 Liegt kein Fall des § 264 ZPO vor, braucht der Kläger für seine Klageänderung die **Einwilligung** des Beklagten **(§ 263 ZPO)**. Die Einwilligung ist eine Prozesshandlung und kann schriftsätzlich oder in der mündlichen Verhandlung erklärt werden. Der Beklagte muss wissen, dass sein Schweigen (Nichtstun) negative Folgen haben kann. Verhandelt er in der mündlichen Verhandlung zur Sache, ohne der Klageänderung zu widersprechen, wird seine Einwilligung zur Klageänderung unwiderleglich vermutet (§ 267 ZPO).

c) Sachdienlichkeit

245 Liegt kein Fall des § 264 ZPO vor und hat der Beklagte auch nicht in die Klageänderung eingewilligt, bleibt als Rettungsanker die gerichtliche Zulassung, die auch in der Berufungsinstanz möglich ist (§ 533 Nr. 1 ZPO). Das Gericht kann die Klageänderung zulassen, wenn es sie für sachdienlich hält (§ 263 ZPO).

Sachdienlichkeit liegt nach der Rechtsprechung des BGH vor, wenn der bisherige Prozessstoff als Entscheidungsgrundlage verwertbar bleibt und durch die Zulassung ein neuer Prozess vermieden wird.[318]

Der Gesichtspunkt der Prozessökonomie ist bei der Zulassungsentscheidung stets zu berücksichtigen. Bei der Bejahung der Sachdienlichkeit sind die Gerichte eher großzügig als kleinlich. Da die Klageänderung ein selbstständiges Angriffsmittel ist, dürfen hierzu vorgebrachte Tatsachen und Beweismittel nicht als verspätet zurückgewiesen werden (kein § 296 ZPO).[319]

4. Entscheidung des Gerichts

246 Ist die Klageänderung zulässig, entscheidet das Gericht nur noch über den neuen Streitgegenstand (§ 308 ZPO). Bei der Klageermäßigung ist bei fehlender Einwilligung des Beklagten

317 Vgl. etwa *BGH* NJW 2001, 2477, 2478.
318 *BGH* NJW 2009, 2886 f.; NJW 2001, 1210, 1211; NJW 2000, 800, 803.
319 *BGH* NJW 2017, 491, 492.

(§ 269 ZPO) auch noch über den alten Restantrag zu entscheiden. Ist die Klageänderung unzulässig, ist die neue Klage (mit dem geänderten Antrag) unzulässig. Das Gericht weist die neue Klage durch Prozessurteil ab.[320] Fraglich ist, was mit der ursprünglichen Klage passiert. Im Rahmen der Aufklärungspflicht (§ 139 Abs. 2 ZPO) muss das Gericht den Kläger zunächst befragen ob er in diesem Fall die ursprüngliche Klage aufrechterhält oder zurücknimmt (§ 269 ZPO) oder verzichtet (§ 306 ZPO) oder nicht verhandelt (§ 333 ZPO). Hält der Kläger die alte Klage aufrecht oder fehlt die Einwilligung zur Klagerücknahme, muss das Gericht dann über die alte Klage entscheiden.[321]

JURIQ-Klausurtipp

Die Klageänderungsvorschriften (§§ 263, 264 ZPO) werden für viele unterschiedliche ZPO-Themen (Parteiänderung, nachträgliche objektive Klagehäufung etc.) gebraucht. Hier können Querverbindungen abgeprüft werden. Daher ist es vorteilhaft, die Grundlagen (Einwilligung oder Sachdienlichkeit) parat zu haben.

G. Übereinstimmendes Prozessverhalten von Kläger und Beklagtem

Ein Prozess kann auch durch gemeinsames Handeln von Kläger und Beklagtem beendet werden. Instrumente sind die übereinstimmende Erledigungserklärung (§ 91a ZPO) und der Prozessvergleich. 247

I. Übereinstimmende Erledigungserklärung

Beispiel Mona hat sich bei einem Fitnessstudio angemeldet. Sie versäumt es, die zum 31.10 fällige Aufnahmegebühr in Höhe von 29 € zu bezahlen. Das Fitnessstudio erhebt Klage. Die Zustellung der Klage erfolgt wenig später. Nun erkennt Mona ihren Fehler und zahlt die Gebühr. Das Fitnessstudio erklärt nun schriftsätzlich die Klage für erledigt und bittet um Kostenentscheidung zu ihren Gunsten. Mona erklärt ebenfalls in einem Schriftsatz ihr Einverständnis mit der Erledigungserklärung unter Verwahrung gegen die Kostenlast. ■ 248

Sind Kläger und Beklagter der Meinung, dass der Rechtsstreit durch den Eintritt eines Ereignisses überflüssig geworden ist (z.B. Erfüllung § 362 BGB), können beide den Rechtsstreit **übereinstimmend** für **erledigt erklären (§ 91a ZPO)**. Der Rechtsstreit wird damit in der Hauptsache (und zwar einvernehmlich) beendet. Das Gericht darf nur noch über die **Kosten** entscheiden. Es entscheidet nach billigem Ermessen (§ 91a ZPO). Regelmäßig wird die Erledigungserklärung zunächst vom Kläger ausgehen, wenn er feststellt, dass seine Klage durch ein erledigendes Ereignis keinen Sinn mehr hat. Würde das Fitnessstudio im obigen *Beispielsfall* weiterklagen, würde es den Rechtsstreit (wegen § 362 BGB) verlieren und müsste die Kosten tragen (§ 91 ZPO). Aber auch Klagerücknahme (§ 269 ZPO) oder Klageverzicht (§ 306 ZPO) sind keine Alternativen, da der Kläger automatisch die Prozesskosten trägt. Nur bei Erle- 249

» Lesen Sie zunächst § 91a ZPO. Sie können dann besser feststellen, bei welchen Unterpunkten eine „Lückenausfüllung" notwendig ist. «

320 *Zeiss/Schreiber* Zivilprozessrecht Rn. 353.
321 *BGH* NJW 1988, 128; *Zöller/Greger* ZPO § 263 Rn. 17.

digung vor Rechtshängigkeit findet sich in § 269 Abs. 3 S. 3 ZPO eine „Speziallösung" für den Kläger. Der Beklagte wiederum wird der Erledigungserklärung des Klägers dann zustimmen (= übereinstimmende Erledigungserklärung), wenn er meint, er sei zu Recht verklagt worden oder wenn er ein Ausprozessieren (im Fall der einseitigen Erledigungserklärung) vermeiden will und auf eine günstige Kostenentscheidung hofft.[322] So ist es im Fall von Mona, die den Rechtsstreit rasch los haben will.

1. Voraussetzungen

250 Die übereinstimmende Erledigungserklärung ist in der ZPO nur **unvollständig** geregelt. In § 91a ZPO findet sich lediglich eine Aussage zur Kostenfolge. Die übereinstimmende Erledigungserklärung ist Bewirkungshandlung.[323] Sie beendet den Prozess unmittelbar, gleichgültig ob ein erledigendes Ereignis tatsächlich vorliegt oder nicht. Grund ist die Dispositionsmaxime. Dem Gericht ist es daher **nicht gestattet**, den Eintritt eines erledigenden Ereignisses zu prüfen. Daher ist es gleichgültig, ob und wann ein erledigendes Ereignis eingetreten ist (vor Anhängigkeit, vor Rechtshängigkeit etc.).[324] Das Gericht prüft lediglich, ob Kläger und Beklagter übereinstimmend in der mündlichen Verhandlung oder schriftsätzlich oder zur Protokoll der Geschäftsstelle (§ 91a Abs. 1 ZPO) die Hauptsache für erledigt erklärt haben. Die Erklärung muss nicht ausdrücklich erfolgen. Eine Erklärung durch **schlüssiges Handeln** bzw. Unterlassen kann genügen.[325] Beispielsweise reicht ein Hinweis des Klägers auf einen zwischenzeitlichen Zahlungseingang, verbunden mit einer Klageermäßigung und die Zustimmung des Beklagten „unter Verwahrung gegen die Kostenlast". Auch ein fehlender Widerspruch des Beklagten kann als Zustimmung gewertet werden. Seit 2004 enthält **§ 91a Abs. 1 S. 2 ZPO** eine ausdrückliche gesetzliche Sonderregelung. Erklärt der Kläger in einem Schriftsatz die Hauptsache für erledigt, gilt das **Schweigen** des Beklagten nach zwei Wochen als Zustimmung, wenn er auf die Folge der widerspruchlosen Entgegennahme des Schriftsatzes hingewiesen wurde. Da die Zweiwochenfrist eine Notfrist ist, kann sie nicht verlängert werden (§ 224 Abs. 1, 2 ZPO). Wiedereinsetzung ist möglich (§ 233 ZPO). Als Prozesshandlung setzt die Erledigungserklärung voraus, dass die allgemeinen Prozessvoraussetzungen vorliegen. Da die Erledigungserklärung auch zu Protokoll der Geschäftsstelle (§ 91a Abs. 1 S. 1 ZPO) erklärt werden kann, ist sie vom Anwaltszwang befreit (§ 78 Abs. 3 Alt. 2 ZPO). Dies gilt nach neuerer Ansicht auch in der mündlichen Verhandlung.[326] Die Parteien können dort also ihre Erledigungserklärungen stets selbst abgeben.

2. Wirkungen

251 Die übereinstimmende Erledigungserklärung beendet den Prozess. Die **Rechtshängigkeit** der Klage **entfällt** rückwirkend.[327] Zwischenzeitlich ergangene Entscheidungen werden wirkungslos (§ 269 Abs. 3 S. 1 ZPO analog). Das Gericht trifft lediglich eine Kostenentscheidung (§ 91a ZPO). Da die Rechtshängigkeit endet und keine Sachentscheidung ergeht, ist umstritten, ob der Kläger **erneut klagen** kann. Die h.M. bejaht die Möglichkeit einer erneuten Klage mit dem Hinweis auf die fehlende Schutzwürdigkeit des Beklagten. Denn entweder sei tatsäch-

322 Vgl. *Schilken* Zivilprozessrecht Rn. 627.

323 *Zöller/Althammer* ZPO § 91a Rn. 9.

324 Allg. Ansicht, vgl. nur *BGH* NJW 1982, 1598; *Adolphsen* Zivilprozessrecht § 16 Rn. 9.

325 Beispiele bei *Zeiss/Schreiber* Zivilprozessrecht Rn. 497; *Musielak/Voit/Flockenhaus* ZPO § 91a Rn. 13.

326 So *Zöller/Althammer* ZPO § 91a Rn. 10; *Musielak/Voit/Flockenhaus* ZPO § 91a Rn. 12.

327 *BGH* NJW-RR 2006, 929, 930; *Pohlmann* Zivilprozessrecht Rn. 557.

lich ein erledigendes Ereignis eingetreten, das eine neue Klage unbegründet mache, oder der Beklagte hätte von vornherein seine Zustimmung verweigern müssen.[328] Nach der Gegenmeinung fehlt dem Kläger für eine neue Klage das Rechtsschutzbedürfnis.[329]

3. Kostenentscheidung nach § 91a ZPO

Aufgrund der übereinstimmenden Erklärung muss das Gericht nun von Amts wegen durch Beschluss über die Kosten entscheiden (§ 91a Abs. 1 S. 1 ZPO). Die Entscheidung erfolgt nach **billigem Ermessen** unter Berücksichtigung des bisherigen Sach- und Streitstands. Das Gericht prüft summarisch, wer den Prozess gewonnen hätte. Der voraussichtliche Verlierer trägt dann die Kosten. Nach h.M. unterbleibt eine Beweisaufnahme.[330] Das Gericht soll nicht zu komplizierten und zeitaufwändigen Ermittlungen nur zur Klärung der Kostenfrage gezwungen werden.[331] Relevant ist nur das bisherige Prozessergebnis. Ist der Prozessausgang auch nach der summarischen Prüfung ungewiss, werden die Kosten zumeist entsprechend § 92 ZPO gegeneinander aufgehoben. Gegen den Kostenbeschluss ist das Rechtsmittel der sofortigen Beschwerde (§§ 91a Abs. 2, 567 ZPO) gegeben. **252**

II. Prozessvergleich

1. Vorteile

Ein Zivilprozess kennt nur Gewinner oder Verlierer. Durchläuft man das zivilgerichtliche Verfahren (wie ein Auto die Waschanlage), steht mit Erlass des Urteils fest, welche der Rollen die Parteien am Ende einnehmen werden. Dieses „Alles-oder-Nichts-Prinzip" eignet sich vor allem für Personen mit starken Nerven, dicken Geldbeuteln und einem gesunden Rechtsbewusstsein. In manchen Fällen ist der Gerechtigkeit besser gedient, wenn die Parteien einen Kompromiss in der streitigen Rechtssache finden und den Streit einvernehmlich beilegen. Mit der Einführung der obligatorischen Güteverhandlung (§ 278 Abs. 2 ZPO) hat sogar der Gesetzgeber die hohe Bedeutung einer gütlichen Streitbeilegung betont. Auch die Pflicht des Gerichts, in jeder Lage des Verfahrens auf einen Vergleich hinzuwirken (§ 278 Abs. 1 ZPO), spiegelt die Idee wider, dass gemeinsam gefundenes Recht manchmal besser ist als erkämpftes Recht. Ein Instrument der gütlichen Streitbeilegung ist der **Prozessvergleich**. Hier können die Parteien Regelungen vereinbaren, die den Streitgegenstand betreffen oder sogar darüber hinausgehen. Die Dispositionsfreiheit kennt nahezu keine Grenzen. Auch Dritte können einbezogen werden. Der Vergleich kann Zeit, Aufwand und weitere Kosten (z.B. Beweisaufnahme) sparen, wobei zu bedenken ist, dass für den Anwalt eine zusätzliche Einigungsgebühr anfällt (Nr. 1000 VV-RVG).[332] Aus Sicht des Gerichts ist ein Prozessvergleich schon deshalb vorteilhaft, weil er den Prozess sofort beendet und damit das Verfassen eines Urteils (über mehrere Seiten) überflüssig macht. Das Gericht sollte aus Gründen der Arbeitsersparnis allerdings keinen „Vergleichsdruck aufbauen".[333] Denn Zwangsvergleiche schaffen keine zufriedenen Parteien.[334] **253**

328 *BGH* NJW 1991, 2280, 2281.

329 So *Schilken* Zivilprozessrecht Rn. 630.

330 Zum Meinungsstreit *Pohlmann* Zivilprozessrecht Rn. 560.

331 *BGH* GRUR 2005, 41; *Adolphsen* Zivilprozessrecht § 16 Rn. 14.

332 Vgl. *Rosenberg/Schwab/Gottwald* Zivilprozessrecht § 130 Rn. 21.

333 Negativbeispiel ist die Drohung eines Richters „Ich reiß Ihnen sonst den Kopf ab" (*BAG* NZA 2010, 1250).

334 Vgl. *Adolphsen* Zivilprozessrecht § 16 Rn. 19.

Ausgangsfall Im Streit um die Austauschkosten in Höhe von 2400 € schlägt der Richter nach eingehender Erörterung der Sach- und Rechtslage Mona und der V-GmbH vor, sich zu vergleichen. Nach längerer Diskussion mit ihrer Anwältin lehnt Mona das Vergleichsangebot der V-GmbH, sich mit 200 € an den Kosten zu beteiligen, ab. Mona überlegt nun, was aus ihrer Klage geworden wäre, wenn sie dem Vergleich zugestimmt hätte. ■

2. Rechtsnatur

» Für dieses Thema sind solide Kenntnisse aus dem materiellen Recht hilfreich. Nutzen Sie die Gelegenheit und vertiefen Sie Ihre Kenntnisse zu § 779 BGB (Vergleich). «

254 Trotz seiner hohen Bedeutung findet sich in der ZPO keine eigenständige Regelung zum Prozessvergleich. In einigen Vorschriften (z.B. §§ 794 Abs. 1 Nr. 1, 796a, 160 Abs. 3, 278 Abs. 6 ZPO) wird auf den Prozessvergleich Bezug genommen. Der Prozessvergleich ist nach § 794 Abs. 1 Nr. 1 ZPO ein Vollstreckungstitel, aus dem die Zwangsvollstreckung erfolgen kann. Er entfaltet also Wirkungen im Prozessrecht. Auch im materiellen Recht findet sich zum Vergleich eine Regelung. In § 779 BGB ist der Vergleich als Vertrag definiert, durch den ein Streit im Wege gegenseitigen Nachgebens beseitigt wird. Dies trifft auch auf den Prozessvergleich zu. Nach h.M. hat der Prozessvergleich eine **Doppelnatur**.[335] Er ist Prozesshandlung, weil er den Rechtsstreit beendet, und privatrechtliches Rechtsgeschäft, weil er materiell-rechtlich die Ansprüche der Parteien regelt. Ein Prozessvergleich ist wegen seiner Doppelnatur nur wirksam, wenn sowohl die materiell-rechtlichen Voraussetzungen für einen Vergleich als auch die prozessualen Anforderungen erfüllt sind.[336]

3. Voraussetzungen

a) Prozessuale Voraussetzungen

» Lesen Sie die zitierten Vorschriften aufmerksam durch, auch wenn Sie hier ein wenig hin und her blättern müssen! «

255 Zunächst müssen die besonderen „Vergleichsvoraussetzungen" erfüllt sein. Der Prozessvergleich muss zwischen den **Parteien** (Kläger und Beklagtem), vor einem deutschen Gericht (§ 794 Abs. 1 Nr. 1 ZPO) und während eines **rechtshängigen Rechtsstreits** (z.B. auch Prozesskostenhilfeverfahren) geschlossen werden. Zumeist geschieht dies in der mündlichen Verhandlung. In diesem Fall muss der Vergleich vom Gericht ordnungsgemäß **protokolliert** werden (§ 160 Abs. 3 Nr. 1 ZPO). Die Förmlichkeiten (Vorlesen des Vergleichs, Genehmigung durch die Parteien, Unterschrift des Richters) müssen zwingend beachtet werden (§§ 162, 163 ZPO).[337] Andernfalls ist der Vergleich unwirksam. Ein Vorteil der gerichtlichen Protokollierung ist, dass sie jede materiell-rechtlich vorgeschriebene Form ersetzt **(§ 127a BGB)**, so dass man sich auch über Grundstücke vergleichen kann. Eine **weitere Variante** ist in **§ 278 Abs. 6 ZPO** geregelt, wonach die Parteien einen schriftlich formulierten Vergleichsvorschlag bei Gericht einreichen können (den das Gericht dann übernimmt) oder einen schriftlichen Vorschlag des Gerichts (durch Schriftsatz) annehmen können. Vollstreckungstitel ist dann der feststellende Beschluss des Gerichts (§ 278 Abs. 6 S. 2 ZPO). Mangels gesetzlicher Regelung ist umstritten, ob der schriftliche Vergleichsschluss nach § 278 Abs. 6 ZPO die notarielle Beurkundung ersetzt. Der BGH bejaht dies und wendet § 127a BGB analog an.[338]

256 Da der Vergleich Prozesshandlung ist, müssen außerdem die **allgemeinen Prozesshandlungsvoraussetzungen** vorliegen (z.B. Parteifähigkeit, Prozessfähigkeit, Postulationsfähigkeit

335 *BGH* NJW 2016, 716, 717; NJW 2015, 2965 f.
336 *BGH* NJW 2015, 2965, 2966 m.w.N.
337 *Musielak/Voit/Stadler* ZPO § 160 Rn. 5, § 162 Rn. 5; *Zöller/Schultzky* ZPO § 160 Rn. 5.
338 *BGH* NJW 2017, 1946, 1947.

§ 78 ZPO etc).[339] Als Prozesshandlung ist der Vergleich eigentlich **bedingungsfeindlich**. Aus Gründen der Prozessökonomie ist aber allgemein anerkannt, dass er unter Bedingungen geschlossen werden kann (§ 158 BGB). In der Praxis wird häufig ein **Widerrufsvorbehalt** vereinbart, etwa weil noch eine Rückfrage bei der Haftpflichtversicherung nötig ist oder im Termin nur der Anwalt anwesend war, der noch mit seinem Mandanten Rücksprache halten muss. Beim Widerrufsvorbehalt steht der Vergleich unter der aufschiebenden Bedingung, dass kein Widerruf erfolgt. Die Parteien dürfen somit innerhalb einer bestimmten Frist überlegen, ob sie am Vergleich festhalten. Der Widerruf eines Prozessvergleichs kann sowohl gegenüber dem Vertragspartner (§ 130 BGB) als auch gegenüber dem Gericht erklärt werden.[340] Die Empfangszuständigkeit des Gerichts wird damit begründet, dass die Neuregelung des § 278 Abs. 6 ZPO schriftliche Vorschläge des Gerichts erlaube, so dass auch das Gericht zum typischen Adressatenkreis einer Widerrufserklärung gehöre. Die Parteien können aber auch im Vergleich direkt bestimmen, wem gegenüber der Widerruf zu erklären ist.

b) Materiell-rechtliche Voraussetzungen

Als materiell-rechtlicher Vertrag (§ 779 BGB) unterliegt der Prozessvergleich den Wirksamkeitsvoraussetzungen des BGB. Beispielsweise darf der Vergleich nicht gegen die guten Sitten verstoßen (§ 138 BGB). Er muss von geschäftsfähigen Personen erklärt werden (§§ 104 ff. BGB). Besonderheiten bestehen bezüglich der **Formerfordernisse**. Soweit das materielle Recht die notarielle Beurkundung verlangt, wird diese durch die Aufnahme des Vergleichs im Protokoll ersetzt (**§ 127a BGB** mit § 160 Abs. 3 Nr. 1 ZPO). Außerdem müssen die Parteien verfügungsbefugt sein (die Verfügungsbefugnis fehlt z.B. in bestimmten Ehe- und Unterhaltssachen). Weitere Voraussetzung ist nach § 779 BGB ein gegenseitiges Nachgeben der Parteien, wobei ein minimales Nachgeben genügt (z.B. Ratenzahlung, Übernahme eines Teils der Prozesskosten).[341] **257**

4. Wirkungen und Inhalt

Der Prozessvergleich hat sowohl prozessrechtliche als auch materiell-rechtliche Wirkungen. **258**

Die wichtigste prozessuale Folge ist, dass der Rechtsstreit **beendet** ist. Die Rechtshängigkeit entfällt ex nunc. Dies ist zwar nicht gesetzlich geregelt, ergibt sich aber aus dem Zweck des Prozessvergleichs.[342] Gerichtliche Entscheidungen, die vor dem Vergleich ergangen sind, werden wirkungslos (analog § 269 Abs. 3 S. 1 ZPO). Der Prozessvergleich ist **Vollstreckungstitel (§ 794 Abs. 1 Nr. 1 ZPO)**, soweit er einen vollstreckbaren Inhalt hat. Der Prozessvergleich entfaltet keine Rechtskraftwirkung, da er keine gerichtliche Entscheidung ist. Einer erneuten Klage über den in den Prozessvergleich einbezogenen prozessualen Anspruch fehlt aber das Rechtsschutzbedürfnis.[343] Ist im Vergleich keine Aussage zu den Kosten des Rechtsstreits getroffen, gelten sie als gegeneinander aufgehoben (§ 98 ZPO).

Der Prozessvergleich gestaltet zugleich die materielle Rechtslage um. Die Rechtsverhältnisse der Parteien richten sich nun nach dem Inhalt des Prozessvergleichs (§ 779 BGB). Der Rück-

339 Vgl. *Zeiss/Schreiber* Zivilprozessrecht Rn. 518; *Musielak/Voit/Lackmann* ZPO § 794 Rn. 8.
340 *BGH* NJW 2005, 3576, 3578.
341 *Adolphsen* Zivilprozessrecht § 16 Rn. 45.
342 *BAG* NJW 2012, 3390, 3391; *Rosenberg/Schwab/Gottwald* Zivilprozessrecht § 130 Rn. 24.
343 *Schilken* Zivilprozessrecht Rn. 653.

griff auf frühere Ansprüche, Einwendungen und Einreden ist ausgeschlossen, soweit sie durch den Vergleich erledigt sind (Auslegungsfrage). In der Praxis werden häufig „Erledigungsklauseln" aufgenommen, wie etwa „damit sind alle wechselseitigen Ansprüche der Parteien abgegolten und erledigt."[344]

5. Unwirksamkeit und Fortsetzung des Prozesses

259 Wegen seiner Doppelnatur kann der Prozessvergleich aus prozessrechtlichen oder aus materiell-rechtlichen Gründen **unwirksam** sein. Der (alte) Rechtsstreit ist an sich nicht beendet. Der Ursprungsprozess wird allerdings nur dann **fortgesetzt**, wenn eine Partei die Wirksamkeit des Prozessvergleichs angreift. Stellen dagegen die Parteien die Prozessbeendigung durch den (unwirksamen) Vergleich nicht (rechtzeitig) in Frage, kann eine **neue Klage** mit demselben Streitgegenstand erhoben werden.[345] Der Streit über die Unwirksamkeit ist dann im neuen Prozess zu klären.

260 Die Unwirksamkeit des Vergleichs kann sich aus materiell-rechtlichen Gründen ergeben. Liegen Nichtigkeitsgründe vor, ist der Vergleich von Anfang an unwirksam. Das ist der Fall, wenn der Vergleich wegen arglistiger Täuschung angefochten wird (§§ 123, 142 Abs. 1 BGB) oder sittenwidrig ist (§ 138 BGB). Der Prozess wurde an sich zu keiner Zeit wirksam beendet. Einem neuen Prozess steht der Einwand anderweitiger Rechtshängigkeit (§ 261 Abs. 3 Nr. 1 ZPO) entgegen, wenn eine Partei sich auf die fehlende Prozessbeendigung wegen Unwirksamkeit beruft. Der Ursprungsprozess muss dann fortgesetzt werden.[346] Der Streit über die Unwirksamkeit ist dann im alten Prozess zu klären.

261 Anders ist die Situation, wenn ein zunächst wirksamer Vergleich durch Rücktritt (§ 323 BGB), Störung der Geschäftsgrundlage (§ 313 BGB) oder Aufhebungsvertrag ex nunc beseitigt wird. Nach der Rechtsprechung ist der Ursprungsprozess durch den wirksamen Vergleich beendet. Die Rechtshängigkeit ist entfallen. Die Unwirksamkeitsgründe (Rücktritt, Aufhebung) sind im Streitfall in einem neuen Verfahren zu klären.[347] Die Gegenansicht in der Literatur befürwortet aus prozessökonomischen Gründen eine Überprüfung im alten Prozess.[348]

Hinweis

Der Prozessvergleich ist ein anspruchsvolles Thema, da er zwingend Kenntnisse des Prozessrechts und des materiellen Rechts voraussetzt. Er ist in der Praxis äußerst relevant.

» Sind Ihnen Anerkenntnis, Klagerücknahme sowie übereinstimmende Erledigungserklärung noch im Gedächtnis? Wiederholen Sie ggf. diese relevanten Themen. «

6. Außergerichtlicher Vergleich, Anwaltsvergleich

262 Selbstverständlich können sich die Parteien auch außerhalb des Verfahrens vergleichen (= **außergerichtlicher Vergleich**). Hierdurch wird der Prozess **nicht beendet**. Der Vergleich kann aber „indirekt" in das Verfahren eingebracht werden. Der Beklagte kann aufgrund des Vergleichs anerkennen (§ 307 ZPO) oder die Parteien können übereinstimmend den Rechts-

344 *Grunsky/Jacoby* Zivilprozessrecht Rn. 453.
345 *BGH* NJW 2014, 394, 395.
346 *BGH* NJW 2011, 2141, 2142; NJW 1999, 2903; *Zöller/Geimer* ZPO § 794 Rn. 15a.
347 *BGH* NJW 1966, 1658, 1659; *BAG* NJW 2014, 3741, 3743.
348 *Adolphsen* Zivilprozessrecht § 16 Rn. 63; *Schilken* Zivilprozessrecht Rn. 656.

streit für erledigt erklären (§ 91a ZPO). Der Kläger wiederum kann die Klage zurücknehmen (§ 269 ZPO); hierzu kann er sich ausdrücklich im Vergleich verpflichten. Nimmt er dann entgegen seinem Versprechen die Klage nicht zurück, ist die Klage auf prozessuale Einrede des Beklagten als unzulässig abzuweisen.[349]

Eine besondere Variante des außergerichtlichen Vergleichs ist der **Anwaltsvergleich** (§§ 796a, 263
796b, 796c ZPO), der ebenfalls ein rein materiell-rechtlicher Vergleich (§ 779 BGB) ist. Die Besonderheit ist, dass aus einem Anwaltsvergleich vollstreckt werden kann, wenn der Vergleich von einem Notar oder einem Gericht für vollstreckbar erklärt worden ist. Das ist ein relativ umständlicher Weg.[350] Da beim ersten Anwaltsbesuch die Lust am Prozessieren – sowohl bei den Anwälten als auch bei den Parteien – erfahrungsgemäß noch vorhanden ist, spielt der Anwaltsvergleich in der Praxis kaum eine Rolle.

Online-Wissens-Check

Kann gegen einen Dritten isoliert Widerklage erhoben werden?

Überprüfen Sie jetzt online Ihr Wissen zu den in diesem Abschnitt erarbeiteten Themen. Unter **www.juracademy.de/skripte/login** steht Ihnen ein Online-Wissens-Check speziell zu diesem Skript zur Verfügung, den Sie kostenlos nutzen können. Den Zugangscode hierzu finden Sie auf der Codeseite.

H. Das Versäumnisverfahren

Im Zivilprozess gilt die Dispositionsmaxime, die den Parteien das Verfügungsrecht über den 264
Prozess garantiert. Sie können über Beginn, Umfang und Ende des Verfahrens bestimmen. Allerdings gilt das nicht schrankenlos. Im Zivilprozess wird ein Mindestmaß an Mitwirkung der Parteien verlangt. Beschränkt sich eine Partei auf völlig passives Verhalten, würde dies den Prozess zum Stillstand bringen und das Recht der Gegenseite auf Justizgewährung „ausbremsen". Um diese Situation zu vermeiden, sieht die ZPO die Möglichkeit eines sog. Versäumnisverfahrens vor (§§ 330 ff. ZPO). Erscheint eine Partei nicht im Prozess oder erscheint sie zwar, aber verhandelt nicht zur Sache, oder äußert sich nicht einmal im schriftlichen Vorverfahren, kann ein **Versäumnisurteil** gegen sie ergehen. Das Versäumnisurteil kann Kläger oder Beklagten betreffen.

Nicht immer hat die säumige Partei ihre Säumnis verschuldet (z.B. Säumnis aufgrund eines 265
Bahnstreiks). Dann muss der Partei eine Möglichkeit gegeben werden, das Versäumnisurteil wieder aus der Welt zu schaffen. Dies geschieht durch den Einspruch (§ 338 ZPO). Unangenehm wird es, wenn die säumige Partei auch im Einspruchstermin säumig ist. Zu all diesen Fragestellungen findet die ZPO eine Antwort.

» Lesen Sie die §§ 330 bis 345 ZPO zunächst einmal gründlich durch. Dann können Sie die nachfolgenden Ausführungen ganz leicht zuordnen. «

349 Vgl. *Schilken* Zivilprozessrecht Rn. 509.

350 Zutr. *Rosenberg/Schwab/Gottwald* Zivilprozessrecht § 130 Rn. 72.

I. Begriff der Säumnis

1. Mündliche Verhandlung

266 Eine Partei ist im Termin zur mündlichen Verhandlung **säumig**, wenn sie nach dem Aufruf zur Sache **nicht erscheint** (§ 330 ZPO) oder zwar erscheint, aber **nicht verhandelt** (§ 333 ZPO). Besteht in einem Rechtsstreit Anwaltszwang (§ 78 ZPO), hilft es nicht, wenn die Partei erscheint, nicht aber ihr Anwalt. Denn nur der **Rechtsanwalt** ist postulationsfähig und kann Anträge (= Prozesshandlungen) stellen.[351] Die Säumnis in der mündlichen Verhandlung kann beide Parteien betreffen. Ist der Kläger säumig, ergeht Versäumnisurteil gegen den Kläger (§ 330 ZPO), es sei denn, ein notwendiger Streitgenosse (hierzu Rn. 308) erscheint und verhandelt.[352] Ist der Beklagte säumig, ergeht Versäumnisurteil gegen den Beklagten (§ 331 ZPO).

Beispiel Mona hatte einen Verkehrsunfall. Sie verklagt den Autofahrer (Täter) auf Schadensersatz vor dem LG. Die mündliche Verhandlung ist am 4.4.2017 (11 Uhr 30, Sitzungssaal 3) anberaumt worden. Mona verabredet sich mit ihrer Anwältin vor dem Sitzungssaal. Um 11 Uhr 30 ist die Anwältin immer noch nicht da. Mona geht in den Sitzungssaal und teilt dem Richter die Situation mit. Der Richter wartet eine Viertelstunde. Selbst ein Anruf in der Kanzlei (Mona telefoniert schnell mit dem Handy) bleibt erfolglos. Es ist auch kein anderer Rechtsanwalt auf dem Flur, den Mona fragen könnte, ob er schnell die Anträge für sie stellt. Nach 25 Minuten Warten ergeht gegen die Klägerin Mona ein Versäumnisurteil (§ 330 ZPO). ■

2. Schriftliches Vorverfahren

267 Dieser Säumnisfall betrifft nur den Beklagten. Mit Zustellung der Klage erhält der Beklagte, sofern ein **schriftliches Vorverfahren** angeordnet ist (§ 276 ZPO), die Aufforderung, seine Verteidigungsbereitschaft innerhalb von zwei Wochen gegenüber dem Gericht zu erklären (§ 276 Abs. 1 S. 1 ZPO). Diese **Notfrist** für die **Verteidigungsanzeige** ist relativ knapp bemessen. Allerdings reicht der Satz: „Der Beklagte beabsichtigt, sich gegen die Klage zu verteidigen." Möglich ist nun, dass der Beklagte es versäumt, seine Verteidigungsbereitschaft rechtzeitig anzuzeigen. Damit ist der Beklagte im schriftlichen Vorverfahren säumig. Es ergeht schon im schriftlichen Vorverfahren Versäumnisurteil gegen den Beklagten (§ 331 Abs. 3 ZPO), vorausgesetzt er wurde zur Verteidigung aufgefordert (§ 276 Abs. 1 S. 1 ZPO) und über die Folgen der Fristversäumung belehrt (§ 276 Abs. 2 ZPO).

Hinweis

Im Anwaltsprozess (§ 78 Abs. 1 ZPO) kann die Verteidigungsanzeige nur durch einen Rechtsanwalt erklärt werden.

351 *Grunsky/Jacoby* Zivilprozessrecht Rn. 482.

352 Zu den Drittbeteiligten *Pohlmann* Zivilprozessrecht Rn. 570.

II. Versäumnisurteil gegen den Beklagten

Ein Versäumnisurteil gegen den Beklagten (§ 331 Abs. 1, 2 ZPO) ist statistisch gesehen weitaus häufiger als ein Versäumnisurteil gegen den Kläger.[353] Denn wer klagt, ist aktiv geworden und „sehnt sich nach dem Prozesserfolg." Dagegen kann es auf Seiten des Beklagten rationale Gründe geben, einfach passiv zu bleiben, etwa weil ihn ein Prozess belastet, weil er sowieso kein Geld mehr hat oder weil er einfach aus Schlamperei Fristen oder Termine versäumt. Versäumnisurteile gegen den Beklagten sind nur unter bestimmten Voraussetzungen möglich. 268

Versäumnisurteil gegen den Beklagten

PRÜFUNGSSCHEMA

I. Antrag des Klägers auf Erlass eines Versäumnisurteils

II. Säumnis des Beklagten
1. im Termin zur mündlichen Verhandlung oder
2. im schriftlichen Vorverfahren

III. Kein Hindernis nach § 335 ZPO

IV. Kein Hindernis nach § 337 ZPO

V. Zulässigkeit der Klage

VI. Schlüssigkeit der Klage

1. Antrag des Klägers

Ist der Beklagte säumig, muss der Kläger erstens den Sachantrag aus der Klage stellen und zweitens Erlass des Versäumnisurteils nach § 331 Abs. 1 S. 1 ZPO beantragen. Nach einer Meinung in der Literatur ist stets ein expliziter Antrag auf Erlass eines Versäumnisurteils erforderlich. Nach der h.M. genügt es, wenn lediglich der **Sachantrag** („Der Beklagte wird verurteilt…") gestellt wird.[354] Dieser sei so auszulegen, dass der Kläger sein Ziel (= Verurteilung des Beklagten) auf jedem verfahrensrechtlich zulässigen Weg zu erreichen versucht. Will man in der Praxis den sichersten Weg gehen, ist ein eigener Prozessantrag empfehlenswert. Der Antrag auf Erlass des Versäumnisurteils kann bereits (vorsorglich) in der Klageschrift gestellt werden (§ 331 Abs. 3 S. 2 ZPO), wie das Mona bereits getan hat (Rn. 78). 269

2. Säumnis des Beklagten

Der Beklagte ist in der mündlichen Verhandlung säumig, wenn er bzw. im Anwaltsprozess (§ 78 ZPO) der Anwalt nicht erscheint oder nicht verhandelt. Der Termin muss ordnungs- 270

353 *Grunsky/Jacoby* Zivilprozessrecht Rn. 480.
354 Vgl. *Musielak/Voit/Stadler* ZPO § 331 Rn. 6.

gemäß angeordnet worden sein (hierzu sogleich). Es muss sich um einen **Verhandlungstermin** handeln; im **Gütetermin** (§ 278 Abs. 2 ZPO) selbst kann ein Versäumnisurteil **nicht** ergehen, in der sich anschließenden mündlichen Verhandlung allerdings dann schon (näher Rn. 160). Im schriftlichen Vorverfahren ist der Beklagte säumig, wenn er seine Verteidigungsbereitschaft nicht anzeigt (hierzu Rn. 267).

3. Kein Hindernis nach § 335 ZPO

271 In § 335 ZPO sind verschiedene Tatbestände aufgezählt, bei deren Vorliegen der Erlass eines Versäumnisurteils unzulässig ist. Wichtig ist § 335 Abs. 1 Nr. 2 ZPO. Danach kann ein Versäumnisurteil nur ergehen, wenn der Beklagte **ordnungsgemäß**,[355] d.h. rechtzeitig und formgerecht, zum Termin geladen worden ist (§§ 217, 274 Abs. 2, 3 ZPO). Einer Ladung des Beklagten bedarf es nicht, wenn der Termin nach § 218 ZPO verkündet wurde. § 335 Abs. 1 Nr. 3 ZPO dient ebenfalls dem Schutz des Beklagten für den Fall, dass der Klägervortrag nicht rechtzeitig mitgeteilt wurde. Hierdurch soll verhindert werden, dass der Kläger in letzter Sekunde durch neuen Tatsachenvortrag die Klage erst schlüssig macht. Ein Versäumnisurteil darf ebenfalls nicht ergehen, wenn der Beklagte im schriftlichen Vorverfahren nicht ordnungsgemäß über die Säumnisfolgen belehrt wurde (§ 335 Abs. 1 Nr. 4 i.V.m. § 276 Abs. 2 ZPO).

4. Kein Hindernis nach § 337 ZPO

272 Das Gericht darf nach § 337 ZPO kein Versäumnisurteil erlassen, sondern muss vertagen, wenn eine richterliche Ladungsfrist zu kurz bemessen war oder der Beklagte ohne sein Verschulden am (tatsächlichen) Erscheinen oder am Verhandeln (§ 333 ZPO)[356] verhindert war. Unverschuldet ist das Fernbleiben nur, wenn der Verhinderungsgrund offenkundig ist oder dem Gericht vorher glaubhaft mitgeteilt wurde. Beispiele: Krankheit des Beklagten oder seines Anwalts, Flugverspätung, andere Unglücksfälle.

5. Zulässigkeit der Klage

273 Das Versäumnisurteil ist ein **Sachurteil**. Es entfaltet Rechtskraft und bietet sogar Vorteile in der Vollstreckung. Daher müssen die **Prozessvoraussetzungen** (= Sachurteilsvoraussetzungen) vorliegen (Parteifähigkeit, Prozessfähigkeit, Postulationsfähigkeit, örtlich und sachlich zuständiges Gericht etc.). Fehlt eine Zulässigkeitsvoraussetzung, wird die Klage durch **Prozessurteil** als unzulässig abgewiesen.[357] Die Entscheidung ist kein Versäumnisurteil. Da das Urteil aber zufällig anlässlich der Säumnis ergeht, wird es als **„unechtes Versäumnisurteil"** bezeichnet. Als Prozessurteil ist es mit der Berufung anfechtbar.

6. Schlüssigkeit der Klage

274 Ein Versäumnisurteil darf nur ergehen, wenn die Klage schlüssig ist. Eine Klage ist schlüssig, wenn der Kläger alle Tatsachen vorträgt, die – unterstellt sie wären richtig – seinen Anspruch materiell-rechtlich begründen würden. Die Säumnis des Beklagten bewirkt, dass alle behaupteten Tatsachen des Klägers als zugestanden gelten (§§ 331 Abs. 1 S. 1, 288 ZPO). Das Gericht

355 Vgl. *BGH* NJW 2015, 3661, 3662.

356 *BGH* NJW 2016, 3248.

357 *Rosenberg/Schwab/Gottwald* Zivilprozessrecht § 105 Rn. 16.

gibt dann dem Antrag des Klägers statt und erlässt ein Versäumnisurteil (§ 331 Abs. 2 ZPO). Hiergegen kann der Beklagte Einspruch (§ 338 ZPO) einlegen. Ist die Klage **nicht schlüssig**, weil der Kläger nicht alle anspruchsbegründenden Tatsachen vorträgt oder Tatsachen behauptet, die eine Einrede oder Einwendung begründen, wird die Klage durch kontradiktorisches **Sachurteil** als unbegründet abgewiesen.[358] Dieses Urteil ist kein Versäumnisurteil. Es wird aber, da es im Rahmen der Säumnis ergeht, wiederum als **unechtes Versäumnisurteil** bezeichnet. Es ist mit der Berufung anfechtbar.

Beispiel Mona hat gegen die V-GmbH Klage auf Zahlung der Austauschkosten wegen der mangelhaften Fliesen erhoben. Würde Mona vortragen, dass sie die Fliesen im Jahr 2017 direkt beim Hersteller in Italien gekauft hat, wäre ihre Klage gegen die V-GmbH überhaupt nicht schlüssig. Da Mona einen Anspruch aus § 437 Nr. 1 BGB geltend macht, muss sie Tatsachen behaupten, die den Abschluss eines Kaufvertrags mit der V-GmbH (§ 433 BGB) begründen. Wenn im anberaumten Termin vor dem AG Köln weder der Geschäftsführer als gesetzlicher Vertreter der V-GmbH noch ein von ihm beauftragter Rechtsanwalt erscheinen, kann kein Versäumnisurteil gegen die V-GmbH ergehen. ■

Das Versäumnisurteil im schriftlichen Verfahren (Beklagte hat keine Verteidigungsanzeige 275 abgegeben) weist eine Besonderheit auf. Zunächst prüft auch hier das Gericht neben den anderen Voraussetzungen die Zulässigkeit und Schlüssigkeit der Klage. Kommt das Gericht zu dem Ergebnis, dass die Klage unzulässig oder unschlüssig ist, muss es dem Kläger eine zweite Chance geben. Das Gericht darf kein Urteil (unechtes Versäumnisurteil) gegen den Kläger erlassen. Stattdessen muss es eine mündliche Verhandlung anberaumen, in der dem Kläger Gelegenheit gegeben wird, seinen Vortrag zu ergänzen (Umkehrschluss aus § 331 Abs. 3 S. 3 ZPO).[359]

III. Versäumnisurteil gegen den Kläger

1. Voraussetzungen

Ist der **Kläger** säumig, kann gegen ihn ein Versäumnisurteil erlassen werden (§ 330 ZPO). Ein 276 wesentlicher Unterschied zum Versäumnisurteil gegen den Beklagten besteht darin, dass die **Schlüssigkeit** der Klage überhaupt **keine Rolle** spielt (daher entfällt Punkt 6). Eine materiellrechtliche Prüfung findet nicht statt, die Klage wird allein wegen der Säumnis des Klägers abgewiesen. Das Versäumnisurteil ist ein Sachurteil und kann in Rechtskraft erwachsen. Ansonsten gelten dieselben Prüfungspunkte wie beim Beklagten: Es ist ein Antrag erforderlich, der Kläger muss im Termin säumig sein, Hindernisse nach §§ 335, 337 ZPO dürfen nicht bestehen und die Klage muss zulässig sein. Ist die Klage nicht zulässig, ergeht Prozessurteil.[360] Sind die Punkte 1 bis 5 hingegen erfüllt, ergeht Versäumnisurteil (§ 330 ZPO). Ein Versäumnisurteil wird rechtskräftig, wenn nicht innerhalb der Frist des § 339 Abs. 1 ZPO Einspruch eingelegt wird.

358 *Rosenberg/Schwab/Gottwald* Zivilprozessrecht § 105 Rn. 38.

359 *Pohlmann* Zivilprozessrecht Rn. 580.

360 *Grunsky/Jacoby* Zivilprozessrecht Rn. 499.

2. Umfang der Rechtskraft

277 Hat der Kläger ein Versäumnisurteil (= Klageabweisung) kassiert und wird das Urteil rechtskräftig, ist strittig, ob der Kläger nun erneut Klage erheben kann und behaupten kann, es hätten sich neue Tatsachen ergeben. Bei normalen Urteilen besteht Einigkeit, dass eine neue Klage nur zulässig ist, wenn sie auf das Entstehen neuer Tatsachen nach der mündlichen Verhandlung gestützt wird. Das Problem beim Säumnisverfahren ist gerade, dass überhaupt keine Tatsachen geprüft wurden, so dass es eine Unterscheidung zwischen alten und neuen Tatsachen gar nicht gibt. Am strengsten ist die Ansicht des **BGH**. Nach seiner Meinung macht die Rechtskraft eines klageabweisenden Versäumnisurteils die **erneute Geltendmachung** des Klageanspruchs in jedem Fall **unzulässig**.[361] Der Kläger hat für immer verloren. Nach Meinung der Literatur darf die Rechtskraft von Versäumnisurteilen nicht weiter als die Rechtskraft von normalen Urteilen gehen, so dass später eingetretene Tatsachen (z.B. der Anspruch wird erst fällig), in einem neuen Verfahren berücksichtigt werden können.[362]

IV. Einspruch gegen das (erste) Versäumnisurteil

278 Der Partei muss Gelegenheit gegeben werden, die Folgen ihres „einmaligen Ausrutschers" wieder zu beseitigen. Der richtige Rechtsbehelf gegen ein (erstes) Versäumnisurteil ist der **Einspruch (§ 338 ZPO)**. Das Gericht muss darüber – auch im Anwaltsprozess – belehren (Rechtsbehelfsbelehrung = § 232 S. 1, 2 ZPO). Ist der Einspruch zulässig, wird der Prozess in den „Ursprungszustand" zurückversetzt, also in die Lage vor Eintritt der Säumnis. Über den Einspruch entscheidet dasselbe Gericht, das das Versäumnisurteil erlassen hat (kein Devolutiveffekt = kein „Höherschleudern" zum nächst höheren Gericht). Der Einspruch hemmt den Eintritt der Rechtskraft des Versäumnisurteils (= Suspensiveffekt).[363]

1. Voraussetzungen

279 Der Einspruch muss statthaft sein, d.h. es muss ein (echtes) Versäumnisurteil erlassen worden sein (§ 338 ZPO). Unechte Versäumnisurteile können nur mit der Berufung angegriffen werden. Der Einspruch wird durch Einreichung einer Einspruchsschrift beim Ausgangsgericht eingereicht (§ 340 Abs. 1 ZPO). Der Einspruch ist innerhalb einer **Notfrist** von **zwei Wochen** einzulegen (§ 339 Abs. 1 ZPO). Das ist kurz; bei Auslandszustellung ist die Frist ein Monat (§ 339 Abs. 2 ZPO). Die Frist beginnt mit der Zustellung des Versäumnisurteils zu laufen (auch wenn darin eine Belehrung über den Einspruch nicht enthalten war).[364] Der notwendige Inhalt der Einspruchsschrift ergibt sich aus §§ 340 Abs. 1, 2 ZPO (Bezeichnung des Urteils, Einspruchserklärung). Zudem sind die Angriffs- und Verteidigungsmittel zu benennen (§ 340 Abs. 3 ZPO). Entschuldigungsgründe für die Säumnis müssen nicht vorgebracht werden.[365] Es ist daher egal, ob die Säumnis unverschuldet oder verschuldet war. Dies erlaubt strategisches Handeln (Flucht in die Säumnis), so dass sich der säumige „Drückeberger" einen netten Zeitgewinn verschaffen kann.

361 *BGH* NJW 2003, 1044 f.
362 *Musielak/Voit/Musielak* ZPO § 322 Rn. 54 ff.
363 *Pohlmann* Zivilprozessrecht Rn. 587.
364 *BGH* NJW 2011, 523, 524.
365 *Grunsky/Jacoby* Zivilprozessrecht Rn. 504.

2. Entscheidung des Gerichts

Ist der Einspruch unzulässig, wird der Einspruch durch kontradiktorisches Endurteil als unzulässig verworfen (§ 341 Abs. 1 S. 2 ZPO). Das Versäumnisurteil bleibt also als Endurteil bestehen. Ist der **Einspruch zulässig**, wird der Prozess in die Lage vor der Säumnis **zurückversetzt** (§ 342 ZPO). Das Gericht bestimmt nach Eingang des Einspruchs (nicht vorher)[366] einen Termin zur mündlichen Verhandlung, den sog. Einspruchstermin (§ 341a ZPO). Hier prüft dann das Gericht ganz normal Zulässigkeit und Begründetheit der Klage. Kommt das Gericht zur Überzeugung, dass das Versäumnisurteil in seinem Tenor stimmt (z.B. „Die Klage wird abgewiesen"), wird das Versäumnisurteil aufrechterhalten (§ 343 S. 1 ZPO). Kommt das Gericht zum Schluss, dass der Tenor des Versäumnisurteils nicht mit dem Tenor des neu zu erlassenden Urteils übereinstimmt, ist das Versäumnisurteil aufzuheben und neu zu entscheiden (§ 343 S. 2 ZPO). 280

V. Zweites Versäumnisurteil

Zu einem zweiten Versäumnisurteil kommt es, wenn der Einspruchsführer gegen das erste Versäumnisurteil auch im anschließenden Einspruchstermin säumig ist. Das zweite Versäumnisurteil knüpft also an eine **Doppelsäumnis** („Kettensäumnis") an. Eine gerichtliche Prüfung, ob das erste Versäumnisurteil korrekt ergangen war, wird von der h.M. abgelehnt.[367] Das zweite Versäumnisurteil ergehe allein aufgrund der zweiten Säumnis. Gegen das zweite Versäumnisurteil ist ein erneuter Einspruch nicht zulässig (§ 345 ZPO). Möglich ist die (zulassungsfreie) Berufung/Revision, aber nur mit dem Argument, dass keine schuldhafte Säumnis vorgelegen habe (§ 514 Abs. 2 ZPO).[368] 281

JURIQ-Klausurtipp

Das Versäumnisverfahren eignet sich besonders gut, prozessuale Begriffe im Kontext abzufragen (wie Säumnis, Anwaltsprozess, Termin zur mündlichen Verhandlung, erstes und zweites Versäumnisurteil).

I. Besondere Prozesssituationen

Der klassische Zivilprozess findet zwischen zwei Parteien statt, die über einen bestimmten Anspruch (Streitgegenstand) streiten. In besonderen Fällen kann es wirtschaftlich sinnvoll sein, gleich mehrere prozessuale Ansprüche (mehrere Streitgegenstände) in den Prozess einzuführen (= objektive Klagehäufung). Zudem gibt es Situationen, wo auf Kläger- oder Beklagtenseite mehrere Personen stehen (= subjektive Klagehäufung) oder Dritte in den Prozess hineingezogen werden müssen (Nebenintervention, Hauptintervention, Streitverkündung). Schließlich kann es passieren, dass die Parteien während des Rechtsstreits wechseln oder neue dazu kommen (= Parteiänderung). Diese Konstellationen werden im Folgenden dargestellt. 282

366 *BGH* NJW 2011, 928 (andernfalls kein 2. Versäumnisurteil möglich).

367 *BGH* NJW 2016, 642, 643 m.w.N. zum Streitstand; *Musielak/Voit/Stadler* ZPO § 345 Rn. 4.

368 Beispiele: *BGH* NJW 2016, 642; NJW 2015, 3661.

I. Objektive Klagehäufung

1. Ausgangssituation

283 **Beispiele** Thomas hat sein Motorrad seinem Freund Udo verliehen. Als Udo die Rückgabe zum vereinbarten Termin verweigert, verlangt Thomas Herausgabe (§ 604 BGB) **und** Schadensersatz wegen zahlreicher Kratzer in der Lackierung (§ 823 BGB). Mona verklagt die V-GmbH auf Nacherfüllung in Form der Ersatzlieferung von 30 Bodenfliesen **und** auf Zahlung der Austauschkosten in Höhe von 2400 €. ■

284 Für den Kläger kann es sinnvoll sein, **mehrere** prozessuale Ansprüche (= **Streitgegenstände**) in einer Klage geltend zu machen. Dies wird als objektive Klagehäufung bezeichnet **(§ 260 ZPO)**. Nach dem herrschenden zweigliedrigen Streitgegenstandsbegriff liegt eine objektive Klagehäufung vor, wenn der Kläger mehrere Klageanträge stellt (Antragsmehrheit) oder einen Klageantrag auf mehrere Lebenssachverhalte (Lebenssachverhaltsmehrheit) stützt.[369] Keine Klagehäufung liegt vor, wenn für das Begehren des Klägers mehrere materiell-rechtliche Anspruchsgrundlagen in Betracht kommen (z.B. § 985 BGB oder § 812 BGB). Will Mona Ersatz der Austauschkosten aus § 437 Nr. 1 BGB (Nacherfüllung) oder alternativ aus §§ 437 Nr. 3, 280 BGB (Schadensersatz), ist das keine Klagehäufung.

2. Voraussetzungen

a) Allgemeine Voraussetzungen

285 Die objektive Klagehäufung setzt nach § 260 ZPO zunächst **Parteiidentität** voraus, d.h. für sämtliche Ansprüche müssen Kläger und Beklagter identisch sein. Das Prozessgericht muss für alle Ansprüche **örtlich** und **sachlich zuständig** sein.[370] Zur Bestimmung der sachlichen Zuständigkeit ist zu berücksichtigen, dass die Streitwerte ggf. nach § 5 ZPO zusammenzurechnen sind (umstritten bei eventueller Klagehäufung).[371] Damit kann die Zuständigkeit des LG begründet werden. Für jeden Klageantrag müssen die allgemeinen Prozessvoraussetzungen vorliegen. Zudem muss dieselbe Prozessart gegeben sein (keine Verbindung von Wechselprozess mit normalem Prozess).[372] Außerdem darf kein Verbindungsverbot bestehen (z.B. §§ 126 Abs. 2, 179 Abs. 2 FamFG).

b) Zeitpunkt

» Kennen Sie noch die Voraussetzungen der Klageänderung? Wenn nicht, sollten Sie diese Thematik an dieser Stelle wiederholen (Rn. 235 ff.)! «

286 Die Klagehäufung kann bereits – wie im obigen *Beispiel* – zu Beginn des Prozesses vorliegen (= anfängliche Klagehäufung). Sie kann aber auch erst während des Prozesses eintreten (= **nachträgliche Klagehäufung**). Macht der Kläger erst im Lauf des Prozesses einen weiteren prozessualen Anspruch geltend, liegt nach h.M. zusätzlich ein Fall der **Klageänderung** (§ 263 ZPO) vor.[373] Die nachträgliche Klagehäufung ist daher nur zuzulassen, wenn sie sachdienlich ist oder die Einwilligung des Beklagten vorliegt (§ 263 ZPO). Diese Zusatzhürde besteht zum Schutz des Beklagten, der nicht immer mit neuen Anträgen im Prozess konfrontiert werden soll.

369 Vgl. *Pohlmann* Zivilprozessrecht Rn. 731.
370 *Zöller/Greger* ZPO § 260 Rn. 1a.
371 Hierzu *Thomas/Putzo/Hüßtege* ZPO § 5 Rn. 6.
372 *Musielak/Voit/Foerste* ZPO § 260 Rn. 6c.
373 *BGH* NJW 2015, 1608, 1609; NJW 2014, 3314, 3315.

3. Erscheinungsformen der objektiven Klagehäufung

Zu unterscheiden sind die kumulative, die eventuelle sowie die alternative Klagehäufung. Bei der **kumulativen** Klagehäufung werden mehrere prozessuale Ansprüche nebeneinander geltend gemacht. Der Kläger beantragt beispielsweise Herausgabe und Schadensersatz oder Ersatzlieferung und Zahlung der Austauschkosten. 287

Die **eventuelle** Klagehäufung besteht aus einem Hauptantrag und einem oder mehreren Hilfsanträgen. Bei der echten Eventualklagehäufung soll das Gericht zunächst primär über den Hauptanspruch entscheiden. Nur falls dieser unzulässig oder unbegründet ist (= Eintritt der innerprozessualen Bedingung), soll über den Hilfsanspruch entschieden werden. Der Kläger beantragt beispielsweise beim Kauf einer mangelhaften Sache primär Nacherfüllung (Mängelbeseitigung) und hilfsweise Minderung für den Fall, dass die Nacherfüllung unzumutbar (§ 475 Abs. 4 BGB) ist. Das ist als innerprozessuale Bedingung zulässig. Das Rechtsschutzbedürfnis ist für derartige Eventualklagen zu bejahen, wenn Haupt- und Hilfsantrag rechtlich oder wirtschaftlich zusammenhängen.[374] Mit Erfolg des Hauptantrags entfällt rückwirkend die Rechtshängigkeit des Hilfsantrags (§ 269 Abs. 3 ZPO analog). Unechte Hilfsanträge werden für den Fall gestellt, dass der Kläger mit dem Hauptantrag durchdringt. Auch das ist nach h.M. zulässig.[375] 288

Bei der **alternativen** Klagehäufung begehrt der Kläger, dass ihm entweder der eine Anspruch oder der andere Anspruch vom Gericht zugesprochen wird. Das ist nach überwiegender Ansicht mangels Bestimmtheit des Antrags (§ 253 Abs. 2 Nr. 2 ZPO) unzulässig.[376] Eine Ausnahme besteht bei der Wahlschuld (§ 262 BGB). 289

4. Folgen

Die Folge der zulässigen kumulativen Klagehäufung (§ 260 ZPO) ist die gemeinsame Verhandlung, Beweisaufnahme und Entscheidung.[377] Über einzelne Streitgegenstände kann das Gericht ein Teilurteil (§ 301 ZPO) erlassen. Das Gericht kann aber auch auf die Verbindung der Klageanträge verzichten, die Verfahren nach § 145 ZPO trennen (Ausnahme Eventualklagen) und gesondert entscheiden.[378] Ist die objektive Klagehäufung unzulässig, schadet das nicht weiter. Die Vorschrift des § 260 ZPO ist keine Zulässigkeitsvoraussetzung für die einzelnen Klagen. Vielmehr werden die Verfahren einfach **getrennt** (§ 145 ZPO). Fehlt für einen Klageantrag die Zuständigkeit, ist bei Vorliegen eines Verweisungsantrags an das zuständige Gericht zu verweisen (§ 281 ZPO).[379] 290

Ausgangsfall Anfängliche Klagehäufung

> Mona macht gegen die V-GmbH Lieferung von 30 neuen Fliesen und Ersatz der Austauschkosten geltend. Das stellt eine anfängliche objektive Klagehäufung dar (Antragsmehrheit). Diese ist zulässig (§ 260 ZPO). Es besteht Parteiidentität (Mona, V-GmbH), dieselbe Prozessart (normales Erkenntnisverfahren), das AG Köln ist für beide Anträge zuständig (auch bei Zusammenrechnung der Streitgegenstände nach § 5 ZPO wird die

374 *Schilken* Zivilprozessrecht Rn. 731; *Stein/Jonas/Roth* ZPO § 260 Rn. 16.
375 Vgl. *BGH* NJW 2001, 1285, 1286; *Rosenberg/Schwab/Gottwald* Zivilprozessrecht § 97 Rn. 19 ff.
376 *Pohlmann* Zivilprozessrecht Rn. 735; *Musielak/Voit/Foerste* ZPO § 260 Rn. 7.
377 *Adolphsen* Zivilprozessrecht § 8 Rn. 92.
378 *Zeiss/Schreiber* Zivilprozessrecht Rn. 378; *Rosenberg/Gaul/Schilken* Zivilprozessrecht § 97 Rn. 34 ff.
379 Näher *Rosenberg/Schwab/Gottwald* Zivilprozessrecht § 97 Rn. 29 ff.

Wertgrenze von 5000,01 € für die landgerichtliche Zuständigkeit nicht erreicht). Die allgemeinen Prozessvoraussetzungen liegen für beide Anträge vor. Damit kann das AG Köln über beide Anträge gemeinsam verhandeln und entscheiden. ■

Beispiel Nachträgliche Klagehäufung

Verlangt Thomas von Udo zunächst nur Herausgabe des Motorrads und erst während des Prozesses zusätzlich Schadensersatz wegen der Dellen, liegt ein Fall der nachträglichen kumulativen Klagehäufung vor. Die Rechtsprechung wendet bei nachträglicher Klagehäufung die Regeln der Klageänderung (§ 263 ZPO) an. Das Gericht hat nun eine Vielzahl von Punkten abzuprüfen. Zunächst ist zu prüfen, ob der erste Klageantrag (Herausgabe des Motorrads) zulässig und begründet ist. Sodann ist der zweite (neue) Klageantrag zu prüfen. Im Rahmen der Zulässigkeit ist zu prüfen, ob der Klageantrag ordnungsgemäß erhoben wurde (§ 261 Abs. 2 ZPO), das Gericht hierfür örtlich und sachlich zuständig ist, Parteiidentität besteht und dieselbe Prozessart vorliegt (§ 260 ZPO). Fehlt eine Voraussetzung, sind die Verfahren zu trennen (§ 145 ZPO). Liegen die Voraussetzungen vor, ist zu prüfen, ob eine zulässige Klageänderung vorliegt (§ 263 ZPO). Voraussetzung ist entweder die Einwilligung des Beklagten (auch durch rügeloses Einlassen § 267 ZPO) oder die Bejahung der Sachdienlichkeit durch das Gericht. Die Geltendmachung von Schadensersatzansprüchen wegen der Dellen ist sachdienlich, da bei Zulassung ein neuer Prozess vermieden wird. Die weiteren Zulässigkeitsvoraussetzungen müssen vorliegen (Parteifähigkeit etc.). Sodann ist noch über die Begründetheit des zweiten Klageantrags (Schadensersatz) zu entscheiden (§ 308 ZPO). ■

II. Subjektive Klagehäufung (Streitgenossenschaft)

1. Grundlagen und Entstehung

291 Eine Streitgenossenschaft (= subjektive Klagehäufung) nach §§ 59 ff. ZPO liegt vor, wenn auf Kläger- oder Beklagtenseite mindestens noch eine weitere Person steht. Befinden sich auf der Klägerseite mehrere Personen, spricht man von **aktiver Streitgenossenschaft**. Stehen auf der Beklagtenseite mehrere Personen, spricht man von **passiver Streitgenossenschaft**. Die ZPO unterscheidet zwischen einfachen (§§ 59, 60 ZPO) und notwendigen Streitgenossen (§ 62 ZPO). Je nach Eingruppierung ergeben sich wesentliche Unterschiede in den Rechtsfolgen.

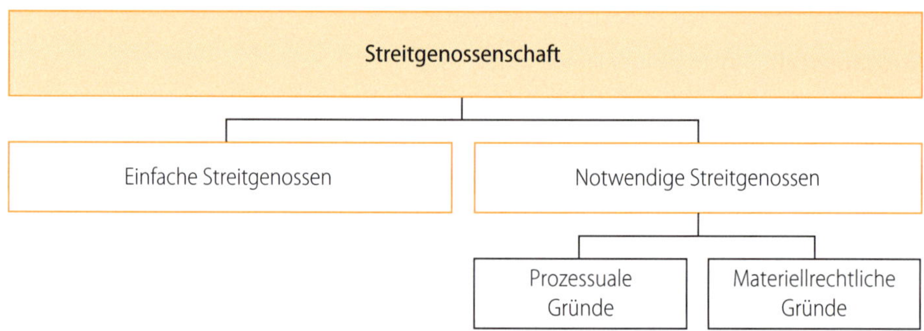

Das Institut der Streitgenossenschaft stellt keinen Verstoß gegen das Zwei-Parteien-Prinzip dar. Denn unabhängig von der Anzahl der Personen auf Kläger- und Beklagtenseite bleibt es bei **verschiedenen Prozessrechtsverhältnissen**.[380] Die (getrennten) Prozesse werden lediglich aus prozessökonomischen Gründen und zur Vermeidung widersprüchlicher Entscheidungen zu einer einheitlichen Verhandlung und Entscheidung verbunden. 292

Beispiel Thomas wurde als Motorradfahrer von einem Autofahrer angefahren und verletzt. Thomas möchte den Unfallverursacher (= Fahrer = Halter = Versicherungsnehmer) sowie dessen Haftpflichtversicherung gemeinsam verklagen. Dies erscheint aus Gründen der Prozesswirtschaftlichkeit vernünftig. Denn es ist zweckmäßig, eine einheitliche Beweisaufnahme durchzuführen, um den gesamten Streitstoff „in einem Aufwasch" zu erledigen. ■

Die Streitgenossenschaft kann durch unterschiedliche Situationen entstehen. So können von vornherein mehrere Kläger gemeinsam klagen oder die Klage kann sich von vornherein gegen mehrere Beklagte richten (= anfängliche Streitgenossenschaft). Eine Streitgenossenschaft kann aber auch durch späteren Parteibeitritt auf Kläger- oder Beklagtenseite entstehen (= nachträgliche Streitgenossenschaft). Auch die Verbindung mehrerer anhängiger Prozesse (§ 147 ZPO) fällt darunter. 293

2. Einfache Streitgenossenschaft

Die **einfache Streitgenossenschaft** ist in **§§ 59, 60 ZPO** geregelt. Ihr liegt die Idee zugrunde, dass eine einheitliche Verhandlung prozessökonomisch wünschenswert ist. Die einfachen Streitgenossen sind Parteien, die ihre Prozesse unabhängig voneinander führen. Jeder agiert auf seine Weise und ist für seinen Prozess selbst verantwortlich (§ 61 ZPO). Es liegen verschiedene Prozessrechtsverhältnisse vor. 294

» Lesen Sie die zitierten Vorschriften. Viele Informationen stehen bereits im Wortlaut. «

a) Voraussetzungen

Nicht jede Klage eignet sich dazu, mit einer anderen Klage zusammen verhandelt zu werden. Die einfache Streitgenossenschaft ist daher nur zulässig, wenn ein sachlicher Grund für eine gemeinsame Verhandlung vorliegt. Drei Fälle werden in §§ 59, 60 ZPO unterschieden. 295

Die einfache Streitgenossenschaft ist zum einen zulässig, wenn die Voraussetzungen des § 59 Alt. 1 ZPO vorliegen. Hinsichtlich des Streitgegenstands muss eine Rechtsgemeinschaft bestehen. Eine Rechtsgemeinschaft besteht beispielsweise zwischen dem Bürgen und dem Hauptschuldner (§§ 765, 767 BGB), im Fall der **Gesamtschuldnerschaft** (§ 421 BGB) oder der Gesamtgläubigerschaft (§ 428 BGB) sowie bei der Erbengemeinschaft (§ 2032 BGB). 296

Ein Fall des § 59 Alt. 2 ZPO ist gegeben, wenn mehrere Parteien aus demselben tatsächlichen und rechtlichen Grund berechtigt oder verpflichtet sind. Ein Beispiel bildet die Gläubiger- oder Schuldnerstellung aus einem einheitlichen Vertrag.[381] 297

Die einfache Streitgenossenschaft ist außerdem zulässig, wenn die Voraussetzungen der Generalklausel des § 60 ZPO vorliegen. Die Ansprüche und Verpflichtungen müssen gleichartig sein und auf einem im Wesentlichen gleichartigen tatsächlichen und rechtlichen Grund beruhen. Beispiele sind die Ansprüche mehrerer Geschädigter aus einem Verkehrsunfall oder 298

380 *Adolphsen* Zivilprozessrecht § 7 Rn. 51.
381 Vgl. *Rosenberg/Schwab/Gottwald* Zivilprozessrecht § 48 Rn. 6.

Ansprüche gegen mehrere Verantwortliche für Mängel an einem Bauwerk. Die Vorschrift des § 60 ZPO ist im Interesse der Prozesswirtschaftlichkeit weit auszulegen.[382] **„Gleichartigkeit"** ist stets zu bejahen, wenn eine gemeinsame Verhandlung und Entscheidung zweckmäßig ist und keine Unübersichtlichkeit im Hinblick auf die Klagehäufung droht. Die drei Fallgruppen lassen sich nicht scharf voneinander trennen. Eine Streitgenossenschaft ist jedenfalls zulässig, wenn eine gemeinsame Verhandlung und Entscheidung zweckmäßig ist.[383]

Beispiel Thomas kann Fahrer und Haftpflichtversicherer gemeinsam verklagen. Zwischen Versicherungsnehmer (Fahrer = Halter = Versicherungsnehmer) und Haftpflichtversicherer besteht Gesamtschuldnerschaft (§ 115 Abs. 1 S. 4 VVG). Damit liegt ein Fall des § 59 Alt. 1 ZPO sowie ein Fall des § 60 ZPO vor. Das Ergebnis einer gemeinsamen Beweisaufnahme kann für beide Prozesse verwendet werden. ■

b) Folgen bei Nichtvorliegen

299 Die Voraussetzungen der §§ 59, 60 ZPO sind keine Zulässigkeitsvoraussetzungen der Klagen. Liegen sie nicht vor, dürfen die Klagen nicht als unzulässig abgewiesen werden. Bei der einfachen Streitgenossenschaft geht es allein um die Zweckmäßigkeit einer gemeinsamen Verhandlung. Die Verbindung kann jederzeit gelöst werden. Die Verfahren werden dann in Einzelprozesse getrennt (§ 145 ZPO).[384]

c) Wirkungen

300 Bei der einfachen Streitgenossenschaft bestehen mehrere Prozessrechtsverhältnisse, die **rechtlich selbstständig** bleiben (§ 61 ZPO) und nur äußerlich verbunden sind. Daraus ergeben sich ganz einfache Konsequenzen. Für jedes Prozessrechtsverhältnis ist gesondert zu prüfen, ob alle Prozessvoraussetzungen vorliegen. So ist ein erforderliches Schlichtungsverfahren für jeden Streitgenossen durchzuführen.[385] Ist das Gericht für die eine Klage unzuständig, ist diese als unzulässig abzuweisen bzw. auf Antrag an das zuständige Gericht zu verweisen (§ 281 ZPO). Da jede subjektive Klagehäufung zugleich eine objektive Klagehäufung ist, müssen zudem die Voraussetzungen des § 260 ZPO (dasselbe Prozessgericht, dieselbe Prozessart) vorliegen. Prozesshandlungen eines Streitgenossen (z.B. Geständnis, Anerkenntnis, Vergleich, Einlegung eines Rechtsmittels) wirken nur für oder gegen diesen.[386] Die **Entscheidungen** können **unterschiedlich** ausfallen. So kann gegen den einen Beklagten Versäumnisurteil ergehen, der andere kann seinen Prozess durch Endurteil gewinnen. Fristen laufen für jeden Streitgenossen gesondert. Unschlagbar ist die Streitgenossenschaft lediglich im **Beweisrecht**, worin ja meist der Grund für die Verbindung der selbstständigen Prozesse liegt. Behauptungen und Beweisantritte werden ausnahmsweise grundsätzlich allen Streitgenossen zugerechnet. Deshalb können Streitgenossen nicht wechselseitig als Zeugen vernommen werden, wenn die Tatsachen in beiden Prozessen erheblich sind.

Beispiel Im Prozess von Thomas gegen den Fahrer ergeht Versäumnisurteil; er wird zur Zahlung von Schadensersatz und Schmerzensgeld verurteilt. Der Haftpflichtversicherer bestreitet den Geschehensablauf und erhebt außerdem die Einrede der Verjährung.

382 Vgl. *Grunsky/Jacoby* Zivilprozessrecht Rn. 345.
383 *Rosenberg/Gaul/Schilken* Zivilprozessrecht § 48 Rn. 7.
384 *Pohlmann* Zivilprozessrecht Rn. 742.
385 *BGH* BeckRS 2010, 20020.
386 *BGH* NJW-RR 2003, 1344; *Rosenberg/Schwab/Gottwald* Zivilprozessrecht § 48 Rn. 16 ff.

Gegenüber dem Haftpflichtversicherer wird die Klage abgewiesen (zur Rechtskrafterstreckung bei hintereinander geschalteten Prozessen siehe § 124 Abs. 1 VVG).[387] ■

3. Notwendige Streitgenossenschaft

a) Unterschied zur einfachen Streitgenossenschaft

Die **notwendige Streitgenossenschaft (§ 62 ZPO)** baut zunächst auf den allgemeinen Regeln der einfachen Streitgenossenschaft auf. Auch hier bleibt das Zwei-Parteien-Prinzip gewahrt. Der Grundsatz der Selbstständigkeit der Prozesse gilt aber stark eingeschränkt. Gegenüber den notwendigen Streitgenossen muss grundsätzlich eine **einheitliche Entscheidung** ergehen. Diese Notwendigkeit kann prozessrechtliche oder materiell-rechtliche Gründe haben. Im Einzelnen ist vieles strittig. Hier geht es um „tiefes Prozessrecht".[388] 301

Beispiel Mona ist Inhaberin einer Aktie einer deutschen Großbank. In der Hauptversammlung wird mit äußerst knapper Mehrheit ein Beschluss über ein Vorstandsvergütungssystem (§ 120 Abs. 4 AktG) gefasst. Mona und sieben weitere Aktionäre erheben Anfechtungsklage gegen diesen Beschluss. Beklagte ist die AG (§ 246 Abs. 2 AktG). Ausschließlich (örtlich und sachlich) zuständig ist das LG am Sitz der AG (§ 246 Abs. 3 AktG). Sind die Kläger notwendige Streitgenossen? Sind sie Streitgenossen aus prozessrechtlichen oder materiell-rechtlichen Gründen? ■

b) Prozessrechtliche Gründe

Eine einheitliche Entscheidung kann aus prozessrechtlichen Gründen erforderlich sein. Dabei geht es um Fälle der **Rechtskrafterstreckung**. Würde man mehrere Prozesse hintereinander schalten, und müsste der zweite oder dritte Prozess wegen der Rechtskrafterstreckung des ersten Prozesses abgewiesen werden, entsteht im Fall paralleler Klagen eine notwendige Streitgenossenschaft.[389] Hauptbeispiele sind **Gestaltungsklagen**. Das Urteil entfaltet aufgrund besonderer gesetzlicher Vorschriften Gestaltungswirkung für andere Verfahren. Dies gilt etwa für Anfechtungsklagen von Aktionären gegen einen in der Hauptversammlung gefassten Beschluss (§ 243 AktG). Denn das Urteil entfaltet Rechtskraft für und gegen alle Aktionäre (§ 248 AktG).[390] Das leuchtet ein. Ein Beschluss kann nicht dem einen Aktionär gegenüber wirksam sein, gegenüber einem anderen Aktionär aber nicht. Notwendige Streitgenossen sind auch verschiedene Wohnungseigentümer, die Beschlussanfechtungsklage erheben (§ 48 Abs. 3 WEG).[391] 302

Beispiel Erheben mehrere Aktionäre – wie im obigen *Beispiel* – Anfechtungsklage, sind sie notwendige Streitgenossen aus prozessrechtlichen Gründen. Denn das Gesetz ordnet die Rechtskrafterstreckung (= Gestaltungswirkung) für und gegen alle Aktionäre an (§ 248 AktG). Weitere Beispiele sind die Rechtskrafterstreckung bei Vor- und Nacherbschaft (§ 326 ZPO), bei Testamentsvollstreckung (§ 327 ZPO) sowie die Rechtskrafterstreckung bei mehreren Pfändungsgläubigern (§ 856 Abs. 2, 4 ZPO). ■

---

387 § 124 VVG ist nach h.M. kein Fall der notwendigen Streitgenossenschaft: *Zeiss/Schreiber* Zivilprozessrecht Rn. 748.

388 Lehrreich *BGH* NJW 2009, 2132 zur Wohnungseigentümergemeinschaft.

389 *Rosenberg/Schwab/Gottwald* Zivilprozessrecht § 49 Rn. 4.

390 *BGH* NJW 1999, 1638; *Adolphsen* Zivilprozessrecht § 7 Rn. 73 f.

391 *BGH* NJW 2016, 716, 717; NJW 2009, 2132, 2133 f.

303 Für die notwendige Streitgenossenschaft ist es unerheblich, ob die Rechtskrafterstreckung sowohl bei Verurteilung als auch bei Klageabweisung oder nur in einem der Fälle eintritt. Bei diesen Fallgruppen gibt es keine Pflicht zur gemeinsamen Klage. Klagt nur ein Aktionär gegen den Beschluss, darf er das. Die anderen Aktionäre müssen nicht mitmachen. Klagen jedoch mehrere Aktionäre, müssen sämtliche Klagen zu einer einheitlichen Entscheidung zusammengefasst werden.

c) Materiell-rechtliche Gründe

304 Aus dem materiellen Recht ergibt sich die Notwendigkeit einer einheitlichen Entscheidung, wenn ein Anspruch nur von mehreren oder gegen mehrere Personen verfolgt werden kann. Dementsprechend unterscheidet man Aktiv- und Passivprozesse. Notwendige Streitgenossenschaft liegt zum einen vor, wenn die Klage wegen fehlender Prozessführungsbefugnis des einzelnen Mitberechtigten als unzulässig abgewiesen werden müsste. Bei Passivprozessen würde der Klage gegen einen einzelnen Mitberechtigten die Sachlegitimation fehlen.

aa) Aktivprozesse

305 Bei der notwendigen Streitgenossenschaft aus prozessualen Gründen ist es dem einzelnen Streitgenossen nicht verboten, selbstständig Klage zu erheben (z.B. ein Aktionär klagt gegen einen Hauptversammlungsbeschluss). Bei der Streitgenossenschaft aus materiell-rechtlichen Gründen muss hingegen eine **gemeinschaftliche Prozessführung** erfolgen (Verbot der Einzelklage). Steht das geltend gemachte Recht nur der Gesamthandgemeinschaft zu, müssen alle klagen (= Aktivprozesse der gesamten Hand). Vor 2001 war dies vor allem für die GbR relevant. Die ältere Rechtsprechung erkannte der GbR keine Rechtsfähigkeit zu. Vielmehr standen den Gesellschaftern zur gesamten Hand die Forderungen gegen Dritte zu. Daher mussten alle Gesellschafter zusammen die Forderung einklagen. Seit der Rechtsprechungsänderung im Jahr 2001 ist alles viel einfacher. Die GbR ist rechtsfähig und kann daher selbst (als Gesellschaft) Partei eines Prozesses sein und die Gesellschaftsforderung einklagen.

Folgende Fälle sind heute noch relevant: Die Klage mehrerer Testamentsvollstrecker (§ 2224 Abs. 1 S. 1 BGB) oder die Klage der gemeinsam verwaltenden Ehegatten bei der Gütergemeinschaft (§§ 1450, 1472 Abs. 1 BGB).

> **Hinweis**
>
> Ausnahmsweise kann dem einzelnen Mitberechtigten die (gesetzliche) Prozessführungsbefugnis zustehen (z.B. §§ 1011, 1422, 2039 BGB). Dann darf er allein klagen (= Zulässigkeit der Einzelklage).

bb) Passivprozesse

306 Bei Passivprozessen von Mitberechtigten besteht eine notwendige Streitgenossenschaft aus materiell-rechtlichen Gründen, wenn der geltend gemachte Anspruch nur von allen Beklagten gemeinsam erbracht werden kann. Das ist bei der **Gesamthandschuld** der Fall. Denn hier können nur alle Mitberechtigten zusammen den geltend gemachten Anspruch erfüllen. Beispiel hierfür ist die Klage gegen mehrere Miteigentümer auf Einräumung eines Notwegs.[392]

---

392 *Pohlmann* Zivilprozessrecht Rn. 762; *Rosenberg/Schwab/Gottwald* Zivilprozessrecht § 49 Rn. 25.

cc) Gestaltungsklagen

Auch bei Gestaltungsklagen kommt die notwendige Streitgenossenschaft aus materiell-rechtlichen Gründen vor. Beispielsweise muss die Auflösungsklage nach § 133 HGB gegen die widersprechenden Gesellschafter gemeinsam erhoben werden. Ähnliches gilt für die Beschlussanfechtung eines Wohnungseigentümers. Die Anfechtungsklage muss sich zwingend gegen die übrigen Wohnungseigentümer richten (§ 46 Abs. 1 S. 1 WEG). Im Prozess sind die verklagten übrigen Wohnungseigentümer notwendige Streitgenossen. 307

d) Wirkungen der notwendigen Streitgenossenschaft

Die Wirkungen der notwendigen Streitgenossenschaft sind nicht umfassend in § 62 ZPO niedergelegt. Es bleibt bei den gesonderten Prozessrechtsverhältnissen. Damit aber eine einheitliche Entscheidung ermöglicht wird, müssen Divergenzen im Verhalten der Parteien „bereinigt" werden. Bei **Säumnis** eines Streitgenossen in der mündlichen Verhandlung wirkt das Verhandeln des anwesenden **Streitgenossen** bzw. seines Rechtsanwalts auch für den Abwesenden. Gegen den Abwesenden kann kein Versäumnisurteil ergehen (= **Vertretungsfiktion**).[393] Legt nur ein Streitgenosse fristgerecht ein Rechtsmittel ein, ist die Frist für alle übrigen Streitgenossen gewahrt; diese bleiben Parteien in der Rechtsmittelinstanz.[394] Diese Betrachtung gilt allerdings nur für prozessuale und nicht für materiell-rechtliche Fristen, wie die Monatsfrist bei Beschlussanfechtungsklagen nach § 46 Abs. 1 S. 2 WEG.[395] Bei den Prozesshandlungen ist die Dispositionsbefugnis eingeschränkt. **Anerkenntnis**, **Verzicht**, **Geständnis**, **Erledigungserklärung** oder **Klageänderung** können nur mit Wirkung für und gegen alle vorgenommen werden. Die Prozesshandlung eines Streitgenossen (z.B. Anerkenntnis) kann aber jederzeit (auch noch in der Berufungsinstanz) von den anderen Streitgenossen widerrufen werden.[396] Bei der notwendigen Streitgenossenschaft kann wegen des Zwangs zur einheitlichen Entscheidung kein (Teil-)urteil gegenüber einzelnen Streitgenossen ergehen.[397] Passiert dies fälschlicherweise doch, ist das Urteil dennoch wirksam.[398] Bei der prozessrechtlich notwendigen Streitgenossenschaft wird die Klagerücknahme (§ 269 ZPO) durch einen Streitgenossen für zulässig erachtet.[399] Die restlichen Streitgenossen bleiben prozessführungsbefugt. Ihnen gegenüber ist eine einheitliche Sachentscheidung weiterhin möglich. 308

393 *BGH* NJW 2016, 716, 717; *Zeiss/Schreiber* Zivilprozessrecht Rn. 683.
394 Vgl. *BGH* NJW 2016, 716, 717; *Rosenberg/Schwab/Gottwald* Zivilprozessrecht § 49 Rn. 49 f.
395 *BGH* NJW 2009, 2132, 2133 f.
396 *BGH* NJW 2016, 716, 717.
397 *BGH* NJW 2009, 2132, 2134; *Zöller/Althammer* ZPO § 62 Rn. 30.
398 *BGH* Urt. v. 4.4.2014 – V ZR 110/13.
399 *BGH* NJW 2009, 2132, 2134; *Pohlmann* Zivilprozessrecht Rn. 773.

Beispiel Mona nimmt ihre Anfechtungsklage gegen den Hauptversammlungsbeschluss zurück. Die übrigen Aktionäre bleiben prozessführungsbefugt und können weiter klagen. ■

Hinweis

Die notwendigen Streitgenossenschaft hat auch im Versäumnisverfahren (§§ 330 ff. ZPO) große Relevanz. Denn ist der Beklagte säumig, kann der notwendige Streitgenosse (bzw. dessen Anwalt § 78 ZPO) die Säumnis abwenden. Gleiches gilt umgekehrt, wenn der Kläger säumig ist und für ihn ein Streitgenosse verhandelt.

III. Beteiligung Dritter am Rechtsstreit

309 Der Zivilprozess beruht auf dem Zwei-Parteien-Prinzip. Dennoch kann es notwendig sein, Dritte an einem Prozess zu beteiligen. Instrumente sind die Nebenintervention und die Streitverkündung.[400]

1. Nebenintervention

» Lesen Sie §§ 66, 67, 68 ZPO zunächst einmal durch. Sie werden feststellen, dass ein großer Teil dessen, was Sie nachfolgend lesen werden, bereits im Gesetz steht. «

310 Die Nebenintervention nach §§ 66 ff. ZPO ist dadurch gekennzeichnet, dass ein Dritter dem (fremden) Rechtsstreit beitritt, um eine Partei im Prozess zu unterstützen. Dies kann auf Klägerseite oder Beklagtenseite erfolgen. Die unterstützte Partei heißt dann Hauptpartei. Der Dritte wird als **Nebenintervenient** (= Streithelfer) bezeichnet. Der Nebenintervenient wird selbst **nicht** Partei des Rechtstreits. Er kann aber durch Schriftsätze oder Anträge (z.B. Beweisanträge) frühzeitig Einfluss auf den Prozessverlauf nehmen. Das abschließende Urteil entfaltet dann auch für und gegen ihn die sog. **Interventionswirkung**. Das ist der Hauptvorteil dieses Instituts.

Beispiel Mona verklagt die V-GmbH auf Nacherfüllung §§ 437 Nr. 1, 439 BGB wegen der mangelhaften Fliesen. Die V-GmbH wiederum hat die Fliesen beim Fliesenhersteller F gekauft. Der Fliesenhersteller F kann nun auf Seiten der V-GmbH dem Rechtsstreit beitreten, um die V-GmbH bei ihrem Prozess zu unterstützen. Bringen die V-GmbH und F den Vorwurf der Mangelhaftigkeit der Fliesen zu Fall, hilft dies dem Fliesenhersteller F, da er aufgrund seiner Hilfe im Prozess keine Regressansprüche der V-GmbH befürchten muss. ■

a) Voraussetzungen

311 Die Nebenintervention hat drei Voraussetzungen. Es muss zum einen ein Rechtsstreit zwischen zwei Personen anhängig (nicht rechtshängig) sein. Des Weiteren muss der Nebenintervenient ein rechtliches (kein wirtschaftliches) Interesse am Obsiegen der unterstützten Partei haben. Zudem muss eine wirksame Beitrittserklärung vorliegen. Da der Beitritt Prozesshandlung ist, müssen auch die allgemeinen Prozesshandlungsvoraussetzungen gegeben sein.

aa) Rechtliches Interesse

312 Nach § 66 Abs. 1 ZPO liegt ein rechtliches Interesse (= Interventionsgrund) vor, wenn sich der Ausgang des Rechtsstreits auf die Rechtslage des Nebenintervenienten auswirkt. Der Begriff

400 Keine Anwendung im Kapitalanlegermusterverfahren: *BGH* NJW 2017, 3718.

des rechtlichen Interesses ist weit auszulegen.[401] Hauptbeispiel ist, dass der Nebenintervenient **Regressansprüche** befürchten muss, wenn die unterstützte Partei den Prozess verliert.[402] Ein rechtliches Interesse des Nebenintervenienten liegt außerdem vor, wenn sich die Rechtskraft/die Gestaltungswirkung des Urteils auf den Nebenintervenienten erstreckt (§§ 325 ff. ZPO) oder wenn der Nebenintervenient akzessorisch für die Schuld des Beklagten haftet. Ein rechtliches Interesse ist auch für den Fall anzunehmen, dass der Kläger in Prozessstandschaft klagt und der materiell Berechtigte auf Klägerseite dem Prozess beitritt.[403]

Beispiel Im obigen *Beispiel* ist ein rechtliches Interesse des Fliesenherstellers gegeben, da er Regressansprüche der V-GmbH befürchten muss (s. auch § 445a BGB). ■

bb) Weitere Zulässigkeitsvoraussetzungen

Zwischen zwei Parteien muss ein Rechtsstreit **anhängig** sein (= Einreichung einer Klage- **313**
schrift bei Gericht, § 253 Abs. 5 ZPO).

Die Zustellung an den Beklagten muss noch nicht erfolgt sein. Weitere Voraussetzung ist die wirksame **Erklärung** des Beitritts. Die Erklärung erfolgt durch Einreichung eines Schriftsatzes beim Prozessgericht (§ 70 Abs. 1 S. 2 ZPO), der bestimmte Mindestpunkte enthalten muss (§ 70 Abs. 1 S. 2 Nr. 1–3 ZPO). Beim Nebenintervenienten müssen die Prozessvoraussetzungen vorliegen (Parteifähigkeit etc.).[404]

b) Rechtsstellung des Nebenintervenienten im anhängigen Rechtsstreit

Die Rechtsstellung des Nebenintervenienten ist in § 67 ZPO geregelt. Er ist an die Lage **314**
des Hauptprozesses zur Zeit seines Eintritts gebunden. Der Nebenintervenient kann nach § 67 ZPO **eigene Angriffs-** und **Verteidigungsmittel** in den Prozess (= Vorprozess = Hauptprozess) einbringen sowie eigene Prozesshandlungen (z.B. Beweisanträge) vornehmen. Da er befugt ist, alle Prozesshandlungen zu tätigen, kann er auch im Fall der **Säumnis** für die Hauptpartei „einspringen" und die Säumnis abwenden (= **Vertreterfiktion**). Er kann auch mit Wirkung für die Hauptpartei Rechtsmittel einlegen (innerhalb der für die Hauptpartei laufenden Rechtsmittelfrist).[405] Allerdings hat seine Macht Grenzen. Seine Erklärungen und Prozesshandlungen dürfen nicht in Widerspruch zur Hauptpartei stehen (§ 67 ZPO). Der Nebenintervenient kann ohne Zustimmung der Hauptpartei nicht über den Streitgegenstand verfügen, da er selbst nicht Partei ist (z.B. durch Anerkenntnis, Klagerücknahme, Verzicht, oder Erledigungserklärung). Auch die Aufrechnung mit einem Gegenanspruch oder der Abschluss eines Prozessvergleichs ist nicht möglich.

c) Interventionswirkung im Folgeprozess

Das wichtigste an der Nebenintervention ist die sog. **Interventionswirkung**. In **§ 68 ZPO** **315**
sind die Wirkungen der Nebenintervention im Folgeprozess beschrieben, die für den Nebenintervenienten äußerst nachteilig sein kann. Nach § 68 Hs. 1 ZPO kann der Nebenintervenient

401 *BGH* NJW 2016, 1020 m.w.N.
402 *Grunsky/Jacoby* Zivilprozessrecht Rn. 359.
403 Vgl. *Pohlmann* Zivilprozessrecht Rn. 783.
404 *BGH* NJW 2012, 2810; *Zeiss/Schreiber* Zivilprozessrecht Rn. 755.
405 *BGH* NJW 2014, 3521; NJW 1997, 2385, 2386; *Adolphsen* Zivilprozessrecht § 36 Rn. 6.

die Richtigkeit des Urteils des Vorprozesses nicht bestreiten. Das im Folgeprozess entscheidende Gericht ist an die rechtlichen und tatsächlichen **Feststellungen** des **Vorprozesses gebunden**. Die Interventionswirkung (§ 68 ZPO) geht damit weiter als die Rechtskraft (§§ 322, 325 ZPO). Während grundsätzlich nur der Tenor eines Urteils in Rechtskraft erwächst, erstreckt sich die Interventionswirkung auf alle erheblichen Tatsachenfeststellungen sowie deren rechtlichen Beurteilung.[406]

Beispiel Im Fliesenfall von Mona wird eine Beweisaufnahme durchgeführt. Der Sachverständige stellt die Mangelhaftigkeit der Fliesen fest (§ 434 BGB). Die V-GmbH wird zur Zahlung der Austauschkosten an Mona verurteilt (= Hauptprozess). Im Folgeprozess zwischen der V-GmbH und dem Fliesenhersteller kommt nun die Interventionswirkung zum Tragen. Der Fliesenhersteller kann einen Sachmangel der Fliesen wegen der Interventionswirkung (§ 68 ZPO), die sich auch auf alle erheblichen Tatsachenbehauptungen – wie das Vorliegen eines Sachmangels – bezieht, nicht mehr bestreiten. Wäre der Fliesenhersteller nicht als Nebenintervenient beigetreten, könnte er sich im Regressprozess frei verteidigen und etwa behaupten, dass das Gutachten des Sachverständigen fehlerhaft sei und gar kein Sachmangel bestehe. ■

316 Die Interventionswirkung kann nur beseitigt werden, indem der Nebenintervenient im Folgeprozess die Einrede **mangelhafter Prozessführung** erhebt (§ 68 Hs. 2 ZPO). Der Einwand wird nur berücksichtigt, wenn der Nebenintervenient aufgrund der prozessualen Lage Angriffs- und Verteidigungsmittel nicht vorbringen konnte oder die Hauptpartei absichtlich oder grob fahrlässig Angriffs- und Verteidigungsmittel nicht geltend gemacht hat. Die Interventionswirkung geht nach h.M. nur zu Lasten des Streithelfers, nie zu Lasten der Hauptpartei (Argument: Wortlaut des § 68 ZPO).[407] Aufgrund der „harten Interventionswirkung" wird in der Praxis selten von diesem Instrument Gebrauch gemacht.

d) Streitgenössische Nebenintervention

317 Gem. § 69 ZPO kann ein Nebenintervenient zugleich die Rolle eines Streitgenossen einer Hauptpartei bekommen. Für diese Doppelrolle müssen zunächst die Voraussetzungen des § 66 ZPO vorliegen. Außerdem muss sich die Rechtskraft des Urteils auf das Rechtsverhältnis des Nebenintervenienten zur gegnerischen Partei auswirken. Die „komplizierte" streitgenössische Nebenintervention kann am besten an einem *Beispiel* erklärt werden.

Beispiel Mona ist Inhaberin einer Aktie. In der Hauptversammlung wird über eine Kapitalerhöhungsmaßnahme Beschluss gefasst. Aktionär A will den Beschluss anfechten und erhebt Anfechtungsklage gegen die AG. Tritt Mona als Nebenintervenientin zur Unterstützung von A dem Rechtsstreit bei, handelt es sich um eine streitgenössische Nebenintervention. Denn bei Erfolg der Klage von A würde der Kapitalerhöhungsbeschluss mit Wirkung für und gegen alle Aktionäre nichtig (§ 248 AktG). Damit wirkt sich die Rechtskraft auch auf die Rechtsbeziehung zwischen Mona und der AG aus. ■

318 Vorteil dieser Doppelrolle ist, dass sich der streitgenössische Nebenintervenient mit seinen Erklärungen und Prozesshandlungen auch in Widerspruch zur Hauptpartei setzen darf. Insbesondere darf er selbstständig Rechtsmittel (in der für ihn laufenden Rechtsmittelfrist) einle-

406 *Adolphsen* Zivilprozessrecht § 36 Rn. 10; einschr. bei Rechtswegübergreifung *BSG* NJW 2012, 956, 957.
407 *BGH* NJW 2016, 1018, 1019; NJW 1997, 2385, 2386; *Zeiss/Schreiber* Zivilprozessrecht Rn. 759.

gen,[408] selbst wenn die Hauptpartei ausdrücklich auf Rechtsmittel verzichtet hat. Ansonsten gelten dieselben Wirkungen wie bei der Streitgenossenschaft.[409]

2. Streitverkündung

Während im Fall der Nebenintervention ein Dritter freiwillig zur Unterstützung einer Partei dem Prozess „hinzutritt", wird bei der Streitverkündung (§§ 72 ff. ZPO) ein Dritter von einer Partei zwangsweise in den Rechtsstreit „hineingezogen". Zweck ist es, die Interventionswirkung des § 68 ZPO herbeizuführen. Gerechtfertigt wird dies damit, dass der Dritte ja rechtliches Gehör bekommt, er zur Aufklärung beitragen kann und so verschiedene Prozesse mit widersprüchlichen Prozessergebnissen verhindert werden.[410] **319**

Beispiel Mona verklagt die V-GmbH wegen der mangelhaften Fliesen auf Übernahme der Nacherfüllungskosten. Das Gericht bejaht einen Sachmangel und gibt der Klage statt. Nun verklagt die V-GmbH den Fliesenhersteller auf Schadensersatz. Das zweite Gericht kommt zu der Auffassung, dass kein Sachmangel besteht. Damit stünde die V-GmbH als Verliererin dar. Deshalb erlaubt die ZPO durch das Instrument der Streitverkündung, den Dritten (= Regresspflichtigen) „in den Erstprozess zu ziehen", um die Interventionswirkung herbeizuführen. Dadurch werden widersprüchliche Urteile vermieden. ■

a) Voraussetzungen

Die Voraussetzungen sind in **§ 72 ZPO** geregelt. Die Streitverkündung setzt einen anhängigen Rechtsstreit voraus. Zudem muss ein besonderer Streitverkündungsgrund vorliegen. In § 72 Abs. 1 ZPO werden zwei Fallgruppen unterschieden. Ein Streitverkündungsgrund liegt zum einen vor, wenn die Partei Angst vor einem ungünstigen Prozessausgang hat und glaubt, dann einen Anspruch gegen einen Dritten auf **Gewährleistung** oder Schadloshaltung zu haben (§ 72 Abs. 1 Alt. 1 ZPO) oder „den Anspruch eines Dritten besorgt" (§ 72 Abs. 1 Alt. 2 ZPO). Ansprüche auf Gewährleistung können sich etwa aus Kaufvertrag (§ 437 BGB), aus Werkvertrag (§ 634 BGB) oder aus Mietvertrag (§§ 536, 536a BGB) ergeben **Schadloshaltung** kommt etwa im Fall eines Regressanspruches des Bürgen gegen den Hauptschuldner in Betracht (§ 774 BGB) oder des Verkäufers gegen seinen Lieferanten (§§ 474, 445a, 445b BGB). Eine Streitverkündung zur Abwehr drohender Drittansprüche regelt § 72 Abs. 1 Alt. 2 ZPO. Hierher gehören etwa zur Drittschadensliquidation berechtigte Parteien. Nach allgemeiner Ansicht ist der Wortlaut des § 72 ZPO zu eng, so dass die Streitverkündung auch zulässig ist, wenn die Ansprüche in einem Alternativverhältnis bestehen.[411] **320**

b) Vornahme der Streitverkündung

Die Streitverkündung muss in der Form des § 73 ZPO vorgenommen werden. Sie erfolgt in einem anhängigen Rechtsstreit durch einen Schriftsatz, der dem **Dritten** (= Streitverkündungsempfänger) zugestellt und dem Gegner bekannt gegeben werden muss (§ 73 ZPO). Der Schriftsatz muss den Grund des im Folgeprozess geltend zu machenden Anspruchs nennen, damit der Dritte den Eintritt in den Rechtsstreit prüfen kann.[412] Nicht Dritter ist z.B. der **321**

408 *BGH* NJW 2014, 3521.
409 Vgl. *Zöller/Althammer* ZPO § 69 Rn. 8.
410 *BGH* NJW 2015, 559, 560.
411 *BGH* NJW 2015, 559, 560.
412 *BGH* NJW 2012, 674, 675.

gesetzliche Vertreter einer Partei oder ein vom Gericht zugezogener Sachverständiger (§ 72 Abs. 2 ZPO), selbst wenn gegen den Sachverständigen Schadensersatzansprüche wegen eines falschen Gutachtens bestehen (§ 839a BGB).[413] Das Gericht prüft, ob die Prozesshandlungsvoraussetzungen (insbesondere Postulationsfähigkeit im Anwaltsprozess § 78 ZPO) vorliegen. Ob ein Streitverkündungsgrund vorliegt, wird erst im Folgeprozess geklärt, es sei denn, eine Entscheidung wird hierzu beantragt (§§ 74 Abs. 1, 71 ZPO).

c) Reaktionsmöglichkeiten des Dritten

322 Der Dritte hat zwei Möglichkeiten zu reagieren. Nach § 74 Abs. 1 ZPO kann der Dritte (= Streitverkündungsempfänger) dem Streitverkünder beitreten. Dann erlangt er die Stellung eines Nebenintervenienten (§§ 66 ff. ZPO). Tritt er nicht bei, wird der Prozess eben ohne seine Beteiligung fortgesetzt (§ 74 Abs. 2 ZPO). Die Wirkung der Streitverkündung tritt in beiden Fällen ein.

d) Wirkung der Streitverkündung

» Haben Sie die Interventionswirkung noch im Gedächtnis? Wenn nicht, wiederholen Sie diese kurz (Rn. 315 f.). «

323 Die zulässige Streitverkündung zieht die **Interventionswirkung** (§ 68 ZPO) nach sich. Dabei tritt die Interventionswirkung nach § 74 Abs. 3 ZPO unabhängig davon ein, ob der Streitverkündungsempfänger dem Rechtsstreit aktiv beigetreten ist (§ 74 Abs. 1 ZPO) oder nicht (§ 74 Abs. 2 ZPO). Im Folgeprozess ist der Richter also an die tatsächlichen und rechtlichen Feststellungen des Vorprozesses („die tragenden Grundlagen des Urteils") gebunden.[414] Der Streitverkündungsempfänger kann nicht mehr behaupten, der Erstprozess sei falsch entschieden worden. Die Interventionswirkung tritt stets nur zu Gunsten des Streitverkünders ein, nicht zu seinen Lasten.[415] Ein weiterer Vorteil besteht für den Streitverkünder bezüglich der **Verjährung**. Die Verjährung wird bei zulässiger Streitverkündung (zu den Mindestangaben im Schriftsatz Rn. 321) gegenüber dem Dritten gehemmt (§ 204 Abs. 1 Nr. 6 BGB).[416] Die Hemmung tritt bereits mit dem Eingang der Streitverkündungsschrift bei Gericht ein (§ 167 ZPO), unabhängig davon, ob die Zustellung des Schriftsatzes noch vor Ablauf der Verjährungsfrist oder danach erfolgt.[417] Die Rückwirkung des § 167 ZPO darf den früher Einreichenden nicht schlechter stellen.

Beispiel Verkündet die V-GmbH im obigen *Beispiel* dem Fliesenhersteller F unter Angabe des Regressgrundes den Streit, kann die V-GmbH „in Ruhe" den Ausgang des Prozesses mit Mona abwarten. Die Verjährung des Regressanspruches gegenüber dem Fliesenhersteller wird durch die zulässige Streitverkündung gehemmt (§ 204 Abs. 1 Nr. 6 BGB). Verliert die V-GmbH den Prozess gegen Mona, kann die V-GmbH den noch unverjährten Regressanspruch gegen den Fliesenhersteller einklagen. Das hierüber entscheidende Gericht ist an die tatsächlichen und rechtlichen Feststellungen des Erstgerichts aufgrund der Interventionswirkung (§ 68 ZPO) gebunden. Der Fliesenhersteller kann nicht mehr geltend machen, der Erstprozess mit Mona sei falsch entschieden. ■

413 *BGH* NJW 2006, 3214.
414 *BGH* NJW 2015, 559, 560; NJW 2015, 1824, 1825.
415 *BGH* NJW 2015, 1824, 1825.
416 *BGH* NJW 2012, 674, 676; *Rosenberg/Schwab/Gottwald* Zivilprozessrecht § 51 Rn. 24.
417 *BGH* NJW 2010, 856, 857.

IV. Parteiänderung

Während eines Prozesses können sowohl auf Beklagten– als auch auf Klägerseite personelle Veränderungen eintreten. Formen der **Parteiänderung** sind zum einen die Auswechslung einer Partei **(Parteiwechsel)** und zum anderen der Beitritt eines Dritten (= Streitgenossen) auf Kläger- oder Beklagtenseite **(Parteibeitritt)**. Eine Parteiänderung kann kraft Gesetzes eintreten, aber auch auf einer Parteivereinbarung (sog. gewillkürte Parteiänderung) beruhen. 324

1. Gesetzliche Parteiänderung

Der gesetzliche Parteiwechsel („Austausch der Partei") ist vor allem in folgenden Fällen vorgesehen: Tod einer Partei (§ 239 ZPO), Veräußerung der streitbefangenen Sache (§ 265 Abs. 2 S. 2 ZPO) oder Veräußerung eines Grundstücks (§ 266 ZPO). Der Prozess wird durch den Tod einer Partei nicht automatisch gestoppt. War die (verstorbene) Partei durch einen Rechtsanwalt vertreten, hat der gesetzliche Parteiwechsel keine Unterbrechung des Verfahrens zur Folge. Auf Antrag kann das Gericht aber das Verfahren aussetzen (§§ 246, 248 ZPO), bis sich der Erbe in den Prozess eingelesen hat. Bei **Veräußerung** der **streitbefangenen Sache** kann der Veräußerer den begonnenen Prozess (als gesetzlicher Prozessstandschafter) weiter führen; er muss allerdings den Klageantrag auf Leistung an den Erwerber umstellen. Es besteht aber auch die Möglichkeit, dass der Erwerber selbst den Prozess fortführt. Da der Beklagte den Erwerber in der Regel nicht kennt, geht das nur, wenn der Beklagte (und der Veräußerer) in den Parteiwechsel einwilligen. In allen Fällen des gesetzlichen Parteiwechsels muss die neue Partei den Rechtsstreit in der vorgefundenen Lage übernehmen. Bisherige Prozesshandlungen bleiben wirksam.[418] Ein gesetzlicher Parteibetritt („Hinzukommen eines Streitgenossen") ist in § 856 ZPO vorgesehen. 325

2. Gewillkürte Parteiänderung

Beispiel Mona möchte mit dem Bus nach Klettenberg fahren. Beim Einsteigen kommt sie zu Fall und wird vom Bus ein Stück mitgeschleift. Mona erleidet einen komplizierten Armbruch. Sie verklagt das Land Nordrhein-Westfalen auf Schadensersatz. In der Berufung stellt sie ihren Antrag um und verklagt nunmehr die Städtischen Verkehrsbetriebe Köln mbH auf Schadensersatz. Ist das zulässig? ■ 326

Eine Parteiänderung auf Initiative einer Partei (= gewillkürte Parteiänderung) ist gesetzlich nicht geregelt. Aus praktischen Gründen („Prozessökonomie") wird sie in engen Grenzen zugelassen.[419] Unterschieden wird zwischen einem gewillkürten Parteiwechsel („Austausch einer Partei") und einem gewillkürten Parteibeitritt („Hinzukommen einer Partei"). Wie der **gewillkürte Parteiwechsel** zu behandeln ist, ist umstritten. Hier sind stets drei unterschiedliche Interessen betroffen. Fraglich ist insbesondere, ob es der neuen Partei zumutbar ist, die bisherigen Ergebnisse des Prozesses übernehmen zu müssen. Der **BGH** wendet grundsätzlich die Regeln der **Klageänderung** (§ 263 ZPO) an, so dass die Einwilligung aller Beteiligter vorliegen oder das Gericht den Parteiwechsel für sachdienlich halten muss.[420] Bei einem Beklagtenwechsel muss folglich die Einwilligung des alten Beklagten und des neuen Beklagten vorliegen. Das Gericht kann die Einwilligung des neuen Beklagten mit „Sachdienlichkeit erset- 327

418 *Schilken* Zivilprozessrecht Rn. 758.
419 Vgl. *Adolphsen* Zivilprozessrecht § 7 Rn. 80.
420 *BGH* NJW 2016, 53, 54; NJW 2000, 1950, 1951.

zen." Der alte Beklagte muss stets seine Zustimmung erklären, weil der Kläger seine Klage nicht ohne dessen Hilfe zurückziehen kann (vgl. § 269 ZPO).[421] Einen Beklagtenwechsel in der Berufungsinstanz lässt der BGH nur bei Einwilligung des neuen Beklagten zu, es sei denn, die Verweigerung wäre rechtsmissbräuchlich.[422] Im obigen *Beispiel* muss also die neue Beklagte ausdrücklich in den Parteiwechsel einwilligen (wird sie nicht tun). Nach Auffassung der Literatur handelt es sich bei der Parteiänderung um ein Institut eigener Art. Die Literatur wendet vorwiegend die Vorschriften der Klagerücknahme (§ 269 ZPO) an. Ein wichtiger Unterschied ist, dass sie beim Beklagtenwechsel in erster Instanz zwar die Einwilligung des alten, nicht aber des neuen Beklagten verlangt.[423]

328 **Abzugrenzen** ist der Beklagtenwechsel von einer **unrichtigen Parteibezeichnung**, die vom Gericht nach § 319 ZPO ohne weiteres berichtigt werden kann (z.B. „Kölner Verkehrsbetriebe AG" statt „Kölner Verkehrsbetriebe mbH" oder „GbR" statt „Gesellschafter 1 und Gesellschafter 2 als Gesamthänder").[424] Wird bei einer Beschlussanfechtung „die Gemeinschaft" statt „die übrigen Wohnungseigentümer" (so die Vorgabe in § 46 Abs. 1 S. 1 WEG) verklagt, ist mangels versehentlicher Falschbezeichnung eine Rubrumsberichtigung nicht möglich. Vielmehr handelt es sich um einen Parteiwechsel, der bis zum Schluss der mündlichen Verhandlung nachgeholt werden kann.[425]

» Ist Ihnen der Grundsatz der Bedingungsfeindlichkeit von Prozesshandlungen noch bekannt? Wenn nein, wiederholen Sie schnell diese Thematik (Rn. 172). «

329 Kompliziert ist die gewillkürte Parteierweiterung, in der ein weiterer Kläger oder Beklagter (Streitgenosse) in den Prozess eintritt. Ein bedingter **Parteibeitritt** (z.B. „Eintritt unter der Bedingung, dass die Klagepartei nicht zur Rechtsverfolgung befugt sei"), auch zu einem selbstständigen Beweisverfahren, ist jedenfalls nicht erlaubt.[426] Auch für den gewillkürten Parteibetritt vertreten Rechtsprechung und Literatur verschiedene Lösungsansätze. Die Rechtsprechung wendet die Regeln der **Klageänderung** (§ 263 ZPO) an. Kommt ein neuer Beklagter hinzu, ist die Einwilligung des Klägers, des alten Beklagten sowie des neuen Beklagten (außer Sachdienlichkeit in erster Instanz) erforderlich.[427] Die Literatur zieht die Vorschriften der §§ 59, 60 ZPO über die Streitgenossenschaft heran.

Online-Wissens-Check

Welches Rechtsmittel gibt es gegen ein zweites Versäumnisurteil?

Überprüfen Sie jetzt online Ihr Wissen zu den in diesem Abschnitt erarbeiteten Themen. Unter **www.juracademy.de/skripte/login** steht Ihnen ein Online-Wissens-Check speziell zu diesem Skript zur Verfügung, den Sie kostenlos nutzen können. Den Zugangscode hierzu finden Sie auf der Codeseite.

421 *Zeiss/Schreiber* Zivilprozessrecht Rn. 371.
422 *BGH* NJW 1998, 1496, 1497 m.w.N.; ebenso *BAG* NJW 2010, 2909.
423 Ausführliche Gegenüberstellung bei *Pohlmann* Zivilprozessrecht Rn. 503 ff.
424 *BGH* NJW 2009, 594, 597; NJW 2003, 1043; *Zöller/Feskorn* ZPO § 319 Rn. 14.
425 *BGH* NJW 2010, 446, 447 f. und 2132; NJW 2011, 2050, 2051.
426 *BGH* NJW 2010, 621, 622.
427 *BGH* NJW 2000, 1950, 1951 m.w.N.

J. Das Beweisrecht

I. Bedeutung

Wird der Prozess durch Anerkenntnis, Verzicht, Prozessvergleich, Erledigung oder Rücknahme der Klage beendet, müssen sich Gericht und Parteien nicht mit dem Thema „Beweisrecht" auseinandersetzen. Dies gilt grundsätzlich auch für die Studierenden. Denn regelmäßig wird im Studium ein feststehender Sachverhalt vorgegeben. Die Lösung von Rechtsfragen steht im Vordergrund („wer will was von wem woraus"). Ganz anders sieht es in der gerichtlichen Praxis aus. Hier geht es häufig darum, zunächst einmal den tatsächlichen Sachverhalt festzustellen. Erst dann kann über das materielle Recht entschieden werden. Nicht selten wird die „Sachverhaltsfindungs-Arbeit" des Gerichts dadurch erschwert, dass die Parteien widersprüchliche Tatsachen behaupten oder die „Kunst des Weglassens" beherrschen. Hier hilft das Beweisrecht. Es dient dazu, den dem Urteil zugrunde liegenden Sachverhalt verbindlich festzulegen. Da es im ersten Staatsexamen hauptsächlich um die Lösung von Rechtsfragen geht, sollen im Folgenden lediglich die Grundbegriffe des Beweisrechts erläutert werden. **330**

II. Darlegungslast

Im Zivilprozess gilt der Verhandlungsgrundsatz. Das Gericht ermittelt nicht von Amts wegen den Sachverhalt. Demzufolge müssen sich die Parteien selbst darum kümmern, die einzelnen Tatsachen in den Prozess einzubringen. Bei der **Darlegungslast** geht es um die Frage, welche Partei verpflichtet ist, die jeweils relevanten Tatsachen vorzutragen. Die Darlegungslast **folgt** im Grundsatz der **Beweislastregel**. Dies bedeutet, dass grundsätzlich der Kläger die (für ihn günstigen) Tatsachen vortragen muss, die seinen Anspruch begründen. Der Beklagte wiederum muss die (für ihn günstigen) Tatsachen vortragen, die den Anspruch beseitigen. **331**

» Ist Ihnen der Verhandlungsgrundsatz in seinen einzelnen Ausprägungen noch geläufig? Wenn nicht, nutzen Sie die Gelegenheit, ihn zu wiederholen (Rn. 44). «

Ausgangsfall Klagt Mona Gewährleistungsansprüche (§ 437 BGB) ein, muss sie darlegen, dass sie einen Kaufvertrag mit der V-GmbH geschlossen hat und dass ein Sachmangel vorliegt. Wählt sie Rücktritt, muss sie zudem die Erheblichkeit des Mangels vortragen. Die V-GmbH wiederum muss darlegen, dass Mona den Mangel kannte (§ 444 BGB), dass ein Gewährleistungsausschluss besteht (§ 476 Abs. 1 BGB) oder dass die Verjährung des Anspruchs eingetreten ist (§ 438 BGB). ■

Die darlegungspflichtige Partei muss die Tatsache allerdings nicht nur behaupten, sondern notfalls auch **substantiiert** vortragen. Dabei werden zunächst keine großen Anforderungen gestellt. Es genügt, wenn die Partei Tatsachen vorträgt, die in Verbindung mit einem Rechtssatz geeignet sind, einen Anspruch zu bejahen.[428] Nach § 138 Abs. 2 ZPO ist die Gegenpartei verpflichtet, sich zu einer substantiiert vorgetragenen Tatsache zu erklären (pauschales Bestreiten genügt also nicht).[429] Bestreitet die Gegenpartei daraufhin den Vortrag im Einzelnen, muss der Darlegungspflichtige wiederum „nachlegen".[430] **332**

428 *BGH* NJW 2016, 3024, 3026.
429 *BGH* NJW 2015, 468, 469; NJW 2010, 1357, 1358.
430 *BGH* NJW 2011, 3291, 3292.

Ausgangsfall Mona trägt in ihrer Klage vor, dass sie mangelhafte Fliesen bei der V-GmbH gekauft habe. Bestreitet die V-GmbH in der Klageerwiderung den Kaufvertrag, muss Mona die Umstände des Vertragsschlusses genauer darlegen (Ort, Uhrzeit, Vertreterhandeln) und Beweis hierfür anbieten. ■

333 Für die erforderliche Beweiserbringung ist der Kläger selbst verantwortlich. Er muss daher die erheblichen Tatsachen und Beweismittel konkret bezeichnen.[431] Eine allgemeine prozessuale Aufklärungspflicht existiert in Deutschland nicht.[432] Der Beklagte ist nicht verpflichtet, den Kläger mit relevanten Unterlagen oder Informationen zu versorgen, welche der Kläger nicht im Besitz hat.[433] Anders ist die Situation im anglo-amerikanischen Rechtsraum, wo es die Möglichkeit eines Ausforschungsbeweises (= Recht auf gegenseitigen Einblick in sämtliche fallrelevanten Unterlagen) gibt.[434] Von dem Grundsatz, dass der Kläger alle anspruchsbegründenden Tatsachen darlegen und beweisen muss, gibt es Ausnahmen. Steht der darlegungspflichtige Kläger außerhalb des maßgeblichen Geschehensablaufs und ist er daher nicht in der Lage, den Sachverhalt genauer zu ermitteln, kommt die sog. **sekundäre Darlegungslast** zum Tragen (= Art gesteigerte Substanziierungspflicht). Sie wird bevorzugt beim Filesharing eingesetzt. Ist dem Beklagten eine Aufklärung ohne weiteres möglich (auch durch zumutbare Nachforschungen), muss er Angaben zu den näheren Umständen (z.B. wer nutzt sein Internet) machen.[435] Seit 2001 kann das **Gericht** immerhin **von Amts wegen** die **Vorlage von Urkunden** anfordern, wenn sich eine Partei auf diese Urkunden bezieht (§ 142 Abs. 1 ZPO). Die Urkunde muss konkret bezeichnet sein; eine pauschale Bezugnahme auf eine komplette Dokumentation ist (als Amtsaufklärung) unzulässig.[436] Die Anordnung, die auch gegenüber Dritten ergehen kann, steht allerdings im freien Ermessen des Gerichts. Liegt aber ein förmlicher Antrag der beweisbelasteten Partei auf Vorlage durch den Dritten vor, ist das Ermessen auf null reduziert.

Hinweis

Ein Mittel der vorprozessualen Sachaufklärung ist das selbstständige Beweisverfahren, das vorwiegend der Beweissicherung dient (§§ 485 ff. ZPO).

III. Beweisbedürftigkeit

334 Eine dargelegte Tatsache ist beweisbedürftig, wenn sie für die Entscheidung des Rechtsstreits erheblich ist und von der Gegenseite bestritten wird, es sei denn, die Tatsache ist offenkundig.

1. Entscheidungserhebliche Tatsachen

335 Entscheidungserhebliche Tatsachen sind von den nicht entscheidungserheblichen Tatsachen zu trennen. **Entscheidungserheblich** sind alle Tatsachen, die den Vortrag des Klägers **schlüssig** machen. Auf Beklagtenseite sind die Tatsachen entscheidungserheblich, die einen

431 *BGH* BeckRS 2015, 08779.
432 Ausführlich *Stürner* in FS Vollkommer S. 201 ff.
433 *BGH* NJW 2000, 1108, 1109; *Rosenberg/Schwab/Gottwald* Zivilprozessrecht § 109 Rn. 8.
434 Hierzu *Brand* NJW 2017, 3558; *Adolphsen* Zivilprozessrecht § 21 Rn. 3.
435 *BGH* (st. Rspr.) NJW 2018, 65, 66; NJW 2018, 68, 69; NJW 2017, 3367; NJW 2017, 1965, 1966; NJW 2017, 1961, 1962; NJW 2016, 3244, 3245; NJW 2016, 953, 955 f.; NJW 2014, 2360; *Schaub* NJW 2018, 17.
436 *BGH* NJW 2017, 3304, 3306; NJW 2014, 3312, 3313.

Anspruch des Klägers entfallen lassen würden. Daraus ergibt sich eine Prüfungsreihenfolge. Das Gericht muss zunächst in einem ersten Schritt prüfen, ob die vom Kläger behaupteten Tatsachen einen Anspruch des Klägers begründen würden (= Schlüssigkeitsprüfung). Dabei unterstellt das Gericht zunächst die Wahrheit des klägerischen Vorbringens. Trägt der Kläger nicht alle anspruchsbegründenden Tatsachen vor, ist die Klage als unschlüssig (= unbegründet) abzuweisen. Auf die Äußerungen des Beklagten kommt es gar nicht mehr an.[437]

Beispiel Thomas verklagt den Autofahrer A auf Schmerzensgeld (§§ 823, 253 Abs. 2 BGB) vor dem AG Köln. Er trägt vor, dass der Autofahrer beim Rückwärtseinparken seine Stoßstange beschädigt habe. Daher müsse der Autofahrer 500 € Schmerzensgeld bezahlen. Zum Beweis legt er zahlreiche Bilder der kaputten Stoßstange seines Autos vor. Nach § 253 Abs. 2 BGB wird Schmerzensgeld u.a. nur bei Verletzung des Körpers gewährt. Da Thomas hierzu überhaupt keine Tatsachenbehauptung vorträgt, ist sein Anspruch unschlüssig. Die Klage wird als unbegründet abgewiesen. ■

2. Bestreiten des Gegners

Prinzipiell muss nur über die **bestrittenen** Tatsachenbehauptungen Beweis erhoben werden. **336** Die Gegenpartei muss nicht bestreiten, sie kann es aber (Dispositionsgrundsatz). Dabei gibt es mehrere Möglichkeiten, eine behauptete Tatsache zu bestreiten. Hat der Kläger alle Tatsachen vorgetragen, aber nicht näher konkretisiert, genügt sog. einfaches Bestreiten.[438] Die Gegenpartei kann das Geschehen aber auch im Detail anders darstellen (= sog. qualifiziertes Bestreiten). Außerdem kann sie auch eine Tatsache pauschal mit Nichtwissen bestreiten, wobei das nach § 138 Abs. 4 ZPO nur zulässig ist, wenn sie über keine eigenen Wahrnehmungen verfügt.[439] Hat der Kläger detailliert vorgetragen und kennt der Beklagte den Geschehensablauf, genügt einfaches Bestreiten nicht; vielmehr muss er substantiiert gegenteilige Tatsachen und Umstände darlegen (s. auch Rn. 333).[440]

Die Gegenpartei kann aber die Tatsachen auch zugestehen, so dass sie nicht mehr beweisbe- **337** dürftig sind. Das geht sogar durch Schweigen. Äußert sich die Gegenpartei nicht zu einer relevanten Tatsache, gilt diese Tatsache grundsätzlich als zugestanden, es sei denn, aus den Umständen geht etwas Gegenteiliges hervor (§ 138 Abs. 3 ZPO = Geständnisfiktion). Daneben gibt es noch das „echte" Geständnis, das vorliegt, wenn der Gegner ausdrücklich (schriftlich, mündlich) die Tatsache zugesteht (§ 288 ZPO).[441] Der Widerruf eines (schriftsätzlichen) Geständnisses ist bis zur mündlichen Verhandlung ohne weiteres, danach nur in engen Grenzen möglich (§ 290 ZPO).[442]

3. Offenkundige und vermutete Tatsachen

Nicht alle Tatsachen sind beweisbedürftig. Sind beispielsweise Tatsachen vorgetragen, die **338** offenkundig sind, bedürfen sie nicht des Beweises (§ 291 ZPO). Offenkundig sind Tatsachen, die der Allgemeinheit oder dem Gericht bekannt sind. Allgemeinkundig sind Tatsachen, wie

437 Vgl. *Pohlmann* Zivilprozessrecht Rn. 333.
438 *Zöller/Greger* ZPO § 138 Rn. 8a.
439 *BGH* NJW 2016, 3589, 3591.
440 *BGH* NJW 2017, 78, 82; NJW 2015, 475, 476; NJW 2010, 1357, 1358.
441 *BGH* NJW 2017, 68 (nicht geständnisfähig sind Rechtsbegriffe).
442 *BGH* NJW 2015, 1239, 1241.

das Wetter, das Klima, unterschiedliche Sichtverhältnisse bei Tag oder Nacht, Entfernungen, historische Daten und Börsenkurse (etc.).[443] Gerichtskundig sind Tatsachen, die das Gericht aus seiner dienstlichen Arbeit kennt; privates Wissen gehört nicht dazu.

339 Auch vermutete Tatsachen sind nicht beweisbedürftig (§ 292 ZPO). Wird eine Tatsache nach einer gesetzlichen Vorschrift vermutet (z.B. § 1006 BGB), muss sie von der Partei, zu deren Gunsten die Vermutung spricht, nicht bewiesen werden. Allerdings kann die gesetzliche Vermutung vom Gegner widerlegt werden durch Beweis des Gegenteils (§ 292 ZPO). Ganz selten gibt es unwiderlegbare Vermutungen (z.B. Scheitern der Ehe, § 1566 BGB). Daneben gibt es noch Beweiserleichterungen für den Kläger im Fall des Anscheinsbeweises (s. Rn. 356).

IV. Beweislast und Beweislastumkehr

340 Ist eine Tatsache nach dem Vorgenannten noch beweisbedürftig (entscheidungserheblich, bestritten, nicht zugestanden, nicht offenkundig, keine gesetzliche Vermutung), bleibt noch zu klären, ob der Kläger oder der Beklagte den Beweis anbieten muss. Das regelt die **formelle Beweislast**. Wie schon bei der Darlegungslast erläutert, trägt jede Partei die Beweislast für die tatsächlichen Voraussetzungen der für sie **günstigen Norm**. Von der **materiellen Beweislast** wiederum hängt der Prozessgewinn ab. Denn diese entscheidet darüber, wer das Risiko trägt, dass die Tatsache unaufklärbar bleibt, sich also nicht beweisen lässt. Diese Situation wird im Beweisrecht als **„non liquet"** bezeichnet. Kann der Kläger die Voraussetzungen der für ihn günstigen Anspruchsgrundlage nicht beweisen („non liquet"), verliert er den Prozess. Die Klage wird aufgrund der materiellen Beweislastregeln als unbegründet abgewiesen. Kann der Beklagte eine Einwendung (z.B. Erfüllung, § 362 BGB) oder Einrede nicht beweisen („non liquet"), verliert er den Prozess.

Beispiel Mona macht Gewährleistungsansprüche wegen der mangelhaften Fliesen geltend (§ 437 BGB). Will sie deswegen vom Kaufvertrag zurücktreten, muss sie den Vertragsschluss, das Vorliegen eines Sachmangels, die Rücktrittserklärung, eine Fristsetzung bzw. deren Entbehrlichkeit sowie die Erheblichkeit des Mangels beweisen (§§ 437 Nr. 2, 323, 326 Abs. 5, 346 BGB). Die V-GmbH muss hingegen den Eintritt der Verjährung (§§ 438 Abs. 1 Nr. 3, Abs. 4, 218 BGB) oder die Kenntnis des Käufers vom Mangel (§ 444 BGB) beweisen. Kann Mona beispielsweise das Vorliegen eines Sachmangels nicht beweisen, liegt ein „non liquet" vor und Mona verliert den Prozess. Die Klage wird als unbegründet abgewiesen. ■

» **Nutzen Sie an dieser Stelle die Gelegenheit, die hier zitierten Vorschriften des materiellen Rechts nachzulesen und ihre Bedeutung für das Prozessrecht zu vergegenwärtigen.** «

341 Im BGB und anderen Gesetzen finden sich einzelne Vorschriften, die gesetzliche Beweislastregeln enthalten (= **Beweislastumkehr**). Die Grundregel, dass die anspruchsstellende Partei alle anspruchsbegründenden Tatsachen vorbringen muss, wird in Ausnahmefällen zum Schutz dieser Partei aufgehoben (z.B. §§ 280 Abs. 1 S. 2, 477, 630h, 2336 Abs. 3 BGB, § 22 AGG).

Ausgangsfall Mona macht Nacherfüllungsansprüche wegen der mangelhaften Fliesen geltend (§ 437 Nr. 1 BGB). Als Klägerin ist sie für die Tatsachen, die ihren Anspruch begründen, darlegungs- und beweispflichtig. In einer Hinsicht bleibt sie allerdings verschont. Nach §§ 474 i.V.m. § 477 BGB wird zugunsten eines Verbrauchers (§ 13 BGB) vermutet, dass die gekaufte Sache bereits bei Gefahrübergang mangelhaft war. Mona muss

443 *Rosenberg/Schwab/Gottwald* Zivilprozessrecht § 112 Rn. 26 f.

zwar das Vorliegen eines Mangels beweisen, nicht aber, dass dieser Mangel schon bei Übergabe vorlag.[444] Die V-GmbH kann allerdings das Gegenteil behaupten und beweisen, indem sie etwa mit Hilfe eines Sachverständigen aufdeckt, dass die Flecken durch das zu scharfe Putzmittel von Mona verursacht wurden. ■

Beispiel Mona klagt erneut wegen der mangelhaften Fliesen. Diesmal verlangt sie Schadenersatz von der V-GmbH (§§ 437 Nr. 3, 280 Abs. 1, 281 BGB). Aufgrund der Beweislastumkehr des § 280 Abs. 1 S. 2 BGB muss Mona nicht das Verschulden der V-GmbH beweisen. Diese kann sich allerdings als reine Zwischenhändlerin (Hersteller ist kein Erfüllungsgehilfe § 278 BGB) entlasten. ■

Auch die Rechtsprechung ordnet für bestimmte Fallkonstellationen eine Art Beweislastumkehr an. Ein Beispiel ist die **Beweisvereitelung** (z.B. Verbrennen einer Urkunde). Hier wird der klägerische Vortrag als richtig unterstellt. Dogmatisch lässt der BGH mehrere Wege zu. Anknüpfungspunkt ist zum einen die freie Beweiswürdigung (§ 286 ZPO); zum anderen ist bei manchen Fallkonstellationen (grobe Behandlungsfehler durch Ärzte)[445] davon die Rede, dass Beweiserleichterungen in Betracht kommen, die bis zu einer Umkehr der Beweislast gehen können.[446] **342**

Beispiel Thomas fühlt sich von Mona wegen ihres Gewährleistungsprozesses vernachlässigt. Er wendet sich an eine Partnervermittlungsagentur, die in einer regionalen Zeitung das Foto einer attraktiven jungen Akademikerin namens Jennifer mit dem Hinweis veröffentlicht, dass diese auf Partnersuche sei. Zudem wirbt die Agentur damit, dass sie 15 Partnerinnenvorschläge garantiere. Thomas zahlt das geforderte Honorar von 7900 €. In der Folgezeit erhält Thomas drei Vorschläge, aber nicht die Adresse von Jennifer. Thomas ficht daher den Agenturvertrag wegen arglistiger Täuschung (§ 123 BGB) an. Im Honorarrückforderungsprozess weigert sich die Agentur, den Namen und die ladungsfähige Anschrift von Jennifer herauszugeben. Dies kann nach Ansicht des BGH im Rahmen der Beweiswürdigung u.U. als Beweisvereitelung berücksichtig werden.[447] ■

V. Strengbeweis, Freibeweis, Glaubhaftmachung

Unterschieden wird des Weiteren zwischen Strengbeweis, Freibeweis und Glaubhaftmachung (§ 294 ZPO). Im Zivilprozess gilt grundsätzlich der **Strengbeweis**. Es gibt nur bestimmte **Beweismittel** (numerus clausus) und ein bestimmtes **Beweisverfahren**. An diese Förmlichkeiten ist der Richter gebunden. Er kann beispielsweise keine Befragungen in der Fußgängerzone vornehmen; das Gesetz sieht derartiges nicht vor. Nur ausnahmsweise darf (seit 2003) die Beweisaufnahme ein wenig freier erfolgen (z.B. telefonische Befragung eines Zeugen oder per E-Mail), wenn beide Parteien einverstanden sind (vgl. § 284 S. 2 ZPO).[448] Der **Freibeweis** ist vor allem noch bei der Prüfung der Prozessvoraussetzungen zugelassen.[449] Größere Bedeutung hat der Freibeweis im Verfahren der Freiwilligen Gerichtsbarkeit (§ 30 FamFG). Die **Glaubhaftmachung** (§ 294 ZPO) wiederum ist vor allem im Verfahren des einst- **343**

444 Vgl. *BGH* NJW 2017, 1093, 1096 (Gebrauchtwagen-Fall).
445 Mittlerweile in § 630h BGB gesetzlich geregelt.
446 *BGH* NJW 20008, 982, 984 f.; eingehend *Rosenberg/Schwab/Gottwald* Zivilprozessrecht § 115 Rn. 19 ff.
447 Vgl. den instruktiven Fall von *BGH* NJW 2008, 982.
448 Vgl. *Zöller/Greger* ZPO § 284 Rn. 34; *Rosenberg/Schwab/Gottwald* Zivilprozessrecht § 110 Rn. 9.
449 *BGH* NJW 2011, 778, 779.

weiligen Rechtsschutzes relevant, wo die Schnelligkeit des Verfahrens im Vordergrund steht. Mittel der Glaubhaftmachung sind die allgemeinen Beweismittel (numerus clausus), die allerdings präsent sein müssen (§ 294 Abs. 2 ZPO). Daneben gibt es die eidesstattliche Versicherung (§ 294 Abs. 1 ZPO). Hier wird das Beweismaß abgesenkt. Statt voller richterlicher Überzeugung genügt die überwiegende Wahrscheinlichkeit bzw. die gute Möglichkeit, dass sich das Ganze so zugetragen hat.[450]

VI. Beweismittel

344 Für die Beweisführung stehen Kläger und Beklagtem fünf verschiedene Beweismittel zur Verfügung. In der Praxis besonders bedeutsam sind der Zeugen-, der Urkunden- und der Sachverständigenbeweis. Weniger wichtig sind der Augenschein und die Parteivernehmung. Ein Privatgutachten ist kein Beweismittel (sondern Parteivortrag).[451]

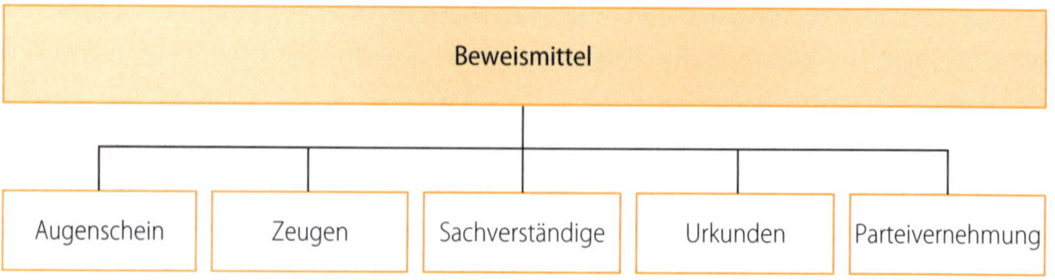

1. Zeugenbeweis

345 Der Zeugenbeweis (§§ 373 ff. ZPO) ist eines der am häufigsten angebotenen Beweismittel in der Praxis. Gegenstand des Beweises sind Tatsachen, die der Zeuge selbst wahrgenommen hat. Das gezielte heimliche Mithören eines Telefongesprächs führt allerdings zu einem Beweisverwertungsverbot.[452] Zeuge kann jedermann sein, nicht aber die Partei oder der gesetzliche Vertreter (z.B. Geschäftsführer der V-GmbH). Die Qualität des Zeugenbeweises hängt maßgeblich vom Erinnerungsvermögen und der Aussagengenauigkeit ab. Den Zeugen treffen mehrere Pflichten. Er hat wahrheitsgemäß und vollständig auszusagen (§§ 395, 396 ZPO) und kann vom Gericht zur Beeidigung seiner Aussage verpflichtet werden (§ 391 ZPO). In der Praxis stellt die Beeidigung die Ausnahme dar.

Beispiel Thomas verklagt den Autofahrer A auf Schadensersatz wegen eines Verkehrsunfalls. Der Autofahrer trägt im Prozess vor, dass er an diesem Tag gar nicht Auto gefahren sei, sondern krank zuhause war. Als Beweismittel gibt er seine Ehefrau als Zeugin an. ■

346 Das Gericht muss die Aussage des Zeugen anhören und schließlich die Glaubwürdigkeit des Zeugen beurteilen. Viele Referendare neigen dazu, die Glaubwürdigkeit eines Ehepartners von vornherein zu verneinen. Das ist ein klarer „Anfängerfehler". Der Grad der Verwandtschaft oder die Tatsache einer bestehenden Ehe ist kein alleiniger Maßstab für die Beurteilung.

450 Vgl. *BGH* NJW 2003, 3558; *Rosenberg/Schwab/Gottwald* Zivilprozessrecht § 110 Rn. 4.
451 *BGH* NJW 2016, 2328, 2333.
452 Vgl. *BAG* NJW 2010, 104, 106 f.; *Schilken* Zivilprozessrecht Rn. 474.

2. Sachverständigenbeweis

347 In vielen Zivilprozessen ist eine Entscheidung ohne Sachverständigenbeweis (§§ 402 ff. ZPO) undenkbar. Technischer und medizinischer Fortschritt wirken sich auch im Zivilprozess aus. Wenn über die Mangelhaftigkeit eines Bauwerks oder einer Computersoftware oder über die Haftung eines Arztes wegen eines Behandlungsfehlers gestritten wird, sind den juristisch gebildeten Richtern/innen Grenzen gesetzt. Hier sind Experten oder Expertinnen erforderlich, die zu den behaupteten Tatsachen Stellung nehmen. Die Auswahl trifft das Prozessgericht; die Parteien können vorher gehört werden (§ 404 Abs. 2 ZPO). Um den Prozess nicht unnötig in die Länge zu ziehen, setzt das Gericht dem Sachverständigen eine Frist zur Abgabe des schriftlichen Gutachtens (§ 411 Abs. 1 ZPO). Der ausgewählte Sachverständige muss dann unverzüglich mitteilen, ob er sein Gutachten fristgerecht abliefern kann und ob er unparteilich ist (§ 407a ZPO). Im Gegensatz zum Zeugen teilt der Sachverständige nicht seine persönliche Wahrnehmung mit, sondern er berichtet über allgemeine (wissenschaftliche) Erfahrungssätze und Zusammenhänge. Diese werden zumeist in Form eines schriftlichen Gutachtens wiedergegeben (§ 411 Abs. 1 ZPO). Die Haftung des Sachverständigen für die Erstellung unrichtiger Gutachten ist in § 839a BGB geregelt. Eine Besonderheit ist der sachverständige Zeuge. Dieser berichtet über seine persönliche Wahrnehmung in seiner Eigenschaft als Experte auf einem bestimmten Gebiet (§ 414 ZPO). Er ist also ein Zeuge mit einer besonderen Sachkunde. Für ihn gelten die Bestimmungen über den Zeugenbeweis (§ 414 ZPO).

3. Urkundenbeweis

348 Der Urkundenbeweis ist in den §§ 415 ff. ZPO geregelt. Nach der ZPO ist eine Urkunde die Verkörperung einer Gedankenäußerung in Schriftzeichen. Keine Urkunden sind mangels schriftlicher Fixierung elektronische Dokumente (z.B. Computerdateien, DVD oder CD). Diese werden als Augenscheinobjekte eingestuft (§ 371 Abs. 1 S. 2 ZPO), ebenso wie Fotos, Kopien, Videoaufnahmen oder Zeichnungen.[453] Beim Urkundenbeweis gelten feste gesetzliche Beweisregeln. Unterschieden wird zwischen öffentlichen und privaten Urkunden. Eine private Urkunde beweist immerhin, dass die in ihr enthaltene Erklärung vom Aussteller stammt (§ 416 ZPO), sofern sie echt ist (d.h. bei Echtheit der Unterschrift § 440 Abs. 2 ZPO). Ihr Inhalt unterliegt dagegen der freien richterlichen Beweiswürdigung (§ 286 ZPO).[454] Öffentliche Urkunden sind dokumentierte Erklärungen, die nach § 415 ZPO vor einer Behörde (insbesondere Notar) oder nach § 417 ZPO von einer Behörde (z.B. Gericht erlässt Strafurteil) abgegeben wurden. Nach § 415 ZPO umfasst die Beweiskraft den gesamten beurkundeten Vorgang (Person, Ort, Zeit, Inhalt). Werden die Behördendokumente dann eingescannt (an sich Augenscheinobjekte), bleiben diese Beweiskraftregeln erhalten (§ 371b ZPO).

4. Augenschein

349 Der Beweis des (richterlichen) Augenscheins ist in §§ 371 ff. ZPO geregelt. Das Wort Augenschein ist etwas missverständlich. Unter den Beweis des Augenscheins fallen alle sinnlichen Wahrnehmungen (Auge, Ohr, Geschmack, Geruch, Tastsinn), so dass auch die Wahrnehmung von Geruchs- oder Lärmbelästigungen[455] oder das Betrachten einer Dash-cam-Aufzeichnung

453 *Rosenberg/Schwab/Gottwald* Zivilprozessrecht § 119 Rn. 4.

454 *Zöller/Greger* ZPO § 416 Rn. 9.

455 *Rosenberg/Schwab/Gottwald* Zivilprozessrecht § 118 Rn. 1.

(zu einem Verkehrsunfall)[456] dazu gehören. Auch elektronische Dokumente (§ 371 Abs. 1 S. 2 ZPO) sind Augenscheinobjekte, wobei diese teils eigene (Urkunden-)Beweisregeln haben (§§ 371a, 371b ZPO). Diese äußerlich feststellbaren Tatsachen, die der Richter in eigener Person wahrnimmt, sind Gegenstand des Augenscheinbeweises. Das Gericht kann die Vorlage der Augenscheinobjekte anordnen (§ 144 Abs. 1 ZPO).

Ausgangsfall Mona behauptet im Prozess gegen die V-GmbH, dass die Fliesen Verfärbungen aufweisen und daher mangelhaft seien. Sie bietet Augenschein und Sachverständigenbeweis als Beweismittel an. Hier kann das Gericht Augenscheinbeweis durch Besichtigung der Fliesen erheben. ■

5. Parteivernehmung

350 Die Parteivernehmung (§§ 445 ff. ZPO) ist gegenüber den anderen Beweismitteln subsidiär.[457] Sie kommt in der Praxis immer wieder vor. Die Parteivernehmung ist vom bloßen Parteivortrag (Anhörung) in der mündlichen Verhandlung zu unterscheiden. Die Parteivernehmung erfordert einen Beweisbeschluss, in dem das Beweisthema klar abgegrenzt wird.[458] Zu einer Parteivernehmung kommt es, wenn das Gericht diese von Amts wegen anordnet (§ 448 ZPO).[459] Eine Parteivernehmung kann im Fall der Beweisnot (Vier-Augen-Gespräch) aus dem Gesichtspunkt der prozessualen Waffengleichheit erforderlich sein.[460] Eine Partei kann nur die Parteivernehmung der gegnerischen Partei beantragen, außer beide Parteien sind mit der Eigennennung einverstanden (§ 447 ZPO).

VII. Beweisverfahren

351 Das Beweisverfahren durchläuft regelmäßig mehrere Stufen.

1. Beweisantrag und Beweisanordnung

352 Entscheidungserhebliche und bestrittene Tatsachen müssen grundsätzlich bewiesen werden. Dazu ist als erster Schritt ein Beweisantrag der belasteten Partei nötig (= Beweisantritt). Regelmäßig werden die Beweisanträge in den Schriftsätzen gestellt. Mittlerweile kann das Gericht die Beweiserhebung für fast alle Beweismittel **von Amts wegen** anordnen (§§ 141, 142, 144 ZPO). Der **Beweisantrag** einer Partei ist nur noch beim **Zeugenbeweis** erforderlich (§ 373 ZPO). Damit ist der Verhandlungsgrundsatz im Beweisrecht in weiten Teilen durchbrochen.

353 Hat die Partei Beweisanträge zu erheblichen Tatsachenbehauptungen gestellt, muss das Gericht die Beweiserhebung anordnen. Dies folgt aus Art. 103 Abs. 1 GG.[461] Durch die Beweisanordnung wird vom Gericht festgelegt, welche Tatsachen klärungsbedürftig sind. Grundsätzlich genügt eine formlose Beweisanordnung in der mündlichen Verhandlung. Unmittelbar danach schließt sich die Beweisaufnahme an (der Richter verkündet folgende Anordnung: „Zur Sache

456 Kein Verwertungsverbot: *OLG Nürnberg* NJW 2017, 3597, 3598 f.; *LG München* I BeckRS 2016, 18683.
457 *BAG* NJW 2014, 1326, 1327.
458 *Zöller/Greger* ZPO § 448 Rn. 6.
459 Zu den Voraussetzungen *BGH* NJW 2016, 950, 952.
460 *BGH* NJW 2013, 2601, 2602; NJW 2010, 3292, 3293.
461 *BGH* NJW 2016, 641.

wird der Zeuge XY … befragt"). Ansonsten erfolgt die Anordnung durch förmlichen Beweisbeschluss mit einem festgelegten Inhalt (§§ 358, 358a, 359 ZPO). Dieser ist nicht selbstständig anfechtbar (§ 355 Abs. 2 ZPO), da es sich um einen bloßen Prozessleitungsakt handelt.

2. Beweisaufnahme

Erst nach der Beweisanordnung kommt es zur Beweisaufnahme. Diese findet wegen des Grundsatzes der Unmittelbarkeit grundsätzlich vor dem Prozessgericht statt (§ 355 Abs. 1 S. 1 ZPO). Ausnahmsweise kann die Beweisaufnahme durch einen beauftragten Richter (§ 361 ZPO) oder einen ersuchten Richter (§ 362 ZPO) vorgenommen werden. 354

» Sollten Sie den Grundsatz der Unmittelbarkeit nicht mehr allzu gut in Erinnerung haben, können Sie ihn an dieser Stelle wiederholen (Rn. 56). «

Hinweis

§ 128a Abs. 2 ZPO erlaubt eine weitere Durchbrechung des Unmittelbarkeitsgrundsatzes bei einer Beweisaufnahme durch Videokonferenz. Die Vorschrift wurde 2013 reformiert, um eine intensivere Nutzung dieses Mediums zu erreichen. Da die technische Ausstattung der Gerichte aber noch immer in den Kinderschuhen steckt, kommt diese Norm derzeit eher selten zum Tragen.

3. Beweiswürdigung

Die abschließende Beweiswürdigung erfolgt grundsätzlich nach freier Überzeugung des Gerichts (§ 286 Abs. 1 S. 1 ZPO = **Grundsatz der freien Beweiswürdigung**). Der Richter muss entscheiden, ob er die behauptete Tatsache für wahr oder unwahr hält. Hierzu braucht er die „volle richterliche Überzeugung"; diese muss auf nachprüfbaren objektiven Tatsachen beruhen.[462] Bleiben Zweifel, geht das zum Nachteil der beweisbelasteten Partei. Das Gericht muss also von der Wahrheit einer Tatsache voll und ganz überzeugt sein (= „Grad von Gewissheit, die den Zweifeln Schweigen gebietet, ohne sie völlig auszuschließen").[463] Dies gilt nicht nur für den Zeugen- und Urkundenbeweis, sondern auch für den Sachverständigenbeweis. Der Richter darf nicht „blind" Feststellungen des Sachverständigen übernehmen. Er muss das Gutachten auf seine logische Stimmigkeit überprüfen, insbesondere beim Streit mehrerer Sachverständiger.[464] Der Richter muss im Urteil angeben, welche Gründe für seine richterliche Überzeugung maßgebend gewesen sind (§ 286 Abs. 1 S. 2 ZPO). 355

Eine Besonderheit bildet der **Anscheinsbeweis** (= prima-facie-Beweis), der von der Rechtsprechung entwickelt wurde. In § 371a ZPO ist er für die elektronische Signatur mittlerweile gesetzlich verankert. Der Anscheinsbeweis erlaubt dem Richter, bei typischen Geschehensabläufen aus der allgemeinen Lebenserfahrung auf bestimmte Tatsachen (Kausalität, Verschulden) zu schließen.[465] Er spielt in Verkehrssachen, Arzthaftungsprozessen sowie bei Verletzung von Beratungspflichten eine wichtige Rolle. 356

462 *BGH* NJW 2014, 71, 72.
463 *BGH* NJW 2016, 942, 946; NJW 2015, 2111, 2112; NJW 2014, 71, 72.
464 *BGH* NJW 2015, 411, 412; *Zöller/Greger* ZPO § 402 Rn. 7a.
465 *BGH* NJW 2017, 1961, 1963; NJW 2010, 1072.

Beispiel Thomas macht wegen eines Autounfalls Schadensersatzansprüche gegen den Autofahrer A geltend. Er möchte Schadensersatz für seine Stoßstange, die durch den Auffahrunfall beschädigt wurde. Nach der Rechtsprechung spricht bei Auffahrunfällen der Anscheinsbeweis (= prima-facie-Beweis) für ein Verschulden (§ 276 BGB) des Auffahrenden. ■

357 Am meisten Spielraum hat ein Richter, wenn es um einen Streit über die Höhe einer Schadensersatzforderung geht. Hier darf das Gericht den Schaden schätzen (§ 287 ZPO).

K. Gerichtliche Entscheidungen

I. Arten gerichtlicher Entscheidungen

358 Die ZPO stellt dem Richter verschiedene Instrumente zur Verfügung, um einen Rechtsstreit voranzubringen und zu beenden. Die möglichen Aktionsformen sind Urteile, Beschlüsse und Verfügungen (§ 160 Abs. 3 Nr. 6 ZPO).

1. Urteile

359 Die wichtigste Entscheidungsart im Prozess ist das Urteil. Das Urteil entscheidet über den Rechtsstreit zwischen den Parteien ganz oder teilweise. Urteile ergehen in der Regel aufgrund einer mündlichen Verhandlung. Das gebietet schon der Grundsatz der Mündlichkeit. Nur ausnahmsweise ist eine mündliche Verhandlung entbehrlich (z.B. schriftliches Verfahren § 128 Abs. 2 ZPO). Das Urteil muss eine bestimmte Form einhalten (§ 313 ZPO) und muss „offiziell" verkündet werden (§ 310 ZPO). Das Gericht ist an sein Urteil gebunden und darf es nicht mehr ändern (§ 318 ZPO). Ein Urteil kann mit der Berufung (§ 511 Abs. 1 ZPO) oder Revision (§ 542 Abs. 1 ZPO) angefochten werden. Gegen ein Versäumnisurteil ist der Einspruch statthaft (§ 338 ZPO).

2. Beschlüsse

360 Beschlüsse werden in der Regel ohne mündliche Verhandlung erlassen (§ 128 Abs. 4 ZPO). Beispiele sind der Beweisbeschluss (§ 358 ZPO) oder der Verweisungsbeschluss (§ 281 Abs. 1 S. 1 ZPO). Das rechtliche Gehör der Parteien wird hierdurch nicht verletzt, da noch keine abschließende Entscheidung ergeht. Allerdings gibt es auch Beschlüsse, die geplant ohne mündliche Verhandlung ergehen, um den Gegner zu überraschen, wie im Fall von Arrest und einstweiliger Verfügung (§§ 936, 922 Abs. 1 ZPO). Hier erhält der Gegner erst durch Einlegung eines Rechtsbehelfs rechtliches Gehör. In manchen Fällen ist auch für Beschlüsse eine mündliche Verhandlung vorgesehen (vgl. § 320 Abs. 3 ZPO) mit der Folge, dass der Beschluss dann zu verkünden ist (§ 329 Abs. 1 S. 1 ZPO). Ansonsten sind Beschlüsse an keine bestimmte Form gebunden und werden den Parteien formlos mitgeteilt. Ausnahmsweise sind sie zuzustellen (§ 329 Abs. 2, 3 ZPO). Beschlüsse können regelmäßig mit der sofortigen Beschwerde angefochten werden (§ 567 ZPO). Auch hier gibt es Ausnahmen (z.B. §§ 924, 927 ZPO).

3. Verfügungen

361 Verfügungen sind prozessleitende Maßnahmen von untergeordneter Bedeutung, wie beispielsweise Terminbestimmungen (§ 272 Abs. 2 ZPO) oder vorbereitende Maßnahmen nach § 273 ZPO. Sie werden zumeist vom Vorsitzenden erlassen und sind im Regelfall nicht anfechtbar.[466]

---

466 *Grunsky/Jacoby* Zivilprozessrecht Rn. 603.

II. Einteilung der Urteile

1. Begrifflichkeiten

Ein **Prozessurteil** ergeht, wenn die Klage **unzulässig** ist. Die Klage wird als unzulässig abgewiesen. Ein **Sachurteil** ergeht, wenn die Klage **begründet** ist oder wenn sie als **unbegründet** abgewiesen wird. Ein Urteil, das nach einer streitigen mündlichen Verhandlung erlassen wird, ist ein sog. kontradiktorisches Urteil. Ergeht das Urteil aufgrund der Säumnis einer Partei, ist es ein Versäumnisurteil. **362**

2. Urteilstenor

Unterschieden wird zwischen Leistungs-, Feststellungs- und Gestaltungsurteilen. Leistungsurteile enthalten einen Leistungsbefehl an den Beklagten. Beispiel: „Der Beklagte wird verurteilt, an den Kläger 2000 € zu zahlen". Aus diesem Urteil kann der Kläger die Zwangsvollstreckung (8. Buch der ZPO) betreiben. Feststellungsurteile stellen das Bestehen oder Nichtbestehen eines Rechtsverhältnisses fest. Beispiel: „Es wird festgestellt, dass der Kläger Eigentümer des Fernsehers Marke XY ist". Aus einem Feststellungsurteil kann nicht vollstreckt werden. Durch Gestaltungsurteile wird ein Rechtsverhältnis kraft Richterakt umgestaltet. Die Wirkung tritt unmittelbar mit der formellen Rechtskraft (= Unanfechtbarkeit) ein. Daher bedarf es keiner weiteren Vollstreckung. Beispiel: „Der Beklagte wird aus der Buchhandlung Bernd Bauer OHG als Gesellschafter ausgeschlossen." **363**

3. Urteilsarten

a) Endurteile

Das Endurteil beendet die Instanz, indem es verbindlich über den Streitgegenstand entscheidet. Ist der Rechtsstreit entscheidungsreif, ergeht ein Voll-Endurteil (§ 300 Abs. 1 ZPO). Ein Teilurteil ist möglich, wenn nur einer von mehreren Streitgegenständen entscheidungsreif ist (§ 301 ZPO).[467] Ist der „Reststreitgegenstand" dann ebenfalls entscheidungsreif, ergeht das sog. Schlussurteil. Auch über Klage und Widerklage kann getrennt durch Teilurteil entschieden werden. Zu den Endurteilen gehören auch das Anerkenntnis- (§ 307 ZPO) und das Verzichtsurteil (§ 306 ZPO). **364**

b) Zwischenurteile

Das Zwischenurteil entscheidet nicht über den gesamten Streitgegenstand, sondern über einzelne Streitfragen, wie prozessuale Fragen. Beispielsweise kann ein Streit über die Zulässigkeit der Klage durch Zwischenurteil entschieden werden (§§ 303, 280 Abs. 2 ZPO). Das in der Praxis häufigste Zwischenurteil ist das **Grundurteil** (§ 304 ZPO), das voraussetzt, dass ein Anspruch nach Grund und Betrag streitig ist. Das Gericht kann beispielsweise feststellen, dass ein Schadensersatzanspruch aufgrund eines Autounfalls dem Grunde nach besteht, also die Anspruchsvoraussetzungen des § 823 Abs. 1 BGB vorliegen. Über die Höhe des Schadens kann dann (im sog. Betragsverfahren) weiter gestritten werden. Ob ein Zwischenurteil ergeht, steht im gerichtlichen Ermessen. Maßstab ist die Prozessökonomie.[468] Die wichtigsten Zwischenurteile sind selbstständig anfechtbar, wie beispielsweise das Grundurteil (§ 304 Abs. 2 Hs. 1 ZPO). **365**

---

467 Hierzu *BGH* NJW 2012, 844.
468 *BGH* NJW 2016, 3244, 3245.

c) Vorbehaltsurteil

366 Das Vorbehaltsurteil (§ 302 ZPO) ermöglicht es, den Beklagten zu verurteilen, bevor über alle seine Einwendungen entschieden wurde. Hat der Beklagte im Prozess die Aufrechnung mit einer Gegenforderung erklärt, kann das Gericht ein Vorbehaltsurteil aussprechen. Der Kläger hat sofort ein vollstreckbares Urteil. Das Vorbehaltsurteil steht allerdings unter der auflösenden Bedingung, dass es auch im Nachverfahren Bestand hat.

III. Erlass des Urteils

1. Form und Inhalt

367 Das Urteil besteht aus fest vorgeschriebenen Elementen: Es enthält zunächst die Überschrift mit der Formel, dass das Urteil im Namen des Volkes ergeht (§ 311 Abs. 1 ZPO). Dann folgen das Aktenzeichen und das Verkündungsdatum. Dem schließt sich das **Rubrum**, d.h. die Bezeichnung der Parteien und ihren Bevollmächtigten (§ 313 Abs. 1 Nr. 1 ZPO), an. Nach dem Rubrum folgt der **Tenor** (= die Urteilsformel) als der wesentliche Teil des Urteils. Der Tenor ist für die Zwangsvollstreckung maßgebend. Danach kommt die Begründung des Urteils. Zunächst wird der **Tatbestand** (§ 313 Abs. 1 Nr. 5, Abs. 2 ZPO) wiedergegeben, der eine Darstellung der im Prozess erhobenen Ansprüche, die Angriffs- und Verteidigungsmittel, die Anträge der Parteien sowie eine knappe Darstellung der Prozessgeschichte enthält. Dem folgen die **Entscheidungsgründe** (§ 313 Abs. 1 Nr. 6, Abs. 3 ZPO). Diese geben die Erwägungen des Gerichts in tatsächlicher und rechtlicher Hinsicht wieder. Dann folgt die seit 2014 vorgeschriebene **Rechtsbehelfsbelehrung** (§ 232 ZPO). Das Urteil schließt mit der Unterschrift des Richters (§ 315 Abs. 1 ZPO).

Überschrift	AMTSGERICHT KÖLN IM NAMEN DES VOLKES URTEIL
Aktenzeichen Verkündungsdatum	12 C 521/17 — verkündet am: 9.5.17 Mey, Justizangestellte als Urkundsbeamtin der Geschäftsstelle
Rubrum	In dem Rechtstreit Mona Moos, – Klägerin – Prozessbevollmächtigte – Rechtsanwälte Huber & Kollegen gegen die Firma V-GmbH, vertreten durch ihren Geschäftsführer Gerald Grün – Beklagte – Prozessbevollmächtigte – Rechtsanwälte Linsen & Partner hat das Amtsgericht Köln durch den Richter am Amtsgericht Müller in der mündlichen Verhandlung am 28.4.2017 für Recht erkannt:

Tenor	I. Die Beklagte wird verurteilt, an die Klägerin EUR 273 zu zahlen. Im Übrigen wird die Klage abgewiesen. II. Die Kosten des Rechtsstreits hat die Klägerin zu tragen. III. Das Urteil ist vorläufig vollstreckbar. Die Parteien dürfen die gegen sie gerichtete Vollstreckung durch Sicherheitsleistung in Höhe von 110 % des auf Grund des Urteils zu vollstreckenden Betrages abwenden, wenn nicht die jeweils andere Partei vor der Vollstreckung Sicherheit in gleicher Höhe leistet.
Tatbestand	Tatbestand Die Klägerin hat am ... im Geschäft der Beklagten 30 Fliesen der Marke ... gekauft. Die Fliesen wurden durch einen von der Klägerin beauftragten Fliesenleger verlegt. Die Klägerin trägt vor ... .
Entscheidungsgründe	Entscheidungsgründe Der Klägerin steht gegen die Beklagte ein Anspruch auf Ersatz der Austauschkosten nach §§ 437 Nr. 1, 439 BGB nicht zu. Nach der Rechtsprechung des BGH ...... Die Klägerin kann aber Minderung in Höhe von 273 € verlangen ... Die Kostenentscheidung beruht auf § 92 ZPO ....
Rechtsbehelfsbelehrung	Rechtsbehelfsbelehrung Gegen dieses Urteil kann innerhalb eines Monats ab Zustellung schriftlich Berufung beim Landgericht Köln ......
Unterschrift	Müller Richter am Amtsgericht

2. Bindung an den Antrag

Nach **§ 308 ZPO** ist das Gericht an die Sachanträge der Parteien **gebunden**. Es darf nicht selbst kreativ werden und eine eigene (bessere) Rechtsfolge aussprechen. Das verbietet der Dispositionsgrundsatz. Dem Gericht ist es jedoch erlaubt, ein Weniger zuzusprechen.[469] So darf es dem Kläger statt des gesamten Anspruchs nur einen Teilbetrag zuerkennen (statt 2000 € nur 1000 €) oder den Beklagten statt zur Löschung aller Fotos zu einem Teil davon verurteilen.[470] Zulässig ist es auch, statt zur Leistung „nur" zur Leistung Zug um Zug zu verurteilen. Unzulässig ist es aber, den Beklagten statt zur Zahlung zur Herausgabe einer Sache zu verurteilen. **368**

» **Haben Sie den Dispositionsgrundsatz mit seinen verschiedenen Ausprägungen noch in Erinnerung? Wiederholen Sie ihn ggf. an dieser Stelle (Rn. 38 ff.).** **«**

Ausgangsfall Mona möchte von der V-GmbH Ersatz der Austauschkosten in Höhe von 2400 €. Das AG Köln erkennt ihr wegen der Verfärbungen der Fliesen einen Minderungsbetrag in Höhe von 273 € zu. Dies ist ein Verstoß gegen § 308 ZPO, da Mona nie einen Anspruch auf Minderung gerichtlich erhoben hat.[471] ■

469 Vgl. *BGH* NJW 2016, 1094; *Thomas/Putzo/Reichold* ZPO § 308 Rn. 3.
470 *BGH* NJW 2016, 1094, 1095.
471 Vgl. auch *BGH* NJW 2017, 1180, 1181 (Verletzung rechtlichen Gehörs Art. 103 Abs. 1 GG).

3. Urteilsverkündung und Zustellung

369 Ein Urteil wird erst durch seine förmliche Verkündung „geboren" (§ 310 Abs. 1 ZPO). Vorher ist es nicht existent; es ist ein bloßer Entwurf.[472] Es muss von den Richtern gefällt werden, die bei der letzten mündlichen Verhandlung anwesend waren (§ 309 ZPO = Unmittelbarkeit). Eher selten kommt es vor, dass das Urteil sogleich am Ende der mündlichen Verhandlung verkündet wird, sog. Stuhlurteil (§ 310 Abs. 1 S. 1 Hs. 1 ZPO). Denn regelmäßig braucht der Richter nach der mündlichen Verhandlung noch eine gewisse „Nachdenkzeit", so dass er das Urteil bevorzugt in einem besonderen Verkündungstermin verkündet (§ 310 Abs. 1 S. 1 Hs. 2 ZPO). In diesem Fall muss das Urteil bei der (späteren) Verkündung vollständig formuliert sein (§ 310 Abs. 2 ZPO). Im Anschluss daran folgt die Zustellung des Urteils (§§ 317, 270 Abs. 1 ZPO). Die Zustellung markiert einen wichtigen Meilenstein für die Parteien, da sie die Rechtsmittelfristen und Einspruchsfristen in Gang setzt (§§ 517, 548, 339 ZPO).

Hinweis

Die Zustellung des Urteils ist zudem Voraussetzung, dass die Zwangsvollstreckung betrieben werden kann (§ 750 Abs. 1 ZPO).

IV. Wirkungen des Urteils

370 Das Urteil entfaltet Innen- und Außenwirkung. Wichtigste Folge der gerichtlichen Entscheidung ist die materielle Rechtskraftwirkung. Sie ist eines der dogmatisch umstrittensten Themenbereiche der ZPO, getreu nach Goethe „Grau ist alle Theorie".

1. Innerprozessuale Bindung

371 Nach **§ 318 ZPO** ist das erkennende Gericht an seine eigene Entscheidung (Endurteil, Zwischenurteil) gebunden. Auch wenn das Gericht mittlerweile überzeugt ist, ein falsches Urteil erlassen zu haben, darf es das verkündete Urteil nicht mehr korrigieren (= **Innenwirkung**). Lediglich kleinere **Berichtigungen**, wie Schreib- und Rechenfehler (§ 319 ZPO), Tatbestandskorrekturen (§ 320 ZPO) oder Ergänzungen (§ 321 ZPO) sind in derselben Instanz möglich. Es darf auch keine neuen Entscheidungen treffen, die dem Urteil inhaltlich widersprechen. Einen Ausnahmefall bildet die **Anhörungsrüge** nach **§ 321a ZPO** (hierzu Rn. 52).

2. Formelle Rechtskraft

372 Rechtskraft steht für „Rechtsfrieden" und „Rechtssicherheit". Ein zweiter, dritter oder gar vierter Prozess über denselben prozessualen Anspruch soll verhindert werden. Dieses Ergebnis wird durch den Eintritt der formellen und materiellen Rechtkraft erreicht. **Formelle Rechtskraft** bedeutet, dass ein Urteil (Beschluss) mit ordentlichen Rechtsbehelfen nicht mehr angefochten werden kann (§ 705 ZPO). Bei erstinstanzlichen Urteilen tritt die formelle Rechtskraft daher stets mit Ablauf der **Rechtsmittelfrist** ein.[473] Urteile des BGH sowie OLG-Urteile im Verfahren des einstweiligen Rechtsschutzes werden bereits mit ihrer Verkündung formell rechts-

---

472 *BGH* NJW 2014, 1306, 1307; NJW 2015, 2342.

473 Ausführlich *Schilken* Zivilprozessrecht Rn. 1001; *Zeiss/Schreiber* Zivilprozessrecht Rn. 555.

kräftig, da kein Rechtsmittel mehr statthaft ist. Die formelle Rechtskraft garantiert, dass der konkrete Prozess endgültig abgeschlossen ist.

Beispiel Mona erhält das am 9.5.2017 verkündete Urteil am 23.5.2017 zugestellt. Mona hat nun einen Monat Zeit, Berufung einzulegen (§ 517 ZPO). Da sich Mona nicht entscheiden kann, lässt sie die Frist für das Rechtsmittel verstreichen. Das klageabweisende Urteil wird daher am 23.6.2017 um 24 Uhr formell rechtskräftig. Eine Korrektur im Instanzenzug ist nicht mehr möglich. Der Prozess ist beendet. Eine andere Frage ist, ob Mona erneut – bei einem anderen Gericht – auf Ersatz von 2400 € Austauschkosten klagen kann. Dies betrifft die materielle Rechtskraft des Urteils und wird sogleich behandelt. ■

3. Materielle Rechtskraft

Die materielle Rechtskraft besagt, dass der Inhalt eines Urteils für spätere Prozesse zwischen denselben Parteien über denselben prozessualen Anspruch „unantastbar" ist. Das fordert schon die gerichtliche Autorität. Es soll verhindert werden, dass eine dem Ersturteil widersprechende Entscheidung getroffen wird. Die materielle Rechtskraft ist nur lückenhaft in der ZPO geregelt (§§ 322–327 ZPO). Sie setzt notwendig den Eintritt der formellen Rechtskraft voraus. Solange ein Urteil im Instanzenzug noch abänderbar ist, gibt es keine materielle Rechtskraft. **373**

a) Rechtskraftfähige Entscheidungen

Materielle Rechtskraft können nur formell rechtskräftige Entscheidungen (Urteile, Beschlüsse) entfalten. Bei einem Prozessurteil ist eine erneute Klageerhebung möglich, wenn sich die prozessualen Voraussetzungen gegenüber dem Erstprozess geändert haben.[474] **374**

b) Lehrmeinungen zur materiellen Rechtskraft

Die materielle Rechtskraft hindert die Gerichte, in einem neuen Prozess abweichend vom rechtskräftigen Urteil des Vorprozesses zu entscheiden. Umstritten ist, ob sich die Rechtskraft in dieser negativen Funktion erschöpft oder auch die materielle Rechtslage „umgestaltet". Das ist Gegenstand des Rechtskrafttheorienstreits.[475] **375**

aa) Materielle Rechtskrafttheorie

Nach der materiell-rechtlichen Rechtskrafttheorie werden die materiell-rechtlichen Beziehungen zwischen den Parteien durch das rechtskräftige Urteil verbindlich „umgestaltet" bzw. durch die Urteilsfeststellungen „unwiderlegbar vermutet".[476] Das Prozessrecht sticht sozusagen das materielle Recht. Diese Theorie wird heute nur noch vereinzelt vertreten. **376**

bb) Prozessuale Rechtskrafttheorie (ne bis in idem-Lehre)

Herrschend ist derzeit die prozessuale Rechtskrafttheorie. Nach ihr hat eine gerichtliche Entscheidung keine Wirkung auf das materielle Recht. Das Wesen der Rechtskraft beschränkt sich darauf, dass die Gerichte eine rechtskräftige Gerichtsentscheidung in späteren Verfahren **377**

---

474 Vgl. *Pohlmann* Zivilprozessrecht Rn. 694; *Grunsky/Jacoby* Zivilprozessrecht Rn. 743.
475 Eingehend *Zöller/Vollkommer* ZPO Rn. 15 ff. vor § 322.
476 Nachweise bei *Zeiss/Schreiber* Zivilprozessrecht Rn. 562.

beachten müssen. Umstritten sind allerdings die konkreten Auswirkungen auf einen etwaigen Zweitprozess.[477] Nach der prozessualen Bindungslehre darf der Richter in einem neuen Rechtsstreit neu, aber nicht abweichend entscheiden (= reine Bindungswirkung). Die in Rechtsprechung und Schrifttum herrschende **ne bis in idem-Lehre** unterscheidet dagegen **zwei Fallgruppen**. Ist der Streitgegenstand des neuen Prozesses identisch mit dem des früheren Prozesses, ist die Rechtskraft eine **negative Prozessvoraussetzung**, die nicht nur eine abweichende Entscheidung verbietet, sondern von vornherein ein neues Verfahren **unzulässig** macht (= Sperrwirkung = Einwand der anderweitigen Rechtskraft).[478] Die Klage ist unzulässig und sofort durch **Prozessurteil** abzuweisen.

378 Ist der Streitgegenstand (über den im 1. Prozess entschieden wurde) in einem neuen Verfahren (2. Prozess) lediglich eine **Vorfrage**, darf der Richter eine neue Entscheidung treffen, ist aber an die Vorentscheidung gebunden (= Bindungswirkung = **Präjudizialität**).[479] In der Praxis spielt vor allem die letztgenannte Auswirkung der materiellen Rechtskraft eine wichtige Rolle. Die unterschiedlichen Wirkungen sollen anhand von zwei *Beispielsfällen* verdeutlicht werden.

Beispiel Sperrwirkung bei Identität des Streitgegenstands

Mona ist Eigentümerin eines Dackels. Ihr Nachbar Norbert behauptet mehrfach, dass er der wahre Eigentümer des Dackels sei. Mona erhebt daher vor dem AG Köln Klage auf Feststellung (§ 256 ZPO), dass sie die Eigentümerin des Dackels sei. Mona gewinnt den Prozess. Das Urteil wird formell rechtskräftig. Nach der ne bis in idem-Lehre kann Mona nicht erneut gegen Norbert Feststellungsklage vor einem anderen Gericht erheben, dass sie die Eigentümerin des Dackels sei. Dem zweiten Prozess steht der Einwand anderweitiger Rechtskraft entgegen (§ 322 ZPO). Mona wird daher kaum so dumm sein und eine zweite identische Klage erheben. Derartige Fälle kommen in der Praxis auch so gut wie nie vor. Wichtig ist aber eine weitere Auswirkung bei Streitgegenstandsidentität. Denn umgekehrt kann auch Norbert nicht in einem zweiten Prozess Klage auf Feststellung gegen Mona erheben, dass er der Eigentümer sei. Denn genau das wurde bereits rechtskräftig im ersten Prozess (mit-)entschieden. So wird auch das kontradiktorische Gegenteil von der Streitgegenstandsidentität erfasst.[480] ■

379 Die Frage der materiellen Rechtskraft taucht hier in der Zulässigkeitsprüfung des zweiten Gerichts unter dem Punkt „Einwand anderweitiger Rechtskraft" auf. Klagt man das gleiche ein, führt das zur Unzulässigkeit der Klage. Die Klage ist durch Prozessurteil abzuweisen.

Beispiel Präjudizialität = Bindungswirkung

Mona hat im ersten Prozess ihre Feststellungsklage gegen Norbert gewonnen. Das Urteil ist rechtskräftig. Daraufhin entführt Norbert den Dackel. Mona erhebt in einem zweiten Prozess Klage auf Herausgabe des Dackels (§ 985 BGB). Für die Klage von Mona auf Herausgabe ist das Eigentum eine entscheidungserhebliche Vorfrage. Denn die Anspruchsgrundlage des § 985 BGB setzt voraus, dass Mona Eigentümerin des Dackels ist, Norbert Besitzer ist und er kein Recht zum Besitz (§ 986 BGB) hat. Nach der ne bis in

477 Näher *Schilken* Zivilprozessrecht Rn. 1009 ff.
478 *BGH* NJW 2014, 314; NJW 2003, 3058, 3059.
479 *BGH* NJW 2017, 893, 894; NJW 2012, 1964, 1965; NJW 2003, 3058, 3059.
480 *BGH* NJW 2017, 893, 894; NJW 2003, 3058, 3059; *Zeiss/Schreiber* Zivilprozessrecht Rn. 571.

idem-Lehre bewirkt die materielle Rechtskraft des ersten Urteils, dass das Gericht des zweiten Prozesses bezüglich der Vorfrage „Eigentum" gebunden ist und daher das Eigentum von Mona zugrunde legen muss. ■

Die Frage der materiellen Rechtskraft taucht hier bei der Begründetheitsprüfung zu § 985 BGB unter dem Punkt „Eigentum" auf. Hat das Erstgericht im Tenor rechtskräftig über „das Eigentum von Mona in Bezug auf Norbert" entschieden, ist das Zweitgericht an diese Entscheidung in der Begründetheitsprüfung gebunden. **380**

c) Objektive Grenzen der Rechtskraft

aa) Grundsätze

Die Vorschrift des **§ 322 Abs. 1 ZPO** zieht die **objektiven Grenzen** der Rechtskraft. Danach sind Urteile nur insoweit der Rechtskraft fähig, als über den durch Klage oder Widerklage erhobenen Anspruch (= Streitgegenstand) entschieden ist. Über welchen Streitgegenstand entschieden wurde, steht im **Tenor** der Entscheidung (§ 313 Abs. 1 Nr. 4 ZPO). Notfalls sind zu seiner Auslegung die Entscheidungsgründe heran zu ziehen. **Nicht** in Rechtskraft erwachsen **Tatbestand** und **Entscheidungsgründe**, also die einzelnen Urteilselemente, die Tatsachen sowie die rechtliche Beurteilung.[481] Auch Vorfragen nehmen nicht an der Rechtskraftwirkung teil.[482] Einwendungen und Gegenrechte des Beklagten (Ausnahme: Aufrechnung § 322 Abs. 2 ZPO) sind ebenfalls nicht rechtskraftfähig.[483] Die Rechtskraftwirkung ist folglich eng gestrickt. **381**

Beispiel Mona erhebt Klage auf Kaufpreisrückzahlung in Höhe von 600 € gegen die V-GmbH wegen der verfärbten Fliesen. Mona muss gegenüber dem Gericht beweisen, dass ein Kaufvertrag mit der V-GmbH besteht (§§ 433, 145, 147 BGB), die Fliesen mangelhaft sind (§ 434 BGB), die Fristsetzung zur Nacherfüllung entbehrlich (§§ 323 Abs. 2, 440 BGB) und der Mangel erheblich ist (§ 323 Abs. 5 BGB). Mona gewinnt den Prozess. Das Urteil wird rechtskräftig. Nun will Mona in einem zweiten Prozess auch noch Schadensersatz von der V-GmbH wegen der Sachverständigenkosten. Die Rechtskraftwirkung des ersten Prozesses beschränkt sich darauf, dass die V-GmbH zur Kaufpreisrückzahlung in Höhe von 600 € verpflichtet ist. Die Feststellungen, dass zwischen den Parteien ein Kaufvertrag besteht, die Fliesen Verfärbungen und einen erheblichen Mangel haben oder die Käuferin eine Verbraucherin ist, sind Vorfragen (Urteilselemente) und erwachsen nicht in Rechtskraft.[484] Falls die V-GmbH erfolgreich die Anfechtung wegen Irrtums erklärt (§ 119 Abs. 1 BGB) oder die Einrede der Verjährung (§§ 438, 218 BGB) erhebt, nehmen diese Feststellungen nicht an der Rechtskraft teil. Mona und die V-GmbH müssen im zweiten Prozess nochmals bei „Null" anfangen. Hier hilft ggf. eine **Zwischenfeststellungsklage** (§ 256 Abs. 2 ZPO) im ersten Prozess („es wird festgestellt, dass zwischen den Parteien ein Kaufvertrag besteht" etc.). Eine Zwischenfeststellungsklage über vorgreifliche Rechtsverhältnisse ist jederzeit möglich (ohne besonderes Feststellungsinteresse).[485] ■

---

481 *BGH* NJW 2016, 1823, 1824; NJW 2012, 3577, 3579; NJW 2010, 2210, 2211.

482 *BGH* NJW 2016, 2662, 2663 (st. Rspr.).

483 *BGH* NJW 2017, 893; NJW 2003, 3058, 3059.

484 Vgl. *BGH* NJW 2017, 893.

485 Vgl. *BGH* NJW 2017, 893, 894; *Grunsky/Jacoby* Zivilprozessrecht Rn. 288.

bb) Klageabweisung

382 Bei klageabweisenden Urteilen lässt der „Tenor" keine Aufschlüsse über den Inhalt der Entscheidung zu, so dass Tatbestand, Entscheidungsgründe sowie Parteivorbringen „vorsichtig" heranzuziehen sind.[486] Von der Rechtskraft erfasst sind bei einer Klageabweisung („Die Klage wird abgewiesen") alle materiell-rechtlichen Anspruchsgrundlagen.[487] Hat das Gericht aus Versehen eine von mehreren Anspruchsgrundlagen nicht geprüft (z.B. nur § 985 BGB und nicht § 812 BGB), bleibt es bei der Rechtskraftwirkung. Einer erneuten Klage (aus § 812 BGB) steht der Einwand der anderweitigen Rechtskraft entgegen. Der Streit kann nicht neu aufgerollt werden.

cc) Kontradiktorisches Gegenteil

383 In Rechtskraft erwächst nicht nur die im Tenor festgestellte Rechtsfolge („Es wird festgestellt, dass Mona Eigentümerin des Dackels XY ist"), sondern auch das mit ihr unvereinbare kontradiktorische Gegenteil.[488] Ein Zweitprozess des unterlegenen Beklagten durch bloßen Rollentausch ist damit ausgeschlossen.

dd) Teilklagen

384 Umstritten ist die Rechtskraft bei Teilklagen.[489] Nicht selten wird bei Schadensersatzklagen nur ein Teil eingeklagt, um das Prozessrisiko niedrig zu halten und den Standpunkt des Gerichts auszuloten. Unterschieden wird zwischen offenen (Kläger gibt zu erkennen, dass er nur einen Teil einklagt) und verdeckten Teilklagen (Kläger gibt nicht zu erkennen, dass er nur einen Teil eines Anspruchs geltend macht). Bei einer **offenen Teilklage** erstreckt sich die Rechtskraft des stattgebenden Teilurteils nach h.M. nur auf den eingeklagten Teil.[490] Grund ist, dass das Gericht an die Parteianträge gebunden ist und nur darüber entscheiden darf (§ 308 ZPO). Bezüglich der Nachforderungsklage ist das Gericht in seiner Entscheidung frei. In der Praxis halten sich die meisten Gerichte allerdings an ihre erste Entscheidung. Bei der Klageabweisung einer offenen Teilklage wird die Meinung vertreten, damit sei der Gesamtanspruch rechtskräftig aberkannt. Dem widerspricht die h.M. und verneint eine Erstreckung der Rechtskraft auf den nicht eingeklagten Teil. Damit entfalten Teilurteile bei offenen Teilklagen niemals Rechtskraftwirkung für die Restforderung. Ähnlich sieht es bei den sog. **verdeckten Teilklagen** aus. Nach h.M. erstreckt sich die Klageabweisung einer verdeckten Teilklage nur auf den eingeklagten Teil. Daher kann auch hier eine Nachforderungsklage erhoben werden.[491] Gleiches gilt für eine obsiegende verdeckte Teilklage. Der Kläger muss nicht nach außen zu erkennen geben, dass er sich noch weitere Nachforderungen vorbehält.

Hinweis

Bei Teilklagen darf nach h.M. stets nachgefordert werden! Ein zweiter (Nachforderungs-)Prozess ist somit erlaubt. Die Verjährung der Restforderung wird durch die Einlegung der Teilklage gehemmt (*BGH* NJW 2014, 3298, 3299).

---

486 *BGH* NJW 2017, 3777, 3779.

487 *BGH* NJW 1990, 1795, 1796; *Zöller/Vollkommer* ZPO vor § 322 Rn. 41.

488 *BGH* NJW 1993, 2684, 2685; NJW 1995, 967, 968; *Schilken* Zivilprozessrecht Rn. 1028.

489 Eingehend mit Beispielen *Zeiss/Schreiber* Rn. 578 ff.

490 *BGH* NJW 2017, 893, 894.

491 *BGH* NJW 1997, 3019, 3020 f.; kritisch *Schwab* Zivilprozessrecht § 7 Rn. 426 ff.

ee) Aufrechnung

Grundsätzlich erwachsen **Einwendungen** und Einreden des Beklagten **nicht** in Rechtskraft. Eine **Ausnahme** gilt für die Entscheidung über die **Aufrechnung** mit einer Gegenforderung. Nach § 322 Abs. 2 ZPO erwächst die Entscheidung, dass die Gegenforderung nicht besteht, in Rechtskraft. Der Beklagte kann die rechtskräftig aberkannte Forderung nicht erneut einklagen. Die Rechtsprechung wendet § 322 Abs. 2 ZPO über den Wortlaut hinaus auf einen weiteren Fall an. Wird die Klage abgewiesen, weil der Anspruch durch die Aufrechnung erloschen ist (d.h. das Gericht stellt also fest, dass die Gegenforderung besteht), erwächst auch diese Entscheidung über die Gegenforderung in Rechtskraft.[492] Der Beklagte kann die Forderung nicht erneut einklagen. Der die Klageforderung übersteigende Teil der Gegenforderung nimmt nie an der Rechtskraft teil. **385**

» **Lesen Sie zuerst § 322 Abs. 2 ZPO. Sie werden gleich feststellen, dass die Rechtsprechung den Wortlaut der Vorschrift ausweitet. «**

d) Subjektive Grenzen der Rechtskraft

Die Rechtskraft bindet grundsätzlich nur die Parteien des Rechtsstreits (= inter-partes-Wirkung). Denn nur diese haben den Prozess geführt und beeinflusst. Die Rechtskraft wirkt daher grundsätzlich nicht gegenüber Dritten. Eine Klage gegen die einzelnen GbR-Gesellschafter (aus § 128 HGB analog) entfaltet beispielsweise keine Rechtskraftwirkung im Prozess gegen die GbR.[493] Nur in einigen gesetzlich vorgesehenen Fällen sind auch Dritte an ein Urteil gebunden. **386**

aa) Rechtsnachfolge

Nach § 325 Abs. 1 ZPO erstreckt sich die Rechtskraft auch auf Personen, die nach Eintritt der Rechtshängigkeit Rechtsnachfolger der Partei geworden sind. Fälle der Rechtskrafterstreckung sind die Gesamtrechtsnachfolge (z.B. §§ 1922, 1967 BGB) oder Einzelrechtsnachfolge (z.B. §§ 398, 571, 873, 929 S. 1 BGB).[494] Erfasst werden also vor allem Erben oder der Erwerber der streitbefangenen Sache. Hier ergänzt § 325 ZPO die Vorschrift des § 265 ZPO konsequent. **387**

Beispiel Mona tritt ihren Anspruch auf Nacherfüllung an ihre Mutter ab (§ 398 BGB). Mona bleibt prozessführungsbefugt (§ 265 ZPO) und muss ihren Klageantrag auf Zahlung an ihre Mutter umstellen (Aktivlegitimation). Mona verliert den Prozess. Das Urteil wird rechtskräftig. Obwohl die Mutter nicht beteiligt war (= Dritte), ist sie an das Urteil über § 325 Abs. 1 ZPO gebunden. ■

Eine Ausnahme der Ausnahme trifft § 325 Abs. 2 ZPO. Für den gutgläubigen Rechtsnachfolger gibt es nach h.M. keine Rechtskrafterstreckung, wenn er die Sache gutgläubig erworben hat (z.B. § 932 BGB) und auch nichts von dem rechtshängigen Prozess wusste (= doppelte Gutgläubigkeit).[495] Das kommt nur bei beweglichen Sachen oder Grundstücken in Betracht. Einen gutgläubigen Erwerb von Forderungen gibt es nicht. **388**

---

492 *BGH* NJW 2002, 900; *Zöller/Vollkommer* ZPO § 322 Rn. 21; *Stein/Jonas/Leipold* ZPO § 322 Rn. 160.
493 *BGH* NJW 2011, 2048 f.
494 Vgl. *Adolphsen* Zivilprozessrecht § 28 Rn. 53 f.
495 Zur Beseitigung der Gutgläubigkeit durch einstweilige Verfügung: *BGH* NJW 2013, 2357.

bb) Musterverfahren

» Die Vorschriften des KapMuG finden Sie unter www.gesetze-im-internet.de. «

389 Grundsätzlich wirkt die Rechtskraft (nur) zwischen den zwei Parteien eines Zivilprozesses. Gäbe es tausend Kläger mit tausend ähnlichen Prozessen, müssten tausend (ähnliche?) Urteile mit entsprechender Rechtskraftwirkung ergehen. Hier setzt das KapMuG an. Es ermöglicht eine Bündelung paralleler Klagen durch Dazwischenschalten eines „Musterverfahrens". Der im Musterverfahren ergehende Musterentscheid stellt bestimmte Tatsachen und Rechtsfragen für alle Klagen einheitlich und verbindlich fest.[496] In **§ 325a ZPO** wird dieses Thema aufgegriffen und auf das Kapitalanleger-Musterverfahrensgesetz (KapMuG) verwiesen.

Beispiel Mona kauft eine Aktie eines großen Telekommunikationsunternehmens, deren Wert schon wenige Tage später drastisch sinkt. Die Kaufentscheidung von Mona beruhte auf einem Börsenprospekt der Gesellschaft, der u.a. auch eine Bewertung des Gesellschaftsvermögens zum Inhalt hatte. Da Mona findet, dass der Prospekt falsche Informationen enthielt, erhebt Mona Schadensersatzklage beim LG (§§ 32b ZPO, 71 Abs. 2 Nr. 3 GVG). Sie ist nicht die einzige. Rund 17 000 andere Aktienbesitzer erheben aus dem gleichen Grund Klage. ■

Um diese Prozessflut von 17 000 Klagen zu kanalisieren, wurde 2005 das KapMuG eingeführt, das 2012 überarbeitet wurde. Es ermöglicht sog. Musterprozesse in Kapitalmarktstreitigkeiten (§ 1 KapMuG). Auch der VW-Dieselabgasskandal wird nach diesem Verfahren (vor dem OLG Braunschweig) geführt. Voraussetzung ist ein Musterverfahrensantrag vor dem Prozessgericht (§ 2 KapMuG), dem sich neun weitere Kläger anschließen müssen (über www.bundesanzeiger.de). Liegen 10 Anträge vor, erlässt das Ausgangsgericht (= Prozessgericht) einen Vorlagebeschluss, der die gemeinsamen Fragen der Ausgangsprozesse kanalisiert; dieser wird sodann dem OLG vorgelegt (§ 6 KapMuG). Das OLG wählt aus den tausenden von Klagen einen Musterkläger aus (§ 9 Abs. 2 KapMuG). Diese Informationen werden öffentlich bekannt gegeben (www.bundesanzeiger.de). Die übrigen Klagen werden ausgesetzt (§ 8 KapMuG) und die dortigen Parteien zum Musterverfahren beigeladen (§ 9 Abs. 1 Nr. 3, Abs. 3 KapMuG). Wer bislang noch nicht Klage erhoben hat, kann sich innerhalb von sechs Monaten beim OLG melden (§ 10 Abs. 2 KapMuG); die Verjährung wird derweil gehemmt (§ 204 Abs. 1 Nr. 6a BGB). Der Musterprozess wird dann mit Wirkung für und gegen alle klagenden Anleger vor dem OLG geführt. Die Bindungswirkung der abschließenden Musterentscheidung geht über die „normale Rechtskraft" hinaus, da sie sich auch auf die Tatsachenfeststellungen und die rechtliche Beurteilung erstreckt (§ 22 i.V.m. § 2 KapMuG). Subjektiv gilt sie für die Parteien des Musterprozesses sowie die Beigeladenen (§ 16 Abs. 1, 3 KapMuG). Mit Hilfe dieser bindenden Wirkung werden dann die (17 000) Prozesse der Ausgangsverfahren zu Ende geführt. Da das Musterverfahren zwischen der Einleitung der Klage und dem Ende des Prozesses liegt, ist das Musterverfahren aus Sicht des BGH kein eigener Rechtsstreit, sondern lediglich ein zeitlicher Abschnitt des Ausgangsverfahrens.[497] Im Übrigen ist ein Vergleich im Musterverfahren möglich, wenn weniger als 30 % der Beteiligten ihren Austritt aus dem Vergleich erklären (§§ 17, 18 KapMuG).

---

496 *Zöller/Vollkommer* ZPO § 325a Rn. 1.

497 *BGH* NJW 2017, 3718, 3720; krit. *Giesen* NJW 2017, 3691 f.

e) Zeitliche Grenzen der Rechtskraft

Zeitliche Grenze der materiellen Rechtskraft bilden die Tatsachen, die bis zum Schluss der **letzten mündlichen Verhandlung** (= spätestens in der Berufungsinstanz) eingetreten sind. Später eingetretene Tatsachen können neu vorgetragen, neu verhandelt und neu entschieden werden. Die Rechtskraft der Entscheidung des Erstgerichts steht nicht entgegen. Das ist beispielsweise bei einem nicht absehbaren schweren Verlauf einer körperlichen Verletzung der Fall.[498] Die Spätschäden dürfen neu eingeklagt werden. Komplizierter ist die Situation bei Einwendungen des Schuldners, die nach Schluss der mündlichen Verhandlung geschehen (z.B. Erfüllung, Stundung). Diskutiert wird insbesondere der maßgebende Zeitpunkt bei Gestaltungsrechten (z.B. Anfechtung, Rücktritt, Aufrechnung). Die h.M. erlaubt dem Beklagten grundsätzlich nicht, diese so spät auszuüben und werden präkludiert (§ 767 Abs. 2 ZPO).[499] Dieses Thema wird im Rahmen der Vollstreckungsabwehrklage näher erläutert (siehe Rn. 557). 390

f) Durchbrechung der Rechtskraft

Die Rechtskraft dient dazu, dass vor Gericht entschiedene Streitigkeiten von den Parteien nicht unentwegt wieder aufgerollt werden können. Rechtssicherheit und Rechtsfrieden sind wesentliche Rechtsgüter für eine Gesellschaft. In bestimmten („krassen") Fällen muss aber eine Durchbrechung dieses Grundsatzes erlaubt sein. Hierfür stellt unsere Rechtsordnung zwei Instrumente zur Verfügung. Ein drittes wurde von der Rechtsprechung kreiert. 391

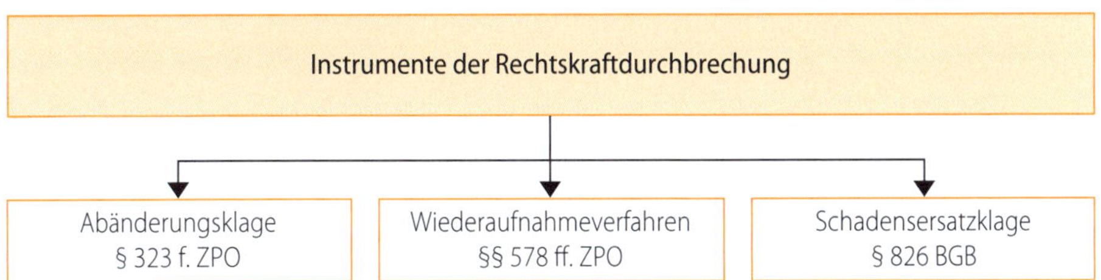

aa) Abänderungsklage

Beispiel Thomas verklagt seinen Vater auf Unterhalt. Er verlangt wegen seines Studiums monatlichen Unterhalt in Höhe von 1000 €. Das Gericht gibt der Klage statt. Das Urteil wird rechtskräftig. Ein Jahr später wird der Vater von Thomas überraschend nochmals Vater von Drillingen. Er möchte aus diesem Grunde den Unterhalt von Thomas kürzen, hat aber Bedenken wegen der Rechtskraft des Urteils. ■ 392

498 *BGH* NJW-RR 2006, 712; *Pohlmann* Zivilprozessrecht Rn. 715.

499 Vgl. *Schilken* Zivilprozessrecht Rn. 1045.

393 Ein Instrument zur Abänderung von rechtskräftigen Titeln, die vom Richter aufgrund einer **Prognoseentscheidung** getroffen wurden, bieten §§ 323, 323a ZPO (= Abänderungsklage). Danach können rechtskräftige Vollstreckungstitel auf künftige Leistung abgeändert werden (z.B. Rentenansprüche). Dies setzt den Antrag einer Partei (Kläger oder Beklagter) und eine wesentliche Änderung der tatsächlichen oder rechtlichen Verhältnisse voraus, die nach der letzten mündlichen Tatsachenverhandlung eingetreten sein müssen. Für gesetzliche Unterhaltsansprüche finden sich in den §§ 238–241 FamFG Spezialregelungen. Der Vater von Thomas kann nach § 238 FamFG die Abänderung des Unterhaltstitels beantragen.[500]

bb) Wiederaufnahme des Verfahrens

394 Das Wiederaufnahmeverfahren ist in §§ 578 ff. ZPO geregelt. Es ermöglicht die Aufhebung eines rechtskräftigen Urteils. Ziel ist es, in schwerwiegenden Fällen der materiellen Gerechtigkeit (doch noch) zum Sieg zu verhelfen. Ein Wiederaufnahmeverfahren kann durchgeführt werden, wenn das Urteil unter **Verstoß** gegen besonders **wichtige Verfahrensvorschriften** zustande gekommen ist (§ 579 ZPO = **Nichtigkeitsklage**) oder wenn das Verfahrensergebnis durch strafbare Handlungen beeinflusst wurde oder auf einer falschen Grundlage beruht (§ 580 ZPO = **Restitutionsklage**). Die Nichtigkeitsklage ist beispielsweise statthaft, wenn das Gericht nicht vorschriftsmäßig besetzt war (§ 579 Abs. 1 Nr. 1 ZPO). Die Restitutionsklage ist beispielsweise statthaft, wenn ein Zeuge vorsätzlich falsch ausgesagt hatte (§ 580 Nr. 3 ZPO) oder eine verschollene Urkunde wieder aufgefunden wurde (§ 580 Nr. 7b ZPO).[501] Neue Gutachten über die Abstammung (Vaterschaftsfeststellung) sind zwar keine Urkunden, bilden aber nach der Vorschrift des § 185 FamFG einen Restitutionsgrund. Heimliche Gutachten („Nuckeltest") sind allerdings verboten.[502] Das Gericht verhandelt dann den Rechtsstreit neu (§ 590 Abs. 1 ZPO).

cc) Materiell-rechtliche Schadensersatzklage nach § 826 BGB

» Lesen Sie zunächst § 826 BGB sorgfältig durch. Kennen Sie weitere Fallgruppen des § 826 BGB? Wenn nicht, nutzen Sie die Gelegenheit, Ihre Kenntnisse im Deliktsrecht zu vertiefen (Skript „Schuldrecht BT IV"). «

395 Umstritten ist, ob das Wiederaufnahmeverfahren für fehlerhafte Urteile eine abschließende Regelung enthält. Die **h.M.** verneint dies und erlaubt in weiteren Ausnahmefällen, die Rechtskraft mit einer Klage aus **§ 826 BGB** zu durchbrechen.[503] Ziel dieser Klage ist, zumindest die **Zwangsvollstreckung** aus einem sittenwidrig erlangten Titel oder die sittenwidrige Ausnutzung eines Titels zu **verhindern**. Mit der Klage aus § 826 BGB wird daher nicht die Aufhebung des rechtskräftigen Urteils erreicht, sondern Schadensersatz in Form der Unterlassung der Zwangsvollstreckung aus dem Titel bzw. Herausgabe des Titels. Wegen der hohen Bedeutung der Rechtskraft ist diese Klage allerdings nur unter strengen Voraussetzungen möglich. Zunächst muss ein materiell unrichtiger Titel vorliegen. Außerdem muss der Gegner positive Kenntnis von der Unrichtigkeit des Titels haben. Schließlich muss ein besonders verwerflicher Umstand vorliegen. Dies entscheidet die Rechtsprechung im Einzelfall. § 826 BGB wurde vor allem für die Titulierung von sittenwidrigen Verbraucherkrediten im Mahnverfahren herangezogen. Seit der Einführung des § 688 Abs. 2 Nr. 1 ZPO ist die Problematik für diesen Themenbereich entschärft.

500 Vgl. auch *Adolphsen* Zivilprozessrecht § 28 Rn. 66.
501 Näher *Zeiss/Schreiber* Zivilprozessrecht Rn. 605.
502 *BVerfG* NJW 2007, 753; *Zimmermann* ZPO-Fallrepetitorium S. 137 (Nr. 175).
503 *BGH* NJW 2005, 2991, 2993 f.; *Zöller/Vollkommer* ZPO vor § 322 Rn. 72 ff.

Online-Wissens-Check

Kann das Gericht die Vorlage von Urkunden von Amts wegen anordnen?

Überprüfen Sie jetzt online Ihr Wissen zu den in diesem Abschnitt erarbeiteten Themen. Unter **www.juracademy.de/skripte/login** steht Ihnen ein Online-Wissens-Check speziell zu diesem Skript zur Verfügung, den Sie kostenlos nutzen können. Den Zugangscode hierzu finden Sie auf der Codeseite.

L. Rechtsbehelfe und Rechtsmittel

Gäbe es keinen Instanzenzug, könnten Richter ohne jegliche Kontrolle Recht sprechen. Damit 396
wäre willkürlichen Urteilen Tür und Tor geöffnet. Eine Überprüfung durch höhere Gerichte sorgt für eine „Qualitätskontrolle in der Rechtsprechung", fördert die Vereinheitlichung der Rechtsanwendung und dient zudem der Fortbildung des Rechts. Die Aussage „Drei Juristen, drei Meinungen" kann durch die Zulassung eines Instanzenzugs abgemildert werden. Eigentlich gibt es kein Recht auf einen Instanzenzug; **Art. 19 Abs. 4 GG** garantiert nur das Offenstehen des Rechtswegs an sich (= Rechtsweggarantie).[504] In Deutschland existiert glücklicherweise ein Instanzenzug, wenngleich mit Einschränkungen. Der Zugang zu diesem Instanzenzug darf nicht in unzumutbarer Weise erschwert werden (Verstoß gegen Art. 2 GG).[505] Verstößt das Gericht gegen das rechtliche Gehör (eines der wichtigsten Verfahrensgrundsätze in der ZPO), muss in jedem Fall eine Korrekturmöglichkeit eingeräumt werden.[506] Der Gesetzgeber hat aus diesem Grund zusätzlich die **Anhörungsrüge** (§ 321a ZPO) eingeführt (hierzu Rn. 52). Die „klassischen" Rechtsbehelfe gegen erst- und zweitinstanzliche Entscheidungen sind in den §§ 511 bis 577 ZPO näher geregelt. Damit die Parteien schneller wissen, welcher Rechtsbehelf der richtige ist, ist seit 1.1.2014 eine **Rechtsbehelfsbelehrung** vorgeschrieben (§ 232 S. 1 ZPO), wobei für Verfahren mit Anwaltszwang Ausnahmen gelten (§ 232 S. 2 ZPO). Sind alle Rechtsmittel erschöpft, kann nur noch die Verfassungsbeschwerde helfen. Sie führt dann zum Erfolg, wenn die Fachgerichte Grundrechte (Willkürverbot Art. 3 Abs. 1 GG oder Prozessgrundrechte) verletzt haben.[507]

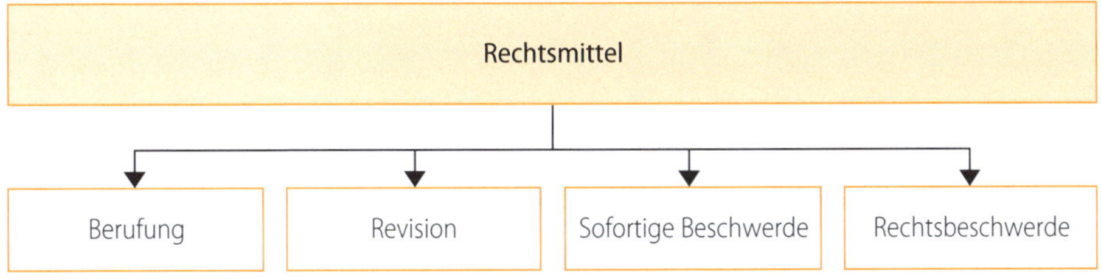

504 *BVerfG* NJW 2010, 2062, 1063; NJW 2003, 1924; *Rosenberg/Schwab/Gottwald* Zivilprozessrecht § 133 Rn. 11 ff.

505 *BVerfG* NJW 2016, 1570, 1571; NJW 2014, 1769; *BGH* NJW 2014, 1879.

506 S. auch *BVerfG* NJW 2003, 1924, 1926.

507 *BVerfG* NJW 2016, 1081; NJW 2016, 2018, 2020 f.; *Grunsky/Jacoby* Zivilprozessrecht Rn. 647.

I. Allgemeine Grundsätze

397 In der ZPO gibt es keinen „Allgemeinen Teil" für Rechtsbehelfe bzw. Rechtsmittel. Dennoch haben sich allgemeine Grundsätze herauskristallisiert.

1. Unterscheidung zwischen Rechtsbehelf und Rechtsmittel

398 Der Begriff des Rechtsmittels ist enger als der Begriff Rechtsbehelf. Rechtsmittel sind dadurch gekennzeichnet, dass sie **Suspensiv-** und **Devolutiveffekt** haben. Der Suspensiveffekt bedeutet, dass der Eintritt der formellen Rechtskraft durch die Einlegung des Rechtsmittels gehemmt wird. Der Devolutiveffekt befördert den Rechtsstreit auf eine höhere Ebene, nämlich in die nächsthöhere Instanz. Diese Kriterien erfüllen nur die Berufung, die Revision, die sofortige Beschwerde und die Rechtsbeschwerde. Der Begriff Rechtsbehelf beschreibt die Anfechtbarkeit einer Entscheidung. Beispiele sind der Einspruch gegen ein Versäumnisurteil oder die Anhörungsrüge (§ 321a ZPO). Beide haben keinen Devolutiveffekt.

2. Beschwer

399 Die sog. **Beschwer** ist Zulässigkeitsvoraussetzung für jedes Rechtsmittel. Sie ist nirgendwo gesetzlich geregelt. Nach allgemeiner Ansicht ist die Beschwer eine besondere Ausprägung des Rechtsschutzbedürfnisses. Das Urteil soll nur dann von einer Partei angegriffen werden dürfen, wenn sie von dem Urteil „negativ betroffen" (= beschwert) wird. Unterschieden wird zwischen **formeller** und **materieller** Beschwer. Formelle Beschwer liegt vor, wenn Urteilstenor und Sachantrag voneinander (formell) abweichen. Für den Kläger ist stets die formelle Beschwer maßgebend.[508]

Ausgangsfall Das AG Köln hat Mona in seinem Urteil lediglich 273 € Austauschkosten zugesprochen. Damit ist Mona formell beschwert, denn ihr Klageantrag („Die Beklagte wird verurteilt, an die Klägerin 2400 € zu zahlen") weicht vom Urteilstenor („Die Beklagte wird verurteilt, an die Klägerin 273 € zu zahlen") nachteilig ab. ■

400 Beim Rechtsmittel der Berufung muss zusätzlich eine bestimmte „Mindestbeschwersumme" erreicht werden. Diese beträgt 600 €. Nun wird das Ganze etwas spitzfindig. In § 511 ZPO ist nicht von der „Beschwer", sondern vom „Wert des Beschwerdegegenstandes" die Rede. Das bedeutet, dass Mona mit ihrem Berufungsantrag die Schwelle des **Beschwerdegegenstandswertes** erreichen muss. Da ihre Klage in Höhe von 2127 € (= 2400 € - 273 €) abgewiesen wurde, muss sie in der Berufungsinstanz mindestens 600,01 € einklagen. Andernfalls erreicht sie nicht den Beschwerdegegenstandswert. Mona darf also mit ihrem Berufungsantrag nicht zu bescheiden sein.

401 Für den Beklagten stellt die Rechtsprechung auf die materielle Beschwer ab. Diese liegt vor, wenn der Beklagte eine zu seinen Gunsten abweichende Entscheidung erreichen kann.[509] Dafür reicht jeder nachteilige Inhalt des Urteils. Beispiele dafür sind die teilweise Klagestattgabe oder die Klageabweisung als unzulässig statt als unbegründet.

508 *BGH* NJW 2002, 212, 213; *Zeiss/Schreiber* Zivilprozessrecht Rn. 653.
509 *Baumbach/Lauterbach/Albers/Hartmann* ZPO § 511 Rn. 16.

3. Rechtsmittelverzicht, Rechtsmittelrücknahme

Sowohl Kläger als auch Beklagter können auf Rechtsmittel verzichten (§§ 515, 565, 567 Abs. 3 S. 1, 574 Abs. 4 S. 1 ZPO). Der Verzicht ist eine Prozesshandlung und daher unanfechtbar und unwiderruflich. Wird der Verzicht (auch schon vor Erlass der Entscheidung) gegenüber dem Gericht erklärt, hat es diese Erklärung von Amts wegen zu berücksichtigen[510] und das dennoch eingelegte Rechtsmittel als unzulässig zu verwerfen. Wird der Verzicht gegenüber dem Gegner erklärt, muss sich dieser darauf berufen. Erst dann kann das Gericht das Rechtsmittel als unzulässig verwerfen. **402**

Legt eine Partei ein Rechtsmittel ein, kann sie es bis zur Verkündung des Rechtsmittelurteils zurücknehmen. Für die Berufung ist dies in § 516 ZPO geregelt, für die Revision verweist § 565 ZPO auf § 516 ZPO. Die Rücknahmemöglichkeit gilt nach h.M. für die Beschwerde, wenngleich eine gesetzliche Regelung fehlt. Die Rücknahme muss gegenüber dem Gericht erklärt werden (§§ 516 Abs. 2 S. 1, 565 ZPO). Das Gericht entscheidet dann durch Beschluss über den Verlust des Rechtsmittels. **403**

4. Verbot der reformatio in peius

Für sämtliche Rechtsmittel gilt das **Verschlechterungsverbot** (= reformatio in peius). Für die Berufung ist es ausdrücklich in § 528 S. 2 ZPO geregelt. Es verbietet dem Rechtsmittelgericht, das angegriffene Urteil zum Nachteil des Rechtsmittelklägers zu verändern. Der Instanzenzug dient dem Schutz des Rechtsmittelführers, er darf nicht zu seinen Lasten gehen. Begründet wird dies mit der Dispositionsmaxime. Das Gericht dürfe nur über den Antrag des Klägers entscheiden, das Urteil zu seinen Gunsten abzuändern (vgl. auch § 308 ZPO). Die Position des Rechtsmittelklägers kann sich durch das Rechtsmittel also nur verbessern oder allenfalls gleich bleiben. Eine Verschlechterung ist nicht erlaubt. Von diesem Grundsatz gibt es eine wesentliche **Ausnahme**. Tritt der Rechtsmittelbeklagte nun in Aktion und legt ebenfalls Rechtsmittel oder ein sog. Anschlussrechtsmittel ein, was er darf (§§ 524, 554, 567, Abs. 3, 574 Abs. 4 ZPO), werden die Karten neu gemischt und das Gericht kann den Fall frei entscheiden. Das Anschlussrechtsmittel ist allerdings vom Hauptrechtsmittel abhängig und teilt daher sein Schicksal. **404**

Hinweis

Die reformatio in peius ist Ihnen bereits aus dem öffentlichen Recht bekannt. Wird Widerspruch gegen einen Verwaltungsakt erhoben (§ 68 VwGO), ist äußerst umstritten, ob eine Verböserung zu Lasten des Widerspruchsführers durch die Widerspruchsbehörde erlaubt ist.

5. Meistbegünstigungsgrundsatz

Auch Gerichten können Fehler passieren. Der Meistbegünstigungsgrundsatz besagt, dass die Parteien selbst bestimmen können, welches Rechtsmittel sie einlegen, wenn das Gericht eine falsche Entscheidungsart gewählt hat (z.B. Beschluss statt Urteil). Es ist ihnen gestattet, sowohl das formal passende als auch das objektiv richtige Rechtsmittel einzulegen.[511] Was **405**

510 *BGH* BeckRS 2017, 135207.
511 *BGH* NJW 2016, 3380; NJW 2012, 1591, 1593; NJW 2013, 2358, 2359.

gilt bei falschen/widersprüchlichen Rechtsbehelfsbelehrungen? Die Partei, aber auch der Anwalt dürfen sich grundsätzlich auf die Richtigkeit der Rechtsbehelfsbelehrung (§ 232 ZPO) verlassen.[512] Dies gilt nur dann nicht, wenn die Belehrung offenkundig falsch ist (= also nicht einmal den Anschein der Richtigkeit erwecken kann).[513] Hat der Kläger wegen der falschen Belehrung das falsche Gericht angerufen, ist ihm Wiedereinsetzung in den vorigen Stand (vgl. § 233 S. 1, 2 ZPO) zu gewähren (näher Rn. 175).

II. Berufung

406 Mit der Berufung wird der vom Gericht der ersten Instanz entschiedene Fall nochmals neu aufgerollt. Das Berufungsgericht ist sowohl Tatsachen- als auch Rechtsinstanz. Mit der **ZPO-Reform 2002** wurden zahlreiche Änderungen zur Entlastung der Berufungsgerichte sowie zur Stärkung der ersten Instanz eingeführt.

1. Zulässigkeit der Berufung

a) Statthaftigkeit

» Lesen Sie die zitierten Vorschriften zur Berufung. Sie enthalten alle wichtigen Informationen. «

407 Die Berufung ist in den §§ 511 ff. ZPO geregelt. Sie ist gegen erstinstanzliche Entscheidungen des AG oder des LG statthaft (§ 511 Abs. 1 ZPO) sowie gegen Zwischenurteile, unechte Versäumnisurteile und das zweite Versäumnisurteil (§§ 345 mit 514 Abs. 2 ZPO).

b) Form, Frist

408 Die Berufung wird durch Einreichung einer Berufungsschrift beim Berufungsgericht (= iudex ad quem) eingelegt (§ 519 Abs. 1 ZPO). Das ist der erste Schritt für den Berufungskläger. Die Berufungsschrift muss das Urteil benennen, gegen das die Berufung eingelegt werden soll, und die Erklärung enthalten, dass Berufung eingelegt wird (§ 519 Abs. 2 ZPO). Zudem muss ersichtlich sein, für und gegen wen Berufung eingelegt werden soll.[514] Die Berufungsschrift muss von einem Anwalt unterschrieben sein (§ 78 Abs. 1 ZPO = Postulationsfähigkeit).[515] Die **Frist** für die Berufung beträgt einen Monat ab Zustellung des Urteils an die jeweilige Partei, längstens aber fünf Monate nach Verkündung (§ 517 ZPO).

c) Streitwert- und Zulassungsberufung

409 Nicht jedes Urteil ist nach den Vorstellungen des Gesetzgebers für eine Überprüfung durch die zweite Instanz geeignet. Die Berufung ist nur zulässig, wenn der **Wert** des Beschwerdegegenstands **600 €** übersteigt (§ 511 Abs. 2 Nr. 1 ZPO). Berufungssummen darunter sind „Peanuts" und rechtfertigen nicht die Einschaltung des Staatsapparats. Das erstinstanzliche Gericht kann und muss aber auch für Werte unter 600 € die Berufung in seinem Urteil **zulassen** (§ 511 Abs. 2 Nr. 2 ZPO). Diese Pflicht besteht unter den Voraussetzungen des § 511 Abs. 4 ZPO (grundsätzliche Bedeutung, Sicherung einer einheitlichen Rechtsprechung, Fortbildung des Rechts; siehe Rn. 422). Schweigt das Gericht zur Frage der Zulassung, ist von der Nichtzulassung auszugehen.[516]

---

512 *BGH* NJW 2018, 165, 166; NJW 2018, 164, 165; NJW 2017, 1112, 1113; NJW 2017, 3002, 3003.
513 *BGH* NJW 2018, 165, 166.
514 *BGH* NJW 2002, 831, 832; NJW 2011, 2056.
515 Vgl. *BGH* NJW 2011, 1294, 1295 (elektronische Signatur § 130a ZPO durch Anwalt).
516 *BGH* NJW 2011, 926, 927; s. auch *BGH* NJW 2013, 2124.

Ausgangsfall Mona ist mit ihrer Klage auf Ersatz der Austauschkosten vor dem AG Köln mehr oder weniger gescheitert. Sie hat lediglich einen Minderungsbetrag von 273 € zugesprochen bekommen. Am 9.5.2017 wird das Urteil verkündet. Es wird Mona am 23.5.2017 zugestellt. Mona hat nun bis 23.6.2017 Zeit, Berufung gegen das Urteil durch einen postulationsfähigen Anwalt einzulegen (§ 517 ZPO mit §§ 187, 188 BGB). Mona ist auch formell beschwert, vergleicht man ihren Sachantrag mit dem Urteilstenor. Der Wert des Beschwerdegegenstandes ist unproblematisch erreicht, wenn Mona in der Berufungsinstanz die restlichen 2127 € verlangt (2400 € minus der zugesprochenen 273 € = 2127 €). Auf eine Zulassung kommt es gar nicht an. ■

d) Form und Frist der Berufungsbegründung

Die nächste Hürde ist nun die Berufungsbegründung. Dies ist der zweite Schritt für den Berufungskläger. Der Kläger hat ab Zustellung des angefochtenen Urteils zwei Monate Zeit (§ 520 Abs. 2 ZPO), einen Schriftsatz zu formulieren, der einen konkreten Berufungsantrag enthält (§ 520 Abs. 3 S. 2 Nr. 1 ZPO). Darin muss angegeben werden, inwieweit das Urteil angefochten und welche Abänderung begehrt wird. Ein bestimmter Antrag i.S.d. § 253 Abs. 2 Nr. 2 ZPO ist nicht nötig, solange nur Ziel und Umfang erkennbar sind.[517] Zusätzlich muss der Berufungskläger „Zweifel an der Richtigkeit des Ersturteils" erwecken. Entweder muss er in seiner Begründung relevante Rechtsfehler rügen (§ 520 Abs. 3 S. 2 Nr. 2 ZPO) oder die fehlende Richtigkeit der Tatsachenfeststellung behaupten (§ 520 Abs. 3 S. 2 Nr. 3 ZPO) oder neue Angriffs- oder Verteidigungsmittel benennen (§ 520 Abs. 3 S. 2 Nr. 4 ZPO). Da dies ein gründliches Studium des erstinstanzlichen Urteils abverlangt, wird die Begründungsfrist in der Praxis häufig auf Antrag des Rechtsmittelklägers verlängert (vgl. § 520 Abs. 2 S. 3 ZPO). Der Anwalt darf erwarten, dass eine erstmals beantragte Verlängerung bewilligt wird.[518] **410**

e) Anschlussberufung

Kläger oder Beklagter können selbstständig Berufung einlegen, sofern sie beschwert sind (z.B. bei teilweiser Stattgabe der Klage). Sie müssen es aber nicht. Die Anschlussberufung (§ 524 Abs. 1 ZPO) erlaubt es den Parteien, das Verhalten des Gegners in Ruhe abzuwarten. Legt beispielsweise der Kläger am letzten Tag der Berufungsfrist Berufung ein, kann der Beklagte mit der Anschlussberufung reagieren. Denn das Gericht muss dem Berufungsbeklagten nun eine Frist zur Erwiderung auf die Berufung des Berufungsklägers setzen. Innerhalb dieser Frist kann der Berufungsbeklagte dann Anschlussberufung einlegen (§ 524 Abs. 2 S. 2 ZPO). Diese ist kein Rechtsmittel und setzt daher keine Beschwer voraus.[519] Der Nachteil der Anschlussberufung ist, dass sie vom Hauptrechtsmittel abhängig ist. Wird dieses zurückgenommen, verliert sie automatisch ihre Wirkung (§ 524 Abs. 4 ZPO). **411**

2. Begründetheit der Berufung

Ist die Berufung zulässig, muss das Gericht prüfen, ob sie auch begründet ist. Im Rahmen der Begründetheit der Berufung werden die Zulässigkeit und die Begründetheit der erstinstanzlich erhobenen Klage geprüft. Das Gericht ist allerdings an den Umfang der Berufungsanträge gebunden (§ 528 ZPO). Eine wichtige **Neuerung** enthält **§ 529 ZPO**. Danach **412**

517 *BGH* NJW-RR 2017, 1341; NJW 2017, 3777, 3778.
518 *BGH* NJW 2010, 1610, 1611.
519 Vgl. *Musielak/Voit/Ball* ZPO § 524 Rn. 10; kritisch *Zöller/Heßler* ZPO § 524 Rn. 31.

ist das Gericht grundsätzlich auch an die Tatsachenfeststellungen der ersten Instanz gebunden. Mit der Vorschrift des § 529 ZPO sollte die erste Instanz als Tatsacheninstanz gestärkt und die Berufungsinstanz als „Fehlerkontrollinstanz" implementiert werden. Die Barriere des § 529 ZPO kann allerdings durchbrochen werden. Das Berufungsgericht kann die in erster Instanz festgestellten Tatsachen neu bewerten, wenn konkrete Anhaltspunkte bestehen, dass die Tatsachen durch das Erstgericht nicht richtig oder vollständig festgestellt wurden (§ 529 Abs. 1 Nr. 1 ZPO). Dies kann etwa bei einer falschen Beweiswürdigung (§ 286 ZPO) der Fall sein. Der BGH befürwortet eine großzügige Vorgehensweise. Schon bei „leisen Zweifeln" muss das Berufungsgericht von sich aus eine erneute Tatsachenfeststellung vornehmen. Eine konkrete Rüge des Rechtsmittelklägers ist nicht erforderlich; es genügt Gerichtskundigkeit.[520] Neue streitige Tatsachen oder Beweisanträge kann der Berufungskläger in den Grenzen des § 531 Abs. 2 ZPO einführen. Neue **unstreitige** Tatsachen können immer eingeführt werden.[521] An rechtliche Beurteilungen des Erstgerichts ist das Berufungsgericht nie gebunden. Bestimmte Zulässigkeitsvoraussetzungen sind von der Nachprüfung ausgenommen (Rechtswegzuständigkeit, örtliche und sachliche Zuständigkeit, nicht aber die internationale Zuständigkeit).[522]

3. Entscheidung des Berufungsgerichts

a) Berufung unzulässig

413 Ist die Berufung unzulässig (z.B. Berufungsfrist versäumt, Beschwer unter 600 € und keine Zulassung), wird die Berufung ohne mündliche Verhandlung durch Beschluss verworfen. Hiergegen ist die Rechtsbeschwerde statthaft (§§ 522 Abs. 1 S. 4, 574 Abs. 1 Nr. 1 ZPO).

b) Berufung unbegründet

414 Durch die Reform 2002 wurde das Berufungsrecht erheblich eingeschränkt. In einer Vielzahl von Fällen kam es gar nicht mehr zur mündlichen Verhandlung. Die Berufung wurde durch einstimmigen **Beschluss** einfach „abgeschmettert" und dagegen gab es keinen Rechtsbehelf! Dies wurde in der Anwaltschaft heftig kritisiert und daher im Jahr 2011 korrigiert. Nach der neu gefassten Vorschrift des § 522 Abs. 2 S. 1 ZPO soll das Berufungsgericht eine Berufung nur dann durch Beschluss als unbegründet zurückweisen, wenn es einstimmig überzeugt davon ist, dass a) die Berufung offensichtlich keine Aussicht auf Erfolg hat, b) die Sache keine grundsätzliche Bedeutung hat, c) die Fortbildung des Rechts oder die Sicherung einer einheitlichen Rechtsprechung eine Entscheidung des Berufungsgerichts nicht erfordert und d) eine mündliche Verhandlung nicht geboten ist. Vor Erlass des Zurückweisungsbeschlusses muss das Gericht dem Berufungsführer Gelegenheit geben, dazu Stellung zu nehmen (§ 522 Abs. 2 S. 2 ZPO). Bis 2011 war der einstimmige Zurückweisungsbeschluss des Berufungsgerichts **unanfechtbar**.[523] Nunmehr ist der Beschluss mit der Nichtzulassungsbeschwerde anfechtbar (§ 522 Abs. 3 ZPO – „wie eine Entscheidung durch Urteil").[524]

520 *BGH* NJW 2005, 1583, 1584; ferner *BVerfG* 2005, 657, 658 f.

521 *BGH* NJW 2005, 291, 292; NJW 2010, 2270, 2272.

522 *BGH* NJW 2003, 426 f.; *Adolphsen* Zivilprozessrecht § 30 Rn. 35.

523 Die Verfassungskonformität bejaht *BVerfG* NJW 2003, 281; NJW 2005, 1931, 1932.

524 *Zöller/Heßler* ZPO § 522 Rn. 44.

Ausgangsfall Mona wird alles tun, damit sie das Berufungsgericht von der grundsätzlichen Bedeutung ihres Falls überzeugt, um einer Abweisung nach § 522 Abs. 2 ZPO zu entgehen. Mona wird möglichst umfangreich den Meinungsstreit zum Ersatz der Nacherfüllungskosten aufbereiten und damit die grundsätzliche Bedeutung ihres Falles herausstreichen. Nach der Rechtsprechung hat eine Sache u.a. dann grundsätzliche Bedeutung, wenn zu einem rechtlichen Problem verschiedene Meinungen vertreten werden, die noch nicht höchstrichterlich geklärt sind.[525] ■

In den übrigen Fällen wird über die Berufung nach mündlicher Verhandlung durch **Urteil** 415
entschieden. Ist die Berufung unbegründet, wird sie zurückgewiesen.

c) Berufung begründet

Ist die Berufung begründet, wird das erstinstanzliche Urteil in dem Umfang aufgehoben, 416
soweit es unrichtig ist (= kassatorische Wirkung). Das Berufungsgericht weist nicht an die untere Instanz zurück, sondern entscheidet grundsätzlich selbst (§ 538 Abs. 1 ZPO). In Ausnahmefällen, wie etwa bei schweren Verfahrensmängeln, ist eine Zurückverweisung erlaubt (§ 538 Abs. 2 ZPO).

Ausgangsfall Das Berufungsgericht (LG Köln) ändert auf die Berufung von Mona hin das erstinstanzliche Urteil dahin ab, dass die V-GmbH zur Neulieferung der 30 Fliesen Typ XY und zum Ersatz der Austauschkosten in Höhe von 1400 € verurteilt wird. Im Übrigen wird die Klage abgewiesen. Mona ist mit diesem Urteil ziemlich zufrieden, da das LG ihre Rechtsauffassung weitgehend bestätigt hat. Selbst Thomas ist mittlerweile stolz auf das juristische Talent seiner Freundin. Nur die V-GmbH ist wenig erbaut über das Urteil. Der Geschäftsführer überlegt daher, ob er gegen das Urteil des LG Köln das Rechtsmittel der Revision einlegen kann. ■

III. Revision

Die Revision ist in den §§ 542 ff. ZPO geregelt. Sie beschränkt sich ausschließlich auf die 417
rechtliche Überprüfung des Falls. Mit der ZPO-Reform 2002 wurden zur Entlastung des BGH einige revisionsrechtliche Neuerungen eingeführt und der Charakter der Revision geändert. So wurde die Wertrevision abgeschafft und eine reine **Zulassungsrevision** geschaffen. Die Zulassung setzt ein „Allgemeininteresse" an dem zu entscheidenden Fall voraus. Ein bloßes Eigeninteresse, auch wenn es „millionenschwer" ist, wird nicht mehr berücksichtigt.

1. Zulässigkeit

a) Statthaftigkeit

Die Revision ist statthaft gegen in der Berufungsinstanz erlassene Endurteile des LG oder des 418
OLG (§ 542 Abs. 1 ZPO) sowie gegen zweite Versäumnisurteile (§§ 565, 514 Abs. 2 ZPO). Urteile im einstweiligen Rechtsschutz sind nicht mit der Revision überprüfbar (§ 542 Abs. 2 ZPO), da Eilbedürftigkeit und Revision nicht zusammenpassen.[526]

525 Vgl. nur *BGH* NJW 2003, 65, 67 f.
526 *Pohlmann* Zivilprozessrecht Rn. 635.

b) Form, Frist, Beschwer

419 Die Revision wird durch eine Revisionsschrift beim Revisionsgericht eingelegt (§ 549 ZPO). Revisionsgericht ist der BGH in Karlsruhe (§ 133 GVG). Dort herrscht Anwaltszwang (§ 78 ZPO). Daher muss die Revisionsschrift von einem beim BGH zugelassenen Anwalt unterschrieben sein (§ 78 Abs. 1 S. 3 ZPO). Die Frist hierfür beträgt einen Monat; sie beginnt mit der Zustellung des Berufungsurteils an den Revisionskläger (§ 548 ZPO). Der Revisionskläger muss beschwert sein.[527] Eine besondere Höhe der Beschwer ist seit Abschaffung der Streitwertrevision nicht mehr erforderlich (siehe aber § 26 Nr. 8 EGZPO; hierzu Rn. 421).

c) Zulassung

420 Die Revision ist nur noch als Zulassungsrevision statthaft.

aa) Berufungsgericht oder BGH

» Lesen Sie die §§ 543, 544 ZPO erst einmal sorgfältig durch. Sie enthalten wichtige Schlüsselbegriffe für den Zugang zum BGH. «

421 Das Rechtsmittel der Revision ist zulässig, wenn sie vom **Berufungsgericht** im Berufungsurteil ausdrücklich zugelassen wurde (§ 543 Abs. 1 Nr. 1 ZPO). An diese Zulassungsentscheidung ist der BGH grundsätzlich gebunden (§ 543 Abs. 2 S. 2 ZPO). Der Verlierer im Berufungsverfahren ist aber nicht völlig rechtlos gestellt, wenn das Berufungsgericht die Revision in seinem Urteil nicht zugelassen bzw. zur Zulassung geschwiegen hat. In diesem Fall ist die Revision dennoch statthaft, wenn der BGH die Revision auf Beschwerde gegen die Nichtzulassung zulässt (§ 543 Abs. 1 Nr. 2 ZPO). Der künftige Revisionskläger muss also zunächst die **Nichtzulassungsbeschwerde** beim BGH betreiben (§ 544 ZPO). Dies ist mit einigen Hürden verbunden. Die Nichtzulassungsbeschwerde muss binnen Monatsfrist ab Zustellung des Berufungsurteils beim BGH eingelegt werden und einen der Zulassungsgründe (siehe unten) substantiiert darlegen. Außerdem muss die Beschwer mehr als **20 000 €** betragen (§ 26 Nr. 8 EGZPO). Diese Vorschrift gilt bis 30.6.2018 und soll den BGH vor einer Flut von Nichtzulassungsbeschwerden entlasten. Über die Nichtzulassungsbeschwerde entscheidet der BGH durch Beschluss. Liegt der geltend gemachte Zulassungsgrund vor, muss der BGH der Beschwerde stattgeben und das „echte" Revisionsverfahren beginnt. Nur etwa 20 % schaffen diese Hürde.

bb) Zulassungsgründe

422 § 543 Abs. 2 ZPO zählt abschließend **drei Gründe** auf, in denen die Revision zwingend zugelassen werden muss. Das ist zum einen der Fall, wenn die Rechtssache **grundsätzliche Bedeutung** hat (§ 543 Abs. 2 Nr. 1 ZPO). Grundsätzliche Bedeutung hat eine Rechtssache, wenn sie eine entscheidungserhebliche, klärungsbedürftige und klärungsfähige Rechtsfrage aufwirft, die in einer Vielzahl von Fällen relevant werden kann.[528] Beispiele sind AGB, Musterprozesse, Internetfragen (Filesharing),[529] Fernabsatzverträge,[530] oder Fragen der EU-Konformität einer Norm.[531] Die Revision ist außerdem zuzulassen, wenn eine höchstrichterliche Entscheidung zur **Rechtsfortbildung** erforderlich ist (§ 543 Abs. 2 Nr. 1 Alt. 1 ZPO). Das ist der Fall, wenn eine „richtungsweisende Orientierungshilfe" für die rechtliche Beurteilung typi-

---

527 *Rosenberg/Schwab/Gottwald* Zivilprozessrecht § 141 Rn. 42; *Thomas/Putzo/Reichold* ZPO § 542 Rn. 7.
528 *BVerfG* NJW 2013, 1869; NJW 2014, 1796, 1797; *BGH* NJW 2003, 65, 67 f.; NJW 2014, 1735, 1736.
529 *BVerfG* NJW 2012, 1715, 1716.
530 *BVerfG* NJW 2013, 2881, 2882.
531 *BVerfG* NJW 2014, 1796, 1797.

scher Lebenssachverhalte noch nicht vorhanden ist, wie z.B. bei Internetgeschäften.[532] Schließlich ist die Revision zur Sicherung der **Einheitlichkeit** der Rechtsprechung zuzulassen (§ 543 Abs. 2 Nr. 2 Alt. 2 ZPO). Dies ist beispielsweise der Fall, wenn das Gericht in seinem angefochtenen Urteil von der höchstrichterlichen Rechtsprechung abgewichen ist (sog. Divergenz)[533] oder das Urteil auf einem Rechtsfehler beruht, der das Vertrauen in die Rechtsprechung beschädigt (Grundrechtsverstöße des Gerichts).[534] Die drei Zulassungsgründe können sich überschneiden.

Ausgangsfall Die V-GmbH ist mit dem Urteil des LG Köln nicht einverstanden. Sie hat Glück. Das LG Köln als Berufungsgericht hat die Revision in seinem Urteil wegen grundsätzlicher Bedeutung der Rechtssache zugelassen. Die V-GmbH muss nicht den Weg der Nichtzulassungsbeschwerde gehen, sondern kann beim BGH Revision einlegen, was sie auch tut. ■

JURIQ-Klausurtipp

Die drei Zulassungsgründe sind als neue Schlüsselbegriffe immer wieder Gegenstand der Rechtsprechung und sollten Ihnen daher geläufig sein.

d) Revisionsbegründung

Die Revision muss vom Revisionskläger begründet werden (§ 551 Abs. 1 ZPO). Die Frist für diesen Schriftsatz beträgt zwei Monate ab Zustellung des Berufungsurteils (§ 551 Abs. 2 ZPO). Die Begründung muss einen Revisionsantrag enthalten (§ 551 Abs. 3 ZPO), der den Umfang der Prüfung des Revisionsgerichts festlegt (§ 557 Abs. 1 ZPO). In der Begründung sind zudem die Revisionsgründe im Sinne des § 545 ZPO zu bezeichnen (§ 551 Abs. 3 ZPO). Hier wird es dann richtig juristisch (spezialisiert hierauf sind die beim BGH zugelassenen BGH-Anwälte). Ein Revisionsgrund liegt nur vor, wenn eine Rechtsnorm verletzt wurde, d.h. wenn sie übersehen wurde oder falsch angewendet wurde (vgl. § 546 ZPO). Der Revisionskläger muss also Verstöße gegen das materielle Recht oder gegen das Verfahrensrecht benennen. 423

2. Begründetheit der Revision

Als reine Rechtsinstanz prüft der BGH nach § 545 Abs. 1 ZPO lediglich, ob das Urteil auf einer **Verletzung des Rechts** beruht. Diese Formulierung wurde zum 1.9.2009 eingeführt.[535] Das Recht ist verletzt, wenn inländische Rechtsnormen (Gesetze, Verordnungen, Satzungen, Auslegungsregeln, Denkgesetze) nicht oder nicht richtig angewendet wurden (§ 546 ZPO); ausländisches Recht ist nicht revisibel.[536] Als Grundlage für die Kontrolle werden die Feststellungen des Berufungsgerichts herangezogen (§ 559 Abs. 2 ZPO). Bei seiner Prüfung ist der BGH grundsätzlich an die Revisionsanträge der Parteien gebunden (§ 557 ZPO). Allerdings ist der BGH frei darin, Verstöße gegen das materielle Recht zu untersuchen. Insofern ist er nicht darauf beschränkt, das Vorbringen des Revisionsführers zu würdigen (§ 557 Abs. 3 S. 1 ZPO). Denn der BGH kennt am besten das Recht. Verfahrensmängel werden allerdings regelmäßig nur auf rechtzeitige Rüge untersucht (§ 557 Abs. 3 S. 2 ZPO). 424

532 *BGH* NJW 2002, 3029, 3030; *Schilken* Zivilprozessrecht Rn. 927.
533 *BVerfG* NJW 2016, 3295, 3296; NJW 2014, 2417, 2420; *BGH* NJW 2003, 65, 66.
534 *BGH* NJW 2005, 153; *Schilken* Zivilprozessrecht Rn. 928.
535 Vgl. *Rosenberg/Schwab/Gottwald* Zivilprozessrecht § 142 Rn. 2.
536 *BGH* NJW 2013, 3656, 3658; NJW 2014, 1244, 1245.

3. Entscheidung des BGH

425 Ist die Revision unzulässig, wird sie als unzulässig verworfen (§ 552 Abs. 1 S. 2 ZPO). Diese Entscheidung kann durch Beschluss ergehen (§ 522 Abs. 2 ZPO). Wie bei der Berufung kann der BGH seit 2004 eine Revision durch **einstimmigen Beschluss** als unbegründet zurückweisen, wenn er überzeugt ist, dass die Voraussetzungen für die Zulassung nicht vorliegen und die Revision keine Aussicht auf Erfolg hat (§ 552a ZPO). Gegen BGH-Entscheidungen gibt es keine Rechtsmittel. Der Beschluss ist daher unanfechtbar. Die Vorschrift des § 552a ZPO ist verfassungskonform und dient der Entlastung des BGH.[537] Ist die Revision begründet, ist das Urteil aufzuheben (§ 562 ZPO = kassatorischer Teil). Der BGH hat nun zwei Möglichkeiten. Er kann die Sache zur weiteren Verhandlung an die Vorinstanz zurückverweisen (§ 563 Abs. 1 ZPO), was er im Regelfall auch macht. Das Untergericht ist dabei an die rechtliche Beurteilung des BGH gebunden (§ 563 Abs. 2 ZPO). Der BGH kann aber auch eine eigene Entscheidung in der Sache treffen (§ 563 Abs. 3 ZPO).

Ausgangsfall In seinem Fliesenfall aus dem Jahr 2009 macht der BGH von einer weiteren Möglichkeit Gebrauch, den Rechtsstreit erst einmal los zu werden. Da die Vorschriften der §§ 437, 439 BGB auf EU-Recht (Richtlinie 1999/44/EG zu bestimmten Aspekten des Verbrauchsgüterkaufs) beruhen, ist der **EuGH** für die EU-Konformität zuständig. Nach Art. 267 AEUV muss der BGH das Verfahren aussetzen und dem **EuGH vorlegen**, wenn sich eine entscheidungserhebliche Frage der Auslegung von Gemeinschaftsrecht stellt (hier: muss § 439 BGB im Hinblick auf die Richtlinie verbraucherfreundlicher ausgelegt werden?).[538] Die nationalen Gerichte haben bei der Anwendung von Normen mit europäischem Ursprung auf eine richtlinienkonforme Auslegung zu achten. Das überwacht der EuGH als „Hüter des Europarechts". Demzufolge will der BGH vom EuGH geklärt wissen, ob die deutsche Vorschrift des § 439 Abs. 1 BGB auch zur Übernahme der Ausbaukosten verpflichtet und ob § 439 Abs. 3 BGB a.F., der dem Verkäufer bei unverhältnismäßigen Kosten der Nacherfüllung ein Verweigerungsrecht zubilligt, der Bestimmung des Art. 3 der Richtlinie 1999/44/EG entgegensteht. Nun heißt es Geduld haben. ■

Ausgangsfall (Fortsetzung) Etwas später ist es soweit. Der EuGH vertritt in seinem Urteil aus dem Jahr 2011 den Standpunkt, dass auch die Ein- und Ausbaukosten vom Ersatzlieferungsanspruch umfasst sind (im Verbrauchsgüterkauf). Diesen (teuren) Ersatzlieferungsanspruch könne der Verkäufer wegen Unverhältnismäßigkeit nicht verweigern, falls die Ersatzlieferung der einzig mögliche Nacherfüllungsanspruch ist. Die Vorschrift des § 439 Abs. 3 BGB a.F. widerspreche insoweit der EU-Richtlinie. Die Zahlungspflicht des Verkäufers könne aber auf einen angemessenen Betrag beschränkt werden. Mona ist mit dem Urteil des EuGH zufrieden und wartet nun gespannt auf die Revisionsentscheidung des BGH, die kurz vor Weihnachten 2011 ergeht und für Mona und ihre Fliesen – finanziell gesehen – ein wenig enttäuschend endet. Da die nationalen Gerichte an das Auslegungsergebnis des EuGH gebunden sind, überrascht es Mona wenig, dass der BGH die zentralen Aussagen des EuGH übernimmt (Ausbaukosten sind Bestandteil des Ersatzlieferungsanspruchs aus § 439 Abs. 1 Alt. 2 BGB; § 439 Abs. 3 BGB a.F. ist mit Art. 3 der Richtlinie nicht vereinbar und bedarf einer teleologischen Reduktion). Dass der BGH in seinem anspruchsvoll begründeten Urteil gleich in der Sache entscheidet (§ 563 Abs. 3 ZPO),

537 *BVerfG* NJW 2005, 1485, 1486 f.

538 Vgl. *Zöller/Greger* ZPO § 148 Rn. 3b.

verblüfft Mona dann doch. Summa summarum hält der BGH eine Beteiligung der Verkäuferin an den Ausbaukosten in Höhe der Hälfte des Fliesenwerts (im Fall Mona also 300 €) für angemessen. Der Fliesenfall ist nun „Rechtsgeschichte".[539] ■

Ausgangsfall (Ende) Das letzte Wort hat der Gesetzgeber. Seit 1.1.2018 gelten neue kaufrechtliche Gewährleistungsvorschriften, die in weiten Teilen die Aussagen der Rechtsprechung übernehmen. Nun hilft tatsächlich ein Blick ins Gesetz und zwar in die §§ 439, 440, 445a, 445b, 474, 475, 476, 477, 478, 479 BGB.[540] ■

4. Sonderfall Sprungrevision

Die Sprungrevision bezeichnet den Sonderfall, dass die Parteien die Berufungsinstanz „auslassen" und direkt zum BGH „springen". Dies ist dann sinnvoll, wenn der Streit ausschließlich die Klärung einer Rechtsfrage betrifft. Die Sprungrevision ist in § 566 ZPO näher geregelt und kommt in der Praxis nicht häufig vor. **426**

IV. Sofortige Beschwerde

Die ZPO unterscheidet zwischen sofortiger Beschwerde und Rechtsbeschwerde. Mit der sofortigen Beschwerde werden gerichtliche Entscheidungen überprüft, gegen die Berufung und Revision nicht erlaubt sind (§ 567 ZPO). **427**

Hinweis

Die Parteien heißen in diesem Verfahren Beschwerdeführer und Beschwerdegegner.

1. Zulässigkeit

a) Statthaftigkeit

Die **sofortige Beschwerde** ist statthaft gegen in erster Instanz erlassene Entscheidungen (Beschlüsse, Verfügungen) von AG oder LG, wenn dies im **Gesetz** bestimmt ist (§ 567 Abs. 1 Nr. 1 ZPO mit z.B. §§ 71 Abs. 2, 91a Abs. 2, 99 Abs. 2, 793 ZPO) oder wenn die Entscheidung eine **mündliche Verhandlung nicht** erfordert und in der Entscheidung ein Gesuch zurückgewiesen wurde (§ 567 Abs. 1 Nr. 2 ZPO), z.B. die Ablehnung einer Terminbestimmung.[541] Die sofortige Beschwerde ist auf erstinstanzliche Entscheidungen beschränkt. Gegen Beschlüsse der zweiten Instanz gibt es die Rechtsbeschwerde, die aber einer Zulassung durch Gesetz oder durch das Ausgangsgericht bedarf. Nach der Rechtsprechung ist die sofortige Beschwerde auch gegen Beschlüsse statthaft, die gegen den Grundsatz des rechtlichen Gehörs (Art. 103 Abs. 1 GG) verstoßen, selbst wenn das Gesetz eine Beschwerde nicht erlaubt (wie z.B. § 355 Abs. 2 ZPO bei Beweisbeschlüssen).[542] **428**

539 Siehe Vorlagebeschluss des *BGH* NJW 2009, 1660; *EuGH* NJW 2011, 2269; *BGH* NJW 2012, 1073.
540 Hierzu *Höpfner/Fallmann* NJW 2017, 3745; *Nietsch/Osmonovic* NJW 2018, 1; *Georg* NJW 2018, 199.
541 *Zeiss/Schreiber* Zivilprozessrecht Rn. 725.
542 Vgl. *BGH* NJW-RR 2009, 1223 (Beweisbeschluss zur Frage der Prozessfähigkeit einer Partei).

b) Form, Frist, Beschwer

429 Die sofortige Beschwerde setzt zunächst die Einreichung einer Beschwerdeschrift des Beschwerdeführers voraus (§ 569 Abs. 2 S. 1 ZPO). Sie ist innerhalb einer **Notfrist** von zwei Wochen (§ 569 Abs. 1 S. 1 ZPO) nach Wahl des Beschwerdeführers entweder beim **Ausgangsgericht** (iudex a quo) oder beim **Beschwerdegericht** (iudex ad quem) einzureichen (§ 569 Abs. 1 S. 1 ZPO). Die Einlegung hat bei beiden Gerichten fristwahrende Wirkung (anders bei der Berufung, Revision). Die Frist beginnt mit der Zustellung der Entscheidung (§ 569 Abs. 1 S. 2 ZPO). Auch die sofortige Beschwerde setzt eine Beschwer voraus. Richtet sich die Beschwerde gegen eine Kostenentscheidung, müssen 200 € als Beschwersumme erreicht werden (§ 567 Abs. 2 ZPO). Einer Begründung der Beschwerde (anders bei Berufung, Revision) bedarf es nicht („soll" in § 571 Abs. 1 ZPO).

2. Beschwerdeverfahren

430 Als erstes erhält das Ausgangsgericht Gelegenheit, selbst der Beschwerde **abzuhelfen** (§ 572 Abs. 1 S. 1 ZPO). Dieses Selbstüberprüfungsrecht bezweckt eine geringere Belastung der Beschwerdegerichte.[543] Hilft das Ausgangsgericht der Beschwerde nicht ab, muss diese unverzüglich dem Beschwerdegericht vorgelegt werden (§ 572 Abs. 1 Hs. 2 ZPO). Erst jetzt kommt es zum Devolutiveffekt. Das Beschwerdegericht prüft zunächst die Zulässigkeit der Beschwerde. Ist sie unzulässig, wird sie verworfen (§ 572 Abs. 2 ZPO). Andernfalls wird das Verfahren als zweite Tatsacheninstanz fortgeführt.

3. Begründetheit und Entscheidung

431 In der Begründetheit überprüft das Beschwerdegericht, ob die Entscheidung des Ausgangsgerichts rechtmäßig ergangen ist. Neue Angriffs- und Verteidigungsmittel können berücksichtigt werden (§ 571 Abs. 2 S. 1 ZPO). Hält das Beschwerdegericht die Beschwerde für begründet, kann es selbst entscheiden oder das Ausgangsgericht anweisen, die ersetzende Entscheidung selbst vorzunehmen (§ 572 Abs. 3 ZPO). Eine unbegründete Beschwerde wird zurückgewiesen. Die Entscheidungen des Beschwerdegerichts ergehen stets durch Beschluss (§ 572 Abs. 4 ZPO).

V. Rechtsbeschwerde

432 Die Rechtsbeschwerde ist in §§ 574 ff. ZPO geregelt. Sie ist der Revision nicht unähnlich und dient dazu, auch im Bereich von **Nebenentscheidungen** Fragen von grundsätzlicher Bedeutung einer Klärung durch den BGH zuzuführen.[544] Mit der Rechtsbeschwerde wird geprüft, ob dem Untergericht bei seiner Entscheidung rechtliche Fehler unterlaufen sind. Rechtsbeschwerdegericht ist der BGH (§ 133 GVG).

543 *Pohlmann* Zivilprozessrecht Rn. 666.

544 *Rosenberg/Schwab/Gottwald* Zivilprozessrecht § 148 Rn. 1.

1. Zulässigkeit

a) Statthaftigkeit

Die Rechtsbeschwerde ist zum einen statthaft gegen Beschlüsse, wenn dies in einem **Gesetz** ausdrücklich vorgesehen ist **und** (!) die Sache **grundsätzliche Bedeutung** hat oder zur **Rechtsfortbildung** oder zur Sicherung einer **einheitlichen Rechtsprechung** erforderlich ist (§ 574 Abs. 1 Nr. 1, Abs. 2 ZPO mit z.B. § 522 Abs. 1 S. 4 ZPO).[545] Des Weiteren ist die Beschwerde statthaft, wenn das Beschwerdegericht, das Berufungsgericht (LG, OLG) oder das OLG in erster Instanz die Rechtsbeschwerde in seinem Beschluss ausdrücklich **zugelassen** hat (§ 574 Abs. 1 Nr. 2 ZPO). Die Zulassung durch die Untergerichte darf nur erfolgen, wenn die Rechtssache grundsätzliche Bedeutung hat oder zur Rechtsfortbildung oder zur Sicherung einer einheitlichen Rechtsprechung erforderlich ist (§ 574 Abs. 3 S. 1 mit Abs. 2 ZPO). An die Zulassungsentscheidung des LG oder OLG im Fall der Nr. 2 (grundsätzliche Bedeutung etc.) ist der BGH gebunden (§ 574 Abs. 3 S. 2 ZPO). Eine Bindung des BGH besteht nicht, wenn ein Fall der Nr. 1 (Rechtsbeschwerde ist im Gesetz vorgesehen und muss grundsätzliche Bedeutung haben) vorliegt.[546] Hier ist der BGH in seiner Bewertung völlig frei, auch wenn das Untergericht versehentlich eine Zulassung ausgesprochen hat. An eine untergerichtliche Zulassungsentscheidung ist der BGH ebenfalls nicht gebunden, wenn das Gesetz gar keine Beschwerdemöglichkeit vorsieht.[547] **433**

b) Form, Frist, Begründung

Die Beschwerde ist beim BGH innerhalb einer Notfrist von einem Monat von einem dort zugelassenen Anwalt einzulegen (§ 575 Abs. 1 ZPO). Die Frist beginnt mit der Zustellung des Beschlusses. Sie muss – anders als die sofortige Beschwerde – begründet werden (§ 575 Abs. 3 ZPO); andernfalls wird sie als unzulässig verworfen.[548] **434**

2. Entscheidung

Die Entscheidungen des BGH ergehen stets durch Beschluss (§ 577 Abs. 6 ZPO). Die Variationsmöglichkeiten bezüglich des Entscheidungsinhalts und des Prüfungsumfangs ähneln der Revision. Die Einzelheiten sind in § 577 Abs. 1 bis 5 ZPO geregelt. **435**

Online-Wissens-Check

Gibt es eine Streitwertrevision?

Überprüfen Sie jetzt online Ihr Wissen zu den in diesem Abschnitt erarbeiteten Themen. Unter **www.juracademy.de/skripte/login** steht Ihnen ein Online-Wissens-Check speziell zu diesem Skript zur Verfügung, den Sie kostenlos nutzen können. Den Zugangscode hierzu finden Sie auf der Codeseite.

545 *BGH* NJW 2009, 3100; NJW 2017, 3723, 3724.
546 *BGH* NJW-RR 2003, 784, 785.
547 *BGH* NJW 2016, 1520 f. (st. Rspr.).
548 *BGH* NJW 2017, 3777, 3778.

M. Besondere Verfahrensarten

436 Für besondere Fallkonstellationen stellt die ZPO besondere Verfahrensarten bereit. Möchte der Kläger eine Geldforderung tituliert bekommen, die von keiner Gegenforderung abhängt, kann er statt des klassischen Prozesses das (schnelle) **Mahnverfahren** wählen (§§ 688 ff. ZPO). Der **Urkundenprozess** ist für Kläger gedacht, die ihre Ansprüche exklusiv mithilfe von Urkunden beweisen können (§§ 593 ff. ZPO) und keine Zeugen und Sachverständigen (wie im normalen Prozess) benötigen. Dann gibt es noch (wenige) Sondervorschriften zum **Verfahren vor den Amtsgerichten** (§§ 495 ff. ZPO), die letztlich der Vereinfachung dienen.

I. Verfahren vor den Amtsgerichten

437 Das Verfahren im ersten Rechtszug ist in den §§ 253–494a ZPO für die Landgerichte näher geregelt und gilt über § 495 ZPO auch für die Amtsgerichte. Die §§ 495a–510b ZPO enthalten aber einige spezielle Besonderheiten für die Amtsgerichte. Da es keinen Anwaltszwang gibt (außer Familiengerichte), dürfen die Parteien etwas „formloser" agieren, so dass die Klageerhebung und sonstige Anträge auch mündlich zu Protokoll der Geschäftsstelle erfolgen können (§ 496 ZPO). Die Ladungsfristen sind kürzer (§ 497 ZPO) und die gerichtlichen **Belehrungspflichten** zum Schutz der Parteien intensiver (§§ 499, 504, 510 ZPO).[549] Stets entscheidet das Amtsgericht durch den Einzelrichter/die Einzelrichterin (§ 22 Abs. 4 GVG). Erhöht sich der Streitwert über 5000 € muss das AG den Rechtsstreit (auf Antrag) an das LG abgeben (§ 506 ZPO). Für sog. **Bagatellverfahren** (Streitwert bis maximal 600 €) kann das Gericht das Verfahren nach billigem Ermessen bestimmen (§ 495a S. 1 ZPO), also z.B. ein rein schriftliches Verfahren anordnen. Allerdings kann jede Partei auf eine mündliche Verhandlung bestehen (§ 495a S. 2 ZPO). Durchaus empfehlenswert! Bei der Verurteilung zu einer Handlung (z.B. Reparatur eines Laptops) enthält § 510b ZPO eine Besonderheit zugunsten des Klägers. Das Gericht kann den Beklagten zugleich zu einer Entschädigung verurteilen, wenn er die Handlung nicht binnen der gesetzten Frist vornimmt.

II. Mahnverfahren

438 Im Fall einer Geldforderung kann der Kläger (anstelle eines normalen Zivilprozesses) das Mahnverfahren nutzen (§§ 688–703d ZPO). Hier kommt er schnell, kostengünstig und einfach an einen Vollstreckungstitel.[550] Die Wahl des Mahnverfahrens ist bei unstreitigen Geldforderungen empfehlenswert, d.h. wenn keine Einwendungen des Schuldners bestehen.[551] Es ist unzulässig bei hochverzinslichen Verbraucherdarlehen (§ 688 Abs. 1 Nr. 1 ZPO), bei Abhängigkeit der Forderung von einer Gegenleistung (Nr. 2) sowie bei unbekanntem Aufenthalt des Schuldners (Nr. 3). Das Mahnverfahren ist ein standardisiertes Formularverfahren, das im Wesentlichen *maschinell* abgewickelt wird. Die meisten Bundesländer haben zentrale Mahngerichte eingerichtet, um die maschinelle Bearbeitung zu optimieren. Auch „Online-Mahnverfahren" mit rein elektronischer Aktenführung sind möglich (§ 689 Abs. 1 S. 2 i.V.m. § 298a ZPO). Im Mahnverfahren heißen die Parteien Antragsteller und Antragsgegner. Es besteht kein Anwaltszwang (§ 78 ZPO), so dass jeder (jedes Unternehmen) das Formular selbst ausfüllen kann. Seit 2008 gibt es ein grenzüberschreitendes Europäisches Mahnverfahren

549 *Grunsky/Jacoby* Zivilprozessrecht Rn. 778.

550 *Zöller/Seibel* ZPO Vor § 688 Rn. 2.

551 *Pohlmann* Zivilprozessrecht Rn. 819.

(EuMahnVO; §§ 688 Abs. 4 mit 1087 ff. ZPO); alternativ kann das deutsche Mahnverfahren mit Zustellung im EU-Ausland (§ 688 Abs. 3 ZPO) genutzt werden.[552]

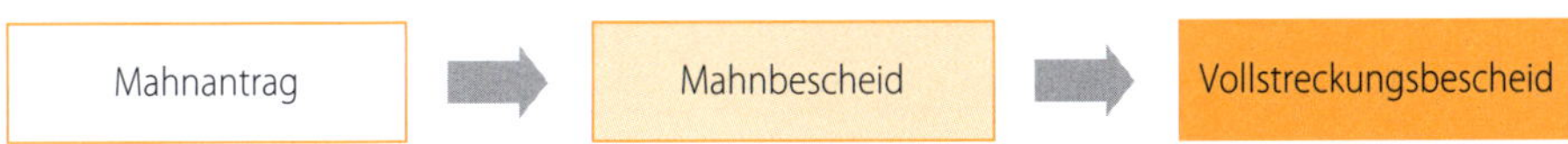

1. Mahnantrag

Das Mahnverfahren beginnt mit dem Ausfüllen des Mahnantrags. Es besteht Formularzwang (§ 703c ZPO). Den Vordruck gibt es im Bürofachhandel oder im Internet. Ist ein Rechtsanwalt eingeschalten, muss (!) das Formular von ihm online (www.mahngerichte.de) ausgefüllt und eingereicht werden (§ 702 Abs. 3 S. 2 ZPO). Der Inhalt des Mahnantrags (was ausgefüllt werden muss) ist in § 690 Abs. 1 ZPO vorgegeben. Im Mahnantrag müssen u.a. das Mahngericht, die Parteien, der Anspruch sowie der **Betrag der Geldforderung** (Haupt- und Nebenforderung) genau bezeichnet sein; diese darf **nicht** von einer **Gegenleistung** abhängen. Der Mahnantrag schließt mit der Unterschrift (§ 690 Abs. 2 ZPO), außer es ist auf andere Weise die Identität des Einreichenden sichergestellt (§ 702 Abs. 2 S. 4 ZPO). **439**

Der ausgefüllte Mahnantrag wird beim Mahngericht eingereicht. Beim maschinellen Verfahren gibt es mehrere „Einreichungsmöglichkeiten", wie Übersendung des Formulars per Post oder online (z.B. über das beA). Ab 1.1.2018 kann der neue Personalausweis zur Identifizierung genutzt werden (§ 702 Abs. 2 S. 3 ZPO). Wo ist einzureichen? Ausschließlich zuständig ist das Amtsgericht am Wohnsitz/Sitz des Antragstellers (§ 689 Abs. 2 S. 1 ZPO). Die 16 Landesregierungen können die Zuständigkeit auf ein zentrales Mahngericht konzentrieren (§ 689 Abs. 3 ZPO). In Bayern ist es beispielsweise das AG Coburg, in Nordrhein-Westfalen sind es das AG Euskirchen und das AG Hagen. **440**

2. Mahnbescheid

Ist der Mahnantrag eingegangen, prüft das Amtsgericht (funktionell zuständig ist der Rechtspfleger § 20 Abs. 1 Nr. 1 RPflG) lediglich, ob alle formalen Voraussetzungen eingehalten sind (vgl. § 691 Abs. 1 ZPO). **Nicht geprüft** wird, ob der Anspruch besteht oder **schlüssig** ist (§ 692 Abs. 1 Nr. 2 ZPO). Hat der Antragsteller das Formular korrekt ausgefüllt, wird der Mahnbescheid erlassen. Danach wird er dem Antragsgegner zugestellt (§ 693 ZPO). Damit wird die Verjährung gehemmt (§ 204 Abs. 1 Nr. 3 BGB). Da die Zustellung manchmal schleppend verlaufen kann, wird die Hemmung auf die Einreichung des Mahnantrags zurückdatiert, wenn die Zustellung „demnächst" erfolgt (§ 167 ZPO). Dies gilt aber nur, wenn der Antragsteller die Geldforderung klar und exakt bezeichnet (individualisiert) hat, was mangels „Sachverhaltsangaben" gar nicht so leicht ist.[553] Eine missbräuchliche Inanspruchnahme des Mahnverfahrens (§ 242 BGB) führt nicht zur Hemmung der Verjährung.[554] **441**

552 *Adolphsen* Zivilprozessrecht § 33 Rn. 6.
553 *Grunsky/Jacoby* Zivilprozessrecht Rn. 786.
554 *BGH* NJW 2015, 3160.

3. Widerspruch des Antragsgegners

442 Der Antragsgegner kann gegen den Mahnbescheid **Widerspruch** einlegen (§ 694 ZPO). Die Widerspruchsfrist beträgt zwei Wochen (ergibt sich aus § 692 Abs. 1 Nr. 3 ZPO). Wird zugleich die Durchführung des streitigen Verfahrens beantragt, gibt das Mahngericht den Rechtsstreit an das im Mahnantrag bezeichnete Gericht ab (§ 696 ZPO). Der Antragsteller wird nun vom Gericht aufgefordert, seinen Anspruch binnen zwei Wochen genauer zu begründen (§ 697 Abs. 1 ZPO). Sobald die Begründung da ist, geht der Rechtsstreit in ein normales Erkenntnisverfahren über (§ 697 Abs. 2 ZPO).

4. Vollstreckungsbescheid

443 Legt der (faule) Antragsgegner innerhalb von zwei Wochen keinen Widerspruch ein, erlässt das Gericht auf Antrag des Antragstellers einen **Vollstreckungsbescheid** (§ 699 Abs. 1 ZPO). Der Vollstreckungsbescheid ist ein Vollstreckungstitel (§ 794 Abs. 1 Nr. 4 ZPO). Er steht einem für vorläufig vollstreckbar erklärten Versäumnisurteil gleich (§ 700 Abs. 1 ZPO), so dass eine Vollstreckung ohne Sicherheitsleistung möglich ist (§ 708 Nr. 2 ZPO). Immerhin kann der Antragsgegner gegen den Vollstreckungsbescheid **Einspruch** einlegen (§ 700 Abs. 3 i.V.m. § 338 ZPO); über diese Möglichkeit ist er zu belehren (§ 699 Abs. 5 i.V.m. § 232 ZPO). Für den Einspruch hat er nur zwei Wochen Zeit (§ 339 ZPO). Der Einspruch hat zur Folge, dass das Verfahren als normales Erkenntnisverfahren fortgesetzt wird (§ 700 Abs. 3, 4 ZPO). Hier kommt es dann zu einer mündlichen Verhandlung. Bleibt der (faule) Antragsgegner der Verhandlung fern, ergeht (nach Prüfung, ob die Klage zulässig und *schlüssig* ist) ein „zweites Versäumnisurteil" (vgl. § 700 Abs. 6 mit Abs. 1 ZPO).[555] Immerhin werden in diesem Verfahrensabschnitt erstmals die Förmlichkeiten und die Schlüssigkeit geprüft (§ 700 Abs. 6 ZPO). Gegen ein zweites Versäumnisurteil ist nur noch die Berufung statthaft mit dem Argument, dass keine schuldhafte Säumnis vorlag (§ 514 Abs. 2 ZPO).

444 Die denkbar schlechteste Variante liegt vor, wenn der Antragsgegner **doppelt untätig** geblieben ist, also weder Widerspruch noch fristgerecht Einspruch einlegt. Denn ein weiterer Einspruch ist nicht statthaft (§ 345 ZPO). Der Vollstreckungsbescheid wird mit Ablauf der Einspruchsfrist formell und materiell rechtskräftig.[556] Damit ist das Verfahren endgültig abgeschlossen. Es gibt keine weiteren Rechtsmittel. Das ist bitter, da es nie eine Schlüssigkeitsprüfung gab und nie ein Richter/eine Richterin mit dem Thema befasst war. Vollstreckungsbescheide sind „exquisite Vollstreckungstitel" mit Sondervorteilen. So hält § 829a ZPO im Rahmen der Forderungspfändung (bis 5000 €) ein vereinfachtes (elektronisches) Vollstreckungsverfahren bereit. Eine ähnliche Vorschrift gibt es bei der Vollstreckung in bewegliche Sachen (§ 754a ZPO).

III. Urkundenprozess

445 Der (wenig examensrelevante) Urkundenprozess ist für Kläger gedacht, die ihren Anspruch ausschließlich mithilfe von Urkunden beweisen können (§§ 592, 593 Abs. 1 ZPO). Zulässig ist das Verfahren bei Geldforderungen, vertretbaren Sachen oder Wertpapieren (§ 592 ZPO). Der Beklagte muss sich ebenfalls „in Papierform" verteidigen und seine Einwendungen mittels

555 *Pohlmann* Zivilprozessrecht Rn. 831.

556 *Adolphsen* Zivilprozessrecht § 33 Rn. 25.

Urkunden belegen (keine Zeugen oder Sachverständigen; § 598 ZPO). Da alles über Dokumente läuft, ist der Prozess regelmäßig schnell beendet. Im Fall des Gewinnens gibt es für den Sieger ein ohne Sicherheitsleistung vorläufig vollstreckbares Urteil (§ 708 Nr. 4 ZPO). Da das Urteil allein auf Urkunden beruht, wird es aber unter den Vorbehalt der Nachprüfung gestellt (= sog. Vorbehaltsurteil gem. § 599 ZPO). Der Beklagte kann seine Einwendungen im späteren Nachverfahren (§ 600 ZPO) dann auf sämtliche Beweismittel (Zeugen, Sachverständige, Augenschein) stützen. Auch Mietrückstände können im Wege des Urkundenprozesses (durch Vorlage des Mietvertrags) eingeklagt werden; der Mieter kann dann erst im Nachverfahren Mängel der Mietsache geltend machen.[557]

557 *BGH* NJW 2005, 2701; krit. *Adolphsen* Zivilprozessrecht § 34 Rn. 6 f.

3. Teil
Die Zwangsvollstreckung

A. Einführung

I. Erkenntnisverfahren, Vollstreckungsverfahren

446 Hat der Kläger den Prozess gewonnen, ist ein großer Schritt geschafft. Das Erkenntnisverfahren ist beendet. Häufig geht es aber nun in die nächste Runde. Befolgt der Beklagte nicht freiwillig den Titel (z.B. zahlt er nicht den titulierten Betrag, gibt er nicht die Fliesen heraus), muss das Zwangsvollstreckungsverfahren durchgeführt werden. Selbsthilfe ist auch hier verboten. Der Kläger, der nun im Zwangsvollstreckungsverfahren „Gläubiger" heißt, muss staatliche Hilfe durch die staatlichen Vollstreckungsorgane in Anspruch nehmen. Der verfassungsrechtlich garantierte **Justizgewährungsanspruch** umfasst auch den Anspruch auf **effektive Zwangsvollstreckung**.[1] Geregelt ist das Zwangsvollstreckungsverfahren im 8. Buch der ZPO. Für die Immobilienvollstreckung gilt ergänzend das ZVG. In den letzten Jahren wurden einige **Reformen** auf den Weg gebracht, um das Zwangsvollstreckungsverfahren moderner und effizienter zu machen. Zu nennen sind u.a.: das Gesetz zur Reform der Sachaufklärung in der Zwangsvollstreckung, das Gesetz zur Reform des Seehandels, das Gesetz zur Durchführung der Verordnung (EU) Nr. 655/2014 sowie zur Änderung sonstiger zivilprozessualer Vorschriften (EuKoPfVODG), das Gesetz zur Einführung der elektronischen Akte in der Justiz und zur weiteren Förderung des elektronischen Rechtsverkehrs.

> **Hinweis**
>
> Im Zwangsvollstreckungsverfahren heißen die Parteien nun (Vollstreckungs-)Gläubiger und (Vollstreckungs-)Schuldner. Achten Sie auf diese Begrifflichkeiten!

II. Aufbau des 8. Buches

447 Das 8. Buch hat ein klares System. Im ersten Abschnitt (§§ 704–802 ZPO) finden sich allgemeine Vorschriften zur Vollstreckung von Titeln. Der nächste Abschnitt behandelt die Zwangsvollstreckung wegen einer Geldforderung (§§ 802a–882h ZPO), die in der Praxis äußerst wichtig ist. Hat Mona den Prozess gewonnen und zahlt die V-GmbH die in der Berufungsinstanz titulierten 1400 € nicht, muss Mona als Inhaberin einer Geldforderung die Zwangsvollstreckung nach diesem Abschnitt betreiben und ca. 90 Paragrafen kennen. Geldforderungen werden in das Vermögen des Schuldners vollstreckt und der Gläubiger kann sich aussuchen, ob er eine bewegliche Sache (§§ 803 ff. ZPO) oder eine Forderung (§§ 828 ff. ZPO) oder ein Grundstück (§§ 864 ff. ZPO) des Beklagten, der nun „Schuldner" heißt, dafür hernimmt. Bei Grundstücken muss man noch das ZVG kennen. Der nächste – kurze – Abschnitt betrifft die Zwangsvollstreckung von anderen Titeln als „Geldforderungstitel" (§§ 883–898 ZPO). Ist der Beklagte zur Herausgabe einer Sache verurteilt worden, wird dieser

---

1 Vgl. *BVerfG* NJW 2016, 930, 932; *BGH* NJW 2006, 1290, 1291; *Zöller/Seibel* ZPO vor § 704 Rn. 2.

Titel nach §§ 883–886 ZPO vollstreckt. Wurde beispielsweise der Nachbar von Mona zur Herausgabe des Dackels verurteilt, erfolgt die Vollstreckung nach §§ 883–886 ZPO. Ist ein Beklagter zur Vornahme einer vertretbaren Handlung verurteilt worden, richtet sich die Vollstreckung dieses Titels nach § 887 ZPO. Die Vollstreckung einer unvertretbaren Handlung ist in § 888 ZPO geregelt. Diese Vorschrift wird beispielsweise relevant, wenn der Arbeitgeber zur Erstellung eines qualifizierten Arbeitszeugnisses verurteilt wurde. Eine wichtige Vorschrift ist § 890 ZPO, die die Vollstreckung eines Unterlassungstitels betrifft. Die Vollstreckung von Willenserklärungen erfolgt wiederum nach § 894 ZPO.

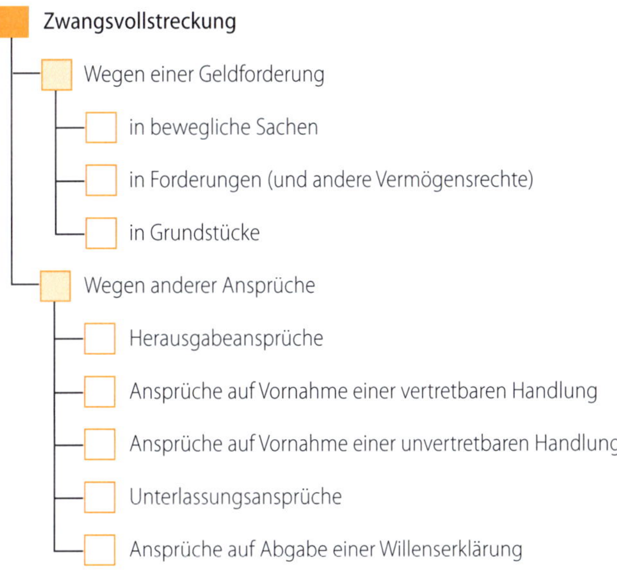

III. Vollstreckungsorgane

Im Erkenntnisverfahren spielt der Richter/die Richterin die entscheidende Hauptrolle. Im Zwangsvollstreckungsverfahren ist das anders. Es geht nicht mehr darum, das Recht zu erkennen, sondern das erkannte Recht zwangsweise durchzusetzen. Hier braucht man Leute, die mobil sind und den Beklagten (= Schuldner) in seiner Wohnung aufsuchen können. Ein wichtiges Organ der Zwangsvollstreckung ist der (mobile) **Gerichtsvollzieher.** Er ist für jegliche Maßnahme der Zwangsvollstreckung zuständig, soweit das Gesetz nicht die Zuständigkeit eines anderen Organs (Vollstreckungsgericht, Prozessgericht, Grundbuchamt) bestimmt (§§ 753 Abs. 1, 802a ZPO).[2] Er ist in der Praxis der erste Ansprechpartner des Gläubigers. Seine Befugnisse wurden durch das Gesetz zur Reform der Sachaufklärung in der Zwangsvollstreckung[3] (Inkraft getreten am 1.1.2013) erweitert. Der Gerichtsvollzieher ist für die *Vollstreckung einer Geldforderung in bewegliche Sachen* zuständig (§§ 753, 802a Abs. 2 Nr. 4 ZPO). Er kann dem Schuldner *Ratenzahlungen* gestatten oder *Stundung* gewähren (§ 802b ZPO). Er kann eine *Vorpfändung* durchführen (§§ 802a Abs. 2 Nr. 5, 845 ZPO). Der Gerichtsvollzieher kann *Informationen bei Dritten* über den Aufenthaltsort/Sitz sowie das Vermögen des Schuldners einholen (§§ 755, 802a Abs. 2 Nr. 3 ZPO). In seiner Kompetenz liegt die Protokollierung der *Vermögensauskunft* des Schuldners in elektronischer Form 448

2 *Ulrici* in BeckOK ZPO Vorbemerkung zu § 753.
3 BGBl. I 2009, S. 2258.

(§§ 802a Abs. 2 Nr. 2, 802c ZPO). Er ordnet bei erfolgloser Vollstreckung die Eintragung in das Schuldnerverzeichnis an (§ 882c ZPO). Zudem ist der Gerichtsvollzieher für die *Herausgabevollstreckung* zuständig (§§ 883 ff. ZPO).

449 Da es auch im Vollstreckungsrecht teils komplizierte Fragestellungen gibt, muss in bestimmten Fällen das **Vollstreckungsgericht** eingeschaltet werden. Es ist zuständig für die Pfändung in Forderungen und andere Vermögensrechte (§§ 828 ff.; 857 ff. ZPO), für die Zwangsvollstreckung in das unbewegliche Vermögen (Zwangsverwaltung und Zwangsversteigerung) nach ZVG (§§ 864 Abs. 1, 866 Abs. 1 ZPO, § 1 ZVG) und (in einer Kontrollfunktion) für Vollstreckungserinnerungen gegen Maßnahmen anderer Vollstreckungsorgane (§ 766 ZPO). Vollstreckungsgericht ist das Amtsgericht (§§ 764 Abs. 1, 802 ZPO = sachliche Zuständigkeit). Dieses handelt entweder durch den Richter oder durch den Rechtspfleger (§ 20 Nr. 17 RPflG = funktionelle Zuständigkeit). Örtlich zuständig ist das Amtsgericht, in dessen Bezirk die Vollstreckung stattfindet (§ 764 Abs. 2, 802 ZPO). Die Gerichtsstände im 8. Buch sind stets ausschließliche (§ 802 ZPO)! Das **Grundbuchamt** ist für die Eintragung einer Zwangshypothek zuständig (§ 867 ZPO). In einigen diffizilen Fällen kommt noch einmal das **Prozessgericht** im Vollstreckungsverfahren zum Zug. Es ist zuständig für die Vollstreckung von Handlungen, Unterlassungen und Duldungen (§§ 887, 888, 890 ZPO). Die Zuständigkeiten dieser vier verschiedenen Vollstreckungsorgane werden bei den einzelnen Vollstreckungsarten nochmals näher behandelt.

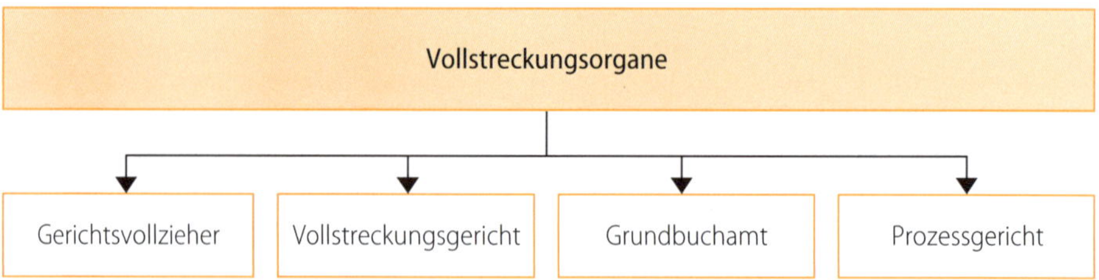

IV. Einzelvollstreckung, Gesamtvollstreckung

450 Das Zwangsvollstreckungsrecht kümmert sich um den einzelnen Gläubiger, der sein tituliertes Recht gegenüber dem Schuldner durchsetzen will. Hat ein Schuldner eine Vielzahl von Gläubigern, die Forderungen gegen ihn haben, kann es beim Schuldner eng werden, wenn sein Vermögen nicht für alle reicht (Beispiele: Air Berlin, Schlecker, Loewe, Quelle, Weltbild). Für diese Situation taugt das Zwangsvollstreckungsrecht mit seinem Prioritätsprinzip („wer zuerst kommt, mahlt zuerst") nicht. Gelöst wird diese Situation durch die Insolvenzordnung (InsO), die zahlungsunfähige oder überschuldete Kapitalgesellschaften zum Insolvenzgericht zwingt. Das Restvermögen des Schuldners wird im Insolvenzfall gerecht auf die Gläubiger (quotenmäßig) aufgeteilt. Das Insolvenzverfahren (= Gesamtvollstreckungsverfahren) wird hier nicht weiter behandelt.

B. Voraussetzungen der Zwangsvollstreckung

I. Allgemeine (Verfahrens-)Voraussetzungen

Auch im Zwangsvollstreckungsverfahren müssen zunächst die allgemeinen Verfahrensvoraussetzungen vorliegen, die im Wesentlichen den Zulässigkeitsvoraussetzungen der Klage entsprechen (Parteifähigkeit, Prozessfähigkeit etc.).[4] In jedem Fall muss ein Antrag des Gläubigers beim zuständigen Vollstreckungsorgan vorliegen. 451

1. Antrag

Ein Vollstreckungsverfahren wird nie von Amts wegen, sondern nur auf **Antrag** des Gläubigers eingeleitet (vgl. § 753 Abs. 1 ZPO, der etwas unglücklich von *„Auftrag"* spricht, weil man früher dachte, dass das Rechtsverhältnis zwischen Gläubiger und Gerichtsvollzieher privatrechtlich ist). Der Dispositionsgrundsatz gilt folglich auch im Zwangsvollstreckungsrecht. Der Gläubiger bestimmt in seinem Antrag die Art der Vollstreckung und welches Ausmaß sie haben soll. So kann er den Vollstreckungsauftrag von vorneherein beschränken, etwa auf einen Teil seiner Forderung.[5] Er kann entscheiden, ob ihm Ratenzahlung genügt (§ 802b Abs. 2, 3 ZPO). An diese Weisungen ist das Vollstreckungsorgan gebunden. Der Gläubiger muss den Antrag nicht selbst stellen, sondern kann dazu auch einen Anwalt einschalten.[6] Das wird in der Praxis auch gerne gemacht. Nähere Ausführungen zur (elektronischen) Form des Antrags finden sich bei den einzelnen Vollstreckungsarten. 452

2. Zuständiges Vollstreckungsorgan

Der Antrag muss sich an das örtlich, sachlich und funktionell zuständige Vollstreckungsorgan richten. Die **funktionelle Zuständigkeit** (Gerichtsvollzieher, Vollstreckungsgericht, Prozessgericht, Grundbuchamt) für den Antrag hängt davon ab, welchen Inhalt der Vollstreckungstitel hat (Geld-, Herausgabe-, Unterlassungstitel etc.). Beim Geldtitel kommt es noch auf das Vollstreckungsobjekt an (bewegliche körperliche Sache, Forderungen, unbewegliches Vermögen). Näheres dazu findet sich oben bei Rn. 448 und 450. Die **örtliche Zuständigkeit** knüpft in der Regel an den Ort der Vollstreckungshandlung an (vgl. §§ 764 Abs. 2, 828 Abs. 2 ZPO, § 20 GVO).[7] Falls man nicht weiß, welcher Gerichtsvollzieher konkret zuständig ist, kann man die Hilfe der Geschäftsstelle in Anspruch nehmen (§ 753 Abs. 2 ZPO). Taucht das Wort „Vollstreckungsgericht" im 8. Buch auf, ist das Amtsgericht gemeint. Die **sachliche Zuständigkeit** des Amtsgerichts (§ 764 Abs. 1 ZPO) ist ausschließlich (§ 802 ZPO). Bei der Vollstreckung von Handlungen und Unterlassungen (§§ 887 ff. ZPO) ist das „Prozessgericht" zuständig (damit kann je nach Ausgangssituation das AG oder das LG sachlich zuständig sein). 453

II. Allgemeine Voraussetzungen der Zwangsvollstreckung

Neben den allgemeinen Verfahrensvoraussetzungen kommen drei weitere spezifische Voraussetzungen der Zwangsvollstreckung hinzu. So wird ein Vollstreckungsorgan nur tätig, wenn folgende Grundvoraussetzungen vorliegen: Titel, Klausel und Zustellung. 454

4 *Kornol/Wahlmann* Zwangsvollstreckungsrecht Rn. 20 ff.
5 *BGH* NJW 2017, 571, 572.
6 *Brox/Walker* Zwangsvollstreckungsrecht Rn. 19.
7 *Kornol/Wahlmann* Zwangsvollstreckungsrecht Rn. 22.

1. Vollstreckungstitel

a) Grundlagen

455 Erste Voraussetzung für die Zwangsvollstreckung ist, dass der Gläubiger gegen den Schuldner einen Vollstreckungstitel hat. Der Titel ist die zentrale Grundlage der Vollstreckung. Der wichtigste Titel ist das **Endurteil** (§ 704 Abs. 1 ZPO). Es setzt einen gewonnenen Prozess in Deutschland voraus! Die weiteren Titel sind in § 794 ZPO aufgezählt. Ein wichtiger Vollstreckungstitel ist der **Prozessvergleich** (§ 794 Abs. 1 Nr. 1 ZPO). Die weiteren Vollstreckungstitel finden sich in § 794 Abs. 1 Nr. 2–9 ZPO. Dazu gehören Kostenfestsetzungsbeschlüsse (§ 794 Abs. 1 Nr. 2 ZPO), Vollstreckungsbescheide (§ 794 Abs. 1 Nr. 4 ZPO), für vollstreckbar erklärte Schiedssprüche (§ 794 Abs. 1 Nr. 4a ZPO) sowie notarielle Urkunden mit sofortiger Unterwerfungserklärung (§ 794 Abs. 1 Nr. 5 ZPO). Auch bestimmte europäische Titel gehören zum „erlauchten Kreis", die eine Vollstreckung in Deutschland erlauben. Dazu zählen Europäische Zahlungsbefehle (§ 794 Abs. 1 Nr. 6 ZPO mit §§ 1093 ff. ZPO), Europäische Vollstreckungstitel über unbestrittene oder geringfügige Forderungen (§ 795 Abs. 1 Nr. 7 und 8 ZPO mit §§ 1082 ff., 1105 f. ZPO) sowie Vollstreckungstitel nach der EuGVO (§ 794 Abs. 1 Nr. 9 ZPO mit §§ 1112 ff. ZPO). Gerade die EuGVO (Brüssel Ia-VO) hat die grenzüberschreitende Vollstreckung in der EU deutlich erweitert; außer dem (ausländischen) Titel braucht man nur eine Bescheinigung über die Vollstreckbarkeit im Ursprungsstaat (Art. 53 EuGVO).[8] Arrestbefehle und einstweilige Verfügungen sind Vollstreckungstitel „light" (näher Rn. 575 ff.). Auch inhaltlich müssen die Titel gewisse Anforderungen erfüllen. Aus dem Vollstreckungstitel müssen der vollstreckbare Anspruch (Inhalt der Leistung) sowie die Parteien des Zwangsvollstreckungsverfahrens klar erkennbar (bestimmbar) sein.[9] Keinen vollstreckungsfähigen Inhalt haben Gestaltungs- oder Feststellungsurteile.

b) Vorläufige Vollstreckbarkeit

456 Das Vollstreckungsrecht muss sich mit der Frage auseinandersetzen, aus welchen Endurteilen vollstreckt werden kann. Unproblematisch ist eine Vollstreckung aus einem rechtskräftigen Urteil möglich, da es nicht mehr aufgehoben werden kann (§§ 704 Alt. 1, 705 ZPO). Hat ein Amtsgericht, ein Landgericht oder ein Oberlandesgericht ein Urteil erlassen, das noch mit der Berufung oder Revision angefochten werden kann, ist die Situation etwas schwieriger. Hat der Kläger gewonnen und will er vollstrecken, besteht die Gefahr, dass das nächsthöhere Gericht das Urteil aufhebt und die Vollstreckung voreilig war. Mit dieser Thematik befasst sich die **„vorläufige Vollstreckbarkeit"** (§§ 708 ff. ZPO). Dieses Instrument ermöglicht es, aus einem noch nicht rechtskräftigen Urteil die Zwangsvollstreckung zu betreiben. Erklärt das Gericht sein Urteil für vorläufig vollstreckbar, darf daraus vollstreckt werden (§ 704 Alt. 2 ZPO). Dies geschieht zum Schutz des Gläubigers. Denn andernfalls hätte es der Schuldner in der Hand, durch Einlegung von Rechtsbehelfen die Vollstreckung (endlos) hinauszuzögern. Grundsätzlich ist die vorläufige Vollstreckbarkeit bei allen Endurteilen anzuordnen. Dies gilt auch für klageabweisende Urteile, da aus diesen zumindest wegen der Kostenentscheidung vollstreckt werden kann.

457 Der Schuldner ist nicht rechtsschutzlos gestellt, wenn das Gericht in seinem Urteil die vorläufige Vollstreckbarkeit anordnet. In der Regel erfolgt die Anordnung der vorläufigen Vollstreckbarkeit nur gegen **Sicherheitsleistung** (§§ 708, 709 ZPO). In der Praxis ist dies regelmäßig

---

8 Näher *Brox/Walker* Zwangsvollstreckungsrecht Rn. 82i ff.

9 *Brox/Walker* Zwangsvollstreckungsrecht Rn. 42 f.

eine Bankbürgschaft (vgl. § 108 Abs. 1 S. 2 ZPO). Bevor der Gläubiger vollstrecken will, muss er erst dem Vollstreckungsorgan den Nachweis der Sicherheitsleistung erbringen. Wurde voreilig vollstreckt, also das Urteil in der nächsthöheren Instanz aufgehoben, steht dem Schuldner nach **§ 717 Abs. 2 ZPO** ein **Schadensersatzanspruch** gegen den (voreiligen) Gläubiger zu. Die Sicherheitsleistung deckt dann den Schaden in aller Regel ab.

Ausgangsfall Das Berufungsurteil des LG Köln lautet im Fall Mona folgendermaßen:

I. Auf die Berufung der Klägerin hin wird das Urteil des AG Köln vom 9.5.2017 (Az. 12 C 521/17) abgeändert. Die Beklagte wird verurteilt, an die Klägerin 30 Fliesen des Typs XY zu übereignen sowie 1400 € nebst Zinsen in Höhe von 5 Prozentpunkten über dem Basiszinssatz seit Rechtshängigkeit zu zahlen. Im Übrigen wird die Berufung zurückgewiesen.

II. Das Urteil ist vorläufig vollstreckbar. Die Beklagte darf die Vollstreckung durch Sicherheitsleistung in Höhe von 110 % des auf Grund des Urteils zu vollstreckenden Betrages abwenden, wenn nicht die Klägerin vor der Vollstreckung Sicherheit in gleicher Höhe leistet.

III. Die Kosten des Rechtsstreits werden gegeneinander aufgehoben. ■

2. Vollstreckungsklausel

a) Grundlagen

Zweite Voraussetzung für die Zwangsvollstreckung ist, dass der Titel mit einer **Vollstreckungsklausel** versehen ist (§§ 724, 725 ZPO). Die Vollstreckungsklausel ist die formelle Bescheinigung des Urkundsbeamten, dem der Originaltitel vorliegt, dafür, dass die Zwangsvollstreckung aus dem Titel stattfinden darf. Sie setzt einen Antrag voraus und lautet: „Vorstehende Ausfertigung wird dem Kläger/Beklagten zum Zwecke der Zwangsvollstreckung erteilt" (§ 725 ZPO). Sie wird prinzipiell nur einmal erteilt, um den Schuldner vor einer Doppelvollstreckung zu schützen (§ 733 ZPO regelt weitere Ausfertigungen).[10] Diese förmliche Erteilung entlastet die Vollstreckungsorgane. Ihnen wird das „zwangsweise Zugriffsrecht" allein aufgrund der Klausel erlaubt, ohne dass es einer inhaltlichen Auseinandersetzung mit dem Titel bedarf. Dieses Klauselerteilungsverfahren ist ein eigenes Verfahren, das zeitlich vor dem (echten) Zwangsvollstreckungsverfahren durch die Vollstreckungsorgane liegt.[11] Im Übrigen gibt es bestimmte Titel, die keiner Vollstreckungsklausel bedürfen. Hierzu gehören beispielsweise Vollstreckungsbescheide (§ 796 ZPO), Arrestbefehle und einstweilige Verfügungen (§§ 929, 936 ZPO), Haftbefehle (§ 802g ZPO) sowie Titel nach der Brüssel Ia-VO (§ 1112 ZPO). Der Gläubiger solcher Titel kann sich also direkt an die Vollstreckungsorgane wenden (ohne den „Klausel-Umweg"). 458

b) Besonderheiten der Klauselerteilung

Grundsätzlich sind die Personen des Erkenntnis- und Vollstreckungsverfahrens identisch. Hat Mona die V-GmbH verklagt und gewinnt sie den Prozess, wird Mona gegen die V-GmbH vollstrecken. Die beiden Parteien müssen bei Beginn der Zwangsvollstreckung im Urteil und in der Klausel namentlich bezeichnet sein (§ 750 Abs. 1 ZPO). Da Parteienidentität besteht, wird hier eine sog. **einfache Klausel** erteilt (§ 724 ZPO). Nun gibt es den Fall, dass nicht der 459

10 *Kornol/Wahlmann* Zwangsvollstreckungsrecht Rn. 35.

11 *Zöller/Seibel* ZPO § 724 Rn. 1.

im Urteil bezeichnete Gläubiger (Mona), sondern ein Rechtsnachfolger die Vollstreckung betreiben möchte oder umgekehrt auf Schuldnerseite ein Rechtsnachfolger existiert. Derartige Änderungen im Rahmen der Rechtskraftwirkung des § 325 ZPO können im Klauselerteilungsverfahren berücksichtigt werden. In den Fällen der Rechtsnachfolge kann eine sog. titelumschreibende Klausel erteilt werden (§§ 727–729 ZPO). Die Rechtsnachfolge muss aber bei Gericht offenkundig sein oder durch öffentliche Urkunden (z.B. Erbschein) nachgewiesen sein. Zuständig ist in diesem Fall der Rechtspfleger (§ 20 Nr. 12 RpflG). Eine sog. titelergänzende Klausel ist nötig, wenn der Titel eine Bedingung enthält, deren Eintritt der Gläubiger nachweisen muss (§ 726 ZPO).

c) Rechtsbehelfe

460 Wie wichtig die Klausel für das Vollstreckungsverfahren ist, wurde soeben aufgezeigt. Ohne Klausel wird das Vollstreckungsorgan nicht tätig.[12] Da das Klauselerteilungsverfahren ein eigenes Verfahren ist, gibt es auch separaten Rechtsschutz. Das Interesse des Gläubigers, die Klausel schnell zu erhalten, und das Interesse des Schuldners, die Erteilung der Klausel wegen neuer Einwendungen abzuwehren, wird in den speziellen Klauselrechtsbehelfen der §§ 731, 732, 768 ZPO weitgehend berücksichtigt.[13]

3. Zustellung

461 Dritte Voraussetzung für das Zwangsvollstreckungsverfahren ist, dass der Titel **vor** oder **mit Beginn** der Zwangsvollstreckung dem Schuldner **zugestellt** wird (§ 750 Abs. 1 S. 1 ZPO mit §§ 166 ff. ZPO). Hierdurch wird sichergestellt, dass der Schuldner vom Titel Kenntnis erlangt.[14] Urteile werden von Amts wegen zugestellt (§ 317 Abs. 1 ZPO). Gleiches gilt für Vollstreckungsbescheide (§ 699 Abs. 4 ZPO). Für den Beginn der Zwangsvollstreckung genügt aber auch eine durch den Gerichtsvollzieher vorgenommene (gleichzeitige) Zustellung im Parteibetrieb (§ 750 Abs. 1 S. 2 ZPO mit §§ 191 ff. ZPO = Parteizustellung). Um zuzustellen, braucht man die Adresse des Schuldners. Ist sein Wohnsitz/Aufenthaltsort unbekannt, kann der Gerichtsvollzieher seit 2013 hierzu **Auskünfte** bei der Meldebehörde oder bei den Trägern der gesetzlichen Rentenversicherung oder beim Kraftfahrt-Bundesamt erheben (§ 755 Abs. 1 S. 1, 2 ZPO). Voraussetzung ist aber, dass zeitgleich ein Vollstreckungsauftrag vorliegt (eine isolierte Aufenthaltsermittlung ist unzulässig).[15] Zudem ist es dem Gerichtsvollzieher ab 2018 erlaubt, Einblick in die öffentlichen Register (Handels-, Genossenschafts-, Partnerschaftsregister etc.) zu nehmen (§ 755 Abs. 1 S. 2 ZPO), um aktuelle Daten zum Firmensitz des Schuldners zu erhalten. Wie im Einzelnen zugestellt wird, ist in §§ 166–195 ZPO näher geregelt. Wird der Schuldner als Zustellungsempfänger nicht angetroffen, kann die Aushändigung beispielsweise auch an ein erwachsenes Familienmitglied erfolgen (§ 178 Abs. 1 Nr. 1 ZPO). Zustellungsmängel führen nach h.M. nicht zur Nichtigkeit und sind zudem heilbar (§ 189 ZPO).[16] In besonderen Fällen (= besondere Eilbedürftigkeit) muss die Zustellung nicht vorher erfolgen, sondern kann nachgeholt werden (z.B. Vorpfändung § 845 ZPO, Arrest und einstweilige Verfügung § 929 Abs. 3 ZPO).

---

12 *Heiderhoff/Skamel* Zwangsvollstreckungsrecht Rn. 131.
13 Hierzu näher *Jäckel* JuS 2005, 610.
14 *Lackmann* Zwangsvollstreckungsrecht Rn. 76.
15 *BGH* NJW 2017, 2625.
16 *BGH* NJW 2017, 411, 412; *Musielak/Voit/Lackmann* ZPO § 750 Rn. 19.

III. Besondere Vollstreckungsvoraussetzungen

Vor Beginn des Vollstreckungsverfahrens muss das Vollstreckungsorgan ggf. noch die besonderen Vollstreckungsvoraussetzungen prüfen. Dies sind der Eintritt eines Kalendertags (§ 751 Abs. 1 ZPO; z.B. Räumungsfrist im Titel), der Nachweis der Sicherheitsleistung des Gläubigers (§ 751 Abs. 2 ZPO) oder die Befriedigung des Schuldners bei einer Zug-um-Zug-Verurteilung (§§ 756 Abs. 1, 765 ZPO). Manche Vollstreckungsmaßnahmen dürfen erst nach Ablauf einer Wartefrist erfolgen (z.B. §§ 720a, 798a ZPO). 462

IV. Keine Vollstreckungshindernisse

Ein Vollstreckungshindernis besteht, wenn die Zwangsvollstreckung nach Maßgabe des § 775 ZPO beschränkt oder eingestellt worden ist. Das ist beispielsweise gem. § 775 Nr. 1 ZPO der Fall, wenn ein Urteil den Titel oder dessen Vollstreckbarkeit aufhebt, wie etwa ein abänderndes Berufungsurteil oder eine erfolgreiche Vollstreckungsgegenklage.[17] Ein weiteres Vollstreckungshindernis stellt die Eröffnung des Insolvenzverfahrens über das Vermögen des Schuldners dar (§ 89 InsO). Ab Insolvenzeröffnung sitzen die Gläubiger (von Air Berlin, Prokon, Schlecker etc.) „in einem Boot" und dürfen nicht mehr „egoistisch" die Einzelzwangsvollstreckung betreiben. 463

Hinweis

Das Zwangsvollstreckungsverfahren ist ein stark formalisiertes Verfahren. Daher kann die Vollstreckung nur beginnen, wenn die Formalien (Titel, Klausel, Zustellung, Vollstreckungsantrag) eingehalten sind und ggf. die weiteren Nachweise in dokumentierter Form vorliegen. Durch die Anknüpfung an Formalien sind die Vollstreckungsorgane davon befreit, (komplizierte) materiell-rechtliche Fragen zu prüfen.

C. Zwangsvollstreckung wegen Geldforderungen

Die Zwangsvollstreckung wegen Geldforderungen ist in §§ 802a – 882h ZPO geregelt. Der Gläubiger einer Geldforderung („Geldtitel") hat die Qual der Wahl, da er grundsätzlich in das **gesamte Vermögen** des Schuldners vollstrecken kann.[18] Hat der Schuldner ein Sparbuch, ein Auto, eine Eigentumswohnung, ein Arbeitseinkommen, eine wertvolle Uhr, ein Gartengrundstück, einen Designerstuhl, ein Girokonto im Plus oder etwas Bargeld, kann sich der Gläubiger aussuchen, in welche Sache er vollstrecken will. Häufig hat der Gläubiger aber keine Ahnung, wie sich das Schuldnervermögen zusammensetzt, weil er dessen Vermögensverhältnisse nicht näher kennt. Um dem Gläubiger einen Überblick zu verschaffen, ist am 1.1.2013 das Gesetz zur Reform der Sachaufklärung in der Zwangsvollstreckung (BGBl. I 2009, 2258) in Kraft getreten. Nun steht am Beginn eines Vollstreckungsverfahrens die Informationsbeschaffung über das Schuldnervermögen. 464

17 *Kornol/Wahlmann* Zwangsvollstreckungsrecht Rn. 46.

18 *Kornol/Wahlmann* Zwangsvollstreckungsrecht Rn. 6.

I. Reform: Informationsbeschaffung vor der Pfändung

1. Allgemeines

465 Wie die Vollstreckung in das bewegliche Vermögen vor sich geht, ist in den §§ 803 ff. ZPO näher geregelt. Seit 1.1.2013 stehen davor die §§ 802a–802l ZPO als „Allgemeine Vorschriften". Diese Paragrafen erlauben dem Gerichtsvollzieher bei der Pfändung größere Flexibilität. Neu ist vor allem, dass der **Gerichtsvollzieher** schon vor Einleitung von konkreten Vollstreckungsmaßnahmen vom Schuldner und von Dritten **Auskünfte** über den **Schuldner** und das **Schuldnervermögen** einholen kann. Diese frühe **Sachaufklärung** ist Dreh- und Angelpunkt des neuen Gesetzes. Der Vollstreckungszugriff soll effizient erfolgen. Kostenintensive und überflüssige Vollstreckungsversuche sollen vermieden werden. Der Gerichtsvollzieher ist dank dieser neuen Kompetenzen das wichtigste Vollstreckungsorgan; seine Aufgaben sind in § 802a ZPO nochmals extra zusammen gefasst.

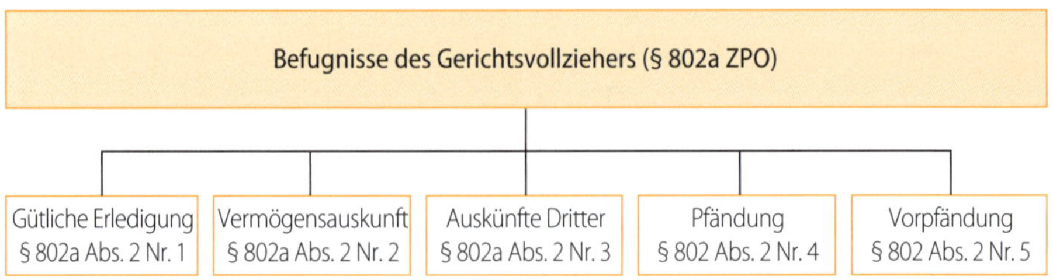

2. Verfahrensablauf der Informationsgewinnung

466 Zentrales Ziel des Gesetzes zur Reform der Sachaufklärung in der Zwangsvollstreckung ist die frühzeitige Informationsgewinnung über das Schuldnervermögen. Das Verfahren ist in den §§ 802a ff. ZPO näher geregelt. Nach § 802c ZPO ist der **Schuldner** bereits vor Einleitung von Vollstreckungsmaßnahmen verpflichtet, dem Gerichtsvollzieher (§ 802e ZPO) ein **Vermögensverzeichnis** zu erteilen, vorausgesetzt es liegt ein Antrag des Gläubigers diesbezüglich (§ 802a Abs. 2 Nr. 2 ZPO) vor. In dem Verzeichnis sind sämtliche Vermögensgegenstände sowie („unlautere") Vermögensübertragungen der letzten Jahre anzugeben (§ 802c Abs. 2 ZPO) und an Eides statt zu versichern (§ 802c Abs. 3 ZPO). Die Vermögensauskunft kann allerdings nicht sofort (bei Vorliegen der Vollstreckungsvoraussetzungen) verlangt werden. So muss der Gerichtsvollzieher dem Schuldner zur Abnahme der Vermögensauskunft entweder eine (letzte) Frist von zwei Wochen für die Zahlung der Urteilssumme setzen (§ 802f Abs. 1 S. 1 ZPO) oder es müssen zwei Wochen nach einer erfolglosen allgemeinen Zahlungsaufforderung ins Land gegangen sein (§ 802f Abs. 1 S. 4 ZPO). Zugleich bestimmt er einen Termin für die Abgabe des Vermögensverzeichnisses (im Fall des Nichtbegleichens der Forderung). Der Termin kann entweder beim Gerichtsvollzieher oder in der Schuldnerwohnung stattfinden (§ 802f Abs. 1, 2 ZPO). Das Vermögensverzeichnis wird vom Gerichtsvollzieher in elektronischer Form aufgenommen (§ 802f Abs. 5 ZPO). Es wird dann an das zentrale Vollstreckungsgericht des jeweiligen Bundeslandes weiter geleitet (§ 802f Abs. 6 ZPO). Die 16 zentralen Vollstreckungsgerichte verwalten jeweils landesweit die abgegebenen Vermögensverzeichnisse (§ 802k ZPO). Auf die dort gespeicherten Informationen haben die Gerichtsvollzieher jederzeit Zugriff (§ 802k Abs. 2 ZPO).

467 Sieht es im Vermögensverzeichnis des Schuldners trist aus oder gibt er das Verzeichnis gar nicht erst ab, kann der Gerichtsvollzieher seit 1.1.2013 sogar von **Dritten** Informationen über den Schuldner einholen (§ 802l ZPO). Im Weg der Fremdauskunft können von den zuständi-

gen Stellen (Träger der gesetzlichen Rentenversicherung, Bundeszentralamt für Steuern, Kraftfahrt-Bundesamt) Daten über das Arbeitseinkommen des Schuldners, über das Bestehen von Bankverbindungen und über das Vorhandensein eines Autos abgefragt werden (§ 802l Abs. 1 S. 1 Nr. 1 bis 3 ZPO).

Trotz aller Informationsmöglichkeiten bleibt das Risiko bestehen, dass der Gläubiger leer **468** ausgeht und keine Befriedigung aus dem erstrittenen Titel erhält („außer Spesen nichts gewesen"). In diesem Fall soll der Schuldner nicht geschont werden. Seit 1.1.2013 gibt es ein zentrales **Schuldnerverzeichnis**, das von den 16 zentralen Vollstreckungsgerichten der Länder (elektronisch) geführt wird (§ 882h ZPO). In das Schuldnerverzeichnis werden die Schuldner aufgenommen, die den Gläubiger nicht innerhalb eines Monats nach Abgabe der Vermögensauskunft vollständig befriedigt bzw. die gar keine Vermögensauskunft abgegeben haben bzw. die laut Vermögensverzeichnis zu wenig Vermögen für eine vollständige Befriedigung des Gläubigers besitzen (§§ 882b Abs. 1 Nr. 1, 882c Abs. 1 ZPO). Während einer Ratenzahlungsvereinbarung ist die Eintragung in das Schuldnerverzeichnis jedoch ausgeschlossen (gilt auch bei einer privaten Vereinbarung zwischen Gläubiger und Schuldner).[19] Zur Einsicht in das Schuldnerverzeichnis berechtigt ist jede Person, die ein legitimes Interesse hat (§ 882f Abs. 1 ZPO). Auskünfte können unter www.vollstreckungsportal.de abgerufen werden. Hierdurch läuft der Schuldner Gefahr, dass sich künftige Vertragspartner (Vermieter, Banken, Telefonanbieter etc.) schlau machen und keine Geschäfte mehr mit dem Schuldner eingehen. Bei Auskunftssperren (§ 51 BMG) ist das Einsichtsrecht des Dritten aber gedeckelt (§ 882f Abs. 2 ZPO).

II. In bewegliche (= körperliche) Sachen

Für die Vollstreckung in körperliche Sachen nach §§ 808 ff. ZPO (= bewegliche Sachen im **469** Sinne der §§ 90 ff. BGB = Fahrnisvollstreckung) ist der **Gerichtsvollzieher** (sachlich) zuständiges Vollstreckungsorgan (§§ 753 Abs. 1, 802a Abs. 2 Nr. 3 ZPO). Vorab kann er vom Gläubiger mit der Einholung von Selbst- und Drittauskünften (siehe Rn. 466, 467) beauftragt werden (§§ 802a Abs. 2 Nr. 2, 3 ZPO). Als Hoheitsträger muss der Gerichtsvollzieher auf ein rechtmäßiges Verhalten achten. Bei der Prüfung der ordnungsgemäßen Durchführung (dem „Wie") der Zwangsvollstreckung ist zwischen dem Akt der Pfändung (Beschlagnahme) und dem nachfolgenden Akt der Verwertung (Versteigerung) zu unterscheiden.[20]

Hinweis

Die Vollstreckung in **bewegliche körperliche Sachen** ist seit jeher Hauptaufgabe des Gerichtsvollziehers. Findet er bewegliche Sachen auf Grundstücken, ist allerdings eine Negativabgrenzung zur Zwangsvollstreckung in unbewegliche Sachen erforderlich (§§ 864 ff. ZPO). Mit dem Gesetz zur Reform der Sachaufklärung in der Zwangsvollstreckung hat sich das Aufgabenfeld des Gerichtsvollziehers deutlich erweitert (z.B. Informationsbeschaffung, gütliche Erledigung).

19 *BGH* NJW 2016, 876, 877.

20 *Kornol/Wahlmann* Zwangsvollstreckungsrecht Rn. 67.

1. Allgemeine Vollstreckungsvoraussetzungen

470 Damit der Gerichtsvollzieher tätig wird, müssen ihm **Titel** und **Klausel** ausgehändigt sein (§ 802a Abs. 2 ZPO). Bei dem Titel muss es sich um einen „Geldtitel" handeln, er muss auf Zahlung einer Geldsumme lauten.[21] Der Gläubiger kann den Gerichtsvollzieher zudem mit der **Zustellung** der vollstreckbaren Ausfertigung beauftragen (§§ 192–194 ZPO). Dann ist zugleich § 750 Abs. 1 ZPO erfüllt (Zustellung vor oder mit Beginn der Vollstreckung). Ab 1.1.2018 kann der Gerichtsvollzieher die Zustellung des Titels elektronisch bewirken (§ 753 Abs. 4 S. 4 i.V.m. § 174 Abs. 3 ZPO).

471 In jedem Fall muss ein **Antrag** des Gläubigers (auf Durchführung der Zwangsvollstreckung) vorliegen (§§ 753, 802a Abs. 2 ZPO). Der Antrag kann bei der Geschäftsstelle eingereicht werden (§ 753 Abs. 2 S. 1 ZPO), die ihn dann an den zuständigen Gerichtsvollzieher (§ 10 GVO) weiterleitet (vgl. § 753 Abs. 2 S. 2 ZPO „gilt als vom Gläubiger beauftragt"). Er kann auch über die Verteilungsstelle beim Amtsgericht (§ 22 GVO) gestellt werden. Für den Antrag besteht Formularzwang. Seit 2016 muss für die Geldvollstreckung das **Formular** nach der **GVFV** genutzt werden.[22] Dort muss genau angegeben/angekreuzt werden, was der Gläubiger will. Da der Gerichtsvollzieher seit 1.1.2013 bei entsprechendem Gläubigerantrag befugt ist, Auskünfte vom Schuldner und von Dritten einzuholen, die Pfändung beweglicher Sachen zu betreiben, Stundungsvereinbarungen zu treffen oder eine Vorpfändung durchzuführen, muss im Formular angegeben werden, welche konkreten Maßnahmen der Gläubiger beauftragt (siehe Formular in der Anlage der GVFV). Das Formular ist in Papierform einzureichen (§ 3 GVFV).[23] Die Länder können auch elektronische Formulare einführen (§ 753 Abs. 3 S. 2 ZPO). Ab 1.1.2018 kann der Vollstreckungsauftrag direkt beim Gerichtsvollzieher in elektronischer Form eingereicht werden, sogar Erklärungen von Dritten etc. können elektronisch abgegeben werden (§ 753 Abs. 4 S. 1 ZPO). Die Regelungen des § 130a ZPO gelten entsprechend (§ 753 Abs. 4 S. 2 ZPO). Bekommt der Gerichtsvollzieher fremdsprachige Unterlagen eingereicht, muss er den Gläubiger zur Einreichung einer Übersetzung auffordern (oder selbst auf Kosten des Gläubigers übersetzen lassen); er darf den Vollstreckungsauftrag nicht einfach deswegen zurückweisen.[24]

2. Ablauf und Rechtmäßigkeit der Vollstreckung

a) Ort und Zeit der Vollstreckung

» Lesen Sie zunächst die grundrechtsrelevante Vorschrift des § 758a ZPO, da sie wichtige Details enthält. «

472 Die Zwangsvollstreckung muss am rechten Ort und zur rechten Zeit erfolgen. Liegen (dank Selbst- oder Drittauskunft) Informationen darüber vor, dass bewegliches Vermögen beim Schuldner vorhanden ist, sucht der Gerichtsvollzieher mit Antrag, Titel, Klausel und Zustellungsauftrag in der Tasche den Schuldner zur normalen Tageszeit (§ 758a Abs. 4 ZPO – nur ausnahmsweise nachts oder am Sonntag) in dessen Wohnung auf. Nach Betätigung der Wohnungsklingel fordert der Gerichtsvollzieher den Schuldner zunächst zur freiwilligen Leistung auf (§ 802b Abs. 1 ZPO). Unterbleibt diese, kann der Gerichtsvollzieher noch eine Zahlungsfrist gewähren oder eine Stundungsvereinbarung treffen (§ 802b Abs. 3 ZPO). Klappt die gütliche Lösung nicht und verweigert der Schuldner den Zutritt zur Wohnung, kann der

21 *Kornol/Wahlmann* Zwangsvollstreckungsrecht Rn. 68.
22 *Musielak/Voit/Lackmann* ZPO § 753 Rn. 15a.
23 *Brox/Walker* Zwangsvollstreckungsrecht Rn. 210b.
24 *BGH* BeckRS 2017, 135745.

Gerichtsvollzieher dem Schuldner sofort die Vermögensauskunft abnehmen (§ 807 Abs. 1 Nr. 1 ZPO) – falls nicht bereits geschehen (Rn. 466). Außerdem kann er notfalls gegen den Willen des Schuldners die Wohnung und Behältnisse durchsuchen (§ 758 ZPO). Hierzu braucht der Gerichtsvollzieher aber wegen Art. 13 GG grundsätzlich eine vorherige **richterliche Durchsuchungsanordnung** (§ 758a Abs. 1 ZPO), es sei denn der Schuldner willigt in die Durchsuchung ein. Liegt die Durchsuchungsanordnung vor, kann der Gerichtsvollzieher verschlossene Türen öffnen lassen (§ 758 Abs. 2 ZPO) und bei Widerstand polizeiliche Hilfe in Anspruch nehmen (§ 758 Abs. 3 ZPO).

Bei Widerstand muss der Gerichtsvollzieher zusätzlich Zeugen hinzuziehen (§ 759 ZPO), um ein gesetzesmäßiges Verfahren zu dokumentieren. Auch bei Nichtanwesenheit des Schuldners (bzw. Vertreters) muss diese Art der „Beweissicherung" erfolgen (§ 759 ZPO). Der Gerichtsvollzieher kann dann grundsätzlich (fast) alle beweglichen Sachen pfänden, die sich im Gewahrsam des Schuldners befinden.

b) Kreis der pfändbaren körperlichen Sachen

473 Zunächst muss der Gerichtsvollzieher den Kreis der pfändbaren Gegenstände bestimmen. Er darf nur in bewegliche körperliche Sachen vollstrecken, für die er zuständig ist und die keinem Pfändungsverbot unterliegen. Besondere Probleme tauchen auf, wenn er bewegliche Sachen auf einem Grundstück findet. Denn hier ist eine Negativabgrenzung zur Zwangsvollstreckung in das unbewegliche Vermögen (= Immobiliarvollstreckung) vorzunehmen (zuständig ist hier das Vollstreckungsgericht). Nach §§ 864 Abs. 1 ZPO i.V.m. §§ 93, 94 BGB unterliegen die wesentlichen Bestandteile eines Grundstücks der Immobiliarvollstreckung (= fest verbundene Sachen). Auch der Haftungsverband der Hypothek unterfällt der Immobiliarvollstreckung (§ 865 Abs. 1 ZPO i.V.m. §§ 1120 ff. BGB), soweit nicht in § 865 Abs. 2 ZPO etwas Abweichendes geregelt ist. Nach § 865 Abs. 2 S. 2 ZPO gehören getrennte Erzeugnisse und Bestandteile (§ 1120 BGB) dann doch zur Mobiliarvollstreckung, außer es ist bereits eine Beschlagnahme des Grundstücks (§§ 20 ff. ZVG) erfolgt. Eine Sonderstellung nimmt das Zubehör (§ 97 BGB) ein.[25] Es darf nie vom Gerichtsvollzieher gepfändet werden, sondern unterliegt stets der Immobiliarvollstreckung (§ 865 Abs. 2 S. 1 ZPO). Damit darf der Gerichtsvollzieher beispielsweise kein Baumaterial auf einem Baugrundstück pfänden. Nach überwiegender Meinung führt ein Verstoß gegen § 865 Abs. 2 S. 1 ZPO zur bloßen Anfechtbarkeit und nicht zur Nichtigkeit.[26]

» Lesen Sie die Vorschrift des § 811 ZPO aufmerksam durch. Der Wortlaut ist leicht verständlich, so dass Sie die einzelnen Fallgruppen problemlos abprüfen können. «

25 *Kornol/Wahlmann* Zwangsvollstreckungsrecht Rn. 72.

26 *Stein/Jonas/Münzberg* ZPO § 865 Rn. 36 (Anfechtbarkeit); *Musielak/Voit/Becker* ZPO § 865 Rn. 10.

474 Außerdem muss der Gerichtsvollzieher die **Pfändungsverbote** des § 811 ZPO beachten. Nicht alle Sachen des Schuldners sind pfändbar. Die ZPO ist ein soziales Gesetz und lässt dem Schuldner grundsätzlich das Lebensnotwendige und die für seine Berufsausübung erforderlichen Gegenstände. Beispielsweise darf der Gerichtsvollzieher gem. § 811 Nr. 1 ZPO keine Sachen pfänden, die dem persönlichen Gebrauch des Schuldners dienen (Kleidung etc.) oder für den Haushalt nötig sind (Kaffeemaschine etc.). Nach § 811 Nr. 5 ZPO dürfen keine Sachen gepfändet werden, die für die Erwerbstätigkeit des Schuldners benötigt werden (z.B. Taxi eines Taxifahrers, Laptop einer Jura-Studentin im Zeitalter des Internets).[27] Das Pfändungsverbot des § 811 Nr. 5 ZPO gilt nicht für juristische Personen (z.B. GmbH, AG, KGaA, SE, eG).[28] Ein weiteres Pfändungsverbot besteht für (wertlose) Haustiere nach § 811c ZPO. So unterliegt die Katze von Mona nicht der Pfändung.

475 Schließlich muss der Gerichtsvollzieher das **Verbot** der **Überpfändung** beachten (§ 803 Abs. 1 S. 2 ZPO). Er darf die Pfändung nicht weiter ausdehnen, als es zur Befriedigung des Gläubigers und zur Deckung der eigenen Kosten erforderlich ist. Der Gerichtsvollzieher muss also eine grobe Wertschätzung vornehmen. Umgekehrt hat die Pfändung zu unterbleiben, wenn die gefundenen Sachen nicht einmal zur Deckung der eigenen Vollstreckungskosten reichen (§ 803 Abs. 2 ZPO).

JURIQ-Klausurtipp

Ein vollstreckungsrechtliches Standardproblem ist die Pfändung von Zubehör durch den Gerichtsvollzieher (z.B. Bagger in der Kiesgrube eines Unternehmens). Die Lösung der Problematik setzt profunde Kenntnisse aus dem Allgemeinen Teil des BGB sowie aus dem Sachenrecht voraus. Wiederholen Sie gegebenenfalls die hypothekarische Haftung sowie den Begriff des Zubehörs, dargestellt im Skript „Sachenrecht I und III".

c) Gewahrsam

476 Der Gerichtsvollzieher darf nur solche Gegenstände pfänden, an denen der Schuldner (Allein-)Gewahrsam hat (§§ 808 Abs. 1, 809 ZPO). Der **Gewahrsamsbegriff** ist ein Schlüsselbegriff der Zwangsvollstreckung. Die ZPO knüpft also nicht an das Eigentum (schwer prüfbar für den Gerichtsvollzieher), sondern an die tatsächliche Sachherrschaft an. Vergleichbar ist der Gewahrsam mit dem unmittelbaren Besitz i.S.d. § 854 BGB.[29] Gegenstände in der Wohnung des Schuldners stehen grundsätzlich in seinem Alleingewahrsam. Problematisch ist, wenn der Schuldner mit jemand anderem zusammenwohnt. Dann muss der Gerichtsvollzieher nach dem äußeren Erscheinungsbild und der allgemeinen Lebensauffassung bestimmen, ob Alleingewahrsam (dann pfändbar) oder Mitgewahrsam (dann nicht pfändbar) besteht. Hat der Schuldner in der Wohnung ein eigenes Zimmer, stehen die dort befindlichen Sachen in seinem Alleingewahrsam. Bei gemeinsam benutzten Räumlichkeiten muss Mitgewahrsam angenommen werden. Lebt der Schuldner mit einem **Ehepartner** (verschiedenen oder gleichen Geschlechts § 1353 Abs. 1 S. 1 BGB) oder einem Lebenspartner zusammen, werden regelmäßig (fast) alle Sachen von den Partnern gemeinsam genutzt, so dass Mitgewahrsam besteht. Der Gläubiger hätte dann das Nachsehen. Hier hilft die Vorschrift des § 739 ZPO. Zugunsten des Gläubigers wird **vermutet**, dass die (vom Ehepartner mitbenutzte) Sache

27 Vgl. *VG Gießen* NJW 2011, 3179; weitere Beispiele bei *Lackmann* Zwangsvollstreckungsrecht Rn. 135 ff.
28 *Brox/Walker* Zwangsvollstreckungsrecht Rn. 284.
29 *Brox/Walker* Zwangsvollstreckungsrecht Rn. 235.

allein im Gewahrsam des Schuldners steht. Diese Vermutung ist zugunsten des Gerichtsvollziehers unwiderlegbar; dem Ehepartner bleibt allenfalls die Drittwiderspruchsklage nach § 771 ZPO (hierzu Rn. 560 ff.). Da § 739 ZPO allerdings auf § 1362 BGB verweist, müssen die Voraussetzungen des § 1362 BGB vorliegen. Die Vermutungsregel des § 739 ZPO greift daher nicht im Fall des Getrenntlebens oder für solche Sachen, die ausschließlich zum persönlichen Gebrauch des anderen Ehepartners bestimmt sind (z.B. Perlenkette, Armbanduhr). Die Vermutungsregel gilt nach § 739 Abs. 2 ZPO auch für eingetragene Lebenspartnerschaften (= LPartG). Für **nichteheliche Lebensgemeinschaften** fehlt eine Regelung. Nach h.M. ist eine analoge Anwendung von § 739 ZPO ausgeschlossen.[30] Als Argument werden Wortlaut, Entstehungsgeschichte (Gesetzgeber erstreckte § 739 ZPO absichtlich nur auf eingetragene Lebenspartnerschaften) und Zweck der Vorschrift (Anknüpfungspunkt sind die Formalien der Eheschließung und der Eintragung der Lebenspartnerschaft) angeführt.

JURIQ-Klausurtipp

Die eheähnliche Lebensgemeinschaft ist ein beliebtes Examensthema. Dies gilt auch für das Zwangsvollstreckungsrecht. Die Neuerungen in § 1353 BGB („Ehe für alle") sollten ebenfalls bekannt sein.

Gewahrsam einer juristischen Person wird durch ihre Organe (Vorstand bei der AG, Geschäftsführer bei der GmbH) und bei Personengesellschaften durch die geschäftsführenden Gesellschafter ausgeübt.[31] **477**

d) Pfändungsakt

Die Pfändung von beweglichen Sachen wird dadurch bewirkt, dass der Gerichtsvollzieher die Sachen tatsächlich in Besitz nimmt (§ 808 Abs. 1 ZPO). Geld, Kostbarkeiten und Wertpapiere nimmt der Gerichtsvollzieher sogleich an sich (§ 808 Abs. 2 ZPO), bringt sie weg und verwahrt sie in seiner Pfandkammer. Andere (sperrige) Gegenstände belässt er im Gewahrsam des Schuldners (§ 808 Abs. 2 ZPO), wobei es zur Wirksamkeit der Pfändung zwingend erforderlich ist, dass sie nach außen erkennbar gemacht wird. Ein Verstoß gegen die Kenntlichmachungspflicht führt zur Nichtigkeit der Pfändung.[32] Die **Kenntlichmachung** geschieht durch Anlegung von Siegeln auf den jeweils gepfändeten Sachen (umgangssprachlich „Kuckuck"[33] genannt). Eine gewisse Auffälligkeit ist durchaus erwünscht. Ein mündliches Verbot des Gerichtsvollziehers („Schaffen Sie das nicht weg!") reicht keinesfalls aus und macht die Pfändung unheilbar nichtig. **478**

e) Abschlussfall

Beispiel Thomas, der Freund von Mona, wurde von seinem Onkel Otto auf Rückzahlung eines Darlehens in Höhe von 1000 € verklagt. Das Gericht hat der Klage des Onkels stattgegeben. Das Urteil ist rechtskräftig. Eines Morgens klingelt der Gerichtsvollzieher an der Tür von Mona und Thomas. Um die neugierigen Blicke ihrer Nachbarn zu unterbinden, **479**

30 *BGH* NJW 2007, 992, 993 f.; *Brox/Walker* Zwangsvollstreckungsrecht Rn. 241 m.w.N.

31 *Lackmann* Zwangsvollstreckungsrecht Rn. 124 f.

32 *Musielak/Voit/Becker* ZPO § 808 Rn. 22.

33 Früher befand sich der Wappenadler im Siegel, der höhnisch zum Kuckuck umgedeutet wurde.

lassen sie den Gerichtsvollzieher in die Wohnung. Im Wohnzimmer befindet sich eine handnummerierte Lithographie (Marilyn Monroe) von Andy Warhol, die Mona von einer Tante aus Amerika geerbt hat. Der Gerichtsvollzieher möchte dieses Bild pfänden. ■

Lösung Nach § 808 Abs. 1 ZPO kann der Gerichtsvollzieher bewegliche körperliche Sachen pfänden, die im Gewahrsam des Schuldners stehen. Die Lithographie von Andy Warhol unterliegt keinem Pfändungsverbot (§ 811 ZPO). Sie wird weder für den Haushalt (§ 811 Nr. 1 ZPO) noch für den Beruf von Thomas (§ 811 Nr. 5 ZPO) benötigt. Problematisch ist allerdings, dass an dem Bild bereits nach dem äußeren Erscheinungsbild Mitgewahrsam von Mona besteht, da beide in der Wohnung leben und das Bild im gemeinsamen Wohnzimmer aufgehängt ist. Ein Mitgewahrsamsinhaber wird wie ein Dritter behandelt. Ist er nicht herausgabebereit (§ 809 ZPO), darf nicht gepfändet werden. Eine Ausnahme besteht aber bei Ehepartnern und eingetragenen Lebenspartnerschaften. Nach § 739 ZPO i.V.m. § 1362 BGB wird bei Ehepartnern zugunsten des pfändenden Gläubigers vermutet, dass der Schuldner Alleingewahrsam an der Sache hat. Da die Lithographie nicht ausschließlich dem persönlichen Gebrauch von Mona dient (§ 1362 Abs. 2 BGB), greift die Vermutung. Mona und Thomas sind jedoch nicht verheiratet. Nach einer Mindermeinung muss § 739 ZPO analoge Anwendung finden, da das Grundgesetz eine Schlechterstellung der Ehe verbietet. Die h.M. lehnt eine analoge Anwendung des § 739 ZPO auf eheähnliche Lebensgemeinschaften ab. Zum einen ist der Wortlaut eindeutig. Eine Lücke existiert schon deshalb nicht, weil der Gesetzgeber in § 739 Abs. 2 ZPO eingetragene Lebenspartnerschaften den Ehepaaren ausdrücklich gleichgestellt hat. Für eheähnliche Lebensgemeinschaften wurde (bewusst) keine Regelung getroffen. Ergebnis ist, dass eine Pfändung in das Gemälde nicht gestattet ist. Würde der Gerichtsvollzieher dies ignorieren und das Bild dennoch pfänden, könnte sich Mona mit der Erinnerung (§ 766 ZPO) und der Drittwiderspruchsklage (§ 771 ZPO) dagegen (erfolgreich) zur Wehr setzen (zu den Rechtsbehelfen siehe unten Rn. 536 ff.). ■

3. Rechtliche Wirkungen der Pfändung

480 Die wichtigsten Folgen der Pfändung sind die Verstrickung sowie das Entstehen eines Pfändungspfandrechts zugunsten des Gläubigers (§ 804 Abs. 1 ZPO).[34]

a) Verstrickung

481 Die Verstrickung bedeutet, dass der gepfändete Gegenstand nun unter staatlicher Verfügungsmacht steht und einem öffentlich-rechtlichen Gewaltverhältnis unterworfen ist. Zwar ist der Schuldner noch der formale Eigentümer der Sache, aber mit seinem Eigentum kann er aufgrund der Verstrickung nichts mehr anfangen. Der Schuldner darf nicht mehr über die Sache verfügen (§§ 135, 136 BGB). Die Veräußerung der gepfändeten Sache ist relativ (gegenüber dem Gläubiger) unwirksam. Kurz gesagt: Die Verstrickung blockiert das Eigentum. Zudem ist die Verstrickung durch das Strafrecht geschützt (§ 136 StGB). Nimmt der Schuldner beispielsweise das Siegel von der gepfändeten Sache ab, landet er vor dem Strafrichter.

Die Verstrickung entsteht mit der Pfändung. Sie tritt grundsätzlich auch dann ein, wenn der Gerichtsvollzieher gegen Verfahrensvorschriften verstoßen hat. Ist die Pfändung allerdings (ausnahmsweise) nichtig, tritt keine Verstrickung ein. Dies ist nur bei ganz **schwerwiegenden**

34 *Zöller/Herget* ZPO § 804 Rn. 1.

Mängeln der Fall.[35] Beispiele sind das Fehlen eines Titels oder die Vollstreckung durch ein funktionell unzuständiges Organ (Rechtspfleger statt Gerichtsvollzieher) oder das Nichtanbringen des Siegels.

Die Verstrickung endet mit der Verwertung der gepfändeten Sache oder mit der Aufhebung der Verstrickung durch den Gerichtsvollzieher oder nach h.M. durch den gutgläubigen Erwerb der Sache durch einen Dritten (§§ 936, 136, 135 Abs. 2 BGB).[36] Letzteres kann passieren, wenn die Sache nach der Pfändung im Gewahrsam des Schuldners bleibt und das Siegel abfällt. **482**

b) Pfändungspfandrecht

Durch die Pfändung erwirbt der Gläubiger ein sog. Pfändungspfandrecht an der gepfändeten Sache (§ 804 Abs. 1 ZPO). Die genaueren Wirkungen sind in § 804 ZPO aufgezählt. Das Pfandrecht gewährt dem vollstreckenden Gläubiger im Verhältnis zu anderen Gläubigern des Schuldners dieselben Rechte wie ein Faustpfandrecht (§ 804 Abs. 2 ZPO). Damit wird auf die §§ 1204 ff. BGB verwiesen, insbesondere auf die Rechte aus § 1227 BGB. Der Gläubiger kann gegen Dritte Herausgabeansprüche (§ 985 BGB) und ggf. Unterlassungsansprüche (§ 1004 BGB) geltend machen. Ein weiterer wichtiger Grundsatz ist in § 804 Abs. 3 ZPO enthalten, der das **Prioritätsprinzip** („wer zuerst kommt, mahlt zuerst") normiert. Dies bedeutet, dass das durch eine frühere Pfändung entstandene Pfandrecht demjenigen vorgeht, das durch eine spätere Pfändung begründet wird. Der schnellste Gläubiger gewinnt also. Wann und wie entsteht das Pfandrecht mit den soeben geschilderten Rechten? **483** 

aa) Alter Theorienstreit

Bis heute ist umstritten, unter welchen Voraussetzungen ein Pfändungspfandrecht zugunsten des pfändenden Gläubigers entsteht. Drei Theorien werden hierzu vertreten, die privatrechtliche Theorie, die öffentlich-rechtliche Theorie sowie die gemischt privatrechtlich-öffentlichrechtliche Theorie.[37] **484**

(1) Nach der **privatrechtlichen Theorie** sind die Entstehungsvoraussetzungen dieselben wie bei einem vertraglichen Pfandrecht (§§ 1204 ff. BGB). Daher muss eine Forderung des Gläubigers bestehen, die Sache muss dem Schuldner gehören und die Verfahrensvorschriften der ZPO müssen beachtet worden sein. Andernfalls entsteht kein Pfandrecht. Diese Theorie basierte auf der veralteten Vorstellung, dass die Vollstreckung ein privatrechtlicher Vorgang sei, und wird deshalb heute nicht mehr vertreten.[38] **485**

(2) Nach der **öffentlich-rechtlichen Theorie** entsteht das Pfandrecht allein aufgrund der Verstrickung (durch den staatlichen Hoheitsakt).[39] Verstrickung tritt ein, wenn keine *wesentlichen* Verfahrensvorschriften verletzt wurden. Weitere Voraussetzungen gibt es nicht. Damit entsteht das Pfändungspfandrecht konsequenterweise auch, wenn die Sache nicht im Eigentum des Schuldners steht. Die Theorie muss dieses Ergebnis im Fall der Versteigerung einer **486**

---

35 *BGH* NJW 1979, 2045 f.; *Lackmann* Zwangsvollstreckungsrecht Rn. 163.

36 *Kornol/Wahlmann* Zwangsvollstreckungsrecht Rn. 93.

37 Näher *Brox/Walker* Zwangsvollstreckungsrecht Rn. 379 ff.

38 Vgl. *Lackmann* Zwangsvollstreckungsrecht Rn. 167.

39 Etwa *Stein/Jonas/Münzberg* ZPO § 804 Rn. 1 ff.; *Baumbach/Lauterbach/Albers/Hartmann* ZPO Übers. § 803 Rn. 8 f.

schuldnerfremden Sache aber korrigieren. Das Entstehen des Pfändungspfandrechts beinhaltet nicht das Recht zum Behaltendürfen des Erlöses, der an den wahren Eigentümer herauszugeben ist (§ 812 BGB).

487 (3) Nach der **gemischten Theorie** (h.M.)[40] ist stets eine wirksame Verstrickung erforderlich, d.h. die *wesentlichen* Verfahrensvorschriften müssen beachtet worden sein. Teilweise wird als (zweites) Kriterium die Einhaltung der einschlägigen Vollstreckungsvorschriften verlangt (z.B. § 811 ZPO). In jedem Fall wird als drittes Kriterium übereinstimmend gefordert, dass die grundlegenden Prinzipien des BGB zum Pfandrecht (§§ 1204 ff. BGB) beachtet worden sind.[41] Nach dem dort geltenden Akzessorietätsprinzip muss der Gläubiger Inhaber der titulierten Forderung sein und der Schuldner muss Eigentümer der Sache sein. Was passiert nun, wenn der Gerichtsvollzieher (aus Versehen) eine schuldnerfremde Sache pfändet und diese versteigert? Dann ist kein Pfändungspfandrecht entstanden (das dritte Kriterium fehlt) und der Gläubiger darf den Erlös nicht behalten; die Verwertung selbst war o.k., weil das Verwertungsrecht des Staates allein auf der Verstrickung beruht. Was passiert, wenn der Gläubiger nicht Inhaber der titulierten Forderung ist? Das macht nichts, sagt die gemischte Theorie, wenn er einen rechtskräftigen Titel hat (dann dürfen materielles Recht und Titel abweichen).

Hinweis

Der Theorienstreit ist so alt wie die ZPO und musste schon von einer Vielzahl von Studierenden erfasst und auswendig gelernt werden. Die Theorien kommen kaum zu unterschiedlichen Ergebnissen.[42] Das ist einerseits gut. Schlecht ist, dass die Begründungen in erheblichem Umfang voneinander abweichen und jede Theorie eine Reihe von „internen Korrekturen" vornimmt. Das erschwert den Überblick.

bb) Beispiele

488 Die Relevanz des Theorienstreits soll anhand zweier *Beispiele* verdeutlicht werden.

» Versuchen Sie, die beiden Beispielsfälle zunächst selbst zu lösen. «

Beispiel Schuldnerfremde Sache

Thomas wurde von seinem Onkel erfolgreich auf Zahlung von 1000 € verklagt. Das Urteil ist rechtskräftig. Der Gerichtsvollzieher pfändet das Bild von Andy Warhol, das Mona gehört. Mona versäumt, dagegen zu klagen. Das Bild wird vom Gerichtsvollzieher für nur 1200 € versteigert. Der Onkel erhält den Erlös in Höhe von 1000 €. Endlich erkennt Mona den Ernst der Lage und pocht auf ihr früheres Eigentum. Kann Mona vom Onkel die Herausgabe des Erlöses nach § 812 Abs. 1 S. 1 Alt. 2 BGB verlangen? ■

Lösung „schuldnerfremde Sache": Mona könnte gegen den Onkel einen Anspruch auf Erlösherausgabe gem. § 812 Abs. 1 S. 1 Alt. 2 BGB haben. Dann müsste der Onkel etwas erlangt haben. Das hat er, nämlich Besitz und Eigentum an den 1000 €. Dies geschah auch auf Kosten von Mona, da ihr als wahre Eigentümerin des Bildes der Erlös als Surrogat für das Bild (§ 1247 S. 2 BGB) zugestanden hätte. Fraglich ist nun, ob der Onkel die 1000 € ohne rechtlichen Grund oder mit rechtlichem Grund erlangt hat. Das Pfändungspfandrecht an dem Bild (§ 804 ZPO) könnte ein solcher Rechtsgrund sein. Die rechtliche Einordnung des Pfändungs-

40 *BGH* NJW 1992, 2570, 2573; *Musielak/Voit/Becker* ZPO § 804 Rn. 4.
41 Näher *Kornol/Wahlmann* Zwangsvollstreckungsrecht Rn. 97.
42 *Zöller/Herget* ZPO § 804 Rn. 2.

pfandrechts und damit auch seine Entstehung sind umstritten. Hierzu werden drei Theorien vertreten, die privatrechtliche, die öffentlich-rechtliche und die gemischte Theorie. Nach der privatrechtlichen und der gemischten Theorie entsteht an schuldnerfremden Sachen niemals ein Pfändungspfandrecht, da Voraussetzung für seine Entstehung das materielle Recht (= Vorschriften des BGB) ist. Ein gutgläubiger Erwerb ist bei einem Hoheitsakt nicht möglich (vgl. § 1207 BGB nur bei rechtsgeschäftlichem Erwerb). Nach der öffentlich-rechtlichen Theorie ist ein Pfändungspfandrecht entstanden, da einzige Voraussetzung für seine Entstehung der Eintritt der Verstrickung ist. Die Verstrickung tritt mit Pfändung ein, außer der Gerichtsvollzieher hat eklatante ZPO-Vorschriften verletzt. Kurz zusammengefasst: Nach der privatrechtlichen und der gemischten Theorie ist kein Pfändungspfandrecht entstanden. Es besteht kein Rechtsgrund i.S. des § 812 BGB für das Behaltendürfen des Erlöses in Höhe von 1000 €. Nach der öffentlichen Theorie ist ein Pfändungspfandrecht entstanden (an sich ein Rechtsgrund für das Behaltendürfen). Nun kommt die Korrektur. Das Pfändungspfandrecht sei kein Rechtsgrund für das Behaltendürfen des Erlöses. Denn es berechtige nur zur formellen Verwertung, räume aber kein Recht zur materiellen Befriedigung bei schuldnerfremden Sachen ein. Mona bekommt zumindest den Erlös.

Beispiel Entstehungszeitpunkt[43]

Der Gerichtsvollzieher pfändet in Sachen „Onkel gegen Thomas" eine Stereoanlage von Thomas. Zwei Wochen später erfolgt eine Anschlusspfändung (§ 826 ZPO) durch einen zweiten Gläubiger von Thomas. Danach stellt der Onkel fest, dass der Gerichtsvollzieher die Zustellung des Titels (§ 750 Abs. 1 ZPO) an Thomas vergessen hatte. Die Zustellung wird umgehend nachgeholt. ■

Lösung „Entstehungszeitpunkt": Prinzipiell erlaubt die ZPO, dass mehrere Gläubiger in dieselbe Sache des Schuldners vollstrecken. Nach § 804 Abs. 3 ZPO geht das erste Pfändungspfandrecht den späteren vor. Da die Theorien unterschiedliche Anforderungen an die Entstehung des Pfandrechts stellen, können die Zeitpunkte des Entstehens des Pfandrechts unterschiedlich sein, je nachdem welcher Theorie man folgt.[44] Die Theorien können also den Wettlauf der Gläubiger beeinflussen. Nach der öffentlich-rechtlichen Theorie wird das Pfändungspfandrecht bereits mit der Verstrickung begründet. Danach hat der Onkel mit dem Tag der Pfändung ein Pfandrecht an der Sache erworben. Ein schwerwiegender Verfahrensfehler (= fehlender Titel, falsches Vollstreckungsorgan) lag nicht vor. Daher trat die Verstrickung an diesem Tage ein. Der zweite Gläubiger kommt im Rang danach, weil seine Vollstreckung (Verstrickung) später war. Der Onkel bekommt als erstrangiger Gläubiger den Erlös. Nach der gemischten Theorie ist bei der Pfändung für den Onkel kein Pfändungspfandrecht entstanden, da ein Verfahrensfehler vorlag. Dieser Fehler wurde erst mit der nachgeholten Zustellung geheilt. Da aber zwischenzeitlich eine Pfändung zugunsten des zweiten Gläubigers erfolgte, geht nunmehr dessen Pfändungspfandrecht im Range vor. Der zweite Gläubiger erhält also deshalb den Erlös.

4. Verwertung

Damit der Gläubiger tatsächlich an sein Geld kommt, muss die gepfändete Sache noch ver- **489**
steigert und der Erlös dem Gläubiger ausgehändigt werden. Grundlage der Verwertung ist

43 Siehe auch den Beispielsfall bei *Lackmann* Zwangsvollstreckungsrecht Rn. 176.
44 Vgl. *Brox/Walker* Zwangsvollstreckungsrecht Rn. 390.

stets die Verstrickung. Seit 2009 geht es auch bei den Gerichtsvollziehern moderner zu, die mittlerweile für ihre Versteigerungen das Medium **Internet** benutzen dürfen.[45] Die wesentlichen Neuerungen sind in § 814 Abs. 2 und 3 ZPO zu finden.

Hinweis

Die ZPO versucht nicht nur im Erkenntnisverfahren, den Einsatz neuer Medien zu implementieren (Videokonferenz § 128a ZPO, ab 2018 elektronische Anträge § 130a ZPO und ab 2026 elektronische Akte § 298a n.F.). Auch im Vollstreckungsrecht ist das Medium Internet neuerdings in zahlreichen Vorschriften anzutreffen.

a) Verwertung von Geld

490 Besonders einfach gestaltet sich die Verwertung von gepfändetem Bargeld. Dieses ist dem Gläubiger auszuhändigen (§ 815 Abs. 1 ZPO). Der Gläubiger erwirbt kraft dieses staatlichen Hoheitsakts Eigentum an dem Geld (unabhängig von §§ 929 ff. BGB).[46] Eine andere Frage ist, ob er das Geld behalten darf oder nach § 812 BGB herausgeben muss (siehe Pfändungspfandrechtstheorien). Geht das Geld beim Gerichtsvollzieher verloren, hilft § 815 Abs. 3 ZPO mit einer Fiktion bzw. einer von § 270 BGB abweichenden Gefahrtragungsregel.[47] Danach gilt bereits die Wegnahme des Geldes durch den Gerichtsvollzieher als Zahlung. Der Gläubiger kann den Schuldner nicht nochmals in Anspruch nehmen. § 815 Abs. 3 ZPO gilt analog auch bei **freiwilligen Zahlungen** des Schuldners an den Gerichtsvollzieher.[48] Der Schuldner wird also stets durch die Zahlung an den Gerichtsvollzieher befreit.

b) Verwertung anderer Sachen

491 Bei der Verwertung von körperlichen Sachen hat der Gerichtsvollzieher seit kurzem ein Wahlrecht. Er kann eine Versteigerung vor Ort durchführen oder die Sachen über eine Internetplattform versteigern (§ 814 Abs. 2 Nr. 1 und Nr. 2 ZPO). Die Internetversteigerung wurde eingeführt, um ein möglichst breites Publikum (noch dazu rund um die Uhr) anzusprechen und damit möglichst hohe Erlöse zu garantieren. Das Land Nordrhein-Westfalen hat 2010 unter www.justiz-auktion.de eine eigene Internetplattform für seine Gerichtsvollzieher eingerichtet. Die meisten Bundesländer haben sich der Idee angeschlossen und nutzen ebenfalls diese Plattform.

aa) Vor Ort

492 Für die Versteigerung vor Ort (§ 814 Abs. 2 Nr. 1 ZPO) ist ein bestimmtes Verwertungsverfahren nicht vorgeschrieben. Grundsätzlich soll die Versteigerung frühestens eine Woche nach der Pfändung durchgeführt werden (§ 816 Abs. 1 ZPO). Sie erfolgt regelmäßig in der Gemeinde, in der die Sache gepfändet wurde (§ 816 Abs. 2 ZPO). Zeit und Ort sind ortsüblich bekannt zu machen (§ 816 Abs. 3 ZPO). Nach diesen Vorbereitungen kann der Versteigerungstermin, in dem der Gerichtsvollzieher die gepfändeten Sachen präsentiert, stattfinden. Meist kommen wenige Leute, die wenig bieten. Den **Zuschlag** erhält der Meistbietende, dem ein dreimaliger Aufruf („zum ersten, zum zweiten, zum dritten") vorausgehen soll (§ 817 Abs. 1 ZPO). Die zuge-

45 Gesetz über die Internetversteigerung in der Zwangsvollstreckung (BGBl. I 2009, 2474).

46 *BGH* NJW 2009, 1085, 1086.

47 Zum Streitstand *Zöller/Herget* ZPO § 815 Rn. 2.

48 *BGH* NJW 2009, 1085, 1086 f.; NJW 2011, 2149, 2150.

schlagene Sache darf nur gegen Barzahlung abgeliefert werden (§ 817 Abs. 2 Alt. 2 ZPO). Das Mindestgebot des § 817a Abs. 1 ZPO muss erreicht werden. Aus den vorstehenden Ausführungen ergibt sich, dass der Versteigerungsakt dreigeteilt ist. Zunächst kommt das Gebot, dann der Zuschlag und dann die Ablieferung der Sache. Erst die **Ablieferung** ist nach h.M. der Hoheitsakt, der zum **Eigentumswechsel** führt.[49] Er setzt lediglich eine wirksame Verstrickung voraus.[50] Die §§ 929 ff. BGB gelten nicht. Der Eigentumserwerb erfolgt also ohne Rücksicht darauf, ob der Schuldner Eigentümer der gepfändeten Sache oder der Erwerber bösgläubig war. Vor bzw. zeitgleich mit der Ablieferung erhält der Gerichtsvollzieher das Geld vom Höchstbietenden. Dieses Geld tritt an die Stelle des Pfandes, sog. dingliche Surrogation (§ 1247 S. 2 BGB analog). Der Ex-Eigentümer der Sache ist jetzt Neu-Eigentümer des Geldes, an dem aber das Pfändungspfandrecht des Gläubigers „klebt". Durch die Auszahlung des Erlöses an den Gläubiger erlöschen Verstrickung und Pfändungspfandrecht. Die Ablieferung des Erlöses an den Gläubiger ist Hoheitsakt, wodurch der Gläubiger das Eigentum am Geld erwirbt. Dies geschieht ohne Rücksicht darauf, ob eine schuldnerfremde Sache versteigert bzw. schuldnerfremdes Geld ausgekehrt wurde. Dem Staat muss man eben vertrauen können.

bb) Per Internet

Für Internetversteigerungen gelten die Vorgaben des § 814 Abs. 3 S. 1 Nr. 1–7 ZPO. Danach **493**
müssen die Landesregierungen durch Rechtsverordnung Regelungen zur Versteigerungsplattform, zu den Zulassungsbedingungen, zu Beginn, Ende und Abbruch der Versteigerung, zu den Versteigerungsbedingungen, zum Gewährleistungsausschluss sowie zu der Anonymisierung von Daten treffen. Nordrhein-Westfalen hat als erstes Bundesland eine Internetplattform eingerichtet, der sich viele andere Bundesländer zwischenzeitlich angeschlossen haben. Die Plattform schreibt Erfolgsgeschichte: Der Umsatz betrug 2013 ca. 3,5 Mio. €. Auf der Homepage der Plattform „Justiz-Auktion" (www.justiz-auktion.de) finden sich „Allgemeine Versteigerungsbedingungen" für die Nutzer.

Darüber hinaus waren weitere Anpassungen in der ZPO erforderlich. Die Pflicht für den Gerichtsvollzieher den Ort (§ 816 Abs. 2 ZPO) sowie die Zeit (§ 816 Abs. 3 ZPO) zu benennen, gilt nicht für Internetversteigerungen (§ 816 Abs. 5 ZPO). Auch beim Zuschlag müssen die Besonderheiten des Internets berücksichtigt werden. Nach § 817 Abs. 1 S. 2 ZPO erhält bei einer Internetversteigerung die Person **automatisch** den **Zuschlag**, die am Ende der Internetauktion das höchste Gebot abgegeben hat, vorausgesetzt es entspricht dem Mindestgebot des § 817a Abs. 1 S. 1 ZPO. Der Höchstbietende erhält über den (automatischen) Zuschlag per E-Mail eine Benachrichtigung. Konnte früher die gepfändete Sache nur bar bezahlt werden, ist nach § 817 Abs. 2 ZPO eine (vorherige) Überweisung an den Gerichtsvollzieher möglich. Erst nach Eingang des Betrags einschließlich der Versandkosten wird die ersteigerte Sache an den Meistbietenden übersendet.

Hinweis

Der Gewährleistungsausschluss beim Erwerb von gepfändeten Sachen (§ 806 ZPO) gilt uneingeschränkt auch für Internetversteigerungen.[51]

---

49 Vgl. *Lackmann* Zwangsvollstreckungsrecht Rn. 184.

50 *Kornol/Wahlmann* Zwangsvollstreckungsrecht Rn. 102.

51 Vgl. *Remmert* NJW 2009, 2572, 2573.

III. In Forderungen

494 Die Vollstreckung in Forderungen, die dem Schuldner gegenüber einem Dritten zustehen (z.B. Arbeitseinkommen gegenüber dem Arbeitgeber, Mietkaution gegenüber dem Vermieter, Rentenanspruch gegen den Rententräger), ist in der Praxis weit verbreitet. Für den Schuldner ist sie nicht gerade angenehm, da nun Dritte (z.B. Arbeitgeber, Vermieter) über den Vollstreckungstitel informiert werden. Für den Gläubiger wiederum ist die Vollstreckung in Forderungen eine einfache, kostengünstige und Erfolg versprechende Methode.[52] Zuständig für die Forderungspfändung ist das **Vollstreckungsgericht**, nicht (!) der Gerichtsvollzieher (§ 828 Abs. 1 ZPO). Unterschieden wird im Untertitel 3 (§§ 828 ff. ZPO) zwischen der Zwangsvollstreckung in Geldforderungen (§§ 829 bis 845, 850 bis 853 ZPO), in Herausgabeansprüche (§§ 846–849 ZPO) sowie in andere Vermögensrechte. Die nachfolgende Darstellung wird sich auf die Vollstreckung in Geldforderungen konzentrieren. Wie bei jeder Zwangsvollstreckung müssen Titel, Klausel und Zustellung vorliegen. Eine interessante Besonderheit ist die Vorpfändung (§ 845 ZPO), die es dem Gläubiger ermöglicht, eine Forderung rangwahrend zu beschlagnahmen, ohne dass der Titel dem Schuldner nebst Klausel bereits zugestellt sein muss.

1. Ablauf der Vollstreckung

495 Während der Gerichtsvollzieher den persönlichen Kontakt zum Schuldner benötigt, ist die Forderungspfändung „reiner Papierkrieg" Eine weitere Besonderheit der Forderungspfändung ist, dass neben Gläubiger und Schuldner stets noch ein Dritter ins Boot geholt wird (= Drittschuldner).

a) Antrag, Bestimmbarkeit der Forderung

496 Die Pfändung einer Geldforderung setzt zunächst einen Antrag des Gläubigers an das zuständige Vollstreckungsgericht (§§ 828, 802 ZPO) voraus. Sachlich zuständig ist ausschließlich das Amtsgericht und zwar örtlich am Schuldnerwohnort, das (funktionell) durch den Rechtspfleger entscheidet (§ 20 Abs. 1 Nr. 17 RpflG[53]). Anders als bei der Vollstreckung in bewegliche körperliche Sachen genügt ein allgemeiner Antrag („bitte pfänden Sie, was Sie finden") nicht. Vielmehr muss der Gläubiger in seinem Antrag eine **bestimmte** Geldforderung genau bezeichnen bzw. die Forderung muss so bestimmt bezeichnet sein, dass ihre Identität ohne weiteres festgestellt werden kann und eine Abgrenzung zu anderen Forderungen sicher möglich ist (= **Bestimmtheit der Forderung**).[54] Ein Antrag auf Pfändung „aus jedem Rechtsgrund" ist mangels Bestimmtheit ebenso unzulässig wie eine bloße Verdachtspfändung.[55]

497 Für den Antrag besteht Formularzwang (§ 829 Abs. 4 S. 2 ZPO i.V.m. ZVFV).[56] Wird das Formular nicht verwendet, ist der Antrag auf Vollstreckung unzulässig.[57] Nur wenn das Formular für den speziellen Fall ungeeignet ist, sind Streichungen oder Ergänzungen oder eine Bezug-

52 *Musielak/Voit* Grundkurs ZPO, Rn. 1190, wonach die Sachpfändung in 95 % der Fälle erfolglos ist. Möglicherweise führt die Internetversteigerung die Sachpfändung aus diesem Schattendasein.

53 *Kornol/Wahlmann* Zwangsvollstreckungsrecht Rn. 373.

54 Beispiele bei *Lackmann* Zwangsvollstreckungsrecht Rn. 272.

55 *Brox/Walker* Zwangsvollstreckungsrecht Rn. 502.

56 Abgedruckt bei *Brox/Walker* Zwangsvollstreckungsrecht Rn. 504.

57 *BGH* NJW 2016, 2668, 2669.

nahme auf Anlagen erlaubt. Im Formular sind eine bestimmt bezeichnete Forderung (auch die Höhe), der Rechtsgrund, der Gläubiger und der Schuldner der Forderung (= Drittschuldner) anzugeben. Das Formular ist in Papierform an das Vollstreckungsgericht zu übersenden. Auch eine elektronische Einreichung des Formulars ist u.U. möglich (§ 829 Abs. 4 S. 2 i.V.m. § 130a Abs. 2 ZPO).

b) Kreis der pfändbaren Forderungen

Geldforderungen sind schon vor ihrer Fälligkeit pfändbar. Auch künftige Geldforderungen **498**
können gepfändet werden, wenn zwischen Schuldner und Drittschuldner bereits ein Rechtsverhältnis besteht.[58] Hier ist besonders auf die Bestimmtheit zu achten. Anzugeben sind der Rechtsgrund (zukünftiges Arbeitseinkommen, zukünftige Rente) und der Drittschuldner (Arbeitgeber, Sozialversicherungsträger).

Auch bei der Forderungspfändung sind Pfändungsbeschränkungen zu beachten. Nach § 865 **499**
Abs. 2 S. 2 ZPO können Forderungen, auf die sich bei Grundstücken die Hypothek erstreckt, nur gepfändet werden, wenn noch keine Beschlagnahme des Grundstücks erfolgt ist (Beispiel: Miet- und Pachtforderungen § 1123 Abs. 1 BGB).

» Die Vorschrift des § 865 ZPO haben Sie bereits im Zusammenhang mit der Pfändung von beweglichen Sachen kennen gelernt (Rn. 473). Nutzen Sie die Gelegenheit und lesen Sie die Norm nochmals sorgfältig durch. «

Zum Schutz des Schuldners existieren weitere **Pfändungsbeschränkungen**. Hauptbeispiel ist **500**
das **Arbeitseinkommen** des Schuldners. Könnte der Gläubiger stets das gesamte Einkommen des Schuldners pfänden, würde der Schuldner durch die Vollstreckung zum Sozialfall, mit der Folge, dass die Gemeinschaft (= die Steuerzahler) für ihn aufkommen müssten.[59] Eine derartige Vollstreckung zu Lasten der Gemeinschaft ist verboten. Daher sind in § 850 Abs. 1 i.V.m. §§ 850a–850i ZPO der Umfang der Pfändung von Arbeitseinkommen sowie besondere Pfändungsverbote im Detail geregelt. Der Mindestbehalt für den Schuldner beträgt derzeit **1133,80 €** monatlich (§ 850c Abs. 1, 2a ZPO i.V.m. PfändfreiGrBek 2017). Der Arbeitgeber muss dem Schuldner diesen Sockelbetrag überlassen und darf nur den überschießenden Teil an den Gläubiger überweisen. Erschwerniszulagen (z.B. Sonntags- und Nachtzuschläge) unterliegen nicht der Pfändung (§ 850a Nr. 3 ZPO).[60] Hat der Schuldner eine vorsätzlich unerlaubte Handlung begangen (das muss sich aus dem Titel ergeben), kann ihm der Schutz aus § 850c ZPO (fast vollständig = Sozialhilfeniveau) genommen werden (§ 850f Abs. 2 ZPO).[61]

Nicht immer pfändet der Gläubiger „direkt an der Quelle". Häufig versuchen Gläubiger in das Bankkonto des Schuldners zu vollstrecken, dessen Guthaben u.a. aus Arbeitseinkommen besteht (§ 833a ZPO). Das ist fatal, wenn dann kein Geld mehr für Miete und Lebensmittel da ist. Der Schuldnerschutz bei der **Kontopfändung** wurde durch das Gesetz zur Reform des Kontopfändungsschutzes neu geregelt. Seit 2010 gibt es das sog. Pfändungsschutzkonto **(P-Konto)** bei Banken (§ 850k ZPO). Der Schuldner kann von seinem Kreditinstitut verlangen, dass sein Girokonto als P-Konto (ohne Zusatzgebühr)[62] geführt wird (§ 850k Abs. 7 ZPO). Jede Person darf nur ein P-Konto haben (§ 850k Abs. 8 S. 1 ZPO). Über die Guthabenbeträge auf seinem P-Konto darf der Schuldner in Höhe der Pfändungsfreigrenzen (§ 850c ZPO = derzeit 1133,80 €) automatisch frei verfügen; nicht ausgegebenes Geld darf er noch im nächsten Monat verwenden (§ 850k Abs. 1 ZPO). Der neue Pfändungsschutz gilt auch für Selbststän-

58 H.M., vgl. etwa *BGH* NJW 2003, 1457, 1458; *Brox/Walker* Zwangsvollstreckungsrecht Rn. 509.
59 Hierzu *BAG* NJW 2017, 3675, 3677.
60 *BAG* NJW 2017, 3675, 3677 f. (nicht aber Schicht- oder Samstagsarbeit).
61 Näher *Brox/Walker* Zwangsvollstreckungsrecht Rn. 579.
62 *BGH* NJW 2013, 3163.

dige, da jedes Guthaben auf dem P-Konto unabhängig von seiner Herkunft geschützt wird. Arbeitseinkommen, das auf dem Konto eines Dritten (Ehepartner) eingezahlt wird, kann gepfändet werden.[63]

501 Nicht abtretbare Forderungen unterliegen nicht der Pfändung (§ 851 Abs. 1 ZPO). Die Unübertragbarkeit der Forderung kann auf Gesetz oder auf dem Inhalt der Forderung (§ 399 Alt. 1 BGB) beruhen.[64] Anders sieht es bei vertraglichen Vereinbarungen zwischen Schuldner und Drittschuldner zur die Unabtretbarkeit der Forderung aus (vgl. § 399 Alt. 2 BGB; siehe auch § 354a HGB). Zu Lasten des Gläubigers geht diese Vereinbarung nicht. Denn nach § 851 Abs. 2 ZPO ist eine Pfändung im Wege der Zwangsvollstreckung trotzdem möglich.

502 Nicht existente Forderungen oder dem Schuldner nicht gehörende Forderungen können nicht gepfändet werden. Die Pfändung geht insoweit ins Leere und ist nichtig.[65] Weder tritt Verstrickung ein noch muss der Dritte, dem die Forderung gehört, mit vollstreckungsrechtlichen Rechtsbehelfen gegen die Pfändung vorgehen. Darin liegt der Unterschied zur Sachpfändung von schuldnerfremden Sachen.

c) Pfändungsvorgang

» Lesen Sie insbesondere § 829 ZPO aufmerksam durch und verschaffen Sie sich einen Überblick über den Inhalt der Norm. «

503 Liegen die Vollstreckungsvoraussetzungen vor (Antrag, Titel, Klausel, Zustellung, Bestimmtheit der Forderung, allgemeine Vollstreckungsvoraussetzungen, wie Zuständigkeit des Gerichts, Rechtsschutzbedürfnis etc.), pfändet der Rechtspfleger die Forderung, ohne den Schuldner vorher zu hören (§ 834 ZPO). Die *Pfändung* erfolgt nach § 829 ZPO durch den Erlass eines Pfändungsbeschlusses. Der **Pfändungsbeschluss** beinhaltet eine Vielzahl von Informationen und Befehlen. Zunächst enthält er die Anordnung der Pfändung unter Angabe von Namen des Gläubigers und Schuldners sowie die genaue Bezeichnung der Forderung. Darüber hinaus enthält er das Verbot an den Drittschuldner, im Umfang der Pfändung an den Schuldner zu zahlen (§ 829 Abs. 1 S. 1 ZPO; sog. Arrestatorium). Zugleich enthält er das Gebot an den Schuldner, sich jeder Verfügung über die Forderung zu enthalten, sie insbesondere beim Drittschuldner einzuziehen (§ 829 Abs. 1 S. 2 ZPO; sog. Inhibitorium). Mit der **Zustellung** des Pfändungsbeschlusses an den **Drittschuldner** (!) ist die Pfändung bewirkt (§ 829 Abs. 3 ZPO). Zeitgleich ordnet das Gericht auf entsprechenden Antrag des Gläubigers die *Verwertung* der Forderung durch Überweisung an. Die Verbindung beider Anordnungen (Pfändung, Überweisung) wird als **Pfändungs- und Überweisungsbeschluss** bezeichnet.

2. Rechtliche Wirkungen der Vollstreckung

504 Mit der Zustellung des Pfändungs- und Überweisungsbeschlusses an den Drittschuldner (§ 829 Abs. 3 ZPO) tritt die **Verstrickung** ein und es entsteht ein **Pfändungspfandrecht** an der Forderung. Die gemischte Theorie setzt für das Entstehen des Pfändungspfandrechts allerdings noch die Einhaltung der einschlägigen Verfahrensvorschriften voraus. Der Zeitpunkt der Zustellung ist damit für den Pfändungsrang (§ 804 Abs. 3 ZPO) entscheidend. Die Zustellung geschieht nicht von Amts wegen, sondern auf Betreiben des Gläubigers durch den Gerichtsvollzieher (§ 829 Abs. 2 S. 1 ZPO). Ab dem Zeitpunkt der Zustellung darf der Drittschuldner nicht mehr an den Schuldner zahlen (§ 829 Abs. 1 S. 1 ZPO).

---

63 *BVerfG* NJW 2015, 3083, 3084.

64 *Kornol/Wahlmann* Zwangsvollstreckungsrecht Rn. 378 ff.

65 *BGH* NJW 2002, 755, 757; *Kornol/Wahlmann* Zwangsvollstreckungsrecht Rn. 374.

Dem Drittschuldner werden noch weitere Pflichten auferlegt. Auf Ersuchen des Gläubigers muss der Drittschuldner binnen zwei Wochen ab Zustellung des Pfändungs- und Überweisungsbeschlusses bestimmte Auskünfte erteilen, sog. Drittschuldnererklärung (§ 840 ZPO). Der Drittschuldner muss dem Gläubiger mitteilen, ob er die Forderung anerkennt und zahlen wird, ob andere Personen Ansprüche auf die Forderung erheben und ob die Forderung schon von anderen Gläubigern gepfändet wurde. Macht er das schlampig, ist er dem Gläubiger zum Schadensersatz verpflichtet (§ 840 Abs. 2 S. 2 ZPO). **505**

3. Verwertung

Die Verwertung der Forderung erfolgt durch den sog. **Überweisungsbeschluss** (§ 835 Abs. 1 ZPO), der bei entsprechendem Gläubigerantrag regelmäßig zugleich mit dem Pfändungsbeschluss erlassen wird („Pfändungs- und Überweisungsbeschluss"). Die Überweisung (= Verwertung) erfolgt nach Wahl des Gläubigers entweder zur Einziehung (§ 835 Abs. 1 Alt. 1 ZPO) oder an Zahlungs statt (§ 835 Abs. 1 Alt. 2, Abs. 2 ZPO). Trifft der Gläubiger keine Wahl, wird die Einziehung zugrunde gelegt.[66] Die Einziehung verschafft dem Gläubiger die umfassende Macht, die Forderung des Schuldners gegenüber dem Drittschuldner geltend zu machen (mahnen, aufrechnen etc.). Zahlt der Drittschuldner nicht freiwillig, hat der Gläubiger aufgrund der Einziehung das Recht, den Drittschuldner auf Zahlung zu verklagen.[67] Die h.M. sieht dies als Fall der gesetzlichen Prozessstandschaft.[68] In diesem Prozess wird erstmals geprüft, ob die Forderung tatsächlich besteht. Dem Schuldner ist der Streit zu verkünden (§ 841 ZPO). Gewinnt der Gläubiger den Prozess, kann er die Zwangsvollstreckung in das Vermögen des Drittschuldners betreiben. **506**

Zahlt der Drittschuldner aufgrund des Überweisungsbeschlusses freiwillig, unterliegt er dem Schutz des § 836 Abs. 2 ZPO. Seine Zahlung an den Gläubiger wirkt selbst dann schuldbefreiend, wenn die Pfändung zwischenzeitlich aufgehoben wurde. Ist der Drittschuldner ein Kreditinstitut (Kontenpfändung) darf es frühestens 4 Wochen nach Zustellung des Überweisungsbeschlusses das Guthaben an den Gläubiger auszahlen (§ 835 Abs. 3 S. 2 ZPO). **507**

Die Überweisung an Zahlungs statt hat Ähnlichkeit mit der Forderungsabtretung (§ 398 BGB). Während der Schuldner bei der Überweisung zur Einziehung Inhaber der Forderung bleibt, geht bei der Überweisung an Zahlungs statt die Forderung sofort auf den Gläubiger über. Dieser gilt damit als befriedigt (§ 835 Abs. 2 ZPO). Wird der Drittschuldner nach dem Überweisungsbeschluss insolvent (z.B. der Arbeitgeber des Schuldners), hat der Gläubiger Pech gehabt. Er gilt als befriedigt, hat aber kein Geld. Daher wird diese Form der Verwertung eher nicht genommen. **508**

4. Vollstreckung in andere Vermögensrechte

Die Zwangsvollstreckung wegen einer Geldforderung in andere Vermögensrechte richtet sich nach §§ 857–860 ZPO. Zu den „anderen Vermögensrechten" gehören beispielsweise Anteilsrechte (Aktien, GmbH-Anteile etc.) sowie Immaterialgüterrechte (Patente, Marken, Lizenzen). Grundschulden werden dagegen wie Hypotheken vollstreckt (§§ 857 Abs. 6 i.V.m. 830 ZPO). Die Vollstreckung in sonstige Vermögensrechte folgt den allgemeinen Vorschriften über die **509**

66 *Thomas/Putzo/Seiler* ZPO § 835 Rn. 4.

67 *Lackmann* Zwangsvollstreckungsrecht Rn. 306, 308, 339 ff.

68 Zum Meinungsstreit *Zöller/Althammer* ZPO Rn. 27 vor § 50.

Forderungspfändung (§ 857 Abs. 1 ZPO verweist auf die §§ 829 ff. ZPO). Zu den anderen Vermögensrechten gehört auch eine Internetdomain, besser gesagt, die schuldrechtlichen Ansprüche, die der Inhaber der Domain gegen die Vergabestelle (DENIC) aus dem der Domainregistrierung zugrunde liegenden Vertragsverhältnis hat.[69] Die Vollstreckung von Anwartschaftsrechten an beweglichen Sachen erfolgt nach der Theorie der Doppelpfändung durch Sach- und Rechtspfändung.[70]

IV. In das unbewegliche Vermögen

510 In der ZPO ist die Zwangsvollstreckung in das unbewegliche Vermögen in den §§ 864–871 ZPO geregelt. Ergänzt werden diese Vorschriften durch das ZVG und die GBO. Zum unbeweglichen Vermögen gehören Grundstücke, Schiffe, Wohnungseigentum und Erbbaurechte (§ 864 ZPO). Zum unbeweglichen Vermögen gehören aber auch die (beweglichen) Gegenstände, die dem Haftungsverband der Hypothek unterfallen, wie Erzeugnisse, Zubehör oder Miet- und Pachtforderungen (§ 865 ZPO). Was genau zum Haftungsverband der Hypothek gehört, ist in § 1120 BGB nachzulesen (die Ausnahmen ergeben sich aus §§ 1121, 1122, 954–957 BGB).

511 Dem Gläubiger werden für die Zwangsvollstreckung in das unbewegliche Vermögen drei Möglichkeiten zur Verfügung gestellt: die Eintragung einer **Sicherungshypothek**, die **Zwangsversteigerung** und die **Zwangsverwaltung** (§ 866 Abs. 1 ZPO). Die Maßnahmen können kumulativ oder alternativ beantragt werden (§ 866 Abs. 2 ZPO). Stets müssen die allgemeinen Vollstreckungsvoraussetzungen vorliegen (Antrag, Titel, Klausel, Zustellung).

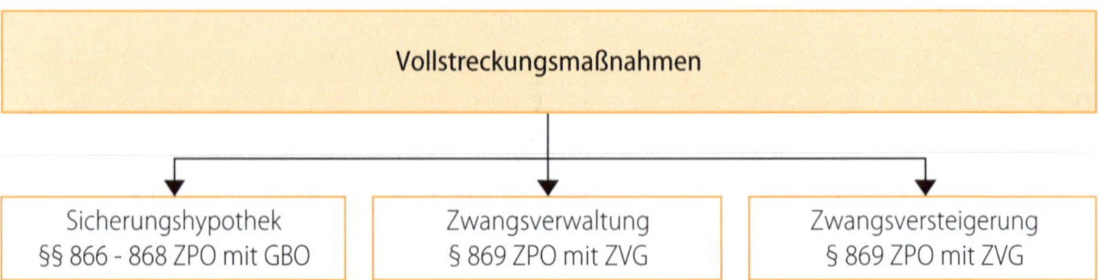

1. Sicherungshypothek

512 Die Vollstreckung in Grundstücke kann durch Eintragung einer Sicherungshypothek (die ZPO spricht teils von Zwangshypothek) erfolgen (§ 867 Abs. 1 ZPO). Die Forderung des Gläubigers muss mindestens 750,01 € betragen (§ 866 Abs. 3 ZPO). Die Zwangshypothek ist stets eine Sicherungshypothek, da sie streng akzessorisch ist und nur in Höhe der gesicherten Forderung besteht und zudem nicht gutgläubig erworben werden kann (§§ 1184, 1185 BGB). Sie entsteht durch Eintragung in das Grundbuch (§§ 866 Abs. 1, 867 Abs. 1 S. 2 ZPO). Die Eintragung setzt einen Antrag des Gläubigers voraus (§§ 867 Abs. 1 ZPO, 13 Abs. 2 GBO). Die allgemeinen Vollstreckungsvoraussetzungen müssen vorliegen. Zuständig für die Eintragung der Sicherungshypothek ist das **Grundbuchamt**, in dessen Bezirk das Grundstück liegt (§ 1 GBO). Das Grundbuchamt fungiert hier ausnahmsweise als Vollstreckungsorgan. Durch diese Vollstreckungsmaßnahme bekommt der Gläubiger kein Geld. Die Sicherungshypothek dient viel-

69 *BGH* NJW 2005, 3353; *Thomas/Putzo/Hüßtegen* ZPO § 857 Rn. 6.
70 *Brox/Walker* Zwangsvollstreckungsrecht Rn. 815.

mehr dazu, dem Gläubiger eine dingliche Sicherheit (für eine spätere Zwangsversteigerung) zu schaffen, da sie den Rang im Grundbuch wahrt (§§ 879 BGB, 45 GBO). Für bereits dinglich gesicherte Gläubiger ist sie daher nicht relevant.

2. Zwangsversteigerung

Die Zwangsversteigerung ist nicht in der ZPO geregelt. § 869 ZPO verweist auf ein eigenes **513**
Gesetz, das ZVG. Es gelten die allgemeinen (§§ 1–14 ZVG) und die speziellen Vorschriften zur Zwangsversteigerung (§§ 15–145a ZVG). Die Zwangsversteigerung dient der Befriedigung des Gläubigers, indem er den aus der Versteigerung erzielten Erlös erhält. Da der Schuldner sein Grundstück durch die Versteigerung verliert, ist diese Art der Vollstreckung für ihn besonders hart. Allerdings darf auch wegen Bagatellforderungen die Zwangsversteigerung betrieben werden (kein fehlendes Rechtsschutzbedürfnis).[71]

Zunächst ist ein Antrag des Gläubigers auf Zwangsversteigerung erforderlich, in dem Grund- **514**
stück, Eigentümer und Titel zu bezeichnen sind (§§ 15 Abs. 1, 16 Abs. 1, 17 ZVG). Zuständig ist das **Amtsgericht**, in dessen Bezirk das Grundstück liegt (§ 1 ZVG). Funktionell zuständig ist der **Rechtspfleger** (§ 3 Nr. 1i RpflG). Passt der Antrag und liegen die allgemeinen Vollstreckungsvoraussetzungen vor, ordnet das Gericht durch Beschluss die Versteigerung des Grundstücks an (§ 15 ZVG). Die Anordnung bewirkt die Beschlagnahme des Grundstücks, die die Wirkung eines relativen Veräußerungsverbots (§§ 135, 136 BGB) hat. Von der Beschlagnahme umfasst wird das Grundstück und die Gegenstände, auf die sich die Hypothek erstreckt, nicht aber Miet- und Pachtzahlungen (§§ 20, 21 ZVG). Wirksam wird der Beschluss mit Zustellung an den Schuldner (§ 22 Abs. 1 ZVG). Der Schuldner ist zugleich darüber zu belehren, dass er die Einstellung des Versteigerungsverfahrens bis zu 6 Monaten verlangen kann (§ 30b ZVG). Die Anordnung der Versteigerung wird von Amts wegen im Grundbuch eingetragen (sog. Versteigerungsvermerk, § 19 Abs. 1 ZVG). Regelmäßig wird nun der Verkehrswert des Grundstücks durch einen Gutachter ermittelt (vgl. § 74a Abs. 5 ZVG).

Sodann bestimmt das Gericht einen Versteigerungstermin (vgl. §§ 36–43 ZVG). Der Termin ist **515**
zu veröffentlichen, wobei die elektronische Form genügt. Bund und Länder haben eine gemeinsame Internet-Plattform (Justizportal) aufgebaut, auf der die Länder die Zwangsversteigerungstermine veröffentlichen können (www.zvg-portal.de). Der **Versteigerungstermin** als „Höhepunkt des Verfahrens" gliedert sich in drei Abschnitte. Zunächst beginnt der Termin mit dem Bekanntmachungsteil, in dem die wesentlichen Eckdaten bekannt gegeben werden, wie Grundbuchdaten, Beschlagnahmezeitpunkt, Verkehrswert. Außerdem ist das sog. geringste Gebot festzustellen. Rechte, die dem Gläubiger vorgehen, dürfen durch die Zwangsversteigerung nicht beeinträchtigt werden. Daher ist das Gericht verpflichtet, den sog. Deckungsgrundsatz (§ 44 Abs. 1 ZVG) zu beachten. Das Gebot muss so viel Geld „in die Kasse spülen", dass sowohl die Verfahrenskosten als auch die dem Gläubiger vorgehenden Rechte davon gedeckt sind (= geringstes Gebot).

Ausgangsfall Mona will in das Grundstück der V-GmbH vollstrecken. Sie hat sich eine Sicherungshypothek eintragen lassen. Diese ist an dritter Rangstelle (1400 €). An erster Rangstelle ist die Grundschuld einer Sparkasse (100 000 €), an zweiter Rangstelle die Hypothek einer Genossenschaftsbank (50 000 €). Die Verfahrenskosten betragen 4000 €.

71 Vgl. *Brox/Walker* Zwangsvollstreckungsrecht Rn. 854.

Das geringste Gebot beträgt hier 154 000 € (100 000 € + 50 000 € + 4000 €). Der Ersteher muss die Belastungen von Rang 1 und 2 übernehmen und hat daher 4000 € bar an das Gericht zu zahlen. ■

516 Der Bekanntmachungsteil endet mit der Aufforderung, Gebote abzugeben (§ 66 Abs. 2 ZVG). Die Mindestbietzeit beträgt 30 Minuten (§ 73 Abs. 1 ZVG). Sind die Anwesenden mit dem Bieten fertig, ergeht die Entscheidung des Gerichts (sofort oder in einem gesonderten Termin) über die Zuschlagserteilung (§ 87 ZVG). Der Meistbietende erhält den Zuschlag, sofern bestimmte Wertgrenzen eingehalten sind. Nach § 85a ZVG muss das Gericht von Amts wegen den Zuschlag ablehnen, wenn das höchste Gebot zuzüglich der rangbesseren Rechte 5/10 des Verkehrswertes nicht erreicht wird (sog. absolutes Mindestgebot). Nach § 74a Abs. 1 ZVG kann das Gericht auf Antrag eines am Grundstück Berechtigten den Zuschlag außerdem ablehnen, wenn das relative Mindestgebot nicht erreicht wird. Dieses beträgt einschließlich der bestehend bleibenden Rechte 7/10 des Verkehrswertes. Wird der Zuschlag wegen § 85a ZVG bzw. § 74a ZVG versagt, ist neuer Termin zu bestimmen. In diesem zweiten Termin gibt es dann die beiden Wertgrenzen nicht mehr.[72] Durch die Erteilung des Zuschlags als staatlichem Hoheitsakt wird der Meistbietende (= Ersteigerer) Eigentümer des Grundstücks (§ 90 Abs. 1 ZVG). Mit dem Zuschlag erlöschen die Rechte, die nicht vom geringsten Gebot umfasst sind. Danach ist ein Termin zur Verteilung des Versteigerungserlöses zu bestimmen (§ 105 ZVG). Hier wird ein Teilungsplan aufgestellt (§ 113 ZVG), in dem der Erlös den angemeldeten Berechtigten zugewiesen wird. Bis spätestens zum Verteilungstermin muss der neue Eigentümer das Kaufgeld nebst Zinsen an das Gericht entrichtet haben.

3. Zwangsverwaltung

517 Die Zwangsverwaltung ist laut § 869 ZPO in einem eigenen Gesetz geregelt. Es ist wiederum das ZVG. Die Zwangsverwaltung ist dort in §§ 146–161 ZVG normiert. Zweck der Zwangsverwaltung ist es, dem Gläubiger den Zugriff auf die laufenden **Einnahmen** aus der Bewirtschaftung des verwaltenden Grundstücks (z.B. Miet- und Pachteinnahmen) zu eröffnen, da diese nicht von der Zwangsversteigerung erfasst werden (§ 21 ZVG).[73] Außerdem kann die Zwangsverwaltung bei vorgesehener späterer Zwangsversteigerung zweckmäßig sein, etwa weil der Schuldner das Grundstück verwahrlosen lässt oder um Einfluss auf die Mietverträge zu bekommen. Voraussetzung ist auch hier ein Antrag des Gläubigers beim Amtsgericht sowie das Vorliegen der allgemeinen Vollstreckungsvoraussetzungen. Das Gericht erlässt sodann einen Beschluss, in dem die Zwangsverwaltung angeordnet wird (§ 147 Abs. 1 ZVG). Dies führt zur Beschlagnahme des Grundstücks. Wirksam wird die Beschlagnahme mit der Zustellung des Beschlusses an den Schuldner oder (bereits früher) mit der Inbesitznahme des Grundstücks durch den Zwangsverwalter. Durch die Beschlagnahme wird dem Schuldner die Verwaltung und Nutzung des Grundstücks entzogen (§ 148 Abs. 2 ZVG). Zugleich bestellt das Gericht einen Zwangsverwalter (§ 150 Abs. 1 ZVG), Die Auswahlentscheidung über seine Person muss ermessensfehlerfrei erfolgen.[74] Aufgabe des Zwangsverwalters ist es, das Grundstück anstelle des Schuldners zu nutzen und zu verwalten (§ 152 Abs. 1 ZVG). Dazu braucht er Besitz. Das ist durchaus kompliziert. Das Gericht beauftragt entweder einen Gerichtsvollzieher, dem Verwalter das Grundstück zu übergeben oder ermächtigt den Verwalter, das Grund-

72 Hierzu *Lackmann* Zwangsvollstreckungsrecht Rn. 450.

73 *BGH* NJW 2010, 2003, 1005.

74 *BVerfG* NJW 2010, 1804.

stück selbst in Besitz zu nehmen (§ 150 Abs. 2 ZVG). Das klappt gut, wenn der Schuldner Besitzer ist (die Anordnung nach § 150 Abs. 2 ZVG ist Vollstreckungstitel, der über § 885 ZPO vollstreckt wird).[75] Ist ein Dritter unrechtmäßiger Besitzer, muss der Verwalter Klage auf Herausgabe (§ 985 BGB) erheben. Über diesen Umweg kommt er (endgültig) an den Besitz. Ist der Dritte dagegen berechtigter (dinglicher) Besitzer (z.B. Wohnrecht, Nießbrauch), ist eine Zwangsverwaltung nicht möglich. Denn der Weg über § 985 BGB ist (wegen § 986 BGB) verbaut. Ziel der Zwangsverwaltung ist, dass der Verwalter die Erträge aus dem Grundstück (die Mieteinnahmen) erhält; davon muss er die laufenden Grundstückskosten ausgleichen (§ 155 Abs. 1 ZVG). Die Überschüsse werden später an den Gläubiger auf der Grundlage eines Teilungsplans verteilt (§§ 155–158 ZVG). Ist der betreibende Gläubiger befriedigt, ist die Zwangsverwaltung aufzuheben (§ 161 Abs. 2 ZVG).

D. Zwangsvollstreckung wegen anderer Ansprüche als Geldforderungen

I. Die Zwangsvollstreckung zur Erwirkung der Herausgabe von Sachen

Die Zwangsvollstreckung zur Erwirkung der Herausgabe einer Sache ist in §§ 883–886 ZPO 518
geregelt. Vollstreckt werden danach Titel, die auf Herausgabe von beweglichen oder unbeweglichen Sachen lauten (z.B. „Der Beklagte wird verurteilt, an die Klägerin den Rauhaardackel Waldi, braunes Fell, weißer Fleck am Bauch, Chip mit der Registrierungsnummer 276233445566-009 herauszugeben“). Nicht verkörperte Daten unterliegen nicht der Herausgabevollstreckung (= keine beweglichen Sachen gem. § 90 BGB).[76] Wichtig ist, dass der Gläubiger bereits im Erkenntnisverfahren auf eine **genaue Bezeichnung** der Sache(n) und der Person des Schuldners achtet.[77] Die Bezugnahme auf eine (englischsprachige) Liste im Tenor (...„sämtliche Unterlagen, bestehend aus Zeichnungen, Skizzen, Betriebsanweisungen, wie in Anlage K8 aufgeführt, herauszugeben“) genügt.[78] Gegebenenfalls darf der Gerichtsvollzieher zur Auslegung einen Sachverständigen hinzuziehen (analog § 813 Abs. 1 S. 2, Abs. 3 ZPO, str.).[79] Bei Ungenauigkeiten im Tenor kann die Vollstreckung des Herausgabetitels scheitern.

1. Allgemeine Voraussetzungen

Zunächst ist ein Antrag des Gläubigers an den Gerichtsvollzieher erforderlich (§§ 883 Abs. 1, 519
885 Abs. 1 ZPO). Örtlich zuständig ist der **Gerichtsvollzieher**, in dessen Bezirk die Herausgabevollstreckung stattfinden soll. Die allgemeinen Vollstreckungsvoraussetzungen müssen vorliegen. Der Gerichtsvollzieher muss insbesondere prüfen, ob der Schuldner im (Herausgabe-)-Titel bestimmt bezeichnet ist (§ 750 Abs. 1 ZPO). Bei einem **Räumungstitel** (Herausgabe von Wohnraum) verlangt der BGH, dass alle Personen, die Mitgewahrsam haben, namentlich im Titel bezeichnet sein müssen. Daher stellt es nach Ansicht des BGH einen Verstoß gegen

75 *BGH* NW-RR 2011, 1095.
76 *BGH* BeckRS 2017, 135745.
77 Vgl. *BGH* NJW 2016, 317, 318 (Tonbänder eines früheren Bundeskanzlers).
78 *BGH* BeckRS 2017, 135745.
79 *BGH* BeckRS 2017, 135745.

§ 750 Abs. 1 ZPO dar, wenn gegen den nicht im Titel aufgeführten **Ehepartner** vollstreckt wird und kein **eigener Räumungstitel** gegen den Ehepartner vorliegt.[80] Auch gegenüber Lebenspartner/innen, Lebensgefährt/innen, Verwandten oder erwachsenen Kindern (nicht Minderjährigen mangels Mitgewahrsam) und Mitbewohnern von Wohngemeinschaften ist ein eigener Titel erforderlich.[81] Auch bei Hausbesetzern müssen die Personen individuell anhand des Titels identifiziert werden können.[82] Denn Billigkeitserwägungen finden in der formalisierten Zwangsvollstreckung keinen Raum. Für den Gläubiger ist die Räumungsvollstreckung daher häufig ein langer und mühevoller Weg. Seit 2013 hilft (ein wenig) § 940a Abs. 2 ZPO. Danach kann der Gläubiger einen Räumungstitel gegen einen mitbewohnenden Dritten per einstweiliger Verfügung (also im Schnellverfahren) erwirken, wenn er erst am Prozessende (nach Schluss der mündlichen Verhandlung) von dessen Existenz erfährt, vorausgesetzt er hat mittlerweile einen Räumungstitel gegen den Schuldner. Seit 2013 kann der Vermieter sogar „im Turboverfahren" einen Räumungstitel gegen den Schuldner erhalten. Klagt der Vermieter Mietrückstände ein, kann das Gericht eine Sicherungsanordnung (§ 283a ZPO) aussprechen. Erbringt dann der beklagte Mieter die Sicherheit nicht termingerecht, darf die Räumung durch einstweilige Verfügung angeordnet werden (§ 940a Abs. 3 ZPO).

JURIQ-Klausurtipp

Die Räumungsvollstreckung gegen Personen, die nicht im Titel bezeichnet sind, ist ein beliebtes Dauerthema im Recht der Zwangsvollstreckung. Die Neuregelung in § 940a Abs. 2 ZPO gehört nun dazu.

2. Bewegliche Sachen

520 Lautet der Titel auf Herausgabe oder Lieferung von beweglichen Sachen, richtet sich die Durchführung der Vollstreckung nach § 883 ZPO.[83] Die Sache selbst muss im Vollstreckungstitel individuell bestimmt sein. Hierbei kann es sich um eine Einzelsache (z.B. Dackel), um eine Mehrheit von Einzelsachen (z.B. Bibliothek), um eine beschränkte Gattungsschuld (z.B. 50 kg Kartoffeln aus dem eigenen Bauernhof) oder um eine Gattungsschuld (z.B. vier Autoreifen der Marke XY) handeln. Die Vollstreckung wird durchgeführt, indem der Gerichtsvollzieher die Sache/Sachen dem Schuldner wegnimmt und diese dem Gläubiger übergibt (§ 883 Abs. 1 ZPO). Bei der Gattungsschuld (§ 884 ZPO) nimmt der Gerichtsvollzieher anstelle des Schuldners die Auswahl vor. Die Konkretisierung (§ 243 Abs. 2 BGB) erfolgt dann durch die Wegnahme dieser Sachen. Zwangsweisen Zutritt in die Wohnung des Schuldners darf sich der Gerichtsvollzieher allerdings nur aufgrund einer besonderen richterlichen Durchsuchungsanordnung verschaffen (§ 758a ZPO). In dem Herausgabetitel ist eine derartige Anordnung nicht inzident enthalten. Die Pfändungsschutzvorschriften der §§ 811, 812 ZPO sind bei der Herausgabevollstreckung nicht analog anwendbar.[84] Dies ergibt sich zum einen bereits aus der Gesetzessystematik (die Vorschriften sind im Abschnitt Vollstreckung einer Geldforderung angesiedelt). Auch Sinn und Zweck verlangen keinen derartigen Schuldnerschutz, weil es um eine individuelle Verpflichtung geht.

---

80 *BGH* NJW 2004, 3041 f. m.w.N.; *Zimmermann* ZPO § 885 Rn. 3c.

81 Vgl. *Brox/Walker* Zwangsvollstreckungsrecht Rn. 1047a.

82 *BGH* BeckRS 2017, 134008.

83 *BGH* NJW 2016, 645, 646.

84 *Brox/Walker* Zwangsvollstreckungsrecht Rn. 1055.

Findet der Gerichtsvollzieher die titulierte Sache nicht vor, ist der Schuldner auf Antrag des Gläubigers zur Abgabe der eidesstattlichen Versicherung verpflichtet. Darin muss er versichern, dass er die Sache nicht besitzt und auch keine Kenntnis über ihren Verbleib hat (§ 883 Abs. 2 S. 1 ZPO). Bei einer Gattungsschuld kommt die eidesstattliche Versicherung naturgemäß nicht in Betracht (§ 884 ZPO verweist daher nur auf § 883 Abs. 1 ZPO). 521

Besonderheiten gelten, wenn sich die Sache bei einem nicht herausgabebereiten Dritten befindet. Der Gläubiger kann den Herausgabeanspruch des Schuldners gegen den Dritten im Weg der Forderungspfändung pfänden und überweisen lassen (§ 886 ZPO). Diesen Herausgabeanspruch kann er dann gegen den Dritten einklagen (§ 836 ZPO). Aus dem obsiegenden Urteil kann der Gläubiger gegen den Dritten aus § 883 ZPO vollstrecken. 522

3. Unbewegliche Sachen

Die Vollstreckung von Herausgabeansprüchen in unbewegliche Sachen ist in §§ 885, 885a ZPO geregelt. Lautet der Titel auf Herausgabe, Überlassung oder Räumung einer unbeweglichen Sache, erfolgt die Vollstreckung dadurch, dass der Gerichtsvollzieher den Schuldner aus dem Besitz setzt und den Gläubiger in den Besitz einweist (§ 885 Abs. 1 S. 1 ZPO). Hat ein Dritter **Mitbesitz**, ist ein eigener Vollstreckungstitel gegen den Dritten erforderlich.[85] Dies gilt insbesondere für Ehepartner oder Lebensgefährten (siehe bereits Rn. 519).[86] Für das (zwangsweise) Betreten des zu räumenden Objekts (Grundstück/Wohnung) benötigt der Gerichtsvollzieher nach der ausdrücklichen gesetzlichen Bestimmung des § 758a Abs. 2 ZPO keine richterliche Durchsuchungsanordnung. Bei Widerstand des Schuldners kann er die Polizei hinzuziehen. 523

Weitere Erschwernisse bringt die Räumungsvollstreckung mit sich, wenn sich noch (bewegliche) Sachen des Schuldners in und auf dem Objekt befinden. Auch Tiere (§ 90a S. 3 BGB) gehören dazu (z.B. Damwild).[87] Durch das **Mietrechtsänderungsgesetz 2013** wurden einige Neuerungen eingeführt, um die Vollstreckung etwas effizienter zu gestalten. Wie der Gerichtsvollzieher zu verfahren hat, ist nun in den § 885 Abs. 2 bis 5 ZPO ausführlich geregelt. 524

Beispiel Mona hat ihre Wohnung für ein Jahr an ihre Freundin Susi vermietet. Susi zahlt die Miete für mehrere Monate nicht. Mona verklagt Susi auf Zahlung und Räumung. Mona gewinnt den Prozess. Der mit der Räumung beauftragte Gerichtsvollzieher findet folgende Sachen vor: einen wertvollen Perserteppich, einen vertrockneten Kaktus sowie ein Fotoalbum mit Familienbildern. ■

Nach § 885 Abs. 2 ZPO muss der Gerichtsvollzieher die beweglichen Sachen (Teppich, Kaktus, Fotoalbum) grundsätzlich aus der Wohnung entfernen und dem Schuldner (= Susi oder Familienangehörigen oder Mitbewohner etc.) übergeben. Dies gilt allerdings nicht für alle (drei) Sachen. Gegenstände, die zugleich der Zwangsvollstreckung wegen einer Geldforderung (z.B. Mietrückstände) unterliegen, muss der Gerichtsvollzieher behalten und in Besitz nehmen (§ 808 ZPO). Dies trifft für den Perserteppich zu, nicht dagegen für das Fotoalbum, da dieses teils als unpfändbar angesehen wird (§ 811 Nr. 11 ZPO). Susi bekommt also Fotoalbum und Kaktus ausgehändigt. Ist der Schuldner bei der Räumung nicht anwesend (häufig

85 *BGH* NJW 2008, 3287.

86 *Lackmann* Zwangsvollstreckungsrecht Rn. 390; *Zöller/Seibel* ZPO § 885 Rn. 7 ff.

87 *BGH* NJW 2012, 2889.

bei „Mietnomaden" der Fall), muss der Gerichtsvollzieher die Sachen in die Pfandkammer schaffen oder anderweitig verwahren (§ 885 Abs. 3 S. 1 ZPO). Immerhin können Sachen, an deren Verwahrung offensichtlich kein Interesse besteht („Müll" etc.), vernichtet werden (§ 885 Abs. 3 S. 2 ZPO). Der Gerichtsvollzieher darf den Kaktus also sofort in die Mülltonne werfen und muss nur das Fotoalbum verwahren. Meldet sich der Schuldner nicht innerhalb eines Monats nach der Räumung beim Gerichtsvollzieher („gib mir meine Sachen"), kann dieser die verwahrten Sachen veräußern und den Erlös hinterlegen (§ 885 Abs. 4 S. 1 ZPO). Gelingt die Veräußerung nicht (z.B. das Fotoalbum will niemand kaufen), darf der Gerichtsvollzieher die Sachen nach § 885 Abs. 4 S. 4 ZPO vernichten. Bis zum Vernichtungstag wird Susi die Chance gegeben, vom Gerichtsvollzieher die (kostenfreie) Herausgabe des Fotoalbums zu verlangen (§ 885 Abs. 5 ZPO).

525 Da die Prozedur nach § 885 ZPO nicht ganz billig ist, räumt § 885a ZPO die Möglichkeit einer Räumungsvollstreckung „light" ein. Der Gläubiger kann seinen Vollstreckungsauftrag auf die Besitzeinweisung beschränken (§ 885a Abs. 1 mit § 885 Abs. 1 ZPO). In diesem Fall muss der Gerichtsvollzieher lediglich die Sachen in der Wohnung dokumentieren und protokollieren (§ 885a Abs. 2 ZPO). Um das Schicksal der beweglichen Sachen darf sich der Gläubiger zunächst selbst kümmern (§ 885a Abs. 3, 4 ZPO). Sachen, an deren Aufbewahrung kein Interesse besteht („Müll") darf er sofort vernichten (§ 885a Abs. 3 S. 2 ZPO). Die anderen Sachen muss er (irgendwo) verwahren (§ 885a Abs. 3 S. 1 ZPO). Einen Monat nach Räumung darf er die Sachen dann über den Gerichtsvollzieher verwerten, wenn der Schuldner diese nicht vorher herausverlangt hat (§ 885a Abs. 4 ZPO). Eine freihändige Verwertung ist ausgeschlossen (kein eBay).[88] Hat der Gläubiger eigenmächtig den Besitz (ohne Gerichtsvollzieher = kalte Räumung) ergriffen, muss er aufgrund der vollstreckungsrechtlichen Sonderverbindung selbst ein Verzeichnis aller beweglichen Gegenstände erstellen; andernfalls trägt er die Beweislast für ihren Zustand und Wert.[89]

526 Nicht immer ist der Schuldner „der Böse". Die Herausgabevollstreckung von Wohnraum trifft häufig ältere Menschen besonders hart, die schon lange in der Wohnung leben und nun wegen eines Um- oder Neubaus ausziehen müssen. Hier gewährt die Vorschrift des § 721 ZPO den Mietern Schutz. Danach kann das Gericht eine angemessene Räumungsfrist gewähren und diese später verlängern. Gleiche Regelungen sind in § 794a ZPO für den Prozessvergleich enthalten. Daneben besteht die Möglichkeit, die Einstellung der Zwangsvollstreckung wegen unzumutbarer Härte zu beantragen (§ 765a ZPO).[90]

4. Übereignung von Sachen

527 Lautet der Titel auf Übereignung einer beweglichen oder unbeweglichen Sache, ist eine „Doppelvollstreckung" notwendig. Die Vollstreckung erfolgt zum einen nach der Vorschrift des § 894 ZPO (Vollstreckung bei Verurteilung zur Abgabe einer Willenserklärung) und zum anderen durch die Wegnahme der Sache (§§ 883, 885 ZPO). Sie wird an späterer Stelle behandelt.

88 *Flatow* NJW 2013, 1185, 1191.

89 *BGH* NJW 2017, 3656, 3657.

90 *BVerfG* NJW 2016, 3090, 3091 (zeitlich begrenzt; evtl. auch dauerhaft).

II. Die Zwangsvollstreckung zur Erwirkung einer vertretbaren Handlung

Lautet der Titel auf Vornahme einer vertretbaren Handlung, erfolgt die Zwangsvollstreckung dadurch, dass der Gläubiger vom Gericht ermächtigt wird, die Handlung **auf Kosten des Schuldners** vorzunehmen (§ 887 ZPO). Da die Vollstreckung unvertretbarer Handlungen wiederum nach § 888 ZPO erfolgt, müssen vertretbare von unvertretbaren Handlungen abgegrenzt werden. **Vertretbar** ist eine **Handlung**, wenn ein Dritter die Handlung genauso gut wie der Schuldner vornehmen kann, also der rechtliche und wirtschaftliche Erfolg identisch ist. Beispiele sind der Abriss einer Mauer, die Erstellung einer Nebenkostenabrechnung, die Beseitigung von Baumängeln, die Sperrung einer Zufahrt für den Lieferverkehr, die Vernichtung einer Software etc.[91] Vorwiegend geht es also um technische, rechnerische oder handwerkliche Leistungen. Die Vollstreckung nach § 887 ZPO schont den Schuldner, da er nicht zum persönlichen Tätigwerden, sondern zur Übernahme der Kosten gezwungen wird (= Ersatzvornahme). 528

Die Vollstreckung setzt einen Antrag des Gläubigers beim **Prozessgericht** des ersten Rechtszugs voraus, das örtlich und sachlich ausschließlich zuständig ist (§§ 887 Abs. 1, 802 ZPO). Für die Stellung des Antrags besteht Anwaltszwang (§ 78 ZPO), wenn das Landgericht oder das Familiengericht für die Vollstreckung zuständig ist.[92] Der Antrag muss hinreichend bestimmt sein, d.h. der Gläubiger muss die vorzunehmende Handlung möglichst genau bezeichnen. Zudem müssen die allgemeinen Vollstreckungsvoraussetzungen vorliegen. Die Entscheidung des Gerichts erfolgt durch Beschluss; der Schuldner ist vorher zu hören (§ 891 ZPO). Der Schuldner kann sich bei der Anhörung damit verteidigen, dass er bereits ordnungsgemäß erfüllt habe (§ 362 BGB). Diesen materiell-rechtlichen **Erfüllungseinwand** des Schuldners muss das Gericht nach h.M. selbst (notfalls durch Beweisaufnahme) überprüfen und darf den Schuldner nicht auf die Vollstreckungsgegenklage (§ 767 ZPO) verweisen.[93] Dafür, dass hier das Vollstreckungsorgan eine materiell-rechtliche Frage selbst klären muss, sprechen sowohl der Wortlaut der Vorschrift als auch die Prozessökonomie. Gibt das Gericht dem Antrag des Gläubigers durch Beschluss statt, wird darin nicht nur die Ermächtigung zur Vornahme der Handlung auf Kosten des Schuldners ausgesprochen, sondern auch die Kosten der Ersatzvornahme dem Schuldner auferlegt (§§ 891 S. 3, 91 ZPO). Damit können die Kosten, die durch die Beauftragung von Dritten entstehen, als Kosten der Zwangsvollstreckung beigetrieben werden (§ 788 ZPO). Auf Antrag des Gläubigers kann das Gericht den Schuldner gleichzeitig zu einem Kostenvorschuss verurteilen (§ 887 Abs. 2 ZPO). 529

Beispiel Mona ist Eigentümerin einer Neubauwohnung. Kurz nach ihrem Einzug stellt sich heraus, dass das Parkett in ihrer Wohnung schlampig verlegt worden ist. Mona fordert den Bauträger vergeblich zur Nacherfüllung (§§ 634 Nr. 1, 635 BGB) auf. Mona verklagt den Bauträger auf Nacherfüllung und gewinnt den Prozess. Nun kann Mona einen Antrag beim Prozessgericht, in dem sie die vorzunehmenden Handlungen möglichst genau bezeichnet, auf Vollstreckung nach § 887 ZPO stellen. In dem Beschluss wird Mona ermächtigt, die Reparatur des Parketts auf Kosten des Bauträgers vorzunehmen. Zugleich werden dem Bauträger die Kosten auferlegt und die Zahlung eines Kostenvorschusses von 4000 € (die das Gericht geschätzt hat) festgesetzt. Mona kann nun eine andere Firma mit der fachgerechten Reparatur des Parketts beauftragen. ■

---

91 Vgl. *Zöller/Seibel* ZPO § 887 Rn. 3 mit zahlreichen Beispielen.

92 *Brox/Walker* Zwangsvollstreckungsrecht Rn. 1072.

93 *BGH* NJW 2016, 2810, 2812; NJW 2016, 3536, 3539; NJW 2005, 367, 368 m.w.N.

III. Die Zwangsvollstreckung zur Erwirkung einer unvertretbaren Handlung

530 Vollstreckt wird eine unvertretbare Handlung dadurch, dass der Schuldner zur Vornahme der geschuldeten Handlung durch **Zwangsgeld** oder **Zwangshaft** angehalten wird (§ 888 Abs. 1 S. 1 ZPO). **Unvertretbare Handlungen** knüpfen an individuelle und unersetzbare Fähigkeiten bzw. Fachkenntnisse an und müssen ausschließlich vom Willen des Schuldners abhängen. Beispiele sind die Erteilung eines Arbeitszeugnisses, der Widerruf einer Erklärung, die Erteilung einer Auskunft oder die Erstellung einer Jahresabrechnung.[94] Erfordert die Handlung eine Mitwirkung eines Dritten, der nicht zur Duldung der Handlung bereit ist (z.B. Vornahme einer baulichen Veränderung), ist die Rechtslage kompliziert. Da der Dritte nicht im Titel steht, ist der Weg über § 887 ZPO nicht möglich. Die Vollstreckung ist aber auch nach § 888 ZPO ausgeschlossen, wenn der Dritte eindeutig seine Mithilfe verweigert. Der Schuldner muss aber im Einzelnen darlegen, dass er alles getan hat, den Dritten zur Mitwirkung zu bewegen.[95] Andernfalls kann er der Vorschrift des § 888 ZPO nicht entkommen. Ausdrücklich ausgeschlossen ist eine Vollstreckung bei einem Titel, der auf Leistung von Diensten aus einem Dienstvertrag gerichtet ist (§ 888 Abs. 3 ZPO). Kommt ein Arbeitnehmer nicht mehr zur Arbeit, kann er nicht im Wege der Zwangsvollstreckung dazu gezwungen werden. Es gibt zwar einen Titel, aber keine Vollstreckung. Dies folgt schon aus den Grundrechten (Art. 2 Abs. 1, 12 GG). Gleiches gilt nach § 120 Abs. 3 FamFG für Verpflichtungen „zur Eingehung der Ehe" oder „zur Herstellung des ehelichen Lebens". Derartiges darf schon im Hinblick auf die Grundrechte der/des Betroffenen nicht staatlicher Vollstreckung zugeführt werden.

531 Auch die Vollstreckung nach § 888 ZPO setzt einen Antrag des Gläubigers voraus. Zuständig ist ausschließlich das **Prozessgericht** des ersten Rechtszugs (§§ 888 Abs. 1 S. 1, 802 ZPO). Ist das Landgericht oder Familiengericht zuständig, besteht für den Antrag Anwaltszwang (§ 78 ZPO). Im Antrag ist die vorzunehmende Handlung so bestimmt als möglich zu bezeichnen. Außerdem müssen die allgemeinen Vollstreckungsvoraussetzungen vorliegen. Die Entscheidung des Gerichts erfolgt durch Beschluss. Das Gericht setzt darin Zwangsgeld oder Zwangshaft fest. Eine besondere Androhung des Zwangsmittels vor dem „Zugriff" erfolgt nicht (§ 888 Abs. 2 ZPO). Das Zwangsgeld liegt zwischen 5 und 25 000 € (§ 888 Abs. 1 S. 2 ZPO) und muss die Bedeutung der Sache berücksichtigen. Ersatzweise (im Fall der Nichtbeitreibung) ist Zwangshaft anzuordnen. Die Zwangshaft beträgt zwischen 1 Tag und 6 Monaten (§§ 888 Abs. 1 S. 3, 802j ZPO). Das Gericht hat die Wahl zwischen den beiden Zwangsmitteln. Nach dem Grundsatz der Verhältnismäßigkeit ist primäres Mittel das Zwangsgeld, da es weniger einschneidende Folgen hat. Eine wiederholte Festsetzung des Zwangsgeldes ist möglich. Das ist kein Verstoß gegen das Verbot der Mehrfachbestrafung, da es sich um eine reine Beugemaßnahme (keine Strafe) handelt. Das auf Antrag des Gläubigers beigetriebene Zwangsgeld erhält der Staat (nicht der Gläubiger).

94 *BGH* NJW 2016, 3536, 3537; *Zöller/Seibel* ZPO § 888 Rn. 3.

95 *BayOblG* NJW-RR 1989, 462, 463; *Stein/Jonas/Brehm* ZPO § 888 Rn. 13.

IV. Die Zwangsvollstreckung zur Erzwingung von Duldungen und Unterlassungen

532 Ist der Schuldner zu einer Duldung oder Unterlassung verurteilt worden, erfolgt die Vollstreckung des Titels dadurch, dass der Schuldner wegen jeder **Zuwiderhandlung** zu einem **Ordnungsgeld** oder zur **Ordnungshaft** verurteilt wird (§ 890 ZPO). Nach h.M. haben die Ordnungsmittel einen doppelten Zweck: Prävention und Sanktion (= strafähnlicher Charakter). Die Ordnungsmaßnahmen müssen dem Schuldner *zuvor* (!) **angedroht** worden sein (§ 890 Abs. 2 ZPO). Zumeist wird die Androhung vom erkennenden Gericht gleich in den Tenor des Urteils mit aufgenommen. Möglich ist aber auch ein extra Beschluss. Ordnungsgeld und Ordnungshaft sollten nur alternativ (nicht kumulativ) angedroht werden.[96] Die Pflicht zur Unterlassung oder zur Duldung muss sich aus dem Titel ergeben. Die Unterlassung kann in einem reinen passiven Nichtstun bestehen, kann aber auch den Schuldner zu einem bestimmten Tun verpflichten. Es ist in jedem Fall einheitlich aus § 890 ZPO zu vollstrecken (keine Mischung aus § 887 und § 890 ZPO).[97] Beispiele sind Unterlassen einer unlauteren Werbung, Unterlassen von ehrverletzenden Äußerungen, Unterlassen von Lärm, Unterlassung der Benutzung einer Internetadresse, Duldung des Betretens eines Grundstücks durch den Nachbarn, Duldung einer baulichen Maßnahme durch den Mieter.

» Lesen Sie § 890 ZPO aufmerksam durch und stellen Sie die Unterschiede und Gemeinsamkeiten zu § 888 ZPO fest! «

533 Auch hier ist zunächst ein Antrag des Gläubigers an das zuständige Vollstreckungsorgan erforderlich, in dem der Gläubiger eine Zuwiderhandlung des Schuldners gegen den Titel behauptet. Der Antrag braucht keine Aussage zur Art oder Höhe des Ordnungsmittels enthalten.[98] Ausschließlich zuständig ist das **Prozessgericht** des ersten Rechtszugs (§§ 890 Abs. 1 S. 1, 802 ZPO). Beim LG besteht für den Antrag Anwaltszwang (§ 78 ZPO). Die allgemeinen Vollstreckungsvoraussetzungen müssen vorliegen. Das Gericht entscheidet durch Beschluss; vor der Entscheidung ist der Schuldner zu hören (§ 891 S. 2 ZPO). Das Gericht prüft, ob eine vorherige Androhung nach § 890 Abs. 2 ZPO vorliegt (im Titel oder in einem gesonderten Beschluss) und ob der Schuldner danach eine Zuwiderhandlung begangen hat. Bestreitet der Schuldner eine Zuwiderhandlung, muss ggf. Beweis erhoben werden. Zudem setzt die Verhängung einer Ordnungsmaßnahme ein Verschulden des Schuldners voraus, da § 890 ZPO strafähnlichen Charakter hat.[99] Bei juristischen Personen (AG, GmbH, SE etc.) wird auf das Verschulden des Vertretungsorgans abgestellt, da dieser bei Nichtzahlung des Ordnungsgeldes in Haft muss – das ist verfassungsgemäß.[100] Steht eine schuldhafte Zuwiderhandlung fest, verbietet es der Verhältnismäßigkeitsgrundsatz, Haft als primäres Mittel zu verhängen.[101] Primäres Mittel ist also das Ordnungsgeld. Die Festsetzung des Ordnungsgeldes erfolgt durch Beschluss. Das Ordnungsgeld beträgt zwischen 5 und 250 000 € pro Zuwiderhandlung (§ 890 Abs. 1 S. 2 ZPO). Es kann bei jeder neuen Zuwiderhandlung erneut verhängt werden. Das beigetriebene Ordnungsgeld erhält der Staat.

Beispiel Lothar (der Vater von Mona) ist Vorstand einer Aktiengesellschaft. Aufgrund der Klage eines Mitkonkurrenten wird die AG vom LG Köln dazu verurteilt, eine bestimmte Werbeaussage auf ihrer Website zu unterlassen. In dem Urteil wird sogleich für jeden Fall

96 *Zöller/Seibel* ZPO § 890 Rn. 12 (kumulative Androhung genügt als Voraussetzung).
97 Vgl. *Baur/Stürner/Bruns* Zwangsvollstreckungsrecht Rn. 40.21.
98 *BGH* NJW 2015, 1829, 1830.
99 *BVerfG* BeckRS 2017, 109868; NJW-RR 2007, 860, 861 f.
100 *BVerfG* BeckRS 2017, 109868 (Rn. 29 ff.).
101 Vgl. *BVerfG* NJW 2018, 531, 533.

der Zuwiderhandlung gegen das Verbot ein Ordnungsgeld, ersatzweise Ordnungshaft angedroht (§ 890 Abs. 2 ZPO). Das Urteil wird der AG nebst Klausel zugestellt (§ 750 Abs. 1 ZPO). Drei Wochen später beantragt der Anwalt des Mitkonkurrenten beim Prozessgericht erster Instanz, die AG zur Zahlung eines Ordnungsgeldes in angemessener Höhe zu verurteilen, weil die AG erneut gegen das Unterlassungsgebot verstoßen hat (was stimmt). Das LG Köln setzt daraufhin durch Beschluss ein Ordnungsgeld in Höhe von 50 000 € gegen die AG fest, ersatzweise für den Fall der Nichtbeitreibung für je 250 € einen Tag Ordnungshaft (zu vollziehen an Vorstand Lothar). Da die AG insolvent ist, kann sie das Ordnungsgeld in Höhe von 50 000 € nicht zahlen. Nun muss Lothar für 200 Tage ins Gefängnis.[102] ■

V. Die Zwangsvollstreckung zur Abgabe einer Willenserklärung

» Ist Ihnen der Zeitpunkt des Eintritts der formellen Rechtskraft noch geläufig? Wenn nicht, wiederholen Sie dieses Thema (Rn. 372). «

534 Hat ein Vollstreckungstitel den Inhalt, dass der Schuldner zur Abgabe einer Willenserklärung verurteilt worden ist, erfolgt die Vollstreckung nach § 894 ZPO im Wege einer **Fiktion**. Die Willenserklärung gilt als abgegeben, wenn der Titel **rechtskräftig** geworden ist (§ 894 Abs. 1 S. 1 ZPO). Nur Urteile und Beschlüsse sind der Rechtskraft fähig, so dass andere Titel (z.B. Prozessvergleich) nicht unter § 894 ZPO fallen. Beispiele für Entscheidungen, die zur Abgabe einer Willenserklärung verurteilen, sind dingliche Einigungserklärungen (Einigungserklärung bei Übereignung einer beweglichen Sache § 929 BGB oder Auflassungserklärung §§ 873, 925 BGB oder Zustimmungserklärung des Mieters nach § 558b Abs. 2 BGB). Da die Vollstreckung durch Fiktion erfolgt, sind keine Anträge des Schuldners nötig. Der Schuldner muss lediglich Geduld haben. Das rechtskräftige Urteil ersetzt die Willenserklärung und auch die vorgeschriebene Form (z.B. bei der Auflassungserklärung). Bei Übereignungsansprüchen kommt eine weitere wichtige Besonderheit hinzu. Hier reicht die Vollstreckung nach § 894 ZPO allein nicht aus, um den Erfolg des Titels (Übereignung) herbeizuführen. Bei beweglichen Sachen muss der Gläubiger daher noch beim Gerichtsvollzieher die Herausgabe der Sache im Wege der Zwangsvollstreckung (§§ 883 ff., 897 ZPO) beantragen.

Ausgangsfall Der Anspruch von Mona gegen die V-GmbH auf Übereignung von 30 neuen Fliesen muss zunächst nach § 894 ZPO vollstreckt werden (d.h. Mona muss die Rechtskraft des Titels abwarten), und dann muss der Gerichtsvollzieher bei der V-GmbH noch die 30 Fliesen (Gattungsschuld) nach § 883 Abs. 1 ZPO heraussuchen und wegnehmen. ■

535 Bei Grundstücken muss der Gläubiger noch zum Notar gehen, um seine eigene Auflassungserklärung abzugeben. Mit dem Titel und der notariellen Urkunde in Händen kann er dann die Eigentumsumschreibung beim Grundbuchamt beantragen.[103]

E. Rechtsbehelfe in der Zwangsvollstreckung

536 Zwangsvollstreckungsrecht ist staatlicher Eingriff (notfalls mit Gewalt) aufgrund formalisierter Voraussetzungen. Der Schuldner, aber auch Dritte, sind darauf angewiesen, dass das Vollstreckungsverfahren ordnungsgemäß durchgeführt wird und keine Verfahrensvorschriften ver-

102 Vgl. *BVerfG* BeckRS 2017, 109868 (die Haft wurde auf 100 Tage reduziert).
103 *Brox/Walker* Zwangsvollstreckungsrecht Rn. 1120.

letzt werden. Selbst bei Einhaltung der Vorschriften kann es aber passieren, dass in Rechte Dritter eingegriffen wird oder rechtliche Änderungen zugunsten des Schuldners nicht berücksichtigt werden. Auch der Gläubiger kann unter falschen Entscheidungen der Vollstreckungsorgane leiden. Daher ist es besonders wichtig, dass die ZPO den Beteiligten effektiven Rechtsschutz gewährt. Die Vielzahl an vollstreckungsrechtlichen Rechtsbehelfen ist beachtlich. Für die Geltendmachung von Verfahrensfehlern (Verstöße gegen Normen des 8. Buchs der ZPO) stehen die Vollstreckungserinnerung (§ 766 ZPO), die sofortige Beschwerde (§ 793 ZPO), die Rechtspflegererinnerung (§ 11 Abs. 2 RpflG) sowie die Grundbuchbeschwerde (§ 71 GBO) zur Verfügung.[104] Die wichtigsten Rechtsbehelfe, mit denen Einwendungen materieller Art geltend gemacht werden können, sind die Vollstreckungsgegenklage (§ 767 ZPO), die Titelgegenklage (§ 767 ZPO analog), die Drittwiderspruchsklage (§ 771 ZPO), die Klage auf vorzugsweise Befriedigung (§ 805 ZPO) sowie die Klage wegen vorsätzlich sittenwidriger Vollstreckung (§ 826 BGB).[105] Damit besteht die Hauptaufgabe für Studierende darin, die einzelnen Rechtsbehelfe klar voneinander abzugrenzen (im Rahmen der Statthaftigkeit). Es gibt kaum Überschneidungen, so dass es einfach nur wichtig ist, den jeweiligen Anwendungsbereich zu lernen. Unklare Anträge des Rechtsbehelfsführers können ggfs. ausgelegt (§ 133 BGB analog) werden, um ihm den „richtigen Rechtsbehelf" zu geben. Außer den oben genannten gibt es im Übrigen im Vollstreckungsrecht noch zahlreiche weitere Rechtsbehelfe und Schutzanträge (z.B. §§ 765a, 878 ZPO).[106] Die nachfolgende Darstellung beschränkt sich auf die fünf wichtigsten Rechtsbehelfe.

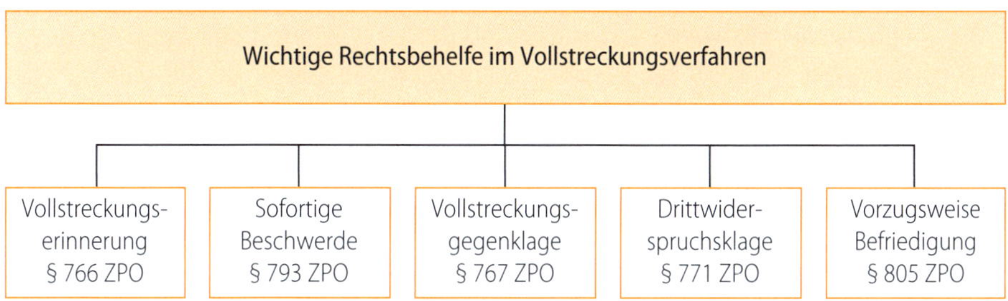

I. Vollstreckungserinnerung

Beispiel Thomas wurde rechtskräftig zur Rückzahlung eines Darlehens von 1000 € an seinen Onkel verurteilt. Am Sonntag um 6 Uhr morgens klingelt der Gerichtsvollzieher und pfändet im Wege der Wegnahme den Laptop von Thomas, der diesen dringend für eine Seminararbeit benötigt. Auch die Perserkatze von Thomas nimmt der Gerichtsvollzieher einfach mit. Kann Thomas hiergegen etwas tun? ■ 537

1. Zweck und Abgrenzung

Mit dem Rechtsbehelf der Erinnerung = **Vollstreckungserinnerung (§ 766 Abs. 1 ZPO)** können die Beteiligten (Gläubiger, Schuldner, Dritte) **Verfahrensfehler** des Vollstreckungsorgans (i.d.R. **Gerichtsvollzieher**) geltend machen.[107] Auch gegen die Weigerung des Gerichtsvollziehers, den Vollstreckungsauftrag zu übernehmen, ist die Erinnerung statthaft (§ 766 Abs. 2 538

104 Vgl. *Kornol/Wahlmann* Zwangsvollstreckungsrecht Rn. 53–58.
105 Vgl. *Kornol/Wahlmann* Zwangsvollstreckungsrecht Rn. 59–64.
106 Überblick bei *Kornol/Wahlmann* Zwangsvollstreckungsrecht Rn. 65.
107 *Kornol/Wahlmann* Zwangsvollstreckungsrecht Rn. 105.

ZPO). Ziel der Erinnerung ist es also, eine konkrete Vollstreckungsmaßnahme (z.B. Pfändung des Laptops, der Katze) für unzulässig zu erklären oder den Gerichtsvollzieher anzuweisen, die Vollstreckung vorzunehmen (z.B. Gerichtsvollzieher verweigert die Herausgabevollstreckung wegen angeblicher Unbestimmtheit des Titels). **Abzugrenzen** ist die Erinnerung von anderen, speziellen Rechtsbehelfen, wie die sofortige Beschwerde gegen Entscheidungen des Vollstreckungsgerichts (Richter oder Rechtspfleger) bzw. des Prozessgerichts (§ 793 ZPO), die Vollstreckungsabwehrklage (§ 767 ZPO), die Drittwiderspruchsklage (§ 771 ZPO), die Klauselerinnerung (§ 732 ZPO), die Beschwerde gegen Entscheidungen des Grundbuchamts (§ 71 GBO) sowie die Dienstaufsichtsbeschwerde bei „ungehörigem" Verhalten des Gerichtsvollziehers.[108] Parteien des Erinnerungsverfahrens sind ausschließlich Gläubiger und Schuldner, obwohl das Verfahren das Verhalten der Vollstreckungsorgane (Gerichtsvollzieher, Vollstreckungsgericht) betrifft. Der Gerichtsvollzieher ist als Organ der Zwangsvollstreckung niemals Beteiligter.[109]

2. Zulässigkeit der Erinnerung

a) Statthaftigkeit

539 Die Erinnerung ist statthaft gegen die „Art und Weise der Zwangsvollstreckung" durch den Gerichtsvollzieher oder das Vollstreckungsgericht (§ 766 Abs. 1 ZPO). Der Schuldner/Dritte muss geltend machen, dass bei Vornahme der Vollstreckungsmaßnahme/Pfändung vollstreckungsrechtliche Verfahrensvorschriften verletzt worden sind. Abzugrenzen ist die Erinnerung (§ 766 ZPO) von der sofortigen Beschwerde (§ 793 ZPO). Die Erinnerung wendet sich gegen „Maßnahmen", die sofortige Beschwerde gegen „Entscheidungen". Bei Maßnahmen des **Gerichtsvollziehers** ist **stets die Erinnerung** gegeben, da dieser keine „Entscheidungen" i.S. des § 793 ZPO trifft[110] Handelt das Vollstreckungsgericht, sind Erinnerung (§ 766 ZPO) oder sofortige Beschwerde (§ 793 ZPO) denkbar. Die sofortige Beschwerde (§ 793 ZPO) ist gegeben, wenn das Gericht eine „Entscheidung" i.S. des § 793 ZPO (aufgrund freigestellter mündlicher Verhandlung) erlassen hat. Entscheidungscharakter hat eine Maßnahme stets dann, wenn Schuldner oder Dritter tatsächlich gehört worden sind und das Gericht daher eine *Abwägung* des Parteivorbringens in der Sache vornehmen konnte.[111] Mit der Erinnerung hat der Erinnerungsbefugte dagegen **erstmals** Gelegenheit, sich **rechtliches Gehör** beim Vollstreckungsgericht zu verschaffen.[112]

540 Im Mittelpunkt der Vollstreckungserinnerung steht die Verletzung von Verfahrensvorschriften (§ 766 Abs. 1 ZPO). Verfahrensmängel liegen etwa vor, wenn der Gerichtsvollzieher die allgemeinen oder besonderen Vollstreckungsvoraussetzungen oder einzelne Verfahrensvorschriften bei der Pfändung und Verwertung der Sache nicht beachtet hat. Dazu gehört die Nichtbeachtung der Pfändungsverbote, so dass die Pfändung des Laptops (Verstoß gegen § 811 Abs. 1 Nr. 5 ZPO) sowie die Pfändung der Perserkatze (Verstoß gegen § 811c ZPO) mit der Vollstreckungserinnerung (§ 766 ZPO) gerügt werden können. Ein Verstoß gegen vollstreckungsbeschränkende Vereinbarungen ist dagegen mit der Vollstreckungsgegenklage (§ 767 ZPO analog) geltend zu machen, nicht mit der Erinnerung (§ 766 ZPO).[113]

---

108 Vgl. *Brox/Walker* Zwangsvollstreckungsrecht Rn. 1162 ff.

109 *BGH* NJW 2004, 2979, 2981.

110 Allg. Ansicht, vgl. nur MüKo-*K. Schmidt* ZPO § 766 Rn. 12.

111 H.M., vgl. *BGH* NZI 2004, 447 f.; *Brox/Walker* Zwangsvollstreckungsrecht Rn. 1177 ff. m.w.N.

112 *Zöller/Herget* ZPO § 766 Rn. 2.

113 *BGH* NJW 2017, 2202, 2204.

Hinweis

Typische Fehlerquellen im Rahmen der Erinnerung nach § 766 ZPO sind das Fehlen eines Titels, das Fehlen einer titelumschreibenden Klausel auf den Rechtsnachfolger, die fehlende Zustellung des Titels (§ 750 Abs. 1 ZPO), die Nichtbeachtung der Pfändungsbeschränkungen der §§ 811, 811c ZPO sowie der §§ 850 ff. ZPO, die Pfändung von Grundstückszubehör entgegen § 865 Abs. 2 ZPO, die Vollstreckung in der Wohnung des Schuldners ohne richterliche Durchsuchungsanordnung (§ 758a ZPO) oder zur Unzeit (§ 758a Abs. 4 ZPO).

b) Zuständigkeit, Form und Frist, Erinnerungsbefugnis

Für die Vollstreckungserinnerung ist kein „formaler Antrag" nötig. Es ist weder eine bestimmte Form noch eine Frist vorgeschrieben. Nach allgemeiner Ansicht kann die Erinnerung schriftlich oder zur Protokoll der Geschäftsstelle erklärt werden (§ 569 Abs. 2, 3 ZPO analog).[114] Es genügt die Bezeichnung der gerügten Vollstreckungsmaßnahme (Auslegung möglich). Die Erinnerung kann bis zur Beendigung der Zwangsvollstreckung (Auskehr des Erlöses) erhoben werden. Danach ist sie unstatthaft; es fehlt das Rechtsschutzbedürfnis. In zeitlicher Hinsicht besteht das **Rechtsschutzbedürfnis** also ab Beginn der Vollstreckung bis zu ihrem Ende.[115] **Zuständig** für die Erinnerung ist ausschließlich das Vollstreckungsgericht (Amtsgericht), in dessen Bezirk die Vollstreckung stattfand (§§ 766 Abs. 1 S. 1, 764 Abs. 2, 802 ZPO). Das Gericht entscheidet durch den Richter (§ 20 Nr. 17 S. 2 RpflG). **541**

Des Weiteren muss der Erinnerungsführer auch erinnerungsbefugt (= beschwert) sein. Erinnerungsbefugt können Schuldner, Gläubiger oder Dritte sein. Der **Schuldner** ist grundsätzlich zur Geltendmachung sämtlicher Verfahrensfehler befugt, da seine Rechtsstellung hierdurch negativ beeinträchtigt wird. Der **Gläubiger** ist erinnerungsbefugt, wenn der Gerichtsvollzieher den Vollstreckungsauftrag ablehnt (§ 766 Abs. 2 ZPO) oder Weisungen missachtet. Auch **Dritte** können im Einzelfall erinnerungsbefugt sein. Bei der Räumungsvollstreckung gegen den Ehepartner des Schuldners kann der Ehepartner Erinnerung einlegen, wenn gegen ihn kein Titel vorliegt (Verstoß gegen § 750 Abs. 1 ZPO). Ein Dritter kann beispielsweise mit der Erinnerung geltend machen, dass er zur Herausgabe der Sache nicht bereit gewesen sei (Verstoß gegen § 809 ZPO). Der Drittschuldner kann mit der Erinnerung geltend machen, die Forderung sei nicht ausreichend bestimmt bezeichnet oder die Forderung sei unpfändbar (§§ 850 f. ZPO). Bei der Vollstreckung einer schuldnerfremden Sache kommt auch die Drittwiderspruchsklage (§ 771 ZPO) in Betracht. **542**

3. Begründetheit der Erinnerung

Über die Erinnerung entscheidet das Vollstreckungsgericht durch Beschluss (§ 764 Abs. 3 ZPO). Gegen diesen ist die sofortige Beschwerde statthaft (§ 793 ZPO). Die Vollstreckungserinnerung ist dann begründet, wenn die vorgenommene Vollstreckungsmaßnahme nicht oder nicht auf diese Weise hätte vorgenommen werden dürfen. Die Prüfung beschränkt sich aber nicht nur auf den gerügten Mangel, sondern ist eine umfassende Überprüfung.[116] Der Prüfungsmaßstab ist daher enorm. Geprüft wird, ob die allgemeinen Verfahrensvoraus- **543**

114 *Musielak/Voit/Lackmann* ZPO § 766 Rn. 15; *Thomas/Putzo/Hüßtege* ZPO § 766 Rn. 19.
115 *Kornol/Wahlmann* Zwangsvollstreckungsrecht Rn. 121, 137.
116 *Kornol/Wahlmann* Zwangsvollstreckungsrecht Rn. 125.

setzungen (Partei- und Prozessfähigkeit, Rechtsschutzbedürfnis), die allgemeinen Vollstreckungsvoraussetzungen (Antrag beim zuständigen Vollstreckungsorgan, Titel, Klausel, Zustellung) sowie die besonderen Vollstreckungsvoraussetzungen (Eintritt eines Kalendertags § 751 Abs. 1 ZPO, Sicherheitsleistung § 751 Abs. 2 ZPO, Zug um Zug-Vollstreckung §§ 756, 765 ZPO) vorlagen.[117] Zudem untersucht das Gericht, ob bei der Vollstreckung selbst ein Fehler unterlaufen ist. Es muss daher geprüft werden, ob die Sache durch den Gerichtsvollzieher bzw. das Vollstreckungsgericht korrekt (gemäß der ZPO) gepfändet wurde. Folgende **Fehlerquellen** sind besonders typisch und daher relevant:[118] Zubehör oder von der Beschlagnahme des Grundstücks erfasste Gegenstände dürfen vom Gerichtsvollzieher nicht gepfändet werden (§ 865 Abs. 2 ZPO), da sie der Immobiliarvollstreckung unterliegen. Gepfändet werden dürfen nur bewegliche Sachen, die sich im Gewahrsam des Schuldners oder eines zur Herausgabe bereiten Dritten befinden (§§ 808 Abs. 1, 809 ZPO). Der Pfändung dürfen keine Pfändungsverbote entgegenstehen (§§ 811, 850 ff. ZPO). Gegen den Willen des Schuldners darf der Gerichtsvollzieher die Wohnung nur aufgrund einer richterlichen Durchsuchungsanordnung betreten (§ 758a ZPO). Das Verbot der Überpfändung ist zu beachten (§ 803 Abs. 1 S. 2 ZPO). Bei der Verwertung müssen die Bestimmungen über den Ablauf (§ 814 ZPO) beachtet werden.

4. Entscheidung

544 Ist die Erinnerung des Schuldners (bezüglich eines Verhaltens des Gerichtsvollziehers) zulässig und begründet, ist die Zwangsvollstreckung analog § 775 Nr. 1 ZPO für unzulässig zu erklären. Der Gerichtsvollzieher muss die Maßnahme dann nach § 776 ZPO aufheben (das Vollstreckungsgericht kann ihn dazu im Beschluss anweisen).[119] Ab diesem Zeitpunkt erlöschen Pfandrecht und Verstrickung. Ist die Erinnerung des Gläubigers begründet, ist der Gerichtsvollzieher zur Durchführung des Vollstreckungsauftrags bzw. zur beantragten Vollstreckungsmaßnahme anzuweisen. Ist die Erinnerung (bezüglich eines Verhaltens des Vollstreckungsgerichts) zulässig und begründet, muss es seine (selbst erlassene) Maßnahme selbst aufheben. Die Aufhebung wird mit der Bekanntmachung der Entscheidung (sofort) wirksam (§ 329 Abs. 1 S. 1 ZPO).

II. Sofortige Beschwerde

545 **Beispiel** Thomas hat gegen das Verhalten des Gerichtsvollziehers (Pfändung eines Laptops an einem Sonntag um 6 Uhr morgens) Erinnerung eingelegt. Das Vollstreckungsgericht verwirft die Vollstreckungserinnerung. Welchen Rechtsbehelf hat Thomas noch? ■

546 Die sofortige Beschwerde ist in § 793 ZPO geregelt. Sie führt zu einer Überprüfung durch die nächste Instanz. Die sofortige Beschwerde ist aufgrund ihres Devolutiv- und Suspensiveffekts ein Rechtsmittel. Sie wurde bereits bei den Rechtsmitteln behandelt (Rn. 427 ff.). Die folgenden Ausführungen dienen der Wiederholung.

117 *Musielak/Voit/Lackmann* ZPO § 766 Rn. 22.

118 *Brox/Walker* Zwangsvollstreckungsrecht Rn. 1216 ff.

119 *Brox/Walker* Zwangsvollstreckungsrecht Rn. 1237.

1. Zulässigkeit

a) Statthaftigkeit

Die sofortige Beschwerde nach § 793 ZPO richtet sich gegen **Entscheidungen** des **Vollstreckungsgerichts** (Richter, Rechtspfleger) oder des **Prozessgerichts** im Zwangsvollstreckungsverfahren, die „ohne mündliche Verhandlung ergehen können" (so der Wortlaut des § 793 ZPO). Für die Entscheidung darf also eine mündliche Verhandlung nicht notwendig sein. Daher ist dieses Rechtsmittel nur gegen **Beschlüsse** (§ 128 Abs. 4 ZPO) und nicht gegen Urteile statthaft.[120] Mit der sofortigen Beschwerde sind anfechtbar: Beschlüsse des Prozessgerichts zur Erzwingung von Handlungen, Duldungen und Unterlassungen (§§ 887, 888, 890 i.V.m. § 891 ZPO), Entscheidungen des Vollstreckungsgerichts (Richter, Rechtspfleger) nach tatsächlicher Anhörung der Parteien (zur Abgrenzung der sofortigen Beschwerde zur Erinnerung Rn. 539) sowie Entscheidungen des Vollstreckungsgerichts über die **Erinnerung** nach § 766 ZPO. **547**

b) Form, Frist, Rechtsschutzbedürfnis, Beschwer

Einzulegen ist die sofortige Beschwerde nach § 569 Abs. 1 ZPO beim Ausgangsgericht (iudex a quo) oder beim Beschwerdegericht (iudex ad quem). Sie ist binnen einer Notfrist von 2 Wochen (§ 569 Abs. 1 ZPO) schriftlich (§ 569 Abs. 2 ZPO) oder im Fall des § 569 Abs. 3 Nr. 1 ZPO durch Erklärung zu Protokoll der Geschäftsstelle einzureichen. Es besteht kein Anwaltszwang (§§ 569 Abs. 3, 78 Abs. 1, 3 ZPO).[121] Das Rechtsschutzinteresse besteht solange, bis das Zwangsvollstreckungsverfahren beendet ist. Der Beschwerdeführer muss durch die Entscheidung in seinen Rechten beeinträchtigt (= beschwert) sein. Das kann der Gläubiger, der Schuldner oder ein Dritter (Drittschuldner) sein. Der Gerichtsvollzieher ist nach h.M. mangels Parteistellung nicht beschwerdebefugt.[122] **548**

2. Begründetheit, Verfahren

Die sofortige Beschwerde ist begründet, wenn der angefochtene Beschluss auf einem Verfahrensfehler beruht oder sachlich unzutreffend ist.[123] Das Beschwerdegericht entscheidet durch Beschluss (§ 572 Abs. 4 ZPO). **549**

III. Vollstreckungsgegenklage

1. Grundlagen

Beispiel Das AG Köln hat Thomas verurteilt, ein Darlehen in Höhe von 1000 € an seinen Onkel zurückzuzahlen. Nachdem das Urteil rechtskräftig wurde, bittet Thomas seinen Onkel um etwas Aufschub mit der Begründung, dass er seine Werkstudententätigkeit aufgegeben habe, um sich ganz auf seine Bachelorarbeit konzentrieren zu können. Der Onkel verspricht seinem Neffen in einer E-Mail, die Rückzahlung für ein halbes Jahr zu stunden. Welche Möglichkeiten hat Thomas, wenn sein Onkel trotz der Stundungsabrede die Zwangsvollstreckung aus dem Urteil betreibt? ■ **550**

---

120 *Brox/Walker* Zwangsvollstreckungsrecht Rn. 1253.
121 *BGH* BeckRS 2017, 135745.
122 *Kornol/Wahlmann* Zwangsvollstreckungsrecht Rn. 149.
123 *Brox/Walker* Zwangsvollstreckungsrecht Rn. 1259.

551 Die Vollstreckungserinnerung (§ 766 ZPO) bzw. die sofortige Beschwerde (§ 793 ZPO) hilft dem Schuldner in derartigen Fällen nicht weiter. Denn es geht nicht um die Aufhebung einer einzelnen Vollstreckungsmaßnahme wegen verfahrensrechtlicher Mängel, sondern darum, einem Vollstreckungstitel die Vollstreckungsfähigkeit (zeitweise) ganz zu nehmen.[124] Hier hilft die sog. **Vollstreckungsgegenklage (= Vollstreckungsabwehrklage)**[125] gem. § 767 ZPO, mit der man die Vollstreckbarkeit des Titels wegen veränderter materiell-rechtlicher Gründe beseitigt. Mit der Vollstreckungsgegenklage kann der Schuldner eine **rechtsvernichtende** (z.B. Erfüllung) oder **rechtshemmende Einwendung** (z.B. Stundung) gegen den titulierten Anspruch geltend machen, die ***nach dem Schluss der mündlichen Verhandlung*** entstanden ist (§ 767 Abs. 2 ZPO).[126] Ist die Einwendung (wie hier) erst nach Rechtskraft entstanden, gilt § 767 ZPO umso mehr. Die Vollstreckungsgegenklage ist nach h.M. eine prozessuale Gestaltungsklage.[127] Das stattgebende Urteil beseitigt die Vollstreckbarkeit des Titels. Der Titel als solcher bleibt bestehen.

2. Zulässigkeit der Vollstreckungsgegenklage

a) Statthaftigkeit

552 Die Vollstreckungsgegenklage ist statthaft, wenn der Schuldner eine materiell-rechtliche Einwendung gegen den durch Urteil festgestellten Anspruch geltend macht (§ 767 Abs. 1 ZPO).[128] Ziel der Klage ist die Beseitigung der Vollstreckbarkeit eines Titels (dauerhaft oder für eine gewisse Zeit). Der Bestand des Titels als solches soll mit der Vollstreckungsgegenklage aus § 767 ZPO nicht angegriffen werden, sondern nur seine Vollstreckbarkeit.[129] Zudem muss der Schuldner materiell-rechtliche Einwendungen gegen den titulierten Anspruch (Erfüllung, Stundung, Aufrechnung, Zurückbehaltungsrecht etc.) behaupten. Ob die Einwendung tatsächlich besteht, ist eine Frage der Begründetheit. Ebenfalls bei der Begründetheit wird geprüft, ob die Einwendung nach §§ 767 Abs. 2, 3 ZPO präkludiert ist.[130] Anwendbar ist § 767 ZPO auf Leistungsurteile, nicht aber auf Gestaltungs- oder Feststellungsurteile, da diese nicht zu einem Zwangsvollstreckungsverfahren führen. Auch gegen Prozessvergleiche (§ 794 Abs. 1 Nr. 1 ZPO) und vollstreckbare Urkunden (§ 794 Abs. 1 Nr. 5 ZPO) ist die Vollstreckungsgegenklage zulässig (§ 795 ZPO). Das Rechtsschutzbedürfnis für eine Vollstreckungsgegenklage fehlt allerdings bei einem Prozessvergleich, wenn sich der Schuldner auf die Unwirksamkeit des Vergleichs beruft und der ursprüngliche Prozess fortgesetzt werden kann (hierzu Rn. 259 ff.).[131]

553 **Abzugrenzen** ist die Vollstreckungsgegenklage von den anderen vollstreckungsrechtlichen Rechtsbehelfen. Die Vollstreckungserinnerung (§ 766 ZPO) richtet sich gegen eine konkrete Vollstreckungsmaßnahme, nicht gegen die Vollstreckbarkeit des Titels (wie § 767 ZPO). Umstritten ist der richtige Rechtsbehelf bei Vollstreckungsvereinbarungen. Nach Ansicht des BGH ist die Vollstreckungsabwehrklage analog § 767 ZPO der statthafte Rechtsbehelf (und nicht die Erinnerung § 766 ZPO), wenn der Gerichtsvollzieher eine Sache pfändet, auf die sich

---

124 *BGH* NJW 2017, 674.

125 Beide Begriffe werden in Rspr. und Lit. gebraucht: *Kornol/Wahlmann* Zwangsvollstreckungsrecht Rn. 162.

126 Vgl. *BGH* NJW 2015, 955, 958.

127 *BGH* NJW-RR 2007, 1724 f.; *Thomas/Putzo/Hüßtege* ZPO § 767 Rn. 1; *Lüke* Zivilprozessrecht Rn. 588.

128 Zur Abgrenzung zu anderen Rechtsbehelfen *Kornol/Wahlmann* Zwangsvollstreckungsrecht Rn. 164–175.

129 *Kornol/Wahlmann* Zwangsvollstreckungsrecht Rn. 162.

130 *Kornol/Wahlmann* Zwangsvollstreckungsrecht Rn. 178.

131 *BGH* NJW 1999, 2903; *Lackmann* Zwangsvollstreckungsrecht Rn. 506, 535 ff.

eine Vollstreckungsvereinbarung bezieht, obgleich es nicht um die Beseitigung des Titels (sondern um Aufhebung einer konkreten Vollstreckungsmaßnahme) geht.[132] Zu Recht verweist der BGH als Argument auf die Formalisierung der Zwangsvollstreckung (der Gerichtsvollzieher kann nur leicht ermittelbare Umstände überprüfen, nicht aber komplexe Vollstreckungsvereinbarungen). Als weiterer Rechtsbehelf ist die sog. **Titelgegenklage analog § 767 ZPO** zu nennen. Damit kann der Schuldner die Unwirksamkeit des Vollstreckungstitels als solches geltend machen. Sie wird vor allem in zwei Fällen eingesetzt. Beispiele: der Tenor des Titels ist zu unbestimmt („der Kläger wird verurteilt, einen Hund herauszugeben") oder in der notariellen Urkunde (§ 794 Abs. 1 Nr. 5 ZPO) findet sich eine pauschale Unterwerfungserklärung. In diesem Fall kann der Schuldner zusätzlich die Herausgabe des Titels per Klage (analog § 371 BGB) verlangen.[133]

b) Klageantrag, Parteien, Zuständigkeit

Liegen Titel und eine schlüssig behauptete Einwendung vor, ist des Weiteren ein bestimmter Klageantrag (§ 253 Abs. 2 Nr. 2 ZPO) des Schuldners mit dem Inhalt erforderlich, die Zwangsvollstreckung aus einem bestimmten Vollstreckungstitel für unzulässig zu erklären. Zudem müssen die allgemeinen Verfahrensvoraussetzungen (Parteifähigkeit, Prozessfähigkeit etc.) vorliegen. Insbesondere ist auf die Prozessführungsbefugnis zu achten. Richtiger Kläger ist der Schuldner oder sein Rechtsnachfolger. Wird im Titel als Schuldner eine GbR genannt, darf nur die GbR und nicht die Gesellschafter Vollstreckungsgegenklage erheben.[134] Richtiger Beklagter ist der Gläubiger oder sein Rechtsnachfolger, selbst wenn noch keine Klauselumschreibung erfolgt ist. Ausschließlich örtlich und sachlich zuständig ist das **Prozessgericht** des ersten Rechtszugs (§§ 767 Abs. 1, 802 ZPO). Damit wird gewährleistet, dass das Gericht entscheidet, das bereits mit der Sache befasst war, unabhängig davon, ob es damals tatsächlich zuständig war oder nicht. Bei einem Prozessvergleich ist das Gericht zuständig, vor dem der (erledigte) Rechtsstreit damals in erster Instanz anhängig war. Bei einer vollstreckbaren Urkunde ist das Gericht des Schuldnerwohnsitzes örtlich zuständig (§ 797 Abs. 5 ZPO). 554

c) Rechtsschutzbedürfnis

Ein wichtiger Prüfungspunkt bei der Vollstreckungsgegenklage ist das **Rechtsschutzinteresse** des Schuldners. Prinzipiell ist sein (zeitliches) Rechtsschutzinteresse an einer Vollstreckungsgegenklage zu bejahen, sobald der **Titel** vorliegt. Die Vollstreckung muss weder drohen[135] noch begonnen haben (anders bei Erinnerung und sofortiger Beschwerde).[136] Selbst die Klausel muss noch nicht einmal erteilt sein. Ein Verzicht des Gläubigers beseitigt das Rechtsschutzbedürfnis nicht.[137] Nach Beendigung der Vollstreckung (Auskehr des Erlöses und Herausgabe des Titels an den Gläubiger) stehen dem Schuldner nur noch Bereicherungsansprüche zu.[138] Um die Gerichte nicht mit sinnlosen Klagen zu belasten, fehlt das (sachliche) Rechtsschutzbedürfnis, wenn dem Schuldner ein einfacherer und kostengünstigerer Weg zur Beseitigung der Vollstreckbarkeit des Titels zur Verfügung steht.[139] Ist die Einwendung bei- 555

132 *BGH* NJW 2017, 2202, 2205.
133 *BGH* NJW 2015, 1181, 1183.
134 *BGH* NZG 2016, 221, 223.
135 *BGH* NJW 2017, 674.
136 *Brox/Walker* Zwangsvollstreckungsrecht Rn. 1332.
137 *BGH* NJW 2017, 674.
138 *BGH* NJW 1982, 1147; *Musielak/Voit/Lackmann* ZPO § 767 Rn. 18.
139 *Kornol/Wahlmann* Zwangsvollstreckungsrecht Rn. 189.

spielsweise nach Schluss der mündlichen Verhandlung in der ersten Instanz entstanden, könnte man den Schuldner auf das Rechtsmittel der Berufung verweisen. Nach h.M. hat jedoch der Schuldner die Wahl zwischen Berufung und Vollstreckungsgegenklage (Argument Wortlaut des § 767 Abs. 2 ZPO). Hat der Schuldner allerdings Berufung eingelegt, entfällt das Rechtsschutzbedürfnis für eine (parallele) Vollstreckungsabwehrklage.[140]

3. Begründetheit

a) Bestehen einer Einwendung

556 Die Vollstreckungsgegenklage ist begründet, wenn der Schuldner eine materiell-rechtliche Einwendung gegen den titulierten Anspruch hat und diese Einwendungen nicht durch §§ 767 Abs. 2, 3 ZPO ausgeschlossen sind. Da § 767 Abs. 2 ZPO fordert, dass die Einwendung erst nach der mündlichen Verhandlung entstanden ist, kommen rechtshindernde Einwendungen (z.B. §§ 105, 117, 125, 134, 138 BGB) von vornherein nicht in Betracht. Beachtlich sind daher nur **rechtsvernichtende** (z.B. Erfüllung § 362 BGB, Aufrechnung §§ 387 ff. BGB, Erlass § 397 BGB, Anfechtung §§ 119 ff. BGB, Wegfall der Geschäftsgrundlage § 313 BGB, Unmöglichkeit § 275 BGB, Widerrufsrecht § 355 BGB, Rechtsmissbrauch § 242 BGB[141]) oder **rechtshemmende** Einwendungen (z.B. Verjährung § 214 BGB, Stundung, Zurückbehaltungsrecht § 273 und § 320 BGB). Bloße Rechtsprechungsänderungen rechtfertigen keine Vollstreckungsgegenklage (anders bei Nichtigkeitserklärung einer Norm durch das BVerfG).[142]

Hinweis

Die Vollstreckungsgegenklage ist nur begründet, wenn eine materiell-rechtliche Einwendung besteht. Hier sind solide Kenntnisse des BGB-AT und BT erforderlich.

b) Keine Präklusion nach § 767 Abs. 2 ZPO

557 Der Schuldner darf gem. § 767 Abs. 2 ZPO nur solche Einwendung erheben, die **nach** dem Schluss der letzten mündlichen Verhandlung entstanden sind. Sind die Einwendungen bereits **vor** der mündlichen Verhandlung der letzten Tatsacheninstanz entstanden, darf sie der Schuldner nicht über den Weg der Vollstreckungsgegenklage geltend machen (§ 767 Abs. 2 ZPO). Der Schuldner ist damit **präkludiert**. Für die Entstehung der Einwendung kommt es allein auf die objektive Möglichkeit der Geltendmachung an.[143] Ein besonderes Problem betrifft die Ausübung von **Gestaltungsrechten** (z.B. Widerruf, Rücktritt, Minderung, Anfechtung). Hier stellt sich die (klausurrelevante) Frage, inwieweit diese Gestaltungsrechte nach § 767 Abs. 2 ZPO präkludiert sind. Die Antwort hängt davon ab, ob der Zeitpunkt der Entstehung (z.B. Entstehen des Anfechtungsrechts) oder der Zeitpunkt der Ausübung (z.B. Erklärung der Anfechtung) entscheidet. Die Rechtsprechung stellt grundsätzlich auf den **Zeitpunkt des Entstehens** ab, um einen zügigen Verfahrensfortgang zu gewährleisten.[144] Der Schuldner soll schon im Dienste der Prozessökonomie zu einem möglichst frühen Vorgehen

140 Näher *Zöller/Herget* ZPO § 767 Rn. 4.

141 *BGH* NJW 2015, 955, 958.

142 Vgl. *Brox/Walker* Zwangsvollstreckungsrecht Rn. 1337.

143 *Kornol/Wahlmann* Zwangsvollstreckungsrecht Rn. 209.

144 *BGH* NJW 2005, 2926, 2927; NJW 2003, 3134, 3135; MüKo-*K. Schmidt* ZPO § 767 Rn. 82; a.A. etwa *Brox/Walker* Zwangsvollstreckungsrecht Rn. 1345, 1346 m.w.N.

gezwungen werden. Für das **Widerrufsrecht** des Verbrauchers ist aber auf den Zeitpunkt der Ausübung abzustellen (str).[145] Bei Titeln ohne Rechtskraftwirkung greift die Präklusion des § 767 Abs. 2 ZPO nicht (z.B. Prozessvergleich, vollstreckbare Urkunden).[146]

c) Keine Präklusion nach § 767 Abs. 3 ZPO

Nach § 767 Abs. 3 ZPO muss der Schuldner sämtliche Einwendungen erheben, die er gerade (= bei Einreichen der Vollstreckungsgegenklage) geltend machen kann. Zweck dieser Bestimmung ist es, eine Vielzahl von hintereinander geschalteten Vollstreckungsabwehrklagen zu vermeiden. Bei einer zweiten Vollstreckungsgegenklage ist der Schuldner nicht nur mit den Einwendungen präkludiert, die er bis zum Schluss der mündlichen Verhandlung hätte erheben können, sondern auch mit den Einwendungen, die er in der ersten Vollstreckungsgegenklage hätte geltend machen können. **558**

4. Entscheidung

Das Gericht entscheidet über die Vollstreckungsgegenklage durch Urteil. Wird der Klage stattgegeben, lautet der Tenor, dass die Zwangsvollstreckung aus einem bestimmten Titel für unzulässig erklärt wird. Das Urteil hat Gestaltungswirkung, indem das angegriffene Urteil seine Vollstreckbarkeit verliert. Das ist vom zuständigen Vollstreckungsorgan zu beachten (§ 775 Nr. 1 ZPO). Bereits getroffene Vollstreckungsmaßnahmen sind aufzuheben (§ 776 S. 1 ZPO). Das Urteil ist mit Rechtsmitteln (Berufung, Revision) anfechtbar. Wird die Vollstreckungsgegenklage rechtskräftig abgewiesen, kann der Schuldner nicht in einem neuen Prozess auf Schadensersatz wegen der erfolgten Zwangsvollstreckung klagen (analog § 767 Abs. 2, 3 ZPO).[147] **559**

IV. Drittwiderspruchsklage

1. Grundlagen

Eingangsbeispiel Thomas wurde rechtskräftig zur Rückzahlung eines Darlehens in Höhe von 1000 € an seinen Onkel verurteilt. Der Gerichtsvollzieher pfändet im gemeinsamen Wohnzimmer der Wohnung von Thomas und Mona ein Bild von Andy Warhol (Wert 2000 €), das Mona von ihrer Tante geerbt hatte. Mona möchte ihr Bild (ihr Eigentum) zurück. ■ **560**

Mit der Drittwiderspruchsklage nach § 771 ZPO kann – wie der Name schon sagt – ein Dritter der Vollstreckung mit dem Argument widersprechen, dass ihm die gepfändete Sache gehört. Die ZPO muss für unbeteiligte Dritte eine derartige Klagemöglichkeit vorsehen, da der Gerichtsvollzieher nicht überprüft, ob die gepfändete Sache tatsächlich zum Vermögen des Schuldners gehört. Stattdessen knüpft der Gerichtsvollzieher an den bloßen Gewahrsam des Schuldners an. Die Drittwiderspruchsklage ist eine prozessuale Gestaltungsklage.[148] Sie ist gegenüber materiell-rechtlichen Klagen aus §§ 985, 1004 BGB vorrangig.[149] **561**

» Lesen Sie § 771 ZPO erst einmal gründlich durch! «

145 Näher *Zöller/Herget* ZPO § 767 Rn. 14.
146 *BGH* NJW-RR 1987, 1022, 1023; MüKo-*K. Schmidt* ZPO § 767 Rn. 75.
147 *BGH* NJW 2017, 1313, 1316.
148 *Thoma/Putzo/Seiler* ZPO § 771 Rn. 1; MüKo-*K. Schmidt* ZPO § 771 Rn. 3.
149 *BGH* NJW 1989, 2542; *Brox/Walker* Zwangsvollstreckungsrecht Rn. 1400.

2. Zulässigkeit der Drittwiderspruchsklage

a) Statthaftigkeit

562 Die Drittwiderspruchsklage ist statthaft, wenn ein Dritter behauptet, ein die **Veräußerung hinderndes Recht** an dem gepfändeten Vollstreckungsgegenstand zu haben (§ 771 ZPO). Vollstreckungsgegenstand können bewegliche Sachen oder Forderungen sein.[150] Abzugrenzen ist die Drittwiderspruchsklage von den anderen vollstreckungsrechtlichen Rechtsbehelfen. Vollstreckungserinnerung (§ 766 ZPO) und Drittwiderspruchsklage (§ 771 ZPO) können parallel erhoben werden. Mit der Erinnerung kann die Verletzung drittschützender Verfahrensvorschriften gerügt werden (z.B. § 809 ZPO); nicht hierunter fallen materiell-rechtliche Einwendungen gegen den titulierten Anspruch (hierzu braucht der Dritte dann § 771 ZPO). Abzugrenzen ist die Drittwiderspruchsklage noch von der Klage auf vorzugsweise Befriedigung (§ 805 ZPO). Mit letzterer will der Kläger nicht die Vollstreckung in einen bestimmten Gegenstand verhindern; stattdessen will der Kläger an den erzielten Erlös aus diesem Gegenstand herankommen.

b) Weitere Zulässigkeitsvoraussetzungen

563 Zunächst ist ein konkreter Klageantrag (§ 253 Abs. 2 Nr. 2 ZPO) erforderlich, der darauf gerichtet ist, die Zwangsvollstreckung in einen ganz genau bezeichneten Gegenstand für unzulässig zu erklären. Örtlich ausschließlich zuständig ist das Gericht, in dessen Bezirk die Vollstreckung erfolgt ist (§§ 771 Abs. 1, 802 ZPO). Da § 771 ZPO keine Regelung zur sachlichen Zuständigkeit vorgibt, gelten die allgemeinen Bestimmungen der §§ 23, 71 GVG.[151] Die sachliche Zuständigkeit (AG, LG) hängt vom Wert der Vollstreckungsforderung ab (hilfsweise vom Wert der gepfändeten Sache, wenn dieser unter dem der Forderung liegt, § 6 ZPO). Ein (zeitliches) Rechtsschutzbedürfnis für die Drittwiderspruchsklage besteht zwischen Beginn und Beendigung der Zwangsvollstreckung.[152] Beginn bedeutet hier Beginn der Vollstreckung in den fremden Gegenstand (nicht bereits das Bestehen eines Titels). Nach Beendigung (Auskehr des Erlöses) stehen dem Dritten nur noch Schadensersatz- oder Bereicherungsansprüche aus § 812 BGB zu. Er kann dann die Drittwiderspruchsklage für erledigt erklären oder seinen Antrag auf Schadensersatz ändern (§ 264 Nr. 3 ZPO).[153] Selbst bei nichtigen Pfändungsmaßnahmen ist eine Drittwiderspruchsklage zulässig. Wird beispielsweise eine Forderung gepfändet, die einem Dritten zusteht, geht die Pfändung zwar ins Leere. Dennoch wird dem Dritten der Rechtsbehelf des § 771 ZPO zugebilligt (Rechtsschein einer wirksamen Vollstreckung).[154] Ihm wird ein (sachliches) Rechtsschutzbedürfnis zugebilligt. Im Übrigen müssen auch bei dieser Klage die allgemeinen Verfahrensvoraussetzungen (Partei- und Prozessfähigkeit etc.) vorliegen.

3. Begründetheit

564 Die Drittwiderspruchsklage ist nach dem Wortlaut des § 771 Abs. 1 ZPO begründet, „wenn dem Dritten ein die Veräußerung hinderndes Recht" zusteht.

---

150 *Zöller/Herget* ZPO § 771 Rn. 12.

151 *Kornol/Wahlmann* Zwangsvollstreckungsrecht Rn. 251.

152 *BGH* NJW-RR 2004, 1220, 1221; *Zöller/Herget* ZPO § 771 Rn. 5; *Stein/Jonas/Münzberg* ZPO § 771 Rn. 13.

153 Vgl. *Lackmann* Zwangsvollstreckungsrecht Rn. 587.

154 *BGH* NJW 1988, 1095 m.w.N.

a) Aktiv- und Passivlegitimation

Die Klage muss grundsätzlich von einem Dritten (nicht Schuldner, nicht Gläubiger) erhoben werden. Aktivlegitimiert ist ausnahmsweise auch der Schuldner, wenn er eigentlich nur mit einer bestimmten Vermögensmasse haftet (Nachlass) und die Vollstreckung in eine andere Vermögensmasse erfolgt (Privatvermögen). Richtiger Beklagter ist stets der Vollstreckungsgläubiger. 565

b) Veräußerungshinderndes Recht

Der Wortlaut „ein die Veräußerung hinderndes Recht" ist etwas missverständlich, da selbst das Eigentum als stärkstes dingliches Recht einen Eigentumswechsel (bei gutgläubigem Erwerb) nicht verhindern kann. Entscheidend ist die Nichtzugehörigkeit zum Schuldnervermögen. Hauptbeispiel für ein „die Veräußerung hinderndes Recht" ist das **Eigentum** eines Dritten. Dazu gehört auch das **Miteigentum**. Komplexer ist die Situation beim **Eigentumsvorbehalt** sowie beim **Sicherungseigentum**. Hier gilt der Grundsatz: klagen können beide an der Verfügung Beteiligten! 566

Beispiel Vorbehaltseigentum[155]

Kauft der Schuldner (Thomas) einen Fernseher unter Eigentumsvorbehalt, kann der Verkäufer Drittwiderspruchsklage erheben, wenn ein Gläubiger von Thomas (der Onkel) in den Fernseher vollstreckt. Der Vorbehaltsverkäufer ist ja noch Eigentümer, solange der Kaufpreis nicht bezahlt ist. Kauft der Schuldner (Thomas) einen Fernseher unter Eigentumsvorbehalt und vollstreckt jetzt ein Gläubiger des Verkäufers in den Fernseher, kann der Käufer (Thomas) wegen seines Anwartschaftsrechts Drittwiderspruchsklage erheben (außerdem kann Thomas nach § 809 ZPO der Pfändung widersprechen). Denn der Käufer ist ja schon Anwartschaftsberechtigter. ■

Beispiel Sicherungseigentum[156]

Thomas hat bei der B-Bank ein Darlehen über 10 000 € aufgenommen und dafür sein Motorrad (Wert 10 000 €) zur Sicherung an die B-Bank übereignet. Vollstreckt ein Gläubiger von Thomas (der Onkel) in das Motorrad, muss die Bank (Sicherungsnehmerin) geschützt werden. Nach h.M. steht dem Sicherungsnehmer die Drittwiderspruchsklage zu, solange der zu sichernde Anspruch besteht.[157] Eine Mindermeinung will den Sicherungsnehmer auf den Weg des § 805 ZPO verweisen. Betreibt wiederum ein Gläubiger der B-Bank (der Rückversicherer R) die Zwangsvollstreckung in das Motorrad, steht Thomas als Sicherungsgeber nach h.M. die Drittwiderspruchsklage zu.[158] Eine Mindermeinung will Thomas das Recht erst nach Tilgung des Darlehens gewähren. ■

Unter ein die Veräußerung hinderndes Recht i.S.d. § 771 ZPO fallen auch solche Rechte, die bei wirtschaftlicher Betrachtung zu dem Vermögen eines Dritten gehören. Dazu gehören etwa dingliche Rechte (wie Nießbrauch) sowie schuldrechtliche Herausgabe-Ansprüche, wie die des Vermieters gem. § 546 BGB, oder des Verleihers gem. § 604 BGB, des Auftraggebers 567

155 Hierzu MüKo-*K. Schmidt* ZPO § 771 Rn. 20 f.; *Lackmann* Zwangsvollstreckungsrecht Rn. 593.

156 Hierzu *Musielak/Voit/Lackmann* ZPO § 771 Rn. 18 f.; *Assmann* Fall 12 Rn. 70 ff.

157 *Baur/Stürner/Bruns* Zwangsvollstreckungsrecht Rn. 46.8; *Kornol/Wahlmann* Zwangsvollstreckungsrecht Rn. 260; *Stein/Jonas/Münzberg* ZPO § 771 Rn. 32.

158 Statt vieler *Brox/Walker* Zwangsvollstreckungsrecht Rn. 1416 m.w.N.

§ 667 BGB (die ja nicht Eigentümer der Sache sind).[159] Auch der besitzende Pfandrechtsinhaber kann sich über § 771 ZPO wehren (der besitzlose hat nur § 805 ZPO).

c) Einwendungen des Gläubigers

568 Dem beklagten Gläubiger stehen einige Möglichkeiten zur Seite, die (lästige) Drittwiderspruchsklage, die ihm sein Pfändungspfandrecht wegzunehmen droht, abzuwehren. Die banalste Methode ist, das „Drittrecht" des Dritten zu bestreiten. Nach den Grundsätzen der Beweislast trägt der Dritte die Darlegungs- und Beweislast dafür, dass ihm ein die Veräußerung hinderndes Recht (Eigentum, Miteigentum, Vorbehaltseigentum etc.) zusteht. Der beklagte Gläubiger kann zudem behaupten, dass das vom Dritten erworbene Recht dem Anfechtungsgesetz unterfällt (§ 9 AnfG).[160] Das Anfechtungsgesetz erlaubt es, rechtswidrige Vermögensverschiebungen des Schuldners (auf den Ehepartner, die Großeltern, das Kind) wieder rückgängig zu machen (§§ 3, 4 AnfG). Diese Vorgänge muss allerdings der Gläubiger beweisen. Der Gläubiger kann gegen die Drittwiderspruchsklage außerdem einwenden, sie sei rechtsmissbräuchlich erhoben (§ 242 BGB), da der Dritte selbst für die titulierte Forderung haftet.[161]

Beispiel Wird eine Rechtanwaltsgesellschaft in der Rechtsform der GbR von einem Mandanten auf Schadensersatz verklagt (§ 124 Abs. 1 HGB analog), und pfändet der Gerichtsvollzieher in der Kanzlei einen Bürostuhl, kann der Mitgesellschafter nicht Drittwiderspruchsklage mit der Begründung erheben, den Bürostuhl habe er persönlich von seinem eigenen Geld gekauft, so dass der Stuhl in seinem Alleineigentum stehe. Der Mandant kann nach h.M. den „Treuwidrigkeitseinwand" der persönlichen Haftung erheben, obwohl das nicht ganz hundertprozentig mit dem materiellen Recht übereinstimmt. Prüft man das materielle Recht, kann der Mandant die GbR als solche verklagen, da der BGH seit 2001 der Außen-GbR Rechtsfähigkeit analog § 124 Abs. 1 HGB zubilligt. Gibt das Gericht der Klage gegen die GbR statt, kann in das Vermögen der GbR vollstreckt werden (§ 124 Abs. 2 HGB analog). Will der Mandant in das Vermögen der Gesellschafter, der für Schulden der GbR analog § 128 HGB haftet, vollstrecken, braucht er einen eigenen Titel gegen jeden Mitgesellschafter (§ 129 Abs. 4 HGB analog). Diesen Titel könnte sich der Mandant im Wege der Widerklage gegen die Drittwiderspruchsklage holen. Die h.M. verzichtet auf diesen Umweg und gibt dem Mandanten sogleich das Recht, sich auf rechtsmissbräuchliches Verhalten des Mitgesellschafters zu berufen, da dieser später sowieso haften würde.[162] ■

4. Entscheidung

569 Über die Drittwiderspruchsklage wird in einem normalen Erkenntnisverfahren entschieden. Bei einem stattgebenden Urteil lautet der Tenor dahingehend, dass die Zwangsvollstreckung in einen bestimmten Gegenstand für unzulässig erklärt wird. Das Urteil hat Gestaltungswirkung. Die Vollstreckungsorgane haben dieses Urteil im Rahmen der §§ 775 Nr. 1, 776 ZPO zu beachten. Gegen das Urteil sind die Rechtsmittel der Berufung bzw. der Revision gegeben.

159 *Lackmann* Zwangsvollstreckungsrecht Rn. 597 ff.
160 Näher *Lackmann* Zwangsvollstreckungsrecht Rn. 620 ff.
161 Ausführlich *Brox/Walker* Zwangsvollstreckungsrecht Rn. 1437 f.
162 Ausführlich zum Streitstand MüKo-*K. Schmidt* ZPO § 771 Rn. 49.

5. Lösung Abschlussfall

Die Drittwiderspruchsklage von Mona gegen den Onkel müsste zulässig sein. Die Drittwiderspruchsklage ist statthaft, wenn ein Dritter behauptet, ein die Veräußerung hinderndes Recht an dem gepfändeten Vollstreckungsgegenstand zu haben (§ 771 ZPO). Mona ist Dritte, die behauptet, Eigentümerin des Andy Warhol-Bildes zu sein. Das Eigentum ist ein die Veräußerung hinderndes Recht. Das Bild gehört damit nicht zum Schuldnervermögen. Die Klage ist statthaft. Die Drittwiderspruchsklage ist vor dem zuständigen Gericht zu erheben. Zuständig ist das Gericht, in dessen Bezirk die Vollstreckung erfolgt ist (§§ 771 Abs. 1, 802 ZPO). Das Gericht in Köln ist daher ausschließlich örtlich zuständig, da die Lithographie in der Wohnung des Schuldners in Köln gepfändet wurde. Sachlich zuständig ist das Amtsgericht, da das Bild einen Wert von 2000 € hat (§§ 23, 71 GVG). Der Antrag von Mona muss dahingehend lauten, die Zwangsvollstreckung in das Andy Warhol-Bild (genaue Beschreibung: Marilyn Monroe, Signiernummer) für unzulässig zu erklären. Das Rechtsschutzinteresse besteht zwischen Beginn und Beendigung der Vollstreckung. Solange der Versteigerungserlös noch nicht an den Onkel ausbezahlt wurde, ist die Vollstreckung nicht beendet und die Klage zulässig. Die Drittwiderspruchsklage ist begründet, wenn Mona Eigentümerin des Bildes ist. Durch die Erbschaft ihrer Tante wurde Mona Eigentümerin des Bildes (§ 1922 BGB). Das Eigentum bestand bereits bei der Pfändung. Damit ist die Klage von Mona auch begründet. 570

» Versuchen Sie zunächst, den Fall selbst zu lösen. Überlegen Sie insbesondere, welche Problempunkte Sie ansprechen würden. «

Prüfungsschema Drittwiderspruchsklage § 771 ZPO[163] 571

PRÜFUNGSSCHEMA

I. Zulässigkeit
1. Statthaftigkeit; Abgrenzung zu anderen Rechtsbehelfen
2. bestimmter Antrag
3. Zuständigkeit des Gerichts
   a) sachlich
   b) örtlich
4. Rechtsschutzbedürfnis

II. Begründetheit
1. ein die Veräußerung hinderndes Recht des Klägers (Dritten) = Interventionsrecht
2. keine Einwendungen des Beklagten gegen dieses Recht

V. Klage auf vorzugsweise Befriedigung

1. Grundlagen

Beispiel Lisa besitzt ein Wohnhaus in München. Ihr Mieter Linus ist wieder einmal knapp bei Kasse und zahlt seine Miete nicht. Linus gehört ein wertvoller Perserteppich, der in seinem Wohnzimmer liegt. Da Linus seine Handyrechnung über Monate nicht gezahlt hat, pfändet der Gerichtsvollzieher zugunsten des Telefonanbieters (aufgrund eines vollstreckbaren Titels) den Perserteppich. Lisa hätte nun auch gerne etwas Geld aus der Verwertung des Perserteppichs. 572

163 Vgl. auch *Heiderhoff/Skamel* Zwangsvollstreckungsrecht Rn. 530; *Kornol/Wahlmann* Zwangsvollstreckungsrecht Rn. 248 ff.

Die Klage auf vorzugsweise Befriedigung (§ 805 ZPO) ist ein spezieller vollstreckungsrechtlicher Rechtsbehelf für die Inhaber eines besitzlosen Pfandrechts, wie Vermieter (§ 562 BGB), Verpächter (§§ 583, 592 BGB) oder Gastwirte (§ 704 BGB). Diese haben zwar ein (besitzloses) Pfandrecht an den eingebrachten Sachen ihrer Kunden, können aber die Pfändung der (körperlichen) Sache durch den Gerichtsvollzieher zugunsten eines Vollstreckungsgläubigers nicht verhindern (kein Recht zur Drittwiderspruchsklage aus § 771 ZPO und damit kein Recht auf Aufhebung der Vollstreckungsmaßnahme).[164] Hier hilft § 805 ZPO. Mit der Klage auf vorzugsweise Befriedigung kann der Vermieter (Verpächter, Gastwirt) zumindest verlangen, dass er aus dem Erlös der durchgeführten Pfandverwertung bevorzugt befriedigt wird. Klagt Lisa aus § 805 ZPO, bekommt sie für ihre Mietforderung vorrangig (vor dem Telefonanbieter) den Erlös ausbezahlt. ■

2. Zulässigkeit

573 Die Klage auf vorzugsweise Befriedigung ist statthaft bei einer Vollstreckung (durch den Gerichtsvollzieher) wegen einer Geldforderung in eine bewegliche Sache. Das ergibt sich aus dem Wortlaut („Besitz") und der systematischen Stellung der Norm im Titel 2.[165] Der Kläger muss das Bestehen eines besitzlosen Pfandrechts schlüssig behaupten (das tatsächliche Bestehen erfolgt in der Begründetheitsprüfung). Der Klageantrag muss bestimmt sein (§ 253 Abs. 2 Nr. 2 ZPO) und erkennen lassen, in welcher Höhe und aus welchem Pfandgegenstand der Kläger vorrangig befriedigt werden möchte. Zuständig für die Klage ist nach § 805 Abs. 2 ZPO sachlich, je nach Streitwert, entweder das AG (bis 5000 €) oder das LG. Örtlich zuständig ist das Gericht, in dessen Bezirk die bewegliche Sache gepfändet wurde (§§ 805 Abs. 2, 764 Abs. 2 ZPO). Es handelt sich um eine ausschließliche Zuständigkeit (§ 802 ZPO). Das Rechtsschutzbedürfnis für die Klage besteht ab Beginn bis Ende der Zwangsvollstreckung.

3. Begründetheit

574 Die Klage auf vorzugsweise Befriedigung ist begründet, wenn der Kläger aktivlegitimiert ist (also ein besitzloses Pfandrecht an der gepfändeten Sache hat), der Beklagte passivlegitimiert ist und das Pfandrecht des Klägers einen besseren Rang hat als das vom Beklagten. Bei der Aktivlegitimation steht die materiell-rechtliche Prüfung (Entstehen des besitzlosen Pfandrechts, kein Erlöschen) im Vordergrund. Hier helfen solide Kenntnisse zum Pfandrecht des Vermieters (§ 562 BGB), des Verpächters (§ 592 BGB) sowie des Gastwirts (§ 704 BGB). Passiv legitimiert ist der die Zwangsvollstreckung betreibende Gläubiger.[166] Die Klage kann sich aber auch gegen andere Pfändungsgläubiger richten, die das Vorzugsrecht nicht anerkennen.[167] Dritte Voraussetzung ist, dass das Pfandrecht des Klägers vorrangig ist. Der Rang wird nach § 804 Abs. 2, 3 ZPO bestimmt, so dass im Regelfall das Prioritätsprinzip gilt.

164 *Kornol/Wahlmannn* Zwangsvollstreckungsrecht Rn. 294 (Prüfungsschema Rn. 295 ff.); *Heiderhoff/Skamel* Zwangsvollstreckungsrecht Rn. 594, 601 (Prüfungsschema Rn. 596).

165 *Kornol/Wahlmann* Zwangsvollstreckungsrecht Rn. 295.

166 *Brox/Walker* Zwangsvollstreckungsrecht Rn. 1458.

167 *Zöller/Herget* ZPO § 805 Rn. 7.

F. Einstweiliger Rechtsschutz

I. Überblick

Die Geltendmachung eines Anspruchs vor Gericht kann durchaus eine langwierige Sache werden. Nicht selten dauert es Monate oder Jahre bis über eine Klage entschieden ist. In manchen Fällen ist aber Eile geboten, weil andernfalls das Recht verloren geht oder viel zu spät kommen würde. Braucht Mona als Studentin Unterhalt zum Überleben, hilft es ihr wenig, wenn ein Gericht ihr nach einem Jahr Unterhalt zuspricht. Bis dahin wäre Mona verhungert. Die ZPO bietet daher in dringenden Fällen Abhilfe durch ein beschleunigtes Verfahren. Unter der Bezeichnung einstweiliger Rechtsschutz ist diese Materie in §§ 916 ff. ZPO geregelt. Der einstweilige Rechtsschutz ist eine Ausprägung der Garantie des effektiven Rechtsschutzes.[168] Unterschieden wird dabei zwischen **Arrest** (§§ 916 bis 934 ZPO) und **einstweiliger Verfügung** (§§ 935 bis 945b ZPO). Ziel von Arrest und einstweiliger Verfügung ist die **Sicherung** des klägerischen Anspruchs. Nur in Ausnahmefällen wird dem Anspruchssteller durch einstweilige Verfügung auch **Befriedigung** (= sog. Leistungsverfügung) gewährt.[169] Die Parteien werden in diesem Verfahren Antragsteller und Antragsgegner genannt. Das Arrestverfahren ist zweigeteilt. Zuerst gibt es ein beschleunigtes Erkenntnisverfahren, dann folgt die (grundsätzlich nur sichernde) Vollstreckung (im Sprachgebrauch der ZPO die „Vollziehung") des Titels. Daher ist die Einordnung im 8. Buch („Zwangsvollstreckung") nicht ganz korrekt. 575

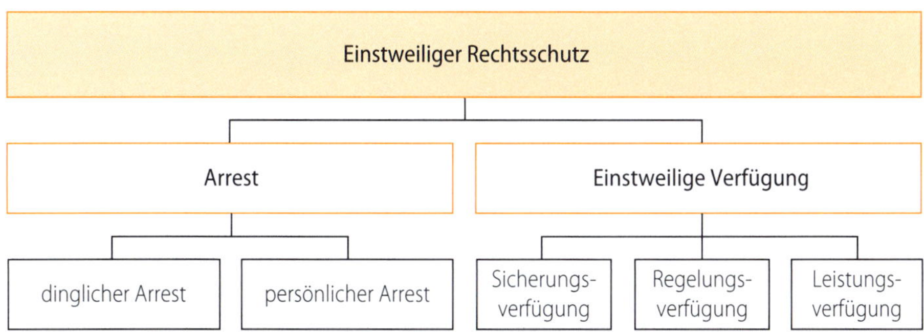

II. Arrest

1. Grundlagen

Der Arrest dient der Sicherung einer **Geldforderung** (§ 916 ZPO). Er setzt daher zunächst einen Anspruch des Antragstellers auf eine Geldforderung voraus (sog. **Arrestanspruch**). Dreh- und Angelpunkt des Arrestverfahrens ist aber die besondere Dringlichkeit des Falls (sog. **Arrestgrund**, §§ 917, 918 ZPO). Nur wenn es dem Anspruchsteller wegen der besonderen Eilbedürftigkeit nicht zuzumuten ist, ein „normales (langes) Gerichtsverfahren" zu durchlaufen, ist der Arrest möglich. Beim Arrestgrund wird unterschieden zwischen dinglichem Arrest (§ 917 ZPO) und persönlichem Arrest (§ 918 ZPO), der subsidiär ist. Im ersten Fall werden Vermögensgegenstände des Schuldners „eingefroren", im zweiten Fall der Schuldner selbst. 576

168 *BVerfG* NJW 1995, 2477; *Zöller/Vollkommer* vor § 916 Rn. 1a.

169 *Brox/Walker* Zwangsvollstreckungsrecht Rn. 606 ff.; *Zöller/Vollkommer* ZPO § 940 Rn. 6, 8.

Beispiel Mona hat gegen ihre Freundin Susi eine Geldforderung von 10 000 € aus einer Darlehensgewährung. Nun erfährt Mona durch Zufall von einem Nachbarn, dass Susi in einer Nacht-und-Nebel-Aktion ihre neue Wohnung geräumt und ihren Job aufgegeben hat, zwischenzeitlich ihre Sachen verschenkt und ihr letztes Geld per Auslandstransfer auf ein Konto in der Karibik umbuchen möchte, um auswandern zu können. ■

2. Zulässigkeit des Antrags

a) Zuständiges Gericht

577 Zuständiges Gericht für den Antrag ist das Gericht der Hauptsache (§ 919 Alt. 1 ZPO) oder das Gericht der belegenen Sache (§ 919 Alt. 2 ZPO). Hierbei handelt es sich um ausschließliche Gerichtsstände (§ 802 ZPO).

b) Form und Inhalt des Antrags

578 Der Antrag muss schriftlich oder zu Protokoll der Geschäftsstelle eingelegt werden (§ 920 Abs. 3 ZPO). Es besteht kein Anwaltszwang (§§ 920 Abs. 3, 78 Abs. 3 Alt. 2 ZPO). Somit darf Mona das Arrestgesuch selbst (ohne Anwalt) beim zuständigen LG (§ 71 GVG, da Streitwert über 5000 €) am Wohnort von Susi (§§ 12, 13 ZPO) einreichen. Der Antrag muss enthalten: den Anspruch, den Geldbetrag des zu sichernden Anspruchs sowie den Arrestgrund (§ 920 Abs. 1, 2 ZPO).[170] Susi muss also die Darlehensforderung, deren Höhe und die „Fluchtgefahr" benennen. Umstritten ist, ob der Arrestgrund bei der Zulässigkeit oder bei der Begründetheit des Antrags zu prüfen ist.[171] Im Übrigen hinaus müssen die allgemeinen Prozessvoraussetzungen vorliegen.

3. Begründetheit, Entscheidung

» Sind Ihnen noch sämtliche Beweismittel geläufig? Andernfalls wiederholen Sie kurz diese Thematik (Rn. 344 ff.). «

579 Der Antrag ist begründet, wenn ein Arrestanspruch und ein Arrestgrund vom Antragsteller glaubhaft gemacht werden. Als Arrestanspruch kommen nur Geldforderungen in Betracht. Ein Arrestgrund für den dinglichen Arrest (§ 917 ZPO) liegt vor, wenn ohne seine Verhängung die Vollstreckung des späteren Hauptsachetitels vereitelt würde.

Beispiele Sinnlose Vermögensverschleuderung, Umzug ins Ausland, Verschleierung der Vermögensverhältnisse (nicht aber Gläubigerkonkurrenz).[172] ■

Keinen Arrestgrund brauchen Schiffsgläubiger, die auf ein Schiff im Hafen zugreifen wollen (§ 917 Abs. 2 S. 2 ZPO). Das Arrestverfahren verlangt als summarisches Erkenntnisverfahren keinen Vollbeweis für den Arrestanspruch und den Arrestgrund, sondern eine geringere Überzeugung des Gerichts. Mittel der **Glaubhaftmachung** sind alle „normalen Beweismittel" (insbesondere präsente Zeugen, Urkunden) und zusätzlich die eidesstattliche Versicherung (§ 294 Abs. 1 ZPO). Im Beispielsfall kann Mona für ihre Geldforderung den Darlehensvertrag (= Urkunde) und für den Arrestgrund die eidesstattliche Versicherung des Nachbarn über die Umzugspläne von Susi in die Karibik vorlegen (§ 917 Abs. 2 S. 1 ZPO). Hält das Gericht den Antrag für begründet, erlässt es einen Arrestbefehl. Bei besonderer Dringlichkeit kann es –

170 *Kornol/Wahlmann* Zwangsvollstreckungsrecht Rn. 674.
171 *Kornol/Wahlmann* Zwangsvollstreckungsrecht Rn. 680.
172 *Zöller/Vollkommer* ZPO § 917 Rn. 5–8.

ohne Anhörung des Gegners – durch Beschluss entscheiden. Dies ist dann vorteilhaft, wenn der Gegner (wie hier Susi) von dem Titel überrascht werden soll. Gegen den stattgebenden Beschluss kann der Antragsgegner Widerspruch einlegen (§ 924 Abs. 1 ZPO). Andernfalls entscheidet das Gericht nach mündlicher Verhandlung durch Urteil (§ 922 Abs. 1 ZPO), gegen das die Berufung zulässig ist. Eine Revision ist im einstweiligen Rechtsschutz ausgeschlossen (§ 542 Abs. 2 S. 1 ZPO).

4. Vollziehung

Dem summarischen Erkenntnisverfahren schließt sich die Vollziehung (= Zwangsvollstreckung) des Arrestes an. Der dingliche Arrest wird in das Vermögen des Schuldners vollstreckt. Da er aber nur Sicherung gewährt, dürfen nur Vollstreckungsmaßnahmen getroffen werden, die auf bloße Sicherung gerichtet sind (§ 928 ZPO). Eine bewegliche Sache darf also gepfändet, nicht aber verwertet werden (§ 930 ZPO). Die gepfändete Sache bleibt im Gewahrsam des Gerichtsvollziehers. Forderungen werden gepfändet; ein Überweisungsbeschluss als Verwertungsmaßnahme ist nichtig.[173] Die Vollziehung in das unbewegliche Vermögen erfolgt durch Eintragung einer Sicherungshypothek (§ 932 ZPO). Für Seeschiffe auf Reisen bestehen Vollziehungsverbote (§§ 930 Abs. 4, 931 Abs. 7 ZPO). Eine Besonderheit ist der persönliche Arrest. Hier erfolgt die Vollstreckung „in die persönliche Freiheit des Menschen" (§ 933 ZPO) und kommt in der Praxis selten vor. Damit der Antragsteller auch bei der Vollziehung die Eilbedürftigkeit unter Beweis stellt, muss er die Vollziehungsfrist von einem Monat (§ 929 Abs. 2 ZPO) einhalten, d.h. er muss die Vollstreckung zumindest innerhalb der Frist beim zuständigen Vollstreckungsorgan beantragen.[174] 580

III. Einstweilige Verfügung

1. Grundlagen

Die einstweilige Verfügung dient grundsätzlich der Sicherung von anderen Ansprüchen als Geldforderungen (z.B. auf Herausgabe, auf Unterlassen). Grundsätzlich steht auch hier die Sicherung im Vordergrund. In der Praxis hat sich herausgestellt, dass die bloße Sicherung oft nicht reicht, um dem Rechtsschutzinteresse des Antragstellers zu genügen. Vor allem bei Unterlassungsansprüchen (z.B. im Wettbewerbsrecht) ist dem Antragsteller mit einer bloßen Sicherung nicht geholfen. Auch bei bestimmten Geldforderungen (z.B. Unterhaltsansprüchen) reicht eine bloße Pfändung nicht aus. Die Rechtsprechung hat daher – auch im Hinblick auf das Gebot effektiven Rechtsschutzes – die sog. Leistungsverfügung entwickelt, die eine sofortige Befriedigung des Anspruchs ermöglicht (auch Befriedigungsverfügung genannt). Wegen der unterschiedlichen Wirkungen (im Hinblick auf das materielle Recht) wird daher klassischerweise zwischen **Sicherungsverfügung** (§ 935 ZPO), **Regelungsverfügung** (§ 940 ZPO) und **Leistungsverfügung** (u.a. § 940a ZPO) unterschieden.[175] Die Räumung von Wohnraum als Fall der Leistungsverfügung ist in § 940a ZPO extra geregelt. Neuerdings gibt es in Bausachen bei Änderungsverlangen (nebst Vergütungsanpassung) die Möglichkeit einstweiliger Verfügungen (§ 650d BGB). In Unterhaltssachen finden sich in §§ 246 bis 248 581

173 *BGH* NJW 2014, 2732, 2733 m.w.N.

174 *BGH* NHW 2006, 1290; NJW 2001, 496, 497; *Zöller/Vollkommer* ZPO § 929 Rn. 10; *Gleußner* Die Vollziehung von Arrest und einstweiliger Verfügung S. 187 ff., 193 ff.

175 Hierzu *Schuschke/Walker* Zwangsvollstreckungsrecht vor § 916 Rn. 11; *Zöller/Vollkommer* ZPO § 940 Rn. 1.

FamFG eigenständige Vorschriften. Die einstweilige Verfügung erweist sich vor allem im Wettbewerbsrecht und Markenrecht als flexibles Instrument zur Verwirklichung eines effektiven Rechtsschutzes. Um hier vorbeugend Anträge auf Erlass einer einstweiligen Verfügung abzuwehren, können vorsorglich Schutzschriften bei Gericht hinterlegt werden. Zur effizienten Erfassung wurde ein zentral geführtes elektronisches Schutzschriftenregister (Landesjustizverwaltung Hessen) eingerichtet (§ 945a ZPO). Rechtsanwälte müssen dort einreichen (§ 49c BRAO).

Hinweis

Die Unterscheidung zwischen Sicherungs- und Regelungsverfügung ist nicht einfach. Die Rechtsprechung hilft sich häufig damit, dass §§ 935, 940 ZPO nebeneinander als Rechtsgrundlage zitiert werden.

2. Auswahlentscheidung, Vollziehung

582 § 936 ZPO verweist für die einstweilige Verfügung auf die Arrestvorschriften. Bezüglich Zulässigkeit, Begründetheit und Verfahren gilt daher prinzipiell das zum Arrest Gesagte. Nötig sind ein **Verfügungsanspruch** und ein **Verfügungsgrund**. Anders als beim Arrest soll das Gericht aufgrund mündlicher Verhandlung entscheiden (§ 937 Abs. 2 ZPO), um dem Gegner sofort rechtliches Gehör zu gewähren („muss" im Fall des § 940a Abs. 4 ZPO). Wird ohne Anhörung entschieden, steht dem Gegner zumindest das Instrument der Schutzschrift (in § 945a ZPO geregelt) zu. Bei der einstweiligen Verfügung ist das Gericht in seiner Entscheidung auch inhaltlich freier als beim Arrest. So bestimmt das Gericht nach **freiem Ermessen**, welche Anordnung zur Erreichung des Zwecks notwendig ist (§ 938 Abs. 1 ZPO). Das Gericht darf also überlegen, welche Rechtsfolgen im jeweiligen Fall geeignet sind. Grundsätzlich soll die Entscheidung die Hauptsache nicht vorwegnehmen, also ein Minus im Vergleich zur Hauptsache sein. Bei Leistungsverfügungen verzichtet man auf diese Beschränkung. Vollstreckt werden die einstweiligen Verfügungen je nach Inhalt. Ist eine Unterlassung angeordnet, wird nach § 890 ZPO vollstreckt. Bei Anordnung einer Sequestration erfolgt die Vollziehung analog § 883 ZPO. Leistungsverfügungen, die auf Geld gerichtet sind, werden normal nach §§ 808 ff. ZPO vollstreckt (auch Erlösauskehr). Auch bei der einstweiligen Verfügung ist die Vollziehungsfrist (§ 929 Abs. 2 ZPO) zu beachten. Im Regelfall wird zumindest als fristwahrende Maßnahme die Parteizustellung des Titels bzw. der Vollstreckungsantrag an das zuständige Vollstreckungsorgan gefordert.[176] Erweist sich ein Arrest oder eine einstweilige Verfügung später als (völlig) unberechtigt, kann der Geschädigte **Schadensersatz** aus **§ 945 ZPO** verlangen.[177]

176 H.M. *BGH* NJW 1993, 1076, 1077; *Zöller/Vollkommer* ZPO § 929 Rn. 12 ff.; *Stein/Jonas/Grunsky* ZPO § 938 Rn. 30; *Baumbach/Lauterbach/Albers/Hartmann* ZPO § 936 Rn. 9.

177 Instruktiv *BGH* NJW 2006, 2767.

3. Abschließende Beispiele

Die folgenden drei *Beispiele* sollen die Bandbreite von einstweiligen Verfügungen verdeutlichen. 583

Beispiel Sicherungsverfügung (§ 935 ZPO)

Der Vermieter von Susi hat ebenfalls erfahren, dass seine Mieterin in die Karibik auswandern möchte. Susi hat die letzten zwei Monate ihre Miete nicht mehr bezahlt und ist gerade dabei, sämtliche Einrichtungsgegenstände aus der Wohnung zu entfernen. Hier kann der Vermieter aufgrund seines Vermieterpfandrechts (§ 562 BGB) eine einstweilige Verfügung beantragen, um die dem Pfandrecht unterliegenden Gegenstände zu sichern. Das Gericht kann etwa eine Anordnung derart treffen, dass Susi die Gegenstände an einen Gerichtsvollzieher zur Verwahrung herausgeben muss.[178] Die Vollstreckung erfolgt analog § 883 ZPO. ■

Beispiel Regelungsverfügung (§ 940 ZPO)

Thomas, der Freund von Mona, ist neben elf weiteren Gesellschaftern Mitgesellschafter eines Fitnessclubs, der unter der Rechtsform UG (haftungsbeschränkt) betrieben wird. Alleiniger Geschäftsführer ist der Mitgesellschafter Marcus. Am 1.4.2017 erfährt Thomas, dass Marcus plant, zwei Straßen weiter einen neuen Fitnessclub zu eröffnen. Ende März waren bereits zwei wertvolle Fitnessgeräte aus den Räumlichkeiten der UG verschwunden. Zudem hatte Marcus am 1.4.2017 mit der UG (haftungsbeschränkt) einen Provisionsvertrag geschlossen (§ 181 BGB), der ihm für jede Kündigung eines Mitglieds 100 € Provision gewährt. Des Weiteren hatte er vom Konto der UG (haftungsbeschränkt) einen Betrag von 1900 € auf sein Privatkonto mit der Bemerkung „Zweck bekannt" überwiesen. Mitgesellschafter Thomas möchte nun sofort reagieren und nicht die Zeit bis zur Einberufung einer Gesellschafterversammlung abwarten. Hier hilft die einstweilige Verfügung. Thomas kann beim zuständigen Gericht den Erlass einer einstweiligen Verfügung beantragen, um Marcus die Geschäftsführungs- und Vertretungsbefugnis (einstweilen) entziehen zu lassen. In der Rechtsprechung ist anerkannt, dass durch einstweilige Verfügung derartige gesellschaftsrechtliche Regelungen angeordnet werden können.[179] ■

Beispiel Leistungsverfügung

Kann Mona zu Recht Unterhalt von ihren Eltern beanspruchen, lehnen diese die Zahlung jedoch ab, darf Mona einstweiligen Rechtsschutz in Form der „Leistungsverfügung" beantragen. Bei Unterhaltsansprüchen gibt es eine eigene Regelung im FamFG. Mona kann im Wege der einstweiligen Anordnung (so der Terminus im FamFG) gegen ihre Eltern vorgehen. Das Gericht kann ihr dann (vollen) Unterhalt zusprechen (§ 246 FamFG). Zahlen die Eltern dann immer noch nicht (freiwillig), kann sie den Titel vollstrecken. Hier erhält Mona volle Befriedigung (Erlösauskehr) und nicht nur Sicherung (Pfändungspfandrecht). ■

178 Vgl. *OLG Celle* NJW-RR 1987, 447, 448.

179 *BGH* NJW 2014, 3779, 3780; näher *Zöller/Vollkommer* ZPO § 940 Rn. 8 „Gesellschaftsrecht".

Online-Wissens-Check

Kann in ein P-Konto vollstreckt werden?

Überprüfen Sie jetzt online Ihr Wissen zu den in diesem Abschnitt erarbeiteten Themen. Unter **www.juracademy.de/skripte/login** steht Ihnen ein Online-Wissens-Check speziell zu diesem Skript zur Verfügung, den Sie kostenlos nutzen können. Den Zugangscode hierzu finden Sie auf der Codeseite.

G. Grenzüberschreitende vorläufige Kontenpfändung

584 Das Europäische Zivilprozessrecht hat in den letzten Jahren eine rasante Entwicklung genommen. Die zahlreichen Verordnungen zu spezifischen Bereichen des Erkenntnisverfahrens spiegeln dies deutlich wider (näher Rn. 3). Mit der Europäischen Kontenpfändungsverordnung wird erstmals ein grenzüberschreitendes Zwangsvollstreckungsverfahren innerhalb der EU geregelt.[180] Diese Neuerungen gilt es vorzustellen.

I. Grundlagen

585 Die EUKoPfVO ist am 18.1.2017 in Kraft getreten. Ihr langer Titel lautet etwas sperrig: „Verordnung (EU) Nr. 655/2014 zur Einführung eines Verfahrens für einen Europäischen Beschluss zur vorläufigen Kontenpfändung im Hinblick auf die Erleichterung der grenzüberschreitenden Eintreibung von Forderungen in Zivil- und Handelssachen“. Damit ist fast alles gesagt. Ziel der EUKoPfVO ist es, die spätere Zwangsvollstreckung durch vorläufige Kontenpfändung zu sichern. Auch ein Gläubiger, der noch keinen Titel hat, kann dieses Verfahren betreiben, muss aber dann einige Besonderheiten beachten. Das Verfahren ist auf Überraschung des Schuldners angelegt; der Beschluss ergeht ohne Anhörung. Wer schon ein wenig Europarecht gelernt hat, weiß, dass eine EU-Verordnung stets unmittelbar (in den derzeit 28 Mitgliedstaaten) gilt (im Gegensatz zur Richtlinie, die noch umgesetzt werden muss). Die EUKoPfVO gilt daher unmittelbar in Deutschland. Sie besteht aus 54 Artikeln. Der deutsche Gesetzgeber hat lediglich in den §§ 946–959 ZPO kleinere Lücken zur Durchführung der VO gefüllt. Die systematische Stellung passt gut, weil die vorläufige Kontenpfändung eine Art „europäischer Arrest“ ist; das Konto wird lediglich „eingefroren“ (keine Auskehr des Erlöses).[181]

II. Voraussetzungen und Verfahren der vorläufigen Kontenpfändung

1. Antrag

586 Erster Schritt ist, dass der Gläubiger beim zuständigen (inländischen) Gericht einen Antrag auf Erlass eines Beschlusses zur vorläufigen Kontenpfändung (im EU-Ausland) stellt. Er muss ein bestimmtes Formblatt verwenden (Art. 8 Abs. 1 EuKoPfVO). Darin hat er Angaben zum Gericht, zum Gläubiger und Schuldner, zur Geldforderung sowie (falls bekannt) zum ausländi-

---

180 Näher *Wolber* IWRZ 2017, 5.

181 Vgl. *Brox/Walker* Zwangsvollstreckungsrecht Rn. 1671.

schen Bankkonto zu machen. Falls der Gläubiger kein ausländisches Konto kennt, kann er im selben Formular gem. Art. 14 EuKoPfVO die Einholung von Informationen hierzu beantragen; das wird dann von der Auskunftsbehörde des Vollstreckungsmitgliedstaats erledigt (in Deutschland ist es das Bundesamt für Justiz = BfJ).[182] Er darf den Antrag auf vorläufige Kontenpfändung nur einmal stellen und nicht parallel bei verschiedenen Gerichten (Art. 16 EuKoPfVO).

2. Zuständiges Gericht

Welches Gericht sachlich und örtlich zuständig ist, hängt davon ab, ob der Gläubiger schon einen Vollstreckungstitel hat oder nicht. Hat er bereits einen Titel, ist dieses Gericht auch für die Kontenpfändung zuständig (Art. 6 Abs. 3 EuKoPfVO). Hat der Gläubiger noch keinen Titel für seine Geldforderung, ist das Gericht des Mitgliedstaats zuständig, das für die Entscheidung in der Hauptsache zuständig wäre (Art. 6 Abs. 1 EuKoPfVO). Diesbezüglich verweist § 946 Abs. 1 S. 2 ZPO auf die §§ 943, 944 ZPO, so dass es in Deutschland wiederum darauf ankommt, ob die Hauptsache bereits anhängig ist oder nicht. Ist sie bereits anhängig, ist dieses Gericht auch für den Beschluss der vorläufigen Kontenpfändung zuständig. Ist die Hauptsache noch nicht anhängig, ist jedes Gericht zuständig, wo die Hauptsacheklage möglich wäre.[183] Ist der Schuldner ein Verbraucher, darf der Antrag aber nur an seinem Wohnsitzgericht gestellt werden (Art. 6 Abs. 2 EuKoPfVO). 587

3. Verfahren und Entscheidung

Das Gericht spricht die vorläufige Kontenpfändung nur aus, wenn die Anforderungen der EuKoPfVO erfüllt sind. Der Gläubiger muss das Formular vollständig ausgefüllt haben und zudem (präsente) Beweismittel vorgelegt haben, die seinen materiellen Anspruch sowie eine besondere Dringlichkeit belegen (Art. 17 Abs. 1 i.V.m. Art. 8 EuKoPfVO). Als Beweismittel ist auch die eidesstattliche Versicherung erlaubt (§ 947 Abs. 1 ZPO). Das Verfahren läuft schriftlich (vgl. Art. 9 EuKoPfVO). Der Schuldner wird nicht gehört (Art. 11 EuKoPfVO), um zu vereiteln, dass er sein ausländisches Konto leer räumt. Da Eile geboten ist, muss das Gericht unverzüglich über den Antrag entscheiden (Art. 17 Abs. 2 EuKoPfVO). Unverzüglich heißt 10 Tage bei Nichtvorliegen eines Titels bzw. 5 Tage bei Existenz eines Titels (Art. 18 EuKoPfVO). Ist der Antrag zulässig und begründet, erlässt das Gericht den Beschluss zur vorläufigen Kontenpfändung per Formblatt (zum Inhalt: Art. 19 Abs. 1 EuKoPfVO). Um eine missbräuchliche Inanspruchnahme des Verfahrens zu verhindern, müssen Gläubiger ohne Titel vor Erlass des Beschlusses Sicherheit leisten (Art. 12 Abs. 1 EuKoPfVO). Zudem müssen sie innerhalb von 30 Tage nach Antrag bzw. 14 Tage nach dem gerichtlichen Beschluss das Hauptsacheverfahren einleiten (Art. 10 Abs. 1 EuKoPfVO). Andernfalls widerruft das Gericht seinen Beschluss der vorläufigen Kontenpfändung (Art. 10 Abs. 2 EuKoPfVO). Gegen den Beschluss der vorläufigen Kontenpfändung gibt es für den Schuldner den Rechtsbehelf aus Art. 33 EuKoPfVO. 588

182 Vgl. *Brox/Walker* Zwangsvollstreckungsrecht Rn. 1679.

183 BeckOK-*Kreutz* ZPO § 946 Rn. 3.

4. Vollziehung

589 Die Vollziehung der vorläufigen Kontenpfändung richtet sich nach den Regeln des Vollstreckungs-Mitgliedstaats (Art. 23 Abs. 1 EuKoPfVO). Hier sind Kenntnisse des spanischen, portugiesischen, polnischen, ungarischen, italienischen, französischen, niederländischen etc. Rechts gefragt. Wird in Deutschland vollstreckt, verweist § 950 ZPO auf das 8. Buch und § 930 Abs. 1 S. 2 ZPO. Das bedeutet, dass die Vollziehung durch Zustellung des Pfändungsbeschlusses an den Drittschuldner erfolgt[184] und in Wirkung und Rang dem Arrestpfandrecht entspricht. Gegen die Vollziehung steht dem Schuldner der Rechtsbehelf aus Art. 34 EuKoPfVO zu.

184 *Brox/Walker* Zwangsvollstreckungsrecht Rn. 1686.

Sachverzeichnis

Die Zahlen verweisen auf die Randnummern.

Abänderungsklage 393
Aktionärsklagen 108
Aktivlegitimation 109, 124, 128
Allgemeiner Gerichtsstand 92
Alternative Streitbeilegung 21 ff., 29
Amtsermittlungsgrundsatz 44
Amtsgericht
– sachliche Zuständigkeit 86 f.
– Streitwerterhöhung 89
Anerkenntnis 207 ff.
– Abgrenzung Geständnis 208
– Kostenlast 210
– sofortiges 210
– Widerruf 208
– Wirkung 209
Anerkenntnisurteil 207, 209
Angriffsmittel 176
Anhängigkeit 63
Anhörungsrüge 52, 396
Anscheinsbeweis 356
Anwaltsvergleich 263
Anwaltszwang 73, 75
Arrest 576 ff.
Aufklärungspflicht 43, 49
Aufrechnung 181 ff.
– Doppelnatur 182
– hilfsweise 183 f., 190
– Rechtshängigkeit 187
– Rechtskraft 188
– rechtswegfremde Gegenforderung 186
Ausschließliche Zuständigkeit 91
Außergerichtlicher Vergleich 262

beA 14
Bedingung
– Aufrechnung 183
– bei Prozesshandlungen 172
– bei Prozessvergleich 256
Befangenheit 49
Beibringungsgrundsatz 44
Berichtigung, Parteibezeichnung 109
Berufung
– Anschlussberufung 411
– Berufungsgründe 410
– Beschwer 399
– Beschwerdegegenstand 400, 409
– Form 408
– Reform 406
– Statthaftigkeit 407
– Tatsachen, neue 412
– Zulassung 409
– Zurückweisungsbeschluss 414
Beschleunigungsgrundsatz 58 ff.
Beschluss 360
Besondere Gerichtsstände 93 f., 97
Bestimmtheit
– Klageantrag 67 ff.
– Schmerzensgeldklage 69
– zu pfändende Forderung 496
Bestreiten 178, 336
Beweis
– Anscheinsbeweis 356
– Augenschein 349
– Freibeweis 122, 343
– Parteivernehmung 350
– Sachverständigenbeweis 347
– Strengbeweis 343
– Urkundenbeweis 348
– Zeugenbeweis 345 f.
Beweisanordnung 353
Beweisantritt 352
Beweisaufnahme 164, 354
Beweislast 340
– Beweislastumkehr 341
– Beweisvereitelung 342
– Grundsatz 331, 340
Beweismittel 46, 344 f., 347 f.
Beweiswürdigung 355 ff.
Bewirkungshandlungen 170
Bindung
– an Antrag 67, 368
– innerprozessuale 371
Brüssel Ia-VO 3

class action 108

Darlegungslast 45, 331
Dispositionsgrundsatz 38 ff.
Drittwiderspruchsklage 561 ff.

E-Akte 14
Eidesstattliche Versicherung 343
Einheit der mündlichen Verhandlung 53
Einseitige Erledigungserklärung 224 ff.
- Begriff 225
- erledigendes Ereignis 233
- Erledigungserklärung 230
- Klageänderung 228, 231
- Kostenlast 234
- Zeitpunkt 233
Einstweilige Verfügung 581 f.
Elektronisches Dokument 73
Erfolgshonorar 17
Erwirkungshandlungen 170
Eventualaufrechnung 183

Faires Verfahren 61
Familiensachen
- Anwaltszwang 75
- Reform 11
Feststellungsklage 70
Früher erster Termin 158

Gerichtsstand
- AGV 98, 100, 104
- allgemeiner 92
- ausschließlicher 100
- Erfüllungsort 97
- Haustürgeschäft siehe AGV
- Sachzusammenhang 96
- unerlaubte Handlung 94
- Widerklage 196
Gerichtsstandsvereinbarungen 101 ff.
Gerichtsvollzieher 448, 465, 519
Gestaltungsklage 72
Geständnis 337
Glaubhaftmachung 343
Grundbuchamt 448
Grundurteil 365
Güterichter 33 f.
Güteverhandlung 33 f., 160

Haupttermin 161 f.
Hilfsantrag 172

Informationsbeschaffung
- Gerichtsvollzieher 466
- Kläger 333
Instanzenzug 86
Internet 13
Internetversteigerung 493
Interventionswirkung 315

Juristische Personen 92, 112, 121
Justizgewährungsanspruch 1, 353, 446

Kapitalanleger-Musterverfahrensgesetz (KapMuG) 389
Klage
- Anhängigkeit 63
- Rechtshängigkeit 63
- Zulässigkeit 62
Klageänderung 154, 236 ff.
- Einwilligung 244
- Erhöhung 240
- Ermäßigung 240
- keine 239
- Parteiänderung 327
- Sachdienlichkeit 245
- ursprünglicher Antrag 246
Klagearten 67
Klageerhebung
- Hemmung der Verjährung 156
- materiell-rechtliche Wirkungen 156
- ordnungsgemäße 63 ff.
- per E-Mail 73
- prozessuale Wirkungen 152
Klagehäufung
- alternative 289
- eventuelle 288
- objektive 284
- subjektive 291
Klagerücknahme 213 ff.
- Einwilligung des Beklagten 216
- erneute Klage 214, 218
- Kostenvorteile 214
- vor Anhängigkeit 215, 217
- vor Rechtshängigkeit 215
- Wirkung 217 f.
Klagerücknahmeversprechen 219

Klageschrift 149
Kontradiktorisches Gegenteil 383
Konzentrationsmaxime siehe Beschleunigungsgrundsatz
Kostenrisiko 9

Landgericht
- Anwaltszwang 75
- sachliche Zuständigkeit 86
Leistungsklage 68 f.
Leistungsverfügung 583

Mediation 11 f., 24, 77
Mündliche Verhandlung 161 f., 165
Mündlichkeitsgrundsatz 53 f.
Musterprozess 108
Musterverfahren 389

Nachforderungsklage 384
Natürliche Personen 111
ne bis in idem 377
Nebenintervention 310 ff.
- Interventionswirkung 315
- rechtliches Interesse 312
- Rechtsstellung Nebenintervenient 314
- streitgenössische 317
Nichtzulassungsbeschwerde 421
non liquet 340
Notfristen 159, 175, 250, 267, 279, 429, 434

Objektive Klagehäufung 284 ff.
Öffentlichkeitsgrundsatz 57
Offizialmaxime 38
Ordentliche Gerichtsbarkeit 86

P-Konto 500
Partei kraft Amtes 127
Parteiänderung 324 f.
Parteibeitritt 293, 324, 327
Parteibezeichnung, Berichtigung 64, 328
Parteierweiterung 203, 329
Parteifähigkeit 110
- GbR 114
- juristische Personen 112
- natürliche Personen 111
- Personengesellschaften 113 f.
- Verein 116
- WEG 115

Parteiwechsel 325, 327
Passivlegitimation 109, 124
perpetuatio fori 89, 92, 153
Pfändung
- Beschränkungen 473, 500
- Durchführung 478
- Pfändungspfandrecht 483 ff., 487, 504
- Verstrickung 481 f., 504
- Verwertung 489 ff.
Pfändungs- und Überweisungsbeschluss 503, 506
Postulationsfähigkeit 75 f.
Präjudizialität 378 ff.
Präklusion 175
Prioritätsprinzip 483
Prorogation 101
Prozessfähigkeit 118 ff.
Prozessfinanzierung 17
Prozessförderungspflichten
- der Parteien 60, 176
- des Gerichts 58
Prozessführungsbefugnis 124 f.
Prozesshandlungen 168 ff.
- Auslegung 169
- Bedingung 172
- Form 171
- Versäumung 175
- Widerruf 173
- Willensmängel 173
Prozesskostenhilfe 17
Prozessleitung 162
Prozessökonomie 153, 186, 205, 236, 245
Prozessrechtsverhältnis 150
Prozessstandschaft 126
- gesetzliche 127 f.
- gewillkürte 130 ff.
Prozessurteil 62, 178, 362
Prozessvergleich 253 ff.
- Anfechtung 260
- Doppelnatur 254
- Form 255
- Unwirksamkeit 259 f.
- Widerrufsvorbehalt 256
- Wirkung 258
Prozessvoraussetzungen 62
- gerichtsbezogene 79
- parteibezogene 107
- Prüfung von Amts wegen 62
- streitgegenstandsbezogene 134

Rechtliches Gehör 50 ff., 165
Rechtsbehelf 398
Rechtsbehelfsbelehrung 278, 367, 396, 405
Rechtsbeschwerde 432 ff.
Rechtshängigkeit
- anderweitige der Klage 137, 152
- Aufrechnung 187
- Zeitpunkt 149
Rechtskraft 138
- Aufrechnung 385
- Durchbrechung 391
- formelle 372
- materielle 373 ff.
- objektive Grenzen 381 ff.
- subjektive Grenzen 386 ff.
- zeitliche Grenzen 390
Rechtsmittel
- Arten 398
- Beschwer 399
- Beschwerdegegenstandswert 400
- Kennzeichen 398
- Meistbegünstigungsgrundsatz 405
- reformatio in peius 404
- Rücknahme 403
- Verzicht 402
Rechtspfleger 448
Rechtsschutzbedürfnis 136
Rechtsschutzversicherung 17
Regelungsverfügung 583
Revision
- Beschwer 419
- Form 419
- Frist 419
- Nichtzulassungsbeschwerde 421
- Reform 417
- Revisionsgründe 423 f.
- Sprungrevision 426
- Statthaftigkeit 418
- Zulassung 417, 421 f.
- Zurückweisungsbeschluss 425
Richterliche Hinweispflicht 43, 49, 169
Rubrum 367
Rügelose Einlassung 102, 105

Sachaufklärung (Zwangsvollstreckung) 448, 464 ff.
Sachdienlichkeit 245
Sachurteil 178
Schiedsverfahren 29 ff.
Schlichtungsverfahren 21 ff., 134, 148
Schlüssigkeit 45, 209, 274, 335
Schlussurteil 364
Schriftliche Vorverfahren 159
Selbsthilfe 1
Sicherungsanordnung 519
Sicherungshypothek 512
Sicherungsverfügung 583
Sofortige Beschwerde
- Abhilfe 430
- Form 429
- Frist 429
- Statthaftigkeit 428
- Zwangsvollstreckung 546 ff.
Streitgegenstand 139 ff.
- eingliedriger 141
- zweigliedriger 142
Streitgenossenschaft 291 ff.
- einfache 294 ff.
- notwendige 301 ff.
Streitverkündung 319 ff.
Streitwert 87, 194
Streitwertänderung 89
Suspensiveffekt 398

Tatbestand 367
Tatsachen
- bestrittene 336
- entscheidungserhebliche 335
- nichtbestrittene 179
- offenkundige 338
- vermutete 339
- zugestandene 179, 337
Teilklage 384
Tenor 363, 367
Titelgegenklage 553

Übereinstimmende Erledigungserklärung 249 ff.
- erledigendes Ereignis 250
- Kostenentscheidung 249, 252
- schlüssiges Handeln 250
- Wirkung 249 ff.
Unmittelbarkeitsgrundsatz 56, 354
Unterschrift 73
Untersuchungsgrundsatz 44
Urkundenvorlegung 46, 333

Urteil 166, 359
- Arten 364
- Form 367
- Verkündung 369
- Zustellung 461

Veräußerung der streitbefangenen Sache 155, 325
Verbandsklage 108
Verbraucherstreitbeilegung 26
Verfahrensdauer 58
Verfahrensgrundsätze 36, 38 ff.
Verfügung 361
Verhandlungsgrundsatz 44
Versäumnisurteil
- Einspruch 278 ff.
- gegen den Beklagten 268 ff.
- gegen den Kläger 276
- im schriftlichen Vorverfahren 267, 275
- notwendige Streitgenossenschaft 308
- Rechtskraft 277
- Säumnis 266
- unechtes 273 f.
- zweites 281
Versäumnisverfahren 264 ff.
Verteidigungsmittel 176
Verweisung
- örtliche Zuständigkeit 106
- Rechtswegzuständigkeit 85
- sachliche Zuständigkeit 106
Verzicht 220 ff.
- Antrag 221
- Kosten 222
- Wirkung 220, 222
Verzögerungsrüge 59
Videokonferenz 14, 54, 56, 354
Vollstreckungserinnerung 538 ff.
Vollstreckungsgegenklage 551 f., 554
Vollstreckungsgericht 448, 494
Vollstreckungstitel 455
- sittenwidriger 395
Vollstreckungsvoraussetzungen
- Antrag 452
- besondere 462
- Klausel 458
- Titel 455
- Zustellung 461

Vollziehung 575, 580, 582
Vorbehaltsurteil 366
Vorlagepflicht 425
Vorläufige Vollstreckbarkeit 456 f.
Vorzugsweise Befriedigung 572

Waffengleichheit 61, 350
Wahrheitspflicht 48
Widerklage 191 ff.
- besonderer Gerichtsstand 197
- Drittwiderklage 202 f., 205
- hilfsweise 192
- Konnexität 197, 200 f.
- örtliche Zuständigkeit 196
- sachliche Zuständigkeit 194
Widerruf von Prozesshandlungen 170, 173
Wiederaufnahme des Verfahrens 394
Wiedereinsetzung in den vorigen Stand 175

Zeugenbeweis 46, 345
Zivilrechtsweg 84
Zulässigkeit
- der Berufung 407
- der Klage 62 ff.
Zuschlag 493
Zuständigkeit 79
- internationale 81
- örtliche 90
- sachliche 86 f., 89
Zustellung
- als Vollstreckungsvoraussetzung 461
- der Klage 149, 156
- des Urteils 166, 369
Zwangsversteigerung 513 ff.
Zwangsverwaltung 517
Zwangsvollstreckung
- Herausgabeansprüche 518 ff.
- in bewegliches Vermögen 469 f., 472
- in Forderungen 494 ff.
- in unbewegliches Vermögen 510 ff.
- Unterlassungsansprüche 532 f.
- unvertretbare Handlungen 530 f.
- vertretbare Handlungen 528 f.
- Willenserklärung 534
Zwei-Parteien-Prinzip 108
Zwischenurteil 365